泰兴年鉴

TAIXING YEARBOOK 2024

泰兴市党史方志办公室　编

方志出版社
Publishing House of Local Records

图书在版编目（CIP）数据

泰兴年鉴. 2024 / 泰兴市党史方志办公室编.
北京：方志出版社, 2024. 10. -- ISBN 978-7-5144-6388-0

Ⅰ. Z525.34

中国国家版本馆CIP数据核字第2024LU0708号

责任编辑：陈菁
责任校对：张玉霞
责任印刷：梅中英
出 版 者：方志出版社
地　　址：北京市朝阳区潘家园东里9号（国家方志馆4层）
邮　　编：100021
网　　址：http://www.zgfzcb.cn
发　　行：方志出版社图书营销中心（010）67110500
印　　刷：南京凯德印刷有限公司
开　　本：889毫米×1194毫米　1/16
印　　张：17.75
字　　数：409千字
版　　次：2024年10月第1版
印　　次：2024年10月第1次印刷
定　　价：300.00元

泰兴市年鉴编纂委员会

主　　任　刘文荣

副 主 任　刘　辉　王中先　惠　星　周桂香

主　　编　殷　建

副 主 编　施　荣　朱承军　陈建明　翁元锋　蒋淑颖

编　　务　徐菊红　张留红　朱志庆　凌长富　王姝文
沈　慧　黄子文　姚天鹏　潘久奇　封　慧
白玉清　马薇薇　刘筱艾　冯　莉　顾新荣
房　震

特邀编辑单位

市委办公室　市人大常委会办公室　市政府办公室　市政协办公室　市纪委监委办公室　市委组织部　市委宣传部　市委统战部　市委政法委　市发改委　市教育局　市科技局　市工信局　市民政局　市财政局　市人社局　市自然资源和规划局　市住建局　市农业农村局　市商务局　市文体广旅局　市卫健委　市退役军人事务局　市市场监管局　市统计局　市地方金融监管局　市史志办　泰兴市税务局

2024 厚德开泰 奋发图兴

■ 县域经济基本竞争力百强县（市）排名**第20位**

■ 入选**国家级创新型县市**建设名单

■ 入选**全国第一批**自然资源节约集约示范县（市）

■ 入选**全国首批**农村二轮土地延包整县试点

■ 入选**省级数字乡村试点县**

■ 获批**省首批**省级绿色金融创新改革试验区

■ 入选全省**“五社联动”**试点县、省婚俗改革实验区

■ 土地节约集约利用工作获**国务院督查激励**，财政管理、优化营商环境、新型城镇化建设等**8项**工作获**省政府督查激励**

■ 市级国土空间总体规划成为**全国首批**由省政府正式批准的**县级国土空间总体规划**

■ 在全国383个县级市的城市信用监测动态排名中稳居**前10%**，最高列**全省第1、全国第7**

■ 马甸水利枢纽改建工程荣获**中国水利工程优质（大禹）奖**

■ “村规民约赋能乡村善治的泰兴路径”荣获**省基层社会治理创新成果奖**

■ 河失镇矛盾纠纷“共同理 大家评”综合解纷工作法，入选**全国“枫桥式工作法”**

■ 连续七次荣获**全省基层党员冬训工作示范县（市、区）**

■ “黄金双桥”国企共建党建联建，入选**中组部长三角城市群党建引领高质量发展合作试点项目**

■ 流动党员双向共管项目入选**长三角城市群党建联建第二批项目**

综合实力更“强”

2023年，泰兴市坚定信心、保持定力、克难奋进，积极应对风险挑战、努力克服不利影响，“稳”的基础更加坚实，“进”的态势持续巩固，经济运行企稳回暖、回升向好。

新浦化学夜景　　泰兴经济开发区 供图

经济运行稳中向好

全年，完成一般公共预算收入97.21亿元，总量列全省县（市）第8位、苏中第1位；实际利用外资及港澳台资3.02亿美元，列泰州市第1位；新增规模以上工业企业84家，累计达876家，增量和总量分别占泰州市22%、21%，均列泰州市第1位。新增“四上”企业313家，占泰州市20%，列泰州市第1位。全年地区生产总值增长5.39%。

2023中国（泰兴）金秋经贸科技洽谈会　市融媒体中心 供图

2023中国（泰兴）金秋经贸科技洽谈会1650产业重点项目签约仪式举行　市融媒体中心 供图

项目建设持续发力

新开竣工1亿元以上项目数分别达100个和80个，总量保持泰州市第1位。其中，列入省重大项目清单4个，计划总投资143.8亿元；列入省集中开工项目89个，计划总投资387.8亿元。省重大、省集中开工项目个数和规模均创历史新高。总投资105亿元的20GWh新能源动力电池及系统项目开工建设。总投资超100亿元的延长中燃轻烃深加工、顶峰油脂、药明康德合全药业等项目正式投产。

5月21日，中国生物发酵与未来食品产业研究院技术委员会成立大会召开　市融媒体中心 供图

5月21日，中国生物发酵与未来食品产业研究院揭牌　　市融媒体中心 供图

创新转型加快推进

新认定国家高新技术企业超300家；新增国家级“小巨人”企业12家（累计26家），新增、总量分别占泰州市32%、31%，均列泰州市第1位；新增11个省级智能制造示范车间，获批数量占泰州市总数的27.5%，上榜数量创历史新高。省绿色工厂创建数10个，占泰州市26%，列泰州市第1位。格林美技术中心获评国家级企业技术中心分中心，泰兴经济开发区入选省“互联网+先进制造业”特色产业基地。

- 成功入选国家级创新型县市建设名单
- 成功承办全国首届农产品未来加工高峰论坛
- 成功承办首届中国预制菜争霸赛总决赛
- 成功举办中国（泰兴）金秋经贸科技洽谈会
- 设立“泰兴企业家日”，制定出台《泰兴市促进实体经济高质量发展的若干意见》66条措施

泰兴经济开发区一角　　泰兴经济开发区 供图

营商环境持续优化

首届中国预制菜争霸赛颁奖盛典　聂　友　摄

“泰兴企业家日”启动仪式　　市融媒体中心 供图

百姓生活更“富”

2023年，泰兴市聚焦打造现代化品质民生，持之以恒抓投入、强保障、优供给，统筹推进新型城镇化和乡村振兴建设，高质量发展的“民生成色”更足，人民群众生活的幸福感、获得感显著提升。

小麦收割　　黄国建 摄

泰兴市第六届农民丰收节　杨玉宇 摄

居民收入逐年攀升

2023年，泰兴市全体居民人均可支配收入4.80万元，增长6.3%。其中，城镇居民人均可支配收入5.93万元，增长5.3%；农村居民人均可支配收入3.22万元，增长7.90%。

民生实事全面完成

全年新增城镇就业1.2万人，各类市场主体1.81万户，位居泰州市第1。在全省率先开展老旧住宅楼房屋入户体检工作，完成23个老旧小区改造，惠及居民4038户。

泰盛新村小区改造　黄国建 摄

襟江停车场　李　骏 摄

国庆菜场　陈希平 摄

医疗卫生快速发展

泰兴市人民医院创成苏中地区首家县级三级甲等综合医院，泰兴市获评“15分钟医保服务圈”省级示范市。

泰兴市人民医院　黄国建 摄

建设中的北沿江高铁　黄国建 摄

泰兴东出口　　杨玉宇 摄

建设中的常泰大桥　　杨玉宇 摄

生态环境更“美”

2023年，泰兴市坚持生态优先、绿色发展，深入开展污染防治攻坚，加快推进生态文明建设，矢志推动绿色低碳发展，生态环境质量稳定向好，展现出人与自然和谐共生、保护与发展相得益彰的生动画面。

碧天荷韵　　刘建宁 摄

推进绿色低碳发展

- 泰兴高新区创成国家绿色工业园区，生态环境科普中心入选国家生态环境科普基地
- 泰兴经济开发区“无废园区”创建、新污染物治理纳入省试点
- 长江岸线治理修复与产业转型综合开发项目纳入省EOD项目库

泰兴高新区　冯春良 摄

打造美好宜居城市

全面推进"双水润城"功能提升，新增改造绿地面积15万平方米，高标准打造21千米沿河步道。

"双水润城"提升工程　杨玉宇 摄

绘就水清岸绿美景

祁巷村生态河道　黄国建 摄

新建农村生态河道68千米，打造幸福河湖186条，马甸水利枢纽改建工程荣获中国水利工程优质（大禹）奖。

东郊森林涵养区　冯春良 摄

文明程度更“高”

2023年，泰兴市坚持以文明城市创建为抓手，大力弘扬社会主义核心价值观，加快推进社会治理体系和治理能力现代化，一体推进高质量发展和高水平安全，崇德向善、诚实守信、安定和谐的社会氛围更加浓厚。

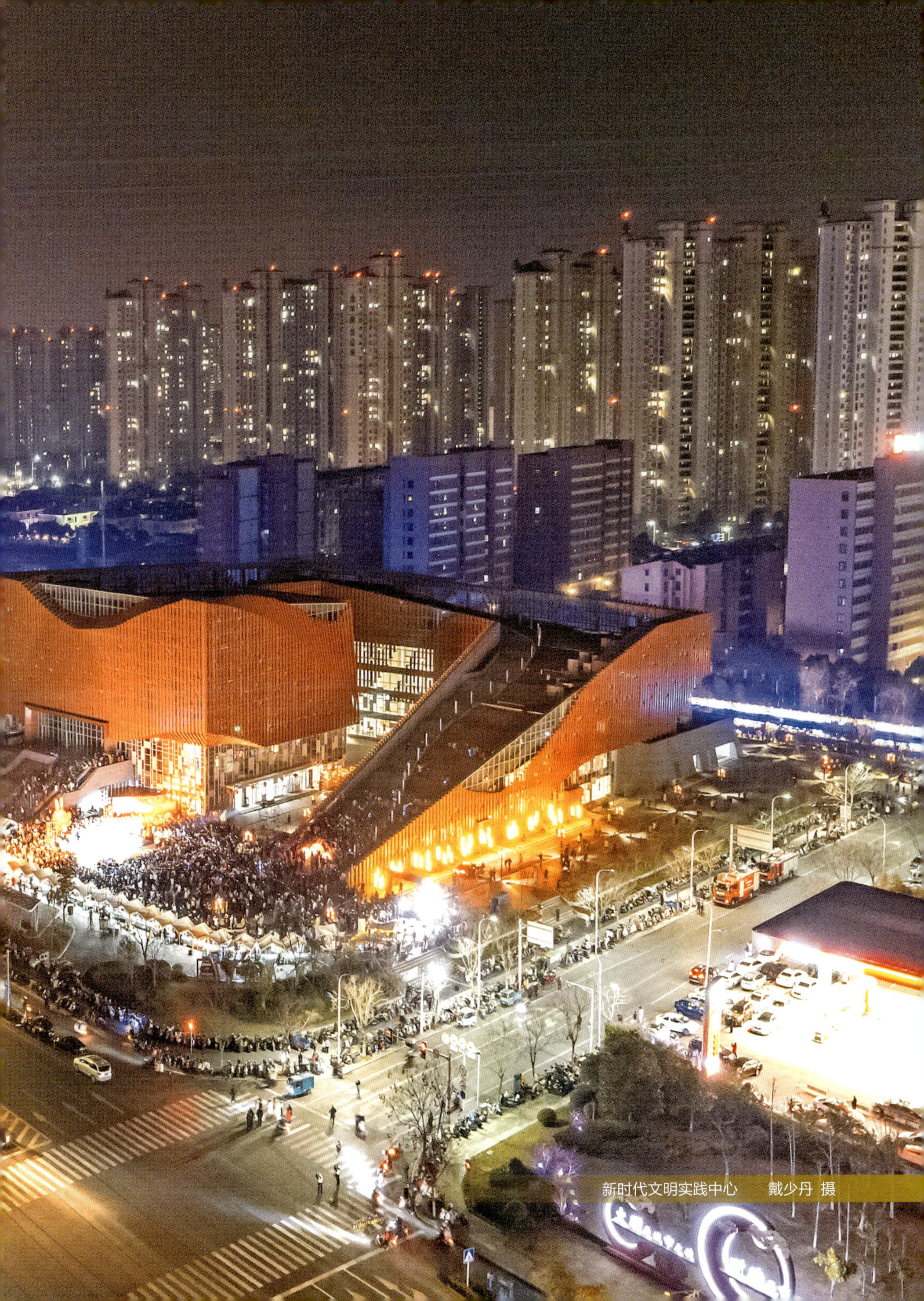

新时代文明实践中心　　戴少丹 摄

文明实践深入人心

“月圆中秋 梦圆中国”江苏省中秋国庆文明实践活动文化惠民演出（泰兴专场）表演（一）　聂　友　摄

“月圆中秋 梦圆中国”江苏省中秋国庆文明实践活动文化惠民演出（泰兴专场）表演（二） 聂 友 摄

文体活动精彩纷呈

2023全国排球冠军赛泰兴赛区　杨玉宇 摄

泰兴市春节电视文艺晚会录制现场　　市融媒体中心 供图

大众娱乐丰富多彩

沸腾的相见湾　　李　骏　摄

古筝演奏　黄国建 摄

部分组织机构全称、简称对照表

全称	简称
中国共产党泰兴市委员会	市委
泰兴市人民代表大会常务委员会	市人大常委会
泰兴市人民政府	市政府
中国人民政治协商会议江苏省泰兴市委员会	市政协
中国共产党泰兴市纪律检查委员会监察委员会	市纪委监委
中国人民解放军江苏省泰兴市人民武装部	市人武部
泰兴市人民法院	市法院
泰兴市人民检察院	市检察院
中国共产党泰兴市委办公室	市委办
中共泰兴市委统一战线工作部	市委统战部
中共泰兴市委政法委员会	市委政法委
中共泰兴市委外事工作委员会办公室	市委外办
中共泰兴市委机构编制委员会办公室	市委编办
中共泰兴市委巡察工作办公室	市委巡察办
中共泰兴市委党校	市委党校
泰兴市党史方志办公室	市史志办
泰兴市人民政府办公室	市政府办
泰兴市发展和改革委员会	市发改委
泰兴市科学技术局	市科技局
泰兴市工业和信息化局	市工信局
泰兴市人力资源和社会保障局	市人社局
泰兴市自然资源和规划局	市自然资源规划局
泰兴市住房和城乡建设局	市住建局
泰兴市城市管理局	市城管局
泰兴市交通运输局	市交运局
泰兴市文体广电和旅游局	市文体广旅局

全称	简称
泰兴市卫生和健康委员会	市卫健委
泰兴市退役军人事务局	市退役军人局
泰兴市市场监督管理局	市市场监管局
泰兴市医疗保障局	市医保局
泰兴市地方金融监督管理局	市金融监管局
江苏省泰兴经济开发区	泰兴经济开发区
泰兴市供销合作总社	市供销总社
国家税务总局泰兴市税务局	泰兴市税务局
江苏省电力公司泰兴市供电公司	市供电公司
江苏省电信有限公司泰兴分公司	市电信公司
江苏省移动通信有限责任公司泰兴分公司	市移动公司
中国人民银行泰兴市支行	市人行
中国农业发展银行泰兴市支行	市农发行
中国工商银行泰兴市支行	市工行
中国农业银行泰兴市支行	市农行
中国银行泰兴支行	市中行
中国建设银行泰兴市支行	市建行
江苏泰兴农村商业银行	泰兴农商行
中国人民保险公司泰兴市支公司	人保公司
中国人寿保险公司泰兴市支公司	人寿公司
江苏省泰兴市烟草专卖局	市烟草局
泰州市泰兴盐务管理局	市盐务局
中国共产主义青年团泰兴市委员会	团市委
泰兴市妇女联合会	市妇联
泰兴市科学技术协会	市科协
泰兴市文学艺术界联合会	市文联
泰兴市工商业联合会	市工商联
泰兴市残疾人联合会	市残联
泰兴市归侨侨眷联合会	市侨联
武警泰兴市中队	武警中队

编 辑 说 明

一、《泰兴年鉴》是由中共泰兴市委领导、泰兴市人民政府主办、泰兴市党史方志办公室负责编纂的泰兴地方年度资料性文献。

二、《泰兴年鉴》以马克思列宁主义、毛泽东思想、邓小平理论、“三个代表”重要思想、科学发展观、习近平新时代中国特色社会主义思想为指导，坚持辩证唯物主义和历史唯物主义的立场、观点和方法，旨在全面、系统、真实地逐年记载泰兴政治、经济和社会发展历程，为领导决策提供依据，为泰兴经济社会发展服务，为中外人士了解和研究泰兴提供翔实、准确的信息，充分彰显其存史、资政、育人的功能。

三、《泰兴年鉴（2024）》紧扣泰兴地方特色和时代发展主旋律，主要记载2023年全市基本面貌和各条战线的发展动态，突出反映2023年度全市经济社会发展中的要事、大事、新事和特事。全书设特载、2023年大事记、市情概览、中国共产党泰兴市委员会、泰兴市人民代表大会、泰兴市人民政府、政协泰兴市委员会、纪检监察、民主党派·人民团体、军事·法治、开放型经济、开发园区、农业·水务、工业·建筑业、商贸服务业、公共设施、财税·金融、综合经济管理与服务、科技·教育·卫生、文化·体育、城市建设、和美乡村建设、社会生活、生态环境建设、乡镇（街道）、人物、附录。

四、《泰兴年鉴（2024）》内容收录范围以现行泰兴行政区划为界，凡在区域内有价值的信息和资料，不论归属，均予收录。收录时限为2023年1月1日至12月31日，个别事物加以追溯记述，以便读者了解其始末。采用的文稿由各乡镇（街道）、各部门提供，并经主要领导审定。

五、《泰兴年鉴（2024）》采用分类编辑法，一般按类目、分目、条目三个层次设置，少数分目下增设副分目。个别条目包含多方面资料，为了便于阅读，则对条目加以分设，并在段首用楷体标题加以提示。

六、数字用法、标点符号用法分别采用国家标准《出版物上数字用法》（GB/T 15835—2011）、《标点符号用法》（GB/T 15834—2011），计量单位采用国家技术监督局1993年12月发布的《量和单位》系列国家标准。《泰兴年鉴（2024）》除农业等方面部分土地面积单位使用“亩”外，其他均使用法定计量单位。一次性文献中人称、计量单位、行文语言等保持原状。全市综合性数据由市统计局提供，个别数据因统计口径不同而有所差异。部分数据因四舍五入等原因，总数和分项之间存在误差，未做机械调整。

七、《泰兴年鉴（2024）》对所涉及的部分机构名称使用简称，机构的全称和简称对照表列于目录前。

八、各条目下，设文稿作者署名；凡全类目或多个类目系同一作者的，只在最后条目下署名。所登载的照片或文字稿件若署名遗漏或有误，请摄影者或纂稿人与编辑联系。

九、为便于检索，卷首设目录，卷末设主题索引，所载信息均由目录、索引、书眉查检。

泰兴

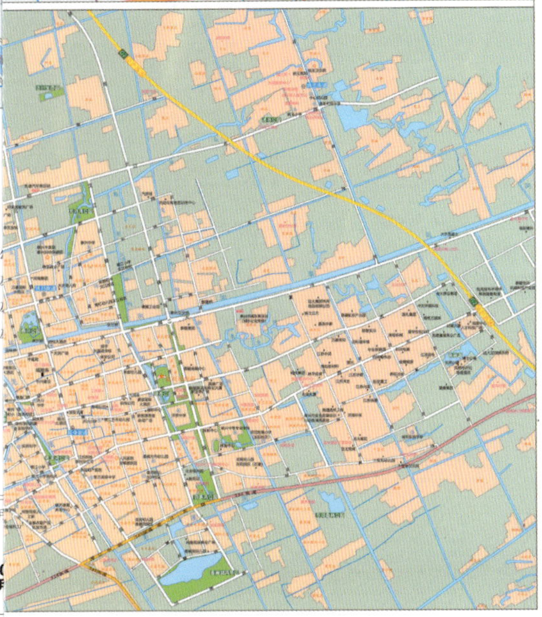

图　例

★	县级行政中心		铁路
★	街道　、乡镇		高速
⊙ ◎	行政村　、社区		国道
○	自然村		省道
	设区市界		县道
	县级界		乡道
	镇界		车渡
	服务区		水系
⚓	港口		景点

比例尺　1:70000

图上界线不作实地划界依据，资料截止期2022年01月

泰　兴　市　民　政　局监制　　地图审查号：苏M(20
江苏诚泰测绘科技有限公司 编制　　2022年4月

中国共产党泰兴市委员会

泰兴市人民代表大会

泰兴市人民政府

政协泰兴市委员会

纪检监察

民主党派·人民团体

军事·法治

开放型经济

开发园区

农业·水务

工业·建筑业

商贸服务业

公共设施

财税·金融

综合经济管理与服务

科技·教育·卫生

文化·体育

城市建设

和美乡村建设

社会生活

生态环境建设

乡镇（街道）

人　物

附　录

索　引

全国第一批自然资源节约集约示范县（市）创建综述

2023年，泰兴市在坚守耕地保护和粮食安全底线基础上，科学布局拓空间、用活政策强保障、深挖潜力破瓶颈、优化服务提质效，着力提高自然资源要素保障能力，奋力推动全市经济社会高质量发展。当年，被认定为首批"全国自然资源节约集约示范县（市）"，第4次获国务院督查表彰激励，获"江苏省自然资源节约集约利用模范县（市）"等荣誉称号。

一、牢记职责使命，严守耕地保护"主阵地"

根据国家耕地保护和粮食安全考核中"对耕地保有量、永久基本农田保护、耕地进出平衡、违法占用耕地等情况，严格实行四个'一票否决'的最新要求"，层层落实耕地保护责任，市政府与乡镇（街道）签订年度耕地保护目标责任书，将耕地保护责任目标考核纳入"一把手"政绩考核和经济责任审计重要内容，突出对永久基本农田的严格管理、特殊保护。推进土地整理专项整治、廊道绿化专项整治、耕地和永久基本农田划定成果核实处置行动，全年净增耕地6050亩。审查2023年农村公路提档升级项目127宗，总里程141千米。加强执法监察工作，2022年、2023年耕地保护督察交办问题全部整改销号。出台《泰兴市违法用地监管责任追究办法（试行）》，列出监管职责履行不力的14条负面清单，制定下发《关于进一步加强自然资源执法监察工作的通知》，构建"横向到边、纵向到底"的执法监察网络，严格防控、严厉打击各类违法用地行为，确保新增建设用地依法合规。开展2022年度耕地保护考核激励工作，对全市5个乡镇100个村（居）共计奖励580万元，有效激发乡镇（街道）、村（居）保护耕地的主动性和积极性。

二、强化规划引领，布局"三生"协同"主战图"

为确保全市各类产业项目发展用地需求顺利落地，聚力打造生产、生活、生态"三生"协同标杆城市，全市国土空间总体规划编制工作一直跑在全省乃至全国前列。2022年，泰兴市"三区三线"划定成果经自然资源部审批通过，最终划定永久基本农田78.57万亩、城镇开发边界22.2万亩、生态保护红线1.6万亩，是全省首批通过自然资源部审查的"三区三线"划定成果。2023年，泰兴市国土空间总体规划在全国首批由省政府正式批准实施，为各类项目落地提供法定依据。有力推进详细规划编制工作，形成较为完整的规划管控体系，实现全市国土空间规划刚性约束指标有效传导。加快产城融合规划研究，形成西部产城融合区概念性规划研究成果。注重历史街区改造更新和风貌塑造，明确街区保护内容和片区功能定位，划定历史建筑、风貌建筑保护控制线，形成苏利巷、八一巷片区更新改造规划成果。全省村庄规划工作现场推进会在泰兴召开，全市254个规划发展村庄（行政村）均形成规划中期成果。

三、聚力精准保障，点燃高质量发展"主引擎"

为确保资源要素跟着项目走，每寸土地都用在"刀刃"上，泰兴市深入推进要素市场化配置改革，着力构建土地要素流动机制，以精准的要素保障促进高质量发展。市政府出台《关于进一步优化土地资源要素配置的通知》，严格控制建设用地总量，更加高效精准配置土地资源要素。建成泰兴市土地资源要素配置管理系统，通过信息化手段实现全市空间规模指标、耕地占补平衡指标和耕地进出平衡指标精准配置、有偿使用的动态管理与实时监控。报省通过空间规模指标落地上图方案2次，上争预支规模指标6065亩，为全市各类重大项目报批奠定坚实基础。全年通过占补平衡项目新增耕地面积329亩，增减挂钩项目新增耕地面积1138亩。完成3个土地征收成片开发方案的上报审查。完成上报办理农用地转用、土地征收27个批次（项目），总面积4859亩。完成国有建设用地挂牌出让81宗3393亩，出让金超100亿元。

四、围绕节约集约，当好低碳高效发展"主攻手"

2023年，市委、市政府组织召开全市自然资源节约集约示范市建设工作会议，将77项工作清单纳入节约集约管理内容并分解至各部门，进一步落实节约集约管理的职责和义务，形成示范市建设齐抓共管格局。综合运用行政推动、空间拓展、资产重组、司法处置、内部挖潜等多种措施盘活低效闲置用地2611亩。落实关于工业用地提质增效的容积率低限要求，2023年工业容积率下限平均值同比增长17.31%。落实低效用地转让盘活、降低再出让成本等方面优惠政策，加速低端低效企业腾退步伐。持续开展工业集聚区提质增效专项工作，开发区实际建成率提高至95.42%，全市新增规模以上企业园区落户率超91%。深化工业用地配置改革，严格工业项目落户预审，修改完善《泰兴市工业项目落户预审办法》，对新上项目从投资强度、容积率、规划选址、利用存量土地等方面进行落户审查和评估。依据评估结果分级配置土地要素，结合项目单位意愿灵活选择长期租赁、先租后让、租让结合、弹性年期出让等方式供地。针对农村集体经营性建设用地"三项负面清单"（不能通过农用地转为新增建设用地入市，不能把农民的宅基地纳入市范围，符合入市条件的土地不能搞商品房开发），市政府印发《关于明确农村集体建设用地划拨供应有关事项的通知》，以划拨土地供应为主，创新采用"1+X"方式实施集体土地供应，有力推进集体建设用地高效使用。

五、坚持效率至上，打好服务民生"主动仗"

坚持"群众之事无小事"，聚焦群众急难愁盼问题，积极回应群众诉求，第一时间办好民生实事，尽全力答好民生答卷。及时规范办理被征地农民社会保障，足额拨付土地补偿费，实现"应保尽保"。全市"房地一体"农村不动产登记发证18万本，实现"应登尽登"。对行政审批高频事项实行"一事一码"，申请材料、办理流程、咨询电话等信息"码上可知"。制定出台《泰兴市建设工程规划审批豁免清单（更新）》，对清单内3大类25个事项予以豁免办理。完善国土空间规划"一张图"系统，实行"多测合一"改革，加快全流程测绘服务，有效减轻企业负担。推行重大项目"容缺并联审批"，打造"成交即交地、交地即发证，三证齐发"综合服务模式，平均单个项目节约审查时间2个月。全面构建"同城通办"新格局，推行"全程不见面"模式，不动产交易从受理到缮证全程仅需1.5~2小时，80%以上业务实现当日办结。首创"双预告和预转本登记"银行"一站式"服务，首推存量房带押转移"双预告"模式，相关创新举措均获全省宣传推广。

（张　冲）

国家农产品产地冷藏保鲜整县试点项目建设综述

2022年6月，泰兴市获批实施国家农产品产地冷藏保鲜整县推进实施县项目，中央补助2000万元、省级补助1250万元。获批后，泰兴市高度重视，认真贯彻省厅有关会议和文件精神，坚持全域谋划，强化政策引导，细化目标措施，落实工作责任，加快推进农产品产地冷藏保鲜整县推进实施县项目建设。2023年全部完成建设任务，打通产地农产品出村进城“最‘鲜’一千米”。

一、总体情况

泰兴市按照中央、省相关文件要求，整合中央、省专项资金，积极构建“1+2+N”农产品产地冷藏保鲜整县推进实施县项目建设体系。“1”，即农产品冷藏保鲜数字化、智能化管理平台；“2”，即在新街现代农业示范园、黄桥现代农业产业园建设冷链集配中心；“N”，即分布全市各镇街产地冷藏保鲜建设主体。全市被列入农产品产地冷藏保鲜整县推进实施县项目实施的三类主体共37个。其中，县级以上示范家庭农场24个，农民专业合作社7个，村集体组织6个，基本涵盖全市所有乡镇。经第三方审计认定，项目总投资4727.6万元，共建设冷藏、冷冻库108个，库容7.05万立方米。

二、主要做法

1.在项目谋划上下功夫。一是加强组织领导。为保障国家农产品产地冷藏保鲜设施建设整县推进实施县工作开展，市政府专门制定下发《全市农产品产地冷藏保鲜设施建设整县推进实施县工作实施方案》，建立市政府分管领导牵头，市农业农村局主导，自然资源和规划局、财政局、商务局及相关镇（街道）等共同参与的工作领导小组，明确工作职责，协同配合推进。同时，将该项工作列入乡镇（街道）年度绩效考核，层层压实责任。二是深入调查摸底。坚持问题导向，需求牵引，加强宣传发动，及时公开公示项目申报相关文件，先后组织3次调查摸底，全面摸清全市园区、乡镇、家庭农场、合作社和村集体组织冷链项目建设规模、资金需求等情况，形成具体清单，积极鼓励开展项目申报，提升广大业主参与冷链项目申报建设的积极性、主动性。三是科学制定方案。根据泰兴市农业产业发展实际，认真制定《泰兴市农产品冷藏保鲜设施建设规划（2021—2025）》，着力打造以市农产品加工园区和各乡镇（街道）现代农业产业园区为主阵地的冷链网络体系。邀请专家团队，科学编制《农产品产地冷藏保鲜整县推进实施县工作实施方案》，累计从57家申报单位中优选37家建设主体，组织项目建设。四是严格督查考核。将农产品产地冷藏保鲜设施建设工作列入全市乡村振兴实绩考核内容，加强责任落实。

2.在项目实施上下功夫。一是建立专门服务队伍。领导小组下设办公室，由2名班子成员负责，抽调市场和信息化科、畜牧中心、农技中心等精干人员增加日常服务队伍力量，切实做好项目申报、现场核查、日常督查等工作。用好单位专业法律顾问，为项目合同等提供合法性审查咨询服务。二是构建定期调度机制。为确保如期完成投资建设任务，严格落实项目旬调度机制，每10天通报建设进度，针对严重滞后的建设项目下发《提醒函》，压紧压实主体责任。市委、市政府分管领导先后5次组织项目开工情况现场督查，调度项目实施进度，督促镇村及实施主体、施工单位倒排序时清单，倒逼项目加快建设。三是强化跟踪服务指导。对照《农产品产地冷藏保鲜设施建设参考技术方案》，邀请省农科院专家及相关制造厂商，开展项目建设专题业务培训，指导掌握冷库建设标准、注意事项、运行规范等。制定市级分片联系、乡镇逐项包保制度，明确项目建设序时计划和工作清单，全程跟踪解决项目用地、用电、招标等问题，切实助推项目快建设。

3.在项目要素保障上下功夫。针对项目用地难问题，积极协调国土资源规划部门和镇村两级组织，加强用地保障。37个建设主体中，国有土地1宗、工业用地2宗、建设用地8宗、设施农业用地26宗。一是坚持强化预审。建立项目申报用地预审制度，将项目建设用地作为项目建设的前置条件，对不符合村庄建设规划、不能落实用地计划的项目，一律不得申报。二是坚持分类施策。鼓励实施主体在符合村庄建设规范的前提下，灵活采用多种方式化解用地矛盾，通过盘活闲置建设用地、整合设施农业用地、利用空闲宅基地等途径，落实项目建设用地。三是坚持集约利用。结合现有农机库、粮食仓库、晒场地等农用设施用地，加大改造力度，腾出建设空间，为项目顺利实施提供保障。

4.在项目资金安全上下功夫。一是严格项目管理。制定《农产品产地冷藏保鲜整县推进实施县项目管理办法》，确保项目从项目申报、立项评审、招投标、实施、审计验收，规范有序推进。联合财政局定期对项目的计划执行、资金使用、项目管理、项目建设内容等情况进行核查，对存在的问题督查逐项整改到位。二是强化多重监督。强化项目建设规范管理，开展资金使用全过程监督，确保项目资金及时拨付、专款专用，切实提升奖补资金的使用效益。联合市财政局，通过实地查看、走访，查阅项目资料和财务账册，对各项目建设内容完成情况进行逐项评估，如实形成现场查验报告，加快项目资金拨付进度，提高项目管理水平。三是加强项目评价。严格对照省农业农村厅、省财政厅《关于印发〈关于全面推进农产品产地冷藏保鲜设施建设实施方案〉的通知》，进一步建立健全项目绩效评价机制，将政策目标实现情况、任务清单完成情况、资金使用管理情况等纳入指标体系，严格奖惩措施，全面评估、考核政策落实情况。

（徐长杰）

马甸水利枢纽改建工程　创建“大禹奖”综述

马甸水利枢纽改建工程位于古马干河南汊、马甸节制闸南侧，套闸位于北侧，其顺水流向中心线距马甸节制闸中心线140.0米，泵站位于南侧，泵站中心线距套闸中心线35.72米。套闸下闸首和站身并排布置，泵站上游外边缘与套闸下闸首上游外边缘平齐。改建工程按照“建一处工程，成一个经典、造一道风景”的思路，推动项目高标准建设、高效率推进、高质量完成，获得省级补助资金1.22亿元。获评2021—2022年度中国水利工程优质（大禹）奖，是历年来泰州市唯一获评的省重点水利工程。

2014年4月14日，经市政府批准，市水务局成立泰兴市马甸水利枢纽改建工程建设处，具体负责工程建设管理、招标投标工作。10月18日，向省水利厅开工备案，同年11月18日开工。

在工程设计、施工招标及工程施工过程中，建设处坚持“百年大计，质量第一”方针，从设计到施工准备，从材料、设备的组织供应到工程开工、实施，直到分部工程验收，严格控制工程质量每个环节，贯彻执行项目法人负责、施工单位保证、监理单位控制和政府部门监督工程质量保证体系，严把工程材料关和施工过程检验关，要求各参建单位建立健全质量管理体系，认真落实质量责任制，严格执行“三检制度”。

在工程实施过程中，施工单位设立质检科，负责项目质量检查工作，执行质量“三检制”和“工程质量检查报验制”，施工中各项质量检查全部经质检科终检后报监理工程师核检，监理单位从事前控制、事中检查、事后质评处理3个方面进行质量控制，按照规范要求采取巡视、旁站、测量、分析性复核、跟踪检测、平行检测等方式，监理施工质量。建设单位通过招标方式确定江苏省水利工程质量检测站为第三方检测单位，省水利工程质量检测站先后多次到工地对工程原材料、基础及防渗工程、土建主体工程、公路桥工程、金属结构、机电设备、装饰工程等实体质量进行全面检测，对工程检测中发现的问题，及时要求施工、监理单位进行整改。第三方检测单位根据工程实施阶段及时出具工程质量检测报告，保证工程质量评定和核定的科学合理性。

2021年3月19日，泰州市水利局组织专家对工程进行竣工技术预验收，并形成竣工技术预验收工作报告。

为确保泰兴市马甸水利枢纽改建工程建设质量，提高工程建设管理水平，促进工程质量向程序化、标准化、规范化、科学化方向发展，实现全线创优，泰兴市马甸水利枢纽改建工程创优规划的指导思想为全面落实“确保优质工程、打造省水利优质工程、争创大禹奖”。

1.打造精品工程。以“确保优质工程，争创大禹奖”为目标，大力推进马甸水利枢纽改建工程建设，编制工程创优规划，工程设计贯彻技术先进、安全可靠、节约资源、文化融合的理念，优化工程布置方案，最大限度减少占地拆迁，节省项目资金3000多万元；泵站采用5台套高性能特低扬程大型潜水贯流泵机组，单机流量为同期同类型江苏省内最大；建成泰州首个展、普、科、教、娱多功能水利科普馆；工程外观建设与当地人文风光整合，彰显泰式民居风范。工程先后获江苏省优秀工程咨询成果一等奖、水利教育协会“五小”成果二等奖，4项成果获评实用新型专利、1项成果获省级工法奖项、2项成果获水利行业优秀QC成果奖，被授予江苏省水利优质工程、省水利工程文明工地、省廉政文化示范点、泰州市“梅兰杯”优质工程奖等多项称号。

2.树立管理标杆。全面推行水利工程标准化、精细化管理，管理责任落实到人，日常巡查、维修养护、引水调度等管理工作科学有序；应用多维数字化管理系统，实时监测工程设施运行状态，并实现自动化操作管理，先后获评国家AAA级旅游景区、江苏省节水教育基地、省级水利风景区、省精细化管理工程等称号。保障全市抗旱大局，面对2022年长时间干旱天气，克服长江低潮水位影响，马甸枢纽泵站运行84天，创历史新高，累计调水2.83亿立方米、引水5.52亿立方米，有效保证通南三泰地区农业灌溉用水和生产生活生态用水需求。

3.提升综合效益。工程建成后，江水抽引能力恢复至60立方米/秒；工、农业用水保证率由原不足75%提高至90%以上；排涝标准由5年一遇提高至20年一遇，排涝面积536平方千米；套闸累计通航量2120余万立方米，充分发挥古马干河外通长江、内联通南的黄金水道作用；泵闸联合调度运行1.54万台时，抽水量达6.6亿立方米；马甸枢纽充分发挥水城水乡生态优势，风景区年接待游客3万人以上，成为周边居民休闲娱乐的好去处；工程充分发挥社会效益、经济效益和生态效益，为市委六次党代会提出的泰兴当好沿江地区生产生活生态功能协同提升的标杆城市提速奠定坚实的水利支撑。

马甸水利枢纽改建工程的建成，充分改善泰州通南三泰地区灌溉、排涝、航运和生态补水条件，为将泰兴市建成沿江地区生产生活生态功能协同提升的标杆城市夯实水利基础，是集通航、景观、文化于一体，贯彻“致力民生、聚力转型”推动泰州市水利工程现代化建设管理的最经典之作，为实现泰州市委要求泰兴市成为“全市当标杆、苏中争第一”奋斗目标提供坚强的水利支撑。

2023年大事记

1月

1—4日 中国人民政治协商会议泰兴市第十四届委员会第二次会议在市委党校召开。

2—4日 泰兴市第十六届人民代表大会第二次会议在新泰中报告厅召开。

7日 副市长孙红东带领市交运局、公安局、卫健委、应急管理局等部门负责人开展春运首日督查。

10日 全市安全生产工作会议召开。

11日 全市领导干部警示教育大会召开。

11—16日 市领导分别带队看望慰问高层次人才。

12日 全市2022年度抓基层党建工作述职评议会议召开。

△ 全市基层党员冬训工作部署会召开。

△ 全市安全生产警示教育现场会召开。

16日 市委书记张坤带领相关部门负责人，走访慰问重点企业及常泰长江大桥建设指挥部。

△ 全市“智汇泰兴·共创未来”高层次人才迎新春座谈会召开。

16—22日 市委书记张坤、市长刘文荣走访慰问先进模范代表、见义勇为人员、老党员、困难党员、困难群众、贫困学生。

18日 “美声之林”新年音乐会在市新时代文明实践中心上演。

△ 全市征兵工作会议召开。

29日 “创响江苏”春风行动——全市2023年新春大型直播招聘活动首场直播在市融媒体中心举行。

31日 市委书记张坤调研企业复工复产。

是月 长江生态廊道水利风景区上榜2022年度省级水利风景区拟认定名单。

△ 泰兴市入选2021—2025年度第二批全国科普示范县（市、区）创建单位名单。

△ 元竹镇蒋堡村入选第九批“全国民主法治示范村（社区）”。

2月

1日 全市银行业金融机构专题调研座谈会召开。

3日 “我们的节日·元宵：邂逅光影趣游今宵”主题活动在市新时代文明实践中心举行。

4日 “2023泰兴广电新春房展”在鼓楼文化广场开幕。

5日 2023年新春大型人才招聘会暨人才交流洽谈会在市第三高级中学举行。

9日 中国共产党泰兴市第十四届纪律检查委员会第三次全体会议召开。

11日 全市创建全国文明城市暨城建交通工作会议召开。

△ 全市“惠民城建”项目集中开工活动举行。

15日 省委统战部副部长、省工商联党组书记顾万峰到泰兴开展“全省民企敢闯敢干勇担当，助力经济运行率先整体好转”大走访大调研活动。

18日 全市一季度重大产业项目集中开工活动举行，26个项目，计划总投资108.2亿元。

21日 全市政法信访工作会议召开。

△ 2023年城市管理工作会议召开。

23日 农业农村部政改司司长赵鲲到泰兴开展农村基本经营制度改革专题调研并召开座谈会。

△ 全市文体广旅工作会议召开。

24日 泰州市全民阅读推广活动暨泰兴市“半亩方塘”乡村阅读季启动仪式在滨江镇福泰公园举行。

28日 全市河长制、林长制工作会议召开。

是月 泰兴市人民医院神经外科入选国家卫生健康委首批“神经外科建设中心”遴选名单。

△ 泰兴黄桥烧饼入选“江苏地理标志产品30强”。

3月

1日 市委书记张坤调研指导全国文明城市创建工作。

2日 全市深入打好污染防治攻坚战暨环境质量“首季争优”推进会召开。

△ 全市“永远的雷锋·时代的榜样”纪念毛泽东等老一辈革命家为雷锋同志题词六十周年活动举办。

7日 十四届市委第四轮巡察工作动员部署会召开。

9日 市委书记张坤督查生态环境工作。

14日 全市一季度重大项目观摩暨书记项目建设述职会召开。

△ 中国电器工业协会蓄电池分会第九届四次会员大会在泰兴召开。

17日 泰兴（北京）高质量发展投资推介会在北京召开。现场签约战略合作协议1项、产业项目17个、科技人才合作项目6个。

20日 全市新兵出征仪式在杨根思烈士陵园举行。

23日 全市经济形势分析会召开。

24日 市委农村工作会议召开。

是月 市林业局被人力资源和社会保障部、国家林草局授予“全国林草系统先进集体”称号。

△ 泰兴元竹镇兴杨村党总支书记、村委会主任叶秀美获全国巾帼建功标兵称号。

△ 泰兴市运动员申一杰在全国青年柔道锦标赛上夺得男子U-20组100千克冠军。

△ 泰兴市获全省2022年度财政重点工作绩效考核一等奖。

4月

3日 全市农业重大项目集中开工活动举行。

4日 泰兴市与常州国家高新区（新北区）举行常泰跨江融合发展联席会。

△ “我们的节日·清明”主题活动暨红色村开村仪式举行。

7日 市委书记张坤、市长刘文荣分别带队开展巡江巡河及防汛检查工作。

10日 市委书记张坤督查生态环境工作。

11日 “智汇泰兴·科创未来”集萃园区行——泰州市泰兴站专场对接活动举行。

△ 全市数智赋能数字政府行动首场路演活动举行。

12日 全市党建工作会议召开。

13日 2023全国男子排球冠军赛（泰兴赛区）在市体育中心举行。

17日 全市自然资源节约集约示范市建设工作会议召开。

△ 全市社会治理现代化建设工作会议召开。

23日 “听，花开的声音”——泰兴市2023年“朱东润读书节”专场诗歌朗诵会举行。

24日 2023年泰兴市电商直播大赛启动。

26日 “青春在泰 兴业可期”青年“思享汇”暨纪念五四运动104周年活动举行。

27日 首届农产品未来加工助力农业农村现代化论坛暨第三届国家农产品加工产业科技创新联盟年会在泰兴举办。

28日 市委书记张坤专题检查节前安全生产。

是月 泰兴市被财政部评为“政府采购百强市（区、县）突出贡献单位”。

△ 泰兴市入选科学技术部第二批创新型县（市）建设名单。

△ 济川药业位居“2022中药上市公司TOP30”第11位、“2022中成药企业TOP100”第12位。

△ 泰兴市获泰州市2022年度市（区）综合考核Ⅰ类地区第一等次、市（区）“三比一提升”专项考核第一等次。

△ 中共泰兴市委员会、泰兴经济开发区党工委获泰州市2022年度“争当表率、争做示范、走在前列”好班子称号。

△ 泰兴经济开发区获2022年度泰州市A档园区“三比一提升”专项考核第一等次，黄桥经济开发区、泰兴高新区获A档园区“三比一提升”专项考核第三等次，虹桥工业园区获B档园区“三比一提升”专项考核第三等次。

5月

1日 “大国工匠”、上海中山医院内镜中心主任周平红在市人民医院完成泰州市首例经内镜阑尾切除术。

4日 市委书记张坤主持召开市委人才工作领导小组会议。

5日 全市2022年度综合考核总结表彰大会召开。

6日 市委副书记、市长刘文荣到陕西省旬邑县，参加泰兴—旬邑（苏陕）对口协作暨全面推进乡村振兴联席会议。

△ 全市夏季秸秆“双禁”动员暨农村人居环境整治提升推进会召开。

10日 泰兴市乡村发展促进会成立，并召开第一届第一次会员大会。

11日 泰州（深圳）城市·产业投资环境推介会在深圳举行。

17日 全市农村宅基地建房管理工作会议召开。

18日 泰兴航空光电液冷源系列产品集成系统项目开工仪式在济川街道（城区工业园区）举行。

△ 江苏晟楠电子科技股份有限公司在北交所上市。

20日 全市二季度重大产业项目集中开工活动暨新浦化学丙烷脱氢制丙烯项目奠基仪式举行。

21日 中国生物发酵与未来食品产业研究院揭牌暨技术委员会成立大会第一次全体会议在黄桥经济开发区举行。

23日 黄桥经济开发区与金桥集团园企共建党建联建签约仪式在上海金桥集团举行。

△ “共话鲜食 预制味来”全国工商联农业产业商会泰兴合作对接会在市现代农业产业园区召开。

24日 省发改委重大办副主任刘俊带队调研泰兴重大项目进展情况。

30日 “上海交大·泰兴”图书信息共享服务平台在泰兴开通。

是月 黄桥镇被命名为全国民族团结进步示范区。

△ 马甸水利枢纽改建工程获全国水利工程行业最高奖——大禹奖。

△ 国家现代农业产业园（创建）管委会发展规划部主任、畜牧兽医中心动物医院服务站站长、高级畜牧师谢彦获“全国五一劳动奖章”。

△ 泰兴市获评全省县（市、区）政务诚信评价一等次。

6月

1日 江苏·泰兴海峡两岸产业合作园启

动暨项目签约仪式举办。

5日 泰州市委理论学习中心组在泰兴市长江岸线滨江段开展现场研学活动。

6日 232省道泰兴段(古宣线至泰兴姜堰交界段)通车仪式举行。

8日 泰兴—旬邑(苏陕)对口协作暨全面推进乡村振兴联席会在泰兴召开。

△ 省供销合作总社党组书记、理事会主任张建军到泰兴调研供销合作社综合改革工作。

13日 泰兴市与浙江嘉兴桐乡市签订现代服务业高质量发展友好合作城市框架协议。

14日 泰兴(杭州)现代服务业高质量发展投资推介会举行。

27日 省委常委、常务副省长马欣到泰兴调研检查安全生产。

30日 由泰兴市人民政府主办、泰兴经济开发区承办、日本能率协会等协办的泰兴——化工企业投资长三角最佳首选地暨新时代化工企业数字化转型主题研讨会举行。

是月 泰兴籍中国工程院院士夏照帆获第三届全国创新争先奖章。

△ 中国科协、教育部、科学技术部等7个部门联合发布2023年度全国科学家精神教育基地认定名单,全国147家单位入选,地质学泰斗丁文江故居名列其中。

△ 省市场监管局、省发展改革委发布《关于下达2023年江苏省战略性新兴产业和服务业标准化试点项目的通知》,江苏中工高端装备研究院有限公司"高效大转矩永磁电机战略性新兴产业标准化试点"项目入选。

7月

1日 庆祝中国共产党成立102周年座谈会暨市"两优一先"表彰会议召开。

3日 省委第十一巡视组巡视泰兴市工作动员会召开。

8日 全市2023年夏季大型人才招聘会暨高校毕业生、退役士兵就业洽谈会在市第三高级中学举行。

9日 第六届泰兴雪梨采摘节启动。

14日 泰州"三比一提升"项目建设现场督查组到泰兴,泰州市委书记朱立凡,市委副书记、市长万闻华分别带队督查泰兴的项目建设现场。

19日 市委书记张坤到部分企业和重点场所检查安全生产工作。

26日 全市上半年经济形势分析暨项目建设书记述职会召开。

31日 泰兴市领导张坤、刘文荣走访慰问优抚对象。

△ 匈牙利韦伦采市市长格哈德·阿科斯·埃莫德带队到泰兴参观考察。

8月

2日 中国共产党泰兴市第十四届委员会第五次全体会议召开。

7日 如皋至常州高速公路泰兴段工程征地动迁部署会召开。

8日 全国文明城市创建推进会召开。

10日 全市农业农村重大项目集中开工。

11日 泰兴(上海)投资推介会在沪举行。

16日 全市老干部情况通报会召开。

17日 泰州市三师服务主题活动在泰兴举行。

△ 市档案馆通过国家数字档案馆测试。

26日 全市2023年房屋征收工作动员会召开。

31日 泰州市"开学第一课"示范活动在市襟江小学教育集团襟江分校报告厅举行。

是月 泰兴高新区生态环境科普中心上榜第八批国家生态环境科普基地名单。

9月

1日 泰兴市人才"一站式"服务中心揭牌。

△ 全市启动第五次全国经济普查。

4日 省第七安全生产巡查组巡查泰兴动员部署会召开。

5日 市委书记张坤督查生态环境保护工作。

6日 市食安委全体（扩大）会议召开。

7日 全市三季度重大产业项目集中开工活动暨莎布蕾健康休闲食品项目奠基仪式举行。

9日 全市第39个教师节庆祝活动举行。

12日 全市企业家座谈会召开。

13日 全市2023年秋季新兵入伍欢送仪式在市民兵训练基地举行。

16日 丁文江故居授牌为“全国科学家精神教育基地”“中国地质学会创立人科普教育基地”。

19日 全市年轻干部座谈会召开。

△ 市委书记张坤督查城建交通重点工程。

21日 江阴·黄桥南北共建十周年暨2023年江南投资环境说明会举行。

25日 全市秋季秸秆“双禁”暨农村人居环境整治工作会议召开。

28日 “月圆中秋·梦圆中国”中秋国庆文明实践主题系列活动省级示范活动在泰兴市举办。

30日 全市烈士纪念日公祭活动举行。

是月 由新华社中国经济信息社与财经城市研究院联合组建的中国县域高质量发展指数研究课题组公布2023中国县域高质量发展百强县名单，泰兴市位列26名。

10月

1日 全市“职等你来”劳动大集庆国庆专场招聘活动举行。

22日 全市“我们的节日·重阳”文明实践主题活动举行。

25日 第三届全国生物制造与未来食品前沿技术高级研修班在黄桥开班。

26日 江苏省残联党组书记、理事长姜爱军调研滨江镇残疾人托养工作。

31日 全省村庄规划工作现场推进会在泰兴召开。

是月 中国石油和化学工业联合会公布2023化工园区高质量发展综合评价结果，泰兴经济开发区继续位列全国第4名，其中利润总额排名第2名，比2022年上升2位，石化利润率第5名。

△ 新浦化学（泰兴）有限公司被授予“江苏省优秀企业”称号，嬴胜节能集团股份有限公司董事长秦伯军被授予“江苏省优秀企业家”称号。

11月

1日 “泰兴企业家日”启动仪式暨市企业联合会年会活动举办。

3日 2023中国（泰兴）金秋经贸科技洽谈会举办。现场签约项目51个，投资总额300.7亿元。

△ 2023中国（泰兴）低碳足迹聚合物材料产业发展研讨会举行。

7日 全国首届预制菜争霸赛江苏分赛区颁奖仪式在泰兴举行。

8日 省委党史工办主任于阳到泰兴调研党史工作。

15日 市委书记张坤督查秋收秋播、秸秆双禁、粮食收储工作。

16日 省老区建设与乡村发展“三会”理事长阎立到泰兴调研“三会”工作。

17日 第七届中国减变速机产业发展论坛在泰兴举行。

22日 全省社区矫正和安置帮教工作交流会在泰兴召开。

27日 江苏省广播电视总台与泰兴市委、市政府联合打造的原创音乐舞台剧《英雄杨根思》首演。

29日 “践行‘三个不相信’·感恩奋进走在前”——纪念杨根思烈士牺牲73周年缅怀活

动举行。

30日 全市第四季度农业重大项目集中开工仪式在分界镇电商产业园举行。

是月 "赛迪县域投资竞争力百强（2023）"榜单出炉，泰兴市位列榜单第33名。

△ "2023中国省级开发区高质量发展百强榜单"揭晓，泰兴经济开发区位列第8。

△ 文化和旅游部发布《关于第七次全国县级以上公共图书馆评估定级上等级馆名单的公示》，泰兴市图书馆被评为国家一级图书馆。

△ 工业和信息化部发布《2023年度绿色制造名单公示》，长虹三杰新能源有限公司入选国家级绿色工厂，泰兴高新区入选国家级绿色园区。

12月

5日 市委书记张坤主持召开市委全面依法治市委员会第六次会议。

6日 莎罗雅（泰兴）日化有限公司开业。

7日 全市生态环境保护大会召开。

△ 新504省道泰兴段全线建成通车。

8日 首届星火路青年美食节开幕。

16日 全市低温雨雪冰冻灾害防范应对工作调度会议召开。

22日 天星洲专用航道桥合龙，航道桥主跨388米，为世界跨度最大的公铁两用钢桁拱桥。

25日 市委书记张坤督查民生实事项目。

28日 中国共产党泰兴市第十四届委员会第六次全体会议召开。

△ 泰州市化工新材料产业发展研讨会暨国家重点实验室成果推介会在泰兴举行。

29日 市委书记张坤专题开展节前安全生产检查。

△ 泰兴市非遗馆开馆。

△ 第一届中国生物发酵与未来食品城新食品原料创新发展大会暨江苏省产业技术研究院特医食品研究所签约揭牌仪式在泰兴举行。

是月 济川控股集团有限公司入围2022年度中国医药工业百强企业榜单，位居全国第35位。

△ 亚太泵阀有限公司赵宝俊主持的"局地三维海洋内孤立波模式、动力机制研究"入选中国博士后科学基金第74批面上资助项目名单。

市情概览

地　情

【建置沿革】　泰兴置县始于五代南唐升元元年（937），县名由来是随泰州兴起之意，属泰州管辖。北宋宣和四年（1122）改属扬州。南宋绍兴初，再属泰州；绍兴五年（1135），仍改属扬州；绍兴十年（1140）又属泰州；绍兴十二年（1142）又改属扬州。元时升泰兴为上等县，属扬州路总管府。明属扬州府。清雍正二年（1724）改属通州。民国3年（1914）属苏常道，民国16年（1927）直属江苏省，民国22年（1933）属泰州行政督察区，民国23年（1934）改属扬州行政督察区。1949年全县解放，属泰州行政区。1953年属扬州行政公署，1983年属扬州市。1992年经国务院批准撤县设泰兴市（县级），由江苏省直辖、扬州市代管。1996年8月，由新设的地级泰州市代管。1997年4月，经省政府批准，将口岸、刁铺、田河、许庄、永安洲5个乡镇划归泰州市高港区。2008年8月，胡庄镇，泰兴市第二捕捞公司，宣堡镇赵王、乔杨、明河、钱赵、管营、孔桥、蔡庄7个村划归泰州市高港区。始建县时，县治设于济川镇。后因塌江，于北宋乾德二年（964），县治由济川镇移至今口岸以西的柴墟，并于四周累土为城。南宋绍兴初年（1131），县治迁至延令村（今延令街道）。是亦为今市治。　　（党史方志办公室）

【位置面积】　泰兴市位于江苏省中部、长江下游北岸。北纬31°58′12″～32°23′05″，东经119°54′05″～120°21′56″。东接如皋市，南接靖江市，西濒长江，与扬中市、常州武进区隔江相望。北邻泰州市姜堰区，东北与海安市接壤，西北与泰州市高港区毗邻。东西最大直线距离为47.0千米，南北最大直线距离为43.5千米。全市属长江三角洲冲积平原，总面积1172.27平方千米，水域216.58平方千米（含江域面积42.88平方千米），占总面积的18.48%，地势东北高、西南低，由东北向西南渐次倾斜。　　（徐　波）

【气候】　2023年，泰兴市气候基本特点：气温偏高，降水偏多，日照偏多。年平均气温17.7℃，比常年高0.8℃；12月比常年同期偏低，其他月较常年同期偏高，其中3月月平均气温12.5℃，与历史同期极高值持平。年极端最高气温38.1℃，出现在7月12日，全年35℃以上高温日数18天；5月最高气温36.2℃，为历史同期次高值；11月和12月最高气温分别为30℃和23.4℃，均创历史同期极高值。年极端最低气温-8.5℃，出现在1月25日；12月最低气温-7.0℃，为近30年同期第三极值。年日照总时数2377.6小时，比常年多448.9小时，占可照时数的54%。　　（李　勇）

【水情】　2023年汛期，泰兴市内河水位总体平稳，黄桥站八时水位波动范围在2.18米（6月15日）～4.16米（7月8日），黄桥站八时水位超过2.5米的有94天，没有出现低于1.8米水位。汛期大通平均流量为2.66万米^3/秒，为常年同期平均流量（4.11万米^3/秒）的64.72%，最大流量为3.77万米^3/秒（7月1日），最小流量为2.15万立方米/秒（9月15日）。全年超过船港高潮设防水位3.91米的有4天，没有超警戒水位5.04米，汛期最高潮发生在7月7日（农历五月二十）为4.09米，最低潮发生在5月1日（农历三月十二）为0.5米。全年降水总量1344.6毫米，比常年多263.8毫米；年一日最大降水量143.7毫米，出现在7月7日。（徐　波）

【雨情】 2023年汛期，全市总面雨量977.15毫米，较多年平均汛期面雨量偏多，其中5—9月面雨量分别为66.76毫米、243.38毫米、378.6毫米、115.2毫米、173.21毫米。各测站汛期雨量分别为泰兴城区1080.2毫米、黄桥1016.1毫米、马甸1000.5毫米、过船949毫米、天星540.4毫米。

6月17日入梅，入梅时间较常年略早（6月19日）；7月23日出梅，出梅较常年（7月10日）偏晚；梅期长37天，梅雨期较常年（23天）偏多14天。梅雨量较多年平均偏多，面梅雨量542.02毫米。各测点面梅雨量分别为泰兴城区149.6毫米、黄桥283.16毫米、马甸55.13毫米、过船26.3毫米、天星27.83毫米。（徐　波）

【自然灾害】 暴雨　2023年，出现8次暴雨过程，分别出现在6月18日、19日，7月2日、7日、20日、21日，8月28日，9月13日。其中7月6日16时至7日16时，北部乡镇街道降雨量均超过100毫米，最大降雨量新街镇雨量335.9毫米，城区累计雨量144.0毫米。7日17时黄桥水位最高达到4.31米（警戒水位3.8米），为1954年以来第二高水位。城区低洼地段出现短时积水，部分乡镇农田积水。

寒潮　2023年，全市寒潮分别出现在1月13—15日、22—25日，48小时内最低气温降幅分别为16.4℃、11.2℃；2月18—20日，48小时内最低气温降幅9.2℃；3月11—13日，48小时内最低气温降幅11.4℃；12月14—16日，48小时内最低气温降幅12.1℃，均未出现明显灾情。

暴雪　12月18—19日，出现暴雪天气，总降雪量13.9毫米，最大积雪深度6厘米，未造成明显灾情。（李　勇）

资　源

【土地资源】 2023年，全市土地总面积11.7万公顷。其中，农用地7.62万公顷（其中耕地5.92万公顷），占土地总面积65.13%；建设用地2.98万公顷，占土地总面积25.47%；未利用地1.1万公顷，占土地总面积9.40%。土地形态以平原为主，河流纵横其间，地势东、北高，西、南低，由东北向西南渐次倾斜。按地形特征，全市地貌可分平原、河流、滩地3种形态。（张　冲）

【水资源】 泰兴市水资源分为降水、过境水和地下水，其中以降水和过境水为主，约80%用水依靠从长江引进。受潮汐和境内河网调蓄能力限制，全市年引江水量约9亿立方米，地下水资源主要通过降雨和外引江水渗入补给，年渗入补给量2.1亿立方米，其中降雨补给量1.2亿立方米、外引江水渗入补给量0.9亿立方米。

【江滩资源】 2023年，全市自然岸线长度24.2千米，其中可利用深水岸线（-10米以下等高线或深槽距长江一般小于200~500米）4.6千米，中深水岸线（指-10~5米等高线距江岸线长度一般小于200~500米）2.5千米，浅水岸线（指距长江岸200~500米范围内河床高程在-5米以上）17.1千米。全市有江滩1030公顷，其中堤外滩地200公顷，滩面高程2.0~3.0米（85高程，下同）；天星港至焦土港江中天星洲洲体长8.75千米，洲体最宽处1.45千米，面积830公顷，洲顶高程2.0~4.95米。（徐　波）

【二氧化碳资源】 2023年，黄桥—河失地区二氧化碳气田基本探明储量面积19.51平方千米，控制储量面积32.67平方千米，迭合含气面积52.18平方千米，经济开采储量66.76×10^8立方米，埋藏深度1700~2300米，纯度在98.1%以上。气田压力高，属中浅层、低丰度、高产能中型气田，是目前国内已探明的储量最大、开发程度较高的天然二氧化碳气田。二氧化碳产品主

要应用于油田驱油、铸造、焊接、化工、食品保鲜等行业。 （张 冲）

人口·民族

【人口】 2023年末，全市家庭总户数39.67万户，年末全市户籍总人口112.71万人，比上年减少1.03万人。全年出生人口4336人，人口出生率3.85‰，比上年减少0.36个千分点；死亡人口1.21万人，人口死亡率10.78‰，增加0.97个千分点。 （郭常松）

【民族】 泰兴市为少数民族散居地区，至2023年底，全市城乡居民中共有41个少数民族，3040户、4957人。其中，土家族1455人，苗族1158人，布依族392人，侗族352人，壮族296人，彝族211人，满族192人，回族174人，蒙古族137人，白族77人，黎族75人，瑶族69人，傈僳族70人，藏族38人，朝鲜族38人，仡佬族36人，水族28人，傣族24人，畲族23人，拉祜族21人，土族20人，哈尼族17人，佤族12人，毛南族5人，怒族4人，锡伯族3人，羌族3人，达斡尔族3人，维吾尔族3人，纳西族3人，普米族3人，仫佬族2人，鄂伦春族2人，柯尔克孜族2人，哈萨克族2人，京族2人，基诺族1人，保安族1人，布朗族1人，俄罗斯族1人，鄂温克族1人。另有穿青人39人。上述人口分布在全市17个乡镇（街道），具体分布情况为济川街道214人、延令街道270人、滨江镇143人、虹桥镇185人、宣堡镇69人、张桥镇148人、姚王镇255人、黄桥镇1112人、广陵镇258人、新街镇275人、分界镇235人、元竹镇228人、珊瑚镇336人、曲霞镇84人、根思乡153人、古溪镇435人、河失镇557人。

城市基础设施

【城市供电】 2023年，泰兴市全年全社会用电量103.28亿千瓦时，同比增长8.42%。售电量84.05亿千瓦时，同比增长9.94%。电网最高负荷155.8万千瓦，同比增长4.21%，再创历史新高。线损率1.5%，同比下降0.2个百分点。完成固定资产投资1.88亿元，投产10千伏及以上线路776.35千米、变电容量36万千伏安。 （黄 凯）

【城市供气】 2023年，泰兴市管道天然气总供气量2.88亿立方米，同比增长20%；中高压管线总长度1951千米；总用气户数35.44万户，同比增长20%，其中居民用户35.2万户、工业用户326户、商业用户2122户。全市液化石油气总用气量1.02万吨，同比下降30%。其中，居民用气量8987吨，同比下降27%；非居民用气1243吨，下降40%。 （黄雨剑）

【城乡供水】 2023年，全市城乡总供水量7748万立方米，比2022年同期下降0.47%；最高日供水量26万立方米，平均日供水量21.23万立方米。全市城乡总用户54.13万户。其中，城区18.96万户，增加5343户；乡镇35.17万户，增加2.01万户。对全市19家企业接水红线外工程实行零费用接入，为小微企业缓缴水费868万元。设立爱心供水专项基金，对全市困难居民（低保、特困户、五保户）、城乡重点抚恤对象进行免费接水和每月5立方米免费水量，累计减免水费202万元。 （徐 波）

国民经济和社会发展

【概况】 2023年，泰兴市实现地区生产总值1434.99亿元，增长5.4%；一般公共预算收入97.21亿元，增长8%；征收期工业开票销售收入2077.82亿元，增长5.3%；固定资产投资792.2亿元，增长7.3%；社会消费品零售总额344.3亿元，增长5.38%。累计新签约项目236个，其中5亿元（3000万美元）以上项目79个；新开工1亿元以上项目100个，其中5亿元（3000万美元）以上项目39个；新竣工1亿元以上项目80个，其中5亿元（3000万美元）以上项目28个。新改建高标准农田5.6万亩，完成国家农产品产地冷藏保鲜整县推进试点项目建设。新认定省级服务型制造示范企业2家、“两业融合”标杆企业1家，实现服务业增加值600亿元。新增专业承包一级资质1项，完成建筑业总产值1200亿元，增长9%。数字经济核心产业增加值占地区生产总值比重5.5%以上。

【科技创新】 2023年，全市新认定国家高新技术企业超300家、国家级专精特新“小巨人”企业12家、省级专精特新中小企业36家。培育省级创新型领军企业2家、“瞪羚”企业9家。新增省级工程技术研究中心2家、省工业互联网标杆工厂3家。高端嫁接优质科创资源，先后与中国科学技术大学、苏州大学、南京工业大学等院校达成深度合作。12月29日，长三角国家创新中心江苏省特医食品研究所揭牌成立。创成国家级智能制造优秀场景3个、“两化融合”贯标企业23家。推进国有企业战略性重组、专业化整合，新增AA+企业1家、AA企业2家，新组建泰州化工新材料产业集团通过AAA评级预认证。实施“亩均论英雄”改革，盘活低效闲置用地2800亩。入选首批省级绿色金融创新改革试验区。泰兴经济开发区入选省“互联网+先进制造业”特色产业基地。泰兴高新区入选国家企业创新积分制试点单位、省级中小企业特色产业集群。建立跨境电商协调服务机制，黄桥经济开发区创建为“泰州市跨境电子商务产业园”。全年完成实际利用外资及港澳台资3.02亿美元、外贸进出口52.1亿美元，总量居泰州市第一。

【城乡融合发展】 2023年，泰兴市推进“双水双河”（如泰运河、羌溪河、星火中沟、众安港）功能提升，实施绿化工程11项，新增、改造绿地面积15万平方米，建成开放21千米生态健身步道。实施23个老旧小区改造，新增停车位3159个，加装充电设施2000个。国庆桥农贸市场、文江印邻里中心建成投用。实施农村公路提档升级100千米、危桥改造20座、县道大中修25千米。新建农村生态河道68千米，打造幸福河湖186条，马甸水利枢纽改建工程获中国水利工程优质（大禹）奖。创成省级特色田园乡村2个，新增美丽宜居示范庄台26个。$PM_{2.5}$年均浓度连续4年达到国家二级标准，国省考断面水质优于Ⅲ类比例保持100%。建成“碳效码”综合管理服务应用平台，腾出用能空间29.4万吨标煤。创成国家级绿色工厂1家、工业产品绿色设计示范企业1家。泰兴高新区创建为国家绿色工业园区，生态环境科普中心获评国家生态环境科普基地。

【民生事业】 2023年，泰兴市完成焦荡实验学校、北城小学等5所学校合并重组。建成投用实验初中文江分校、机关幼儿园拱极分园。启动“强师计划”实验区改革，新增省级名师10人、泰州市“三级骨干”教师186人。市人民医院医疗综合大楼主体竣工，省级卫生镇实现全覆盖，入选省首批基层卫生健康综合试验区。新改建多功能运动场5个、健身网点50个。建成全省首家全景式非遗体验馆。城乡居民基本养老保险集体补助省级试点落地，基础养老金标准、低保标准提高至每人每月247元和800元。基本医保参保率98.8%。实施困难家庭适老化改造400户。累计发放各类救助资金2.98亿元，惠及困难群众53.24万人次。恒大悦府、集美雅苑等保交楼项目平稳交付。“共同理、大家评”综合解纷工作法入选全国“枫桥式”工作法。 （叶孝吟）

【文明单位创建】 2023年，泰兴市将文明城市创建纳入“城建惠民”治理类项目，实施杆线箱体、农贸市场、老旧小区升级整治等22项专项行动，建成10个文明示范小巷、160个文明示范楼道、45处文明角。建成投用1家生鲜超市，提档升级农贸市场，其中，拆迁1个，改造升级2个，洽谈返租改造2个，常态整治2个，新建1个。改造提升老旧小区54.6万平方米，惠及居民4038户。实施“清洁家园”、创建惠民大走访和“有礼敲门”行动，举办金点子征集、微视频大赛等活动。搭建文明城市创建“云课堂”系统，推出文明“星”市民寻访节目，推广“佤的泰兴”文明创建智慧平台，累计接受处置群众反映问题4526个。

【未成年思想道德建设】 2023年，全市推选校级“新时代好少年”940名，市级及以上“新时代好少年”55名，举办泰兴市“新时代好少年”发布活动。推进未成年人文明礼仪养成教育，举办泰州市未成年人“仪表之礼”示范活动、泰州市“开学第一课”。拓展“童”字系列主题活动，举办“童声里的中国”“童真里的色彩”“书香伴我成长”青少年作品征集大赛，共征集作品9575篇，评选获奖作品356篇。开展“缤纷的冬日”“七彩的夏日”未成年人假期系列活动，发布实施重点项目258项。开展心理健康宣传月系列活动326场，累计服务师生29.6万余人次。开展青少年思想政治教育，成立大中小学思政课一体化建设研究实践基地，开设“行走的思政课”，联合市教育局组织青少年学生走进红色基地。

【公民道德教育】 2023年，泰兴市举办市道德讲堂总堂活动39场，拓展“新风新俗新市民”教育实践品牌，开展新风文艺演出进乡村活动126场次。推进“点赞泰兴人”评选，印发《“点赞泰兴人”系列先进典型评选宣传工作实施方案》，新增中国好人1人、江苏好人3人（组）、江苏最美人物2人、江苏省岗位学雷锋标兵1人（泰州市唯一）。

【爱国主义教育】 2023年，泰兴市开展“剧说‘四史’”红色微剧创演活动，1人获全国红色故事讲解员大赛“金牌讲解员”称号，为全省唯一。承办泰州“纪念杨根思烈士牺牲73周年”缅怀活动，鼓楼小学鼓楼校区被评为“全国国防教育示范学校”。

组织机构及负责人

市　委

书　记　张　坤
副书记　刘文荣
　　　　张红霞（女，至2023-11-28）
　　　　刘　辉（2023-11-28任）
常　委　张　坤
　　　　刘文荣
　　　　张红霞（女，至2023-11-28）
　　　　刘　辉
　　　　夏万云（至2023-11-28）
　　　　王　蕾（女，2023-11-28任）
　　　　毛戴军
　　　　张　军（至2023-9-14）
　　　　王建武
　　　　殷海成（至2023-9-14）
　　　　范存力
　　　　赵　俊（2023-11-28任）
　　　　蒋益公
　　　　石　磊（2023-9-14任）
　　　　孙红东（2023-11-28任）

市人大

主　任　刘荣华（至2023-11-28）
　　　　张红霞（女，2023-11-28提名）
副主任　顾　刚
　　　　王中先（至2023-11-28）
　　　　王晓云（女）
　　　　王长健

市政府

市　长　刘文荣
副市长　刘　辉（至2023-11-28）
　　　　毛戴军（2023-11-28提名，2023-12-29任）
　　　　范存力
　　　　孙　峰（至2023-9-14）
　　　　张　鹏（2023-11-28提名挂职改任职，2023-12-29任）
　　　　秦　娟（女）
　　　　惠　星
　　　　孙红东（至2023-11-28）
　　　　朱为祥

冯　宇（2023-9-14提名，2023-9-28任）
孙天民（挂职）

市政协

主　席　徐闻仲
副主席　周桂香（女）
焦国庆（至2023-11-28）
刘　建
周国庆
陆　军
冯　翔（2023-11-28提名）
秘书长　熊　杰

市纪委

书　记　夏万云（至2023-11-28）
王　蕾（女，2023-11-28任）

市监委

主　任　夏万云（至2023-11-28）
王　蕾（女，2023-11-28提名，2023-12-29代理主任）

市人民法院

院　长　梅　岭
执行局
局　长　季江东（至2023-5-13）
孙　玮（女，2023-5-13任）
执行指挥中心（在执行局挂牌）
主　任　季江东（至2023-5-13）
孙　玮（女，2023-5-13任）

市人民检察院

检察长　朱　华
黄桥检察室
主　任　鞠晓曦
驻泰兴经济开发区检察室

驻虹桥工业园区检察室
主　任　夏　行（2023-12-20任）

市人武部

部　长　张　军（至2023-3-31）
汪　震（2023-6-30任）
政　委　石　磊

市委工作机关

市委办公室
主　任　芦志伟
市委组织部
部　长　毛戴军（至2023-11-28）
赵　俊（2023-11-28任）
市委宣传部
部　长　张红霞（女，至2023-11-28）
孙红东（2023-11-28任）
市委统一战线工作部
部　长　殷海成（至2023-9-14）
刘　辉（2023-11-28任）
市委政法委员会
书　记　王建武
市委机构编制委员会办公室（归口市委组织部管理）
主　任　黄良勇（至2023-10-20）
唐春良（2023-10-20任）
市委巡察工作办公室
主　任　凌小刚（兼）
第一巡察组组长　王晓伟
第二巡察组组长　周　琴（女）
第三巡察组组长　顾仁庆
第四巡察组组长　丁　杰

市委老干部局（归口市委组织部管理）

局　长　　徐旭洲（兼，至2023-10-20）

　　　　　陈　捷（兼，2023-10-20任）

市委党校（市委直属事业单位，机构规格相当正科级）

校　长　　冯海镛（兼，至2023-2-22）

　　　　　毛戴军（兼，2023-2-22任）

市党史方志办公室（市委直属事业单位，机构规格相当正科级）

主　任　　殷　建

市融媒体中心（市委直属事业单位，机构规格相当正科级，归口市委宣传部管理）

主　任　　张建荣

市区域社会治理现代化综合指挥中心（市委、市政府直属事业单位，机构规格相当正科级，委托市委政法委管理）

主　任　　卢　毅

市委研究室（在市委办公室挂牌）

主　任　　芦志伟（兼）

市委机要局（在市委办公室挂牌）

局　长　　芦志伟（兼）

市国家保密局（在市委办公室挂牌）

局　长　　芦志伟（兼）

市国家密码管理局（在市委办公室挂牌）

局　长　　芦志伟（兼）

市档案局（在市委办公室挂牌）

局　长　　芦志伟（兼）

市公务员局（在市委组织部挂牌）

局　长　　徐旭洲（兼，至2023-10-20）

　　　　　刘爱华（兼，2023-10-20任）

市委市级机关工作委员会（在市委组织部挂牌）

书　记　　黄云峰（至2023-10-20）

　　　　　黄良勇（兼，2023-10-20任）

市委党建工作领导小组办公室（在市委组织部挂牌）

主　任　　管国堂（兼，至2023-10-20）

　　　　　蔡桂生（兼，2023-10-20任）

市委非公有制企业和社会组织工作委员会（在市委组织部挂牌）

书　记　　蔡桂生（兼）

市新闻出版局（市版权局）（在市委宣传部挂牌）

局　长　　徐　华（女，兼，2023-2-22任，至2023-10-20）

　　　　　周　旭（兼，2023-10-20任）

市互联网信息办公室（在市委宣传部挂牌）

主　任　　吴振国（兼）

市精神文明建设指导委员会办公室（在市委宣传部挂牌）

主　任　　卞维国（兼）

市哲学社会科学界联合会（与市委宣传部合署）

主　席　　蔡　芸（女，兼，2023-10-20提名，2023-11-30当选）

市民族宗教事务局（在市委统一战线工作部挂牌）

局　长　　丁中辉（兼，至2023-10-20）

　　　　　吴春年（兼，2023-10-20任）

市委台湾工作办公室（在市委统一战线工作部挂牌）

主　任　　丁中辉（兼）

市事业单位登记管理局（在市委机构编制委员会办公室挂牌）

局　长　　黄良勇（兼，至2023-10-20）

　　　　　唐春良（兼，2023-10-20任）

市委离退休干部工作委员会（在市委老干部局挂牌）

书　记　　徐旭洲（兼，至2023-10-20）

　　　　　陈　捷（兼，2023-10-20任）

市档案馆（在市党史方志办公室挂牌）

馆　长　　殷　建（兼）

群众团体

总工会

主　席　　李炳良

妇　联
主　席　　祝　萍（女）
团市委
书　记　　刘　苏（女）
市青年联合会
主　席　　刘　苏（女）
工商联
主　席　　周桂香（女，兼）
党组书记　翁　进
残　联
党组书记　封红年
理事长　　陈　卫（女）
科　协
主　席　　卜文斌
文　联
主　席　　林　林（至2023-5-2）
　　　　　叶　骏（2023-10-20提名，2023-11-22当选）
侨　联
主　席　　王晓玲（女，至2023-10-20）
　　　　　陆　健（2023-10-20提名，2023-11-17当选）
红十字会
会　长　　惠　星（兼）

市人大专门委员会、市人大常委会工作机构

市人大法制委员会
主任委员　王长健
市人大财政经济委员会
主任委员　王晓云（女）
市人大社会建设委员会
主任委员　顾　刚
市人大常委会办公室
主　任　　何文军
市人大常委会人事代表工作委员会
主　任　　朱　舒
市人大常委会监察和司法工作委员会（挂法制工作委员会牌子）
主　任　　顾建中
市人大常委会财经工作委员会（挂预算工作委员会牌子）
主　任　　顾昌圣
市人大常委会教科文卫工作委员会
主　任　　凌　浩
市人大常委会社会和环境资源与城乡建设工作委员会
主　任　　吴　剑
市人大常委会农村工作委员会
主　任　　朱军红（女）

市政府工作部门

市政府办公室
主　任　　丁忠强
市发展和改革委员会
主　任　　燕荣华
市教育局
局　长　　王新军
市科学技术局
局　长　　奚海燕（女）
市工业和信息化局
局　长　　丁晓江
市公安局
局　长　　孙　峰（至2023-9-14）
　　　　　冯　宇（2023-9-14提名，2023-9-28任）
政　委　　周国祥
市民政局
局　长　　黄杜鹃（女）
市司法局
局　长　　成　峰
市财政局
局　长　　冯　翔
市人力资源和社会保障局
局　长　　赵新元

市住房和城乡建设局
局　长　　黄　峰
市城市管理局
局　长　　印佩斌
市交通运输局
局　长　　王　华（至2023-10-20）
　　　　　潘冬子（2023-10-20提名，2023-12-5任）
市水务局
局　长　　许习锋
市农业农村局
局　长　　潘冬子（至2023-10-20）
　　　　　黄云峰（2023-10-20提名，2023-12-5任）
市商务局
局　长　　马志刚
市文体广电和旅游局
局　长　　姚　鸣（女）
市卫生健康委员会
主　任　　吴成剑（至2023-10-20）
　　　　　成　楠（2023-10-20提名，2023-12-5任）
市退役军人事务局
局　长　　王　东
市应急管理局
局　长　　陈卫国
市审计局
局　长　　熊亚平
市行政审批局
局　长　　陆小莉（女）
党组书记　陈　捷（至2023-10-20）
　　　　　吴红军（2023-10-20任）
市市场监督管理局
局　长　　唐春良（至2023-10-20）
　　　　　孔　军（2023-10-20提名，2023-12-5任）
市统计局
局　长　　郤　杰
市医疗保障局
局　长　　申卫明
市信访局
局　长　　宋　凯（至2023-10-20）
　　　　　张玉建（2023-10-20提名，2023-12-5任）
市地方金融监督管理局
局　长　　王新宇
党组书记　周国治
江苏省泰兴经济开发区
党工委书记　　朱为祥（兼）
管委会主任　　潘明荣
市供销合作总社
主　任　　成　楠（至2023-10-20）
　　　　　李　飞（2023-10-20提名，2023-10-31当选）
市政府新闻办公室（在市委宣传部挂牌）
主　任　　吴振国（兼）
市政府侨务办公室（在市委统一战线工作部挂牌）
主　任　　丁中辉（兼，至2023-10-20）
　　　　　陆　健（兼，2023-10-20任）
市政府台湾事务办公室（在市委统一战线工作部挂牌）
主　任　　丁中辉（兼）
市政府研究室（在市政府办公室挂牌）
主　任　　丁忠强（兼）
市政府外事办公室（在市政府办公室挂牌）
主　任　　丁忠强（兼）
市大数据管理局（在市政府办公室挂牌）
局　长　　丁忠强（兼）
市智慧城市管理指挥中心（市政府办公室所属事业单位，机构规格相当正科级）
主　任　　朱承军（至2023-10-20）
　　　　　宋　凯（2023-10-20任）
市机关事务服务中心（市政府办公室所属事业单位，机构规格相当正科级）
主　任　　陈晓东

市粮食和物资储备局（在市发展和改革委员会挂牌）

局　长　　燕荣华（兼）

市国防动员办公室（在市发展和改革委员会挂牌）

主　任　　燕荣华（兼，2023–2–22任）

市人民防空办公室（暂保留在市国防动员办公室挂牌）

主　任　　黄　峰（兼，至2023–2–22）

市服务业发展中心（市发展和改革委员会所属事业单位，机构规格相当正科级）

主　任　　李　飞（至2023–10–20）

　　　　　陆爱平（2023–10–20任）

市政府教育督导室（设在市教育局）

主　任　　王新军（兼）

市政府国有资产监督管理办公室（在市财政局挂牌）

主　任　　冯　翔（兼）

市建筑工程管理局（在市住房和城乡建设局挂牌）

局　长　　黄　峰（兼）

市综合行政执法局（在市城市管理局挂牌）

局　长　　印佩斌（兼）

市乡村振兴局（在市农业农村局挂牌）

局　长　　潘冬子（兼，至2023–10–20）

　　　　　黄云峰（兼，2023–10–20任）

市口岸办公室（在市商务局挂牌）

主　任　　马志刚（兼）

市新四军黄桥战役纪念馆（正科级事业单位，黄桥镇代管）

馆　长　　丁　萌（女）

市疾病预防控制局（2023年5月25日组建，在市卫生健康委员会挂牌）

局　长　　朱　杰（兼，2023–12–20任）

杨根思烈士陵园（市退役军人事务局管理的事业单位，机构规格相当副处级）

主　任　　周建国（至2023–11–28）

　　　　　王　东（2023–11–28任）

市地震局（在市应急管理局挂牌）

局　长　　陈卫国（兼）

市政务服务管理办公室（在市行政审批局挂牌）

主　任　　陆小莉（女，兼）

市知识产权局（在市市场监督管理局挂牌）

局　长　　唐春良（兼，至2023–10–20）

　　　　　孔　军（兼，2023–10–20任）

市政府金融工作办公室（在市地方金融监督管理局挂牌）

主　任　　王新宇（兼）

江苏省泰兴中学

党委书记　钱留华

校　长　　肖春华

江苏省黄桥中学

校　长　　钱晓航

党委书记　钱晓航（至2023–11–14）

　　　　　游　洋（2023–11–14任）

市第一高级中学

党委书记、校长　　钱　凯

江苏省泰兴中等专业学校

校　长　　何晨阳

党委书记　李和章（2023–11–14任）

泰州市广播电视大学泰兴分校（在江苏省泰兴中等专业学校挂牌）

校　长　　何晨阳（兼）

泰兴建筑工程学校（在江苏省泰兴中等专业学校挂牌）

校　长　　何晨阳（兼）

江苏联合职业技术学院泰兴分院（在江苏省泰兴中等专业学校挂牌）

院　长　　何晨阳（兼）

市人民医院

党委书记　唐小丽（女）

院　长　　李文江

市人民医院医疗集团管委会（在市人民医院挂牌）

主　任　　李文江（兼）

市电子政务中心
主　任　　张志敏

市教师发展中心
主　任　　叶副权
市财政国库集中收付中心
主　任　　常红波（至2023-11-14）
　　　　　薛　瑾（女，2023-11-14任）
市国资和基层财政事务服务中心
主　任　　李　政
市社会养老保险服务中心
主　任　　蒋小明
市劳动监察大队
大队长　　符建军
市公共就业服务中心
主　任　　陈永忠
市房产和住房保障服务中心
主　任　　陈　中（至2023-11-14）
　　　　　席　立（2023-11-14任）
市房屋征收服务中心
主　任　　樊晓文
市城市管理综合执法大队
大队长　　肖　波
市交通运输综合行政执法大队
大队长　　肖军峰
市港航事业发展中心
主　任　　张正林
市公共交通服务中心
主　任　　黄　剑
市公路事业发展中心
主　任　　叶　盛
市农业技术推广中心
主　任　　蒋春宏
市畜牧兽医中心
主　任　　戴璐珺
市农业综合行政执法大队
大队长　　戴兴生（至2023-4-28）
中国国际贸易促进委员会泰兴市委员会
会　长　　刘　琼（女）

市旅游发展服务中心
主　任　　叶朝晖

市文化市场综合执法大队
大队长　　华　蕾（女）
市卫生健康服务中心
主　任　　李学东
市卫生监督所（根据2023年12月13日泰编发〔2023〕28号通知，不再保留单设的市卫生监督所，市疾病预防控制中心挂市卫生监督所牌子）
所　长　　杨　斌（至2023-12-20）
市疾病预防控制中心（根据2023年12月13日泰编发〔2023〕28号通知，重新组建）
主　任　　范　敏
市应急管理综合行政执法大队
大队长　　尹必志
市政务服务中心
主　任　　叶　魏（至2023-10-20）
　　　　　汤云星（2023-10-20任）
市市场监管综合执法大队
大队长　　张　涛
市产品质量综合检验检测中心
主　任　　刘　琦
市医疗保险服务中心（根据2023年11月20日泰编发〔2023〕25号通知，规格调整为相当于副科级）

泰兴经济开发区管委会驻上海招商局

泰兴经济开发区管委会驻深圳招商局

市政协工作机构

市政协办公室
主　任　　陆　健（至2023-10-20）
　　　　　卞玉琴（女，2023-10-20提名，2023-12-29任）

市政协提案委员会

主　任　　李卫东

市政协学习文史联络委员会

主　任　　桂轶群（女）

市政协经济科技委员会（挂农业农村委员会牌子）

主　任　　丁三友

市政协社会法制委员会（挂港澳台侨委员会牌子）

主　任　　吴晓东

市政协城乡建设委员会

主　任　　朱　熊

市政协教卫文体委员会

主　任　　袁　玲（女）

市属国有企业

泰兴一建建设集团有限公司

党委书记、董事长　尹晓阳

总经理　　姚建国（至2023-11-14）

市城市投资发展集团有限公司（隶属市政府直接管理）

党委书记、董事长　葛　斌

总经理　　褚　鹏

市交通产业（集团）有限公司（隶属市政府直接管理）

党委书记、董事长　　陆　庆

总经理　　尹　群

市中兴国有资产经营投资集团有限公司（隶属市政府直接管理）

董事长　　成国晖

总经理　　史丽娟（女）

市中鑫投资集团有限公司（隶属市政府直接管理）

总经理　　周正峰（2023-5-13任）

市港口集团有限公司（由泰兴经济开发区管理）

党委书记、董事长　　周晓柱

总经理　　周青松

市工程集中建设项目管理有限公司（隶属市政府直接管理）

董事长　　匡　林

总经理　　匡　林（至2023-11-14）

　　　　　张　斌（2023-11-14任）

垂直单位

市自然资源和规划局

局　长　　栾　俊

市林业局（在市自然资源和规划局挂牌）

局　长　　栾　俊（兼）

市土地开发储备中心（市自然资源和规划局管理的正科级事业单位）

主　任　　栾　俊（兼）

市自然资源监察大队（副科级参公事业单位，隶属市自然资源和规划局管理）

大队长　　王建斌（2023-11-27任）

市不动产登记中心（副科级事业单位，隶属市自然资源和规划局管理）

主　任　　聂　锋

市林业技术推广中心（副科级事业单位，隶属市自然资源和规划局管理）

主　任　　袁　觉

国家统计局泰兴调查队

队　长　　方丽梅（女）

江苏省统计局泰兴调查局

局　长　　王晓建（女）

泰州海关驻泰兴办事处

主　任　　顾国峰

国家税务总局泰兴市税务局

局　长　　俞勇华

泰州市泰兴生态环境局

局　长　　郑逸新

泰州市泰兴生态环境综合行政执法局（副科级参公事业单位，隶属泰州市泰兴生态环境局管理）

局　长　　陆　明

市烟草专卖局（分公司）
局　长（经理）　程　浩
中国电信股份有限公司泰兴分公司
总经理　陈煜嵘
江苏移动通信有限责任公司泰兴分公司
总经理　霍红松
中国联合网络通信集团有限公司泰兴分公司
总经理　陶　敏（至2023-2-9）
副总经理　薛兴权（2023-2-9主持工作）
中国邮政集团公司江苏省泰兴市分公司
总经理　李　莎（女）
国网江苏省电力公司泰兴市供电公司
总经理　祁　晖
党委书记　蔡华东
市盐业有限公司
经　理　赵建忠
市气象局
局　长　谭新征
泰兴石油分公司
经　理　陆亚宏（至2023-9-11）
王洪波（2023-9-11任）
泰州市住房公积金管理中心泰兴分中心
主　任　王友彬（至2023-7-13）
副主任　卜　美（女，2023-7-13主持工作）
中国人民银行泰兴市支行
行　长　徐日山
中国工商银行股份有限公司泰兴支行
行　长　蒋志勇（至2023-8-25）
刘　杰（2023-8-25任）
中国农业银行股份有限公司泰兴市支行
行　长　陈海军
中国农业发展银行泰兴市支行
行　长　李城瑞（至2023-12-26）
吴文贤（2023-12-26任）
中国建设银行股份有限公司泰兴市支行
行　长　王　毓（至2023-5-17）
戴　翔（2023-5-17任）
中国银行股份有限公司泰兴支行
行　长　翟剑峰（至2023-4-12）
陈曙斌（2023-4-12任）
中国邮政储蓄银行股份有限公司泰兴市支行
行　长　周　珺
泰兴农村商业银行
董事长　杨树桐
中国人民财产保险股份有限公司泰兴支公司
经　理　薛宏伟
中国人寿保险股份有限公司泰兴支公司
经　理　成联华（女，至2023-11-29）
季鹏翔（2023-11-29任）
太平洋财产保险股份有限公司泰兴支公司
副经理　陈　尧（主持工作，至2023-6-9）
许海勇（主持工作，2023-6-9任）
太平洋人寿保险股份有限公司泰兴支公司
经　理　陈新锋（女）
江苏有线网络发展有限责任公司泰兴分公司
总经理　郝忠华

重要会议

【安全生产工作会议】 1月10日，全市安全生产工作会议召开。市委书记张坤强调，要强化警惕警醒、要坚持三个导向（目标导向、问题导向、效果导向）、要切实履职担当。要坚决克服疲劳厌战思想，牢记职责，真抓实干，扎实推进安全生产各项工作，坚决维护好人民群众生命财产安全、坚决维护好社会和谐稳定大局。市长刘文荣主持会议。市委常委、常务副市长刘辉作工作部署。与会人员观看事故警示教育片。申联环保、集建公司、泰兴经济开发区、虹桥镇、延令街道、生态环境局、消防救援大队作大会发言。市领导殷海成、范存力、蒋益公、王晓云、孙峰、惠星、孙红东、朱为祥、孙天民参加会议。

【市委常委会（扩大）会议】 1月28日，市委常委会（扩大）会议召开，听取乡镇（街道）工作情况汇报。市委书记张坤主持会议，要求在新的一年里群策群力、共同奋斗，撸起袖子加油干、风雨无阻向前行，在全面推进中国式现代化泰兴新实践中展现新作为、作出新贡献。市委副书记、市长刘文荣参加。会议通报乡镇（街道）财政运行、信访等情况。

【创建全国文明城市暨城建交通工作会议】 2月11日，泰兴市召开创建全国文明城市暨城建交通工作会议。市委书记张坤，市委副书记、市长刘文荣，市人大常委会主任刘荣华，市政协主席徐闻仲，市委副书记、宣传部部长张红霞等市领导出席。市委副书记、市长刘文荣主持会议。会上，市委副书记、宣传部部长张红霞作创建全国文明城市工作报告；副市长孙红东作城建交通工作报告；市住建局、市城管局、市交运局、姚王街道、张桥镇作交流发言。

【重大项目观摩暨书记项目建设述职会】 3月14日，全市一季度重大项目观摩暨书记项目建设述职会召开，通过晒进度、比速度、加力度，推动项目建设再升温、再提速、再突破。市委书记张坤强调，大抓项目、抓大项目的冲锋号已经吹响，要树立起必胜的信心、大胜的决心、全胜的雄心，激扬奋力拼、迎难上的劲头，弘扬勇攀登、争一流的精神，昂扬不服输、不言败的斗志，努力为实现全年发展目标奠定更加坚实的项目支撑。市领导刘文荣、刘荣华、徐闻仲等参加。会上，市商务局、市发改委通报全市重大项目招引、建设情况；各园区分别汇报重大项目建设情况。

【党建工作领导小组成员会议】 4月7日，市委书记张坤主持召开市委党建工作领导小组成员会议。他要求，全市上下要以习近平新时代中国特色社会主义思想为指导，全面提升党建工作质量，真正把党的政治优势、组织优势转化为推动高质量发展的强大动力，以高质量党建推动高质量发展取得新成效。市领导刘文荣、张红霞、夏万云、毛戴军、王建武、殷海成、蒋益公参加。会议传达学习相关会议精神，讨论研究2023年党建条线相关工作要点，讨论研究全市党建工作会议方案。

【党建工作会议】 4月12日，全市党建工作会议召开。市委书记张坤强调，做好新形势下党的建设各项工作任务艰巨、意义重大，要更加紧密地团结在以习近平同志为核心的党中央周围，踔厉奋发新征程、笃行不怠向未来，以党建工作“勇争一流”引领全市工作“走在前列”，为奋力谱写“强富美高”新泰兴现代化建设新篇章提供更加坚强的组织保证。市委副书记、市长刘文荣，市政协主席徐闻仲等出席会议。市委副书记、宣传部部长张红霞主持会议。市委副书记、宣传部部长张红霞，市委常委、组织部部长毛戴军，市委常委、统战部部长殷海成分别作工作报告。会议以视频会议形式召开。

【庆祝中国共产党成立102周年座谈会暨市“两优一先”表彰会议】 7月1日，泰兴市召开庆祝中国共产党成立102周年座谈会暨市“两优一先”表彰会议。市委副书记、市长刘文荣出席会议并讲话，市人大常委会主任刘荣华，市政协主席徐闻仲，市委副书记张红霞，市领导刘辉、夏万云、毛戴军、王建武、殷海成、范存力、蒋益公、王晓云参加会议。市委副书记张红霞主持会议。市委常委、组织部部长毛戴军宣读2022年度全市先进基层党组织、优秀共产党员和优秀党务工作者表彰决定。部分获奖代表作交流发言。

【中国共产党泰兴市第十四届委员会第五次全体会议】 8月2日，中国共产党泰兴市第十四届委员会第五次全体会议召开。全会高举习近平新时代中国特色社会主义思想伟大旗帜，深入学习贯彻习近平总书记对江苏工作重要讲话精神，认真落实省委十四届四次全会和泰州市委六届六次全会部署，总结上半年工作，明确下半年任务，动员全市上下牢记嘱托、感恩奋进，在推进中国式现代化中走在前、做示范，谱写“强富美高”新泰兴现代化建设新篇章。全会由市委常委会主持，市委书记张坤代表市委常委会作工作报告。全会审议通过《中共泰兴市委关于深入学习贯彻习近平总书记对江苏工作重要讲话精神，在推进中国式现代化中走在前、做示范，谱写“强富美高”新泰兴现代化建设新篇章的决定》《中国共产党泰兴市第十四届委员会第五次全体会议决议》。市委副书记、市长刘文荣作小结讲话。市委委员、市委候补委员出席会议。市纪委委员和有关方面负责人列席会议。

【全市主题教育工作推进会】 11月29日，市委主题教育领导小组第二次会议暨全市主题教育工作推进会召开。市委书记张坤强调，要进一步增强政治责任感和历史使命感，以更强的政治自觉、更优的精神状态、更高的目标追求，不折不扣贯彻落实好中央和省、市委决策部署，全面推动主题教育取得实实在在的成效，奋力谱写“强富美高”新泰兴现代化建设新篇章。市委副书记、市长刘文荣主持会议。市领导张红霞、夏万云、毛戴军出席会议。会上，分界镇、滨江镇、市公安局、市卫健委、张桥镇东联村、延令街道越街社区、泰州远大投资集团有限公司、泰师附小东润校区、市委主题教育办公室联络一组作交流发言。与会人员观看主题教育专题片《淬炼——周恩来的自我革命精神》。

【中国共产党泰兴市第十四届委员会第六次全体会议】 12月28日，中国共产党泰兴市第十四届委员会第六次全体会议召开。全会坚持以习近平新时代中国特色社会主义思想为指导，全面贯彻中共二十大和二十届二中全会精神，深入贯彻习近平总书记对江苏工作重要讲话重要指示精神，认真落实中央经济工作会议和省委十四届五次全会、省委经济工作会议、泰州市委六届七次全会部署要求，动员全市上下更加坚定自觉地牢记嘱托、感恩奋进、走在前列，奋力谱写“强富美高”新泰兴现代化建设新篇章。全会由市委常委会主持。市委书记张坤代表市委常委会作工作报告，市委副书记、市长刘文荣作小结讲话。全会审议通过《中国共产党泰兴市第十四届委员会第六次全体会议决议》，书面审议《中共泰兴市委常委会2023年度落实全面从严治党主体责任情况的报告》。市委委员、市委候补委员出席会议。不是市委委员、候补委员的市人大、市政府、市政协负责人，法检“两长”，市人武部部长、政委，市纪委委员，各开发园区、各乡镇（街道）党政主要负责人，市级机关各部门、各市直单位、人民团体、有关市属一类国有企业、驻泰单位党政主要负责人，市委各巡察组组长，部分党代表，市委法律顾问列席会议。

重大活动

【一季度重大项目观摩活动】 3月14日，市委书记张坤，市长刘文荣带领各开发园区以及相关部门负责人，现场观摩泰兴市城区工业园区、泰兴经济开发区、泰兴虹桥工业园区、泰兴黄桥经济开发区、泰兴现代农业产业园区、泰兴高新技术产业开发区重大项目。市领导刘荣华、徐闻仲、张红霞等参加活动。

【三季度重大项目观摩活动】 10月27日，全市三季度重大项目观摩活动举行。市委书记张坤，市长刘文荣带队，到“三区三园”重大项目建设现场，对项目建设成果进行集中检阅，11个高质量项目接受检阅。

【全市年轻干部座谈会】 9月19日，全市年轻干部座谈会召开。市委书记张坤要求，要进一步锤炼作风、砥砺品质、增长才干，始终保持奋勇争先、干事创业的激情和热情，全力争做“敢为型”干部。市委常委、组织部部长毛戴军主持会议。

【全市四季度经济形势分析会】 10月28日，市委书记张坤主持召开全市决胜四季度经济形势分析会，复盘前三季度、冲刺四季度。市领导张红霞、毛戴军、范存力、蒋益公、孙红东、孙天民参加会议。

【2023中国（泰兴）金秋经贸科技洽谈会】 11月3日，2023中国（泰兴）金秋经贸科技洽谈会举办。泰州市委常委、常务副市长沈峻峰，中国工程院院士、东南大学学术委员会主任、省科协副主席缪昌文，中国工程院院士、中国石化股份公司原总裁、中国企业联合会特邀副会长、中国可持续发展工商理事会会长王基铭，中国工程院院士、东南大学首席教授刘加平，省科学技术厅党组成员、副厅长蒋洪，泰兴市市委书记张坤，市长刘文荣，市人大常委会主任刘荣华，市政协主席徐闻仲，市委副书记张红霞等出席洽谈会。市委常委、常务副市长刘辉主持会议。活动中播放城市形象宣传片《风好正是扬帆时》和专题片《大国重器里的泰兴科技》。现场签约项目共51个，投资总额300.7亿元。其中，协议利用外资及港澳台资4.58亿美元；战略合作项目1个、科技合作项目10个、产业项目40个。

【全国首届预制菜争霸赛颁奖盛典在泰兴市举行】 11月9日，由中央广播电视总台农业农村节目中心联合央视频推出的全国首届预制菜争霸赛颁奖盛典在江苏省泰兴市举行。该届预制菜大赛经过激烈角逐，最终从还原度、健康性、方便性、创新性4个维度评选出“我最喜爱的预制菜”“十佳创新预制菜榜”“十佳预制菜美味榜”“最具地域特色预制菜”。泰州花雕熟醉蟹、白汤河豚火锅等11道预制菜入围获奖。泰州市、赣州市等5家单位获最佳组织奖。中央广播电视总台农业农村节目中心党委书记、副主任王晓斌，中国农业科学院副院长孙坦，江苏省政府副秘书长刘建，泰州市领导朱立凡、徐克俭、周小慧等出席活动并为获奖者颁奖。

全面深化改革

【“放管服”改革优化营商环境会议】 3月23日，全市深化“放管服”改革优化营商环境工作会议召开。市委书记张坤强调，营商环境“进”无止境，必须与时俱进；营商环境“优”无止境，必须优中更优；营商环境“拼”无止境，必须全力比拼。要充分发扬钉钉子精神，以踏石留印、抓铁有痕的力度，全力打造优化营商环境的“泰兴样板”，为全面推进中国式现代化泰兴新实践提供更加坚强的支撑。市长刘文荣主持会议。市领导徐闻仲、刘辉、王建武、殷海成、蒋益公等出席。市委常委、常务副市长刘辉部署深化“放管服”改革优化营商环境工作。市发改委、市行政审批局、市法院、市市场监管局、泰兴高新区作交流发言。

【市委深改委会议】 5月13日，市委书记张坤主持召开市委深改委会议，学习二十届中央深改委第一次会议、省委深改委第三十五次会议和泰州市委深改委第二十一次会议精神，研究《中共泰兴市委全面深化改革委员会2023年工作要点》《泰兴市2023年全面深化改革责任清单》。市委副书记、市长刘文荣，市政协主席徐闻仲，市委副书记、宣传部部长张红霞等出席会议。9月14日，市委书记张坤主持召开市委深改委会议，学习二十届中央深改委第二次会议精神、省委深改委会议精神。市领导刘荣华、徐闻仲、张红霞等出席会议。12月20日，市委书记张坤主持召开市委深改委会议，传达学习二十届中央深改委第三次会议、泰州市委深改委第二十三次会议精神，审议《黄桥镇经济发达镇改革两年行动计划》《虹桥镇经济发达镇改革两年行动计划》。市长刘文荣等出席会议。

【基层管理体制改革】 2023年，泰兴市将深化经济发达镇改革纳入市委全面深化改革工作要点、全市乡村建设行动重点任务。围绕产业发展、项目和基础设施建设、公共服务、财力支持、乡村振兴等方面，定期梳理汇总《泰兴市经济发达镇改革配套支持政策》落实情况。围绕省经济发达镇改革与发展考核评估，指导黄桥镇、虹桥镇针对短板弱项研究谋划未来两年行动计划；组织召开3次考核评估交流会、调度会，对考核指标逐项进行分析研判、指导调度。7月公布2022年度泰州市经济发达镇（培育镇）改革与发展评估结果，泰兴市黄桥镇位列第1，排名上升3位，虹桥镇位列第9，排名上升5位。在三类一级指标中，黄桥镇列高质量发展第4，列高品质生活、高效能治理第1；虹桥镇列高质量发展第11，列高品质生活第8，列高效能治理第5。9月，泰州市委编办在黄桥镇召开泰州市经济发达镇改革观摩推进会；11月，省委编办在泰兴市召开苏中片区经济发达镇改革经验交流会。

【综合执法体制改革】 2023年，泰兴市聚焦应急管理、农村宅基地管理、住宅小区消防设施管理等领域，梳理监管执法职责。开展基层综合行政执法专题调研，出台《关于进一步优化基层综合行政执法工作机制的意见》。围绕城管执法力量下沉、城管监督执法衔接，开展调查研究。

【开发园区体制机制改革】 2023年，泰兴市在机构限额内分设泰兴经济开发区安全生产监督管理部和生态环境监督管理部，优化部分园区编制及员额配置，明确深化开发园区改革员额与人员管理操作口径，畅通开发园区员额岗位人员晋升通道。

11月9日，经济发达镇改革经验交流会（苏中片区）在泰兴市召开

（市委编办　供图）

【重点领域改革】 2023年，泰兴市完成行政复议体制改革相关机构编制事项调整，推进疾控体制改革工作。优化招投标领域监管机制，将招标投标监管职责由行政审批局转调整由市各行业主管部门行使。动态调整市级部门行政权力清单，试点开展政府部门全口径权责清单编制工作，梳理形成市事业单位登记管理局等4个部门全口径权责清单。

【年度"一件事"改革创新】 2023年，市行政审批局制定年度"一件事"改革工作方案，推进"一件事"15个。企业注销、工程建设项目审批、开药店3个深化类"一件事"形成工作方案，就业、奖特扶、医保参保登记（报销前移）3个"一件事"向基层推广。全市1.6万名群众票选出教育入学、新生儿出生、军人退役等8个"年度我最满意'一件事'"。出台《泰兴市企业投资项目"多评合一"实施方案（试行）》试行节能审查、水土保持方案审批等9项评估评审事项"统一受理、统一编制、统一评审、统一审批"的"1+N"服务模式，完成8个重大项目"多评合一"工作。

【政务服务体系改革】 2023年，市行政审批局编制《行政许可事项清单》，涉及28个部门（单位）、272个事项，同步编制完善办事指南443项。编制出台《泰兴市政务服务中心进驻事项负面清单（第一批）》，25个部门、346个事项进驻政务服务中心。在市镇两级服务大厅运行"办不成事"反映窗口，为企业群众提供"兜底"服务140余次，协调解决疑难问题38件。在全省率先开发应用在线视频帮办平台，打造政务服务线上"1号窗口"，被列入年度全省线上线下融合服务试点项目之一。

【政务服务智能化改革】 2023年，市行政审批局建立审管衔接平台，覆盖15个部门、17个乡镇、71个权力事项，实现集中许可和行业监管数据双向实时推送。在"苏服办"App泰兴旗舰店上线公安个人证照、不动产登记掌上预约服务。开发企业全生命周期无声叫号（"线上精准预约，线下安静办事"）模块。开发"水电气讯"短信指引功能，在企业设立和项目立项备案后向企业定向推送短信，引导企业办理"水电气讯"联合报装。

组织工作

【概况】 至2023年底，全市共有党员6.36万名，其中男性4.89万名、女性1.47万名，35岁以下党员1.04万名，高中以上文化党员4.71万名，少数民族党员44名。全年新发展党员650名，其中男性381名、女性269名，35岁以下党员466名，高中以上文化党员640名。

2023年泰兴市基层党组织设置一览表

表1　　单位：个

党委（工委）										党总支部					党支部					党组
总数	其中									总数	其中				总数	其中				
	乡镇党委	机关党委	园区党委	事业性质党委	企业党委	党工委	村级党委	社区党委	其他党委		机关	企业	事业	其他		机关	企业	事业	其他	
101	14	5	0	7	30	16	11	17	1	407	25	25	24	333	2731	351	976	323	1081	46

2023年泰兴市党员队伍结构一览表

表2 单位：人

总数	性别		年龄					学历					
	男	女	35岁及以下	36~45岁	46~55岁	56~60岁	61岁及以上	研究生	本科	大专	中专	高中	初中及以下
63638	48926	14712	10437	9860	12007	5802	25532	1052	15594	12503	4480	13467	16542

2023年泰兴市发展新党员一览表

表3 单位：人

总数	性别		年龄		学历				
	男	女	35岁及以下	36岁及以上	本科及以上	大专	中专	高中	其他
650	381	269	466	184	399	184	30	27	10

【思想政治建设】 2023年，市委组织部推进学习贯彻习近平新时代中国特色社会主义思想主题教育，引导全市广大党员干部以学铸魂、以学增智、以学正风、以学促干。“学思践悟”讲坛、产业服务团、激励干部担当作为等做法，得到中央和省委主题教育督导组肯定；为民解忧办实事相关做法被中央主题教育官网推介；“四下基层”（宣传党的路线、方针、政策下基层，调查研究下基层，信访接待下基层，现场办公下基层）实践在泰州市作经验介绍；泰兴经济开发区转型升级、健康长江行动，分别被泰州市委常委会、市政府党组确定为正面典型案例。实施“兴心相连”工程，建立健全流动党员管理的组织体系和制度机制。

【基层组织建设】 2023年，市委组织部推进党建引领乡村振兴，聚焦“党建+乡村建设”“党建+城市基层治理”两个主题，联动实施17个乡镇（街道）党（工）委基层党建书记项目，2个项目获评泰州市“十佳书记项目”。率先推行“强组织、抓四所、带六会”治理模式，河失镇入选全国104个“枫桥式工作法”单位，全省仅4家，为泰州市唯一入选单位。推进基层干部专业化体系建设，持续实施村干部“513雁阵培育计划”，委托培养15名“定制村干”，新选派44名“第一书记”“乡村振兴顾问”，招录84名村（社区）后备干部。开展村干部能力大比武，定期举办“头雁论坛”，轮训村居干部2600多人次。2名村支部书记当选省第三批“百名示范”村支部书记，5名村支部书记提拔进乡镇领导班子。实施农村党群服务中心分类提升行动，优化功能布局，平均面积820平方米，承办泰州市农村党群服务中心“建管用”现场推进会。组建3个街道“大工委”、28个社区“大党委”、179个“小区治理党支部”，构筑“两大一小”城市基层治理架构，解决群众急难愁盼问题276个。实施产业链生态党建“四强四提”行动计划，打造泰州首家产业链党群服务中心，组建6个产业联盟党委，举办“联盟日”“红链助企”论坛30多场次。建设运营泰州“两新”党建培训中心，承办泰州市“两新”党组织书记示范培训班暨产业链党建专题培训班。黄桥经济开发区与上海金桥集团“流动党员双向共管”项目入选长三角城市群党建引领高质量发展第二批合作项目。新认证中级以上“两新”组织党务工作者41名，其中高级以上4名。新建泰州市首家网络主播党群服务中心、“司机之家”“红韵驿站”等50多个党群服务阵地，分类培育“兴骑先锋”“红途畅行”等行业党建品牌。组建32个市（乡）青年支部，开展“青听习语”“青述榜样”等主题活动20余场。

【干部队伍建设】 2023年，市委组织部出台“敢为六条”（旗帜鲜明选用敢为、成就想为、赋能善为、褒奖能为、呵护作为、整饬不为）。建立干部敢为“红黑”名单、开展推优推差，营造“领导不怕难、干部不怕苦”浓厚氛围，经验做法被《新华社》刊载，得到省委书记信长星批示肯定，并在省委党建工作领导小组会议上点名表扬。全年提拔重用89人，机关、国企新配90后市管干部3名、乡镇街道新配92后科级干部10名，22人获评泰州市好干部，3个集体获泰州市骏马奖。开展竞争性选拔四级主任科员活动，从301名“92后”年轻公务员中比选确定25名晋升人选。推进名校优生集聚计划，选聘优秀党政青年人才18名。先后赴清华大学、北京大学、中国科学技术大学等开展校招。推进“招商双锐”计划，开展“双招双引”实务培训，全员参加实战历练，经验做法在泰州市推广，全年先后从“双锐”中提拔担任正科职2人、副科职4人。举办首期“敢为型”干部集训营，开设精业讲堂，实施“银地”干部互挂。举办各类主体班次15期，轮训干部3100余人次。

【人才队伍建设】 2023年，泰兴市将人才公寓建设纳入民生实事工程，新建人才公寓600套；实施城市空间适青适才化改造，落实9家职能部门、1家重点板块认领15项具体改造任务；线上线下运行青年和人才一站式服务中心，推进人才服务“一件事”改革；成立青才优选消费联盟，开展青年人才周末嘉年华36场次。到香港理工大学、苏州大学、中国科学技术大学举办“泰州日”活动，组织清华大学、北京大学、中国科学技术大学在校生到泰兴开展“青春泰兴行”暑期实践活动。全年引进青年人才7650人，发放购房券225人，兑现389万元，提供贷款贴息107.65万元；兑付生活补贴566.24万元，租房补贴323.48万元。全年引进硕士以上高层次人才650人，入选国家海外引才计划5人，入选省“双创计划”2人，入选泰州市“凤城英才计划”双创引进专项7人。举办“科创泰兴·智赢未来”创新创业大赛，评选获奖项目6个。入选泰州市“311”高层次人才培养工程第一层次4人、第二层次15人、第三层次75人。获评“江苏省乡土人才大师工作室”1个、“泰州市乡土人才大师工作室”2个、“泰州市技能大师工作室”1个、“江苏工匠”2人、“泰州市技术能手”15人。新增获证技能人才3675人、高技能人才1200人。

【搭建“五争”竞比平台】 2023年，市委组织部开展“五争”（争资金、争项目、争政策、争试点、争荣誉）竞比。全年累计上争资金11.39亿元，其中省级以上项目23个、试点38个，上争政策7条，省级（含国家部委）荣誉105项；土地节约集约利用工作连续第4年荣获国务院督查激励；财政管理、优化营商环境、新型城镇化建设等8项工作，获省政府督查激励。全年6人优先推荐泰州好干部，20人优先提拔重用，28人优先评定优秀等次，11人优先晋升职级。

【党建引领村级增收】 2023年，市委组织部联合市农业农村局出台《关于促进强村公司健康发展的指导意见》，市镇村联动组建“强村公司”，注册资金1.78亿元。组织28名村（涉农社区）书记到农贸市场、商超挂职，推动挂职村支部书记提升谋发展能力。引入“乡村运营”模式，邀请杭州市临安区乡村运营专业团队到泰兴“把脉问诊”，开展乡村运营主体交流活动并签署运营合作框架协议。

【“两大一小”共建】 2023年，市委组织部落实泰州市“一轴贯通、五位一体”体制机制，打造“街道大工委、社区大党委和小区治理党支部”“两大一小”治理架构。组织63个机关部门

(单位)结对城市社区,37个乡镇(街道)班子成员兼任社区大党委书记,179名社区党组织委员下沉小区治理党支部。分层建立"两大一小"联席会议制度。实施98个"两大一小"共建项目,延令街道西郊社区"百家红"项目得到省委主题教育督导组领导和泰州市委常委、组织部部长梁三元充分肯定。

宣传工作

【概况】 2023年,市委理论学习中心组制订年度专题学习研讨计划,学习中共二十大精神和习近平总书记最新重要讲话精神,集中学习研讨23次,开设全市领导干部主题教育读书班,承办泰州市委中心组现场研学活动。印发《2023年度乡局级党委(党组)理论学习中心组专题学习计划》,开展乡局级党委(党组)理论学习中心组巡学旁听、示范观摩等活动。

【理论建设】 2023年,市委理论学习中心组与南京师范大学、南京农业大学马克思主义学院结对共建,成立"E起学习"泰兴站,开通互动融媒课堂,举办"习语共鸣"读书沙龙、"提振'四敢'精气神 弘扬'三个不相信'"专题征文和演讲活动、"学习达人"挑战赛等活动600余场次,泰兴市3名选手包揽泰州市"学习达人"挑战赛前三名。开展"坚决扛起新征程新的光荣使命,奋力开创泰兴现代化建设新局面"专题读书调研活动。发现培养"六名"(教育"名师"、卫生"名医"、文艺"名星"、企业"名管"、科技"名家"、产业"名匠")人才287人。分层设立理论名师、理论骨干、"百姓名嘴"工作室,开辟榜样讲堂、多彩讲堂、云端讲堂等八大讲堂,开展分众化理论宣讲4000余场次。打造生态文明、乡村振兴、科技进步等新思想主题研学线路10条。推出"银小杏带你学理论""我是冬训主讲人"等音视频68部。承办泰州"理入人心"冬训示范课和冬训擂台赛,3名选手获泰州宣传委员示范宣讲、"百姓名嘴"风采展示一等奖。举办"学习贯彻党的二十大精神"知识竞赛等特色活动,获泰州市征文比赛优秀组织奖。"理上心来"理论宣讲基层行被列为省基层党员冬训重点资助项目,"理上心来"理论宣讲志愿服务队获评全国基层理论宣讲先进集体,实现省基层党员冬训示范市"七连冠"。

【网络管理】 2023年,泰兴市制定《2023年泰兴市网络安全工作要点》《关于组织实施"网安2023"网络安全保障专项行动的通知》《2023年度泰兴网络和数据安全工作要点》《关于推进"双网融合"赋能社会治理创新的实施方案》,完成中央、省和泰州等上级网信部门交办件1200多条,报送有害信息3400多条。承办2023年泰州市网络和数据安全事件应急实战演练,市委网信办获评泰州市优秀组织单位,3人获评先进个人。开展"净网2023""清朗·从严整治'自媒体'乱象""网络举报大篷车""扫黄打非"等专项行动和"绿书签"护苗行动,全年依法查处涉谣案件15起,行政处罚3人。

【新闻宣传】 2023年,全媒体开设"领航中国""学思想、强党性、重实践、建新功"等10个专题专栏,推出中共二十大精神e学e测50期。上线泰州市首个"网上新闻发布厅",召开新闻发布会112场次。开展2023年"发现泰州之美·外籍人士看泰州"(泰兴篇)6场,《人民日报》、中国中央电视台等中央、省级主流媒体用稿142篇,境外媒体、英文网站用稿310篇。"智慧泰兴"公众号在全国县级融媒体中心月度排名第23位,全省排名第4位。在新闻条线评优评比中,获国家级奖项9个、省级奖项7个、泰州市级奖项58个。《潮起东方·寻找百强"共富"密码》获2023中国新闻奖二等奖,创历史最高纪录。《一只白鹭的与江共生"朋友圈"》获2022年全国县级融媒体中心优秀作品冬赛二等奖,为全省最好奖次,实现泰州市零的突破。"好记者讲好故事"获全省第6名,为泰州市最佳。制定《2023年网上重大主题宣传和重大议题设置方案》《关于加强网络传播精品生产的实施方案》,策划“网络中国节”系列网络文化活动56场,29部作品获评泰州优秀新媒体作品,获奖数量泰州市第一。

【文明实践】 2023年,全市197个新时代文明实践所(站)实现结对共建。升级打造济川街道实践所、涌兴村实践站等180个示范点位,延伸拓展特色实践点(基地)1120多个,开展“六心”文明实践活动4100余场次,工作经验入选江苏省“点亮星夜”新时代文明实践活动优秀工作案例,“佤来议”“五必访五必到”等工作经验在省推进会上推介,新时代文明实践中心建设省级评估为A。承办“月圆中秋 梦圆中国”江苏省中秋国庆文明实践主题示范活动。开展社会主义核心价值观“双月”实践主题活动500余场。举办2023年泰兴市文化科技卫生“三下乡”暨志愿服务大集市活动,1人获2022年度省“三下乡”先进个人称号。

【全民阅读】 2023年,季振宜古籍珍藏馆等3家单位入选2023年省级“最美公共文化空间”,上海交大·泰兴图书馆跨域共享服务平台正式启动。制定《2023年度泰兴市书香城市建设指标体系(乡镇、街道)》,成立泰兴市全民阅读促进会,举办江苏文脉大讲堂、全民阅读大讲堂、职工读书月、农民读书节等特色主题活动500余场次,1人被评为“江苏省十佳阅读推广人”,11家(名)组织和个人获评泰州优秀阅读推广机构(人)。

【文艺展演】 2023年,泰兴市组织开展大型原创话剧《邮差》巡回演出,原创音乐舞台剧《英雄杨根思》在江苏广电荔枝大剧院、泰州大剧院演出。开展“羽惠雅集”文创市集、紫金文化艺术节泰州市群众文艺优秀节目展演、“大地情深”江苏省优秀群众文艺作品巡演、“墨彩风华”泰州市首届青年书法篆刻展、“四季村晚”等品牌活动2200余场,农村电影公益放映2448场。“‘泰兴泰嗨’文化志愿基层行”入选省群众文化“百千万”工程项目,市实验初中教育集团“香柚树”合唱团获省第六届紫金合唱节少年组决赛铜奖。签订临安—泰兴双城旅游联盟合作协议,举办首届“寻味金秋 邂逅泰兴”美食旅游节活动。祁巷村江苏省泰州市青少年综合实践基地入选全国研学旅行基地(营地),祁巷村乡村旅游项目入选第四届“中国服务”·旅游产品创意案例;印达村入选文化和旅游部“橙黄橘绿 乡村胜景”主题149条全国乡村旅游精品线路;泰兴市乡村研学旅行项目入选“游乡村·促消费”全省百项乡村旅游业态创新示范产品和项目名单。

统一战线工作

【市委统一战线工作领导小组会议】 4月3日,市委统一战线工作领导小组会议召开,学习贯彻中共二十大精神和习近平总书记关于做好新时代党的统一战线工作的重要思想,全面落实中央和省、市统战工作会议精神,总结成绩经验、部署重点工作,推动新时代新征程全市统战工作高质量发展。市委书记张坤出席并讲话。市委常委、统战部部长殷海成主持会议。市领导王晓云、孙天民、焦国庆出席会议。张坤指出,要画好“同心圆”,在凝聚共识中强化统战新使命;要汇聚“正能量”,在服务大局中彰显统战新作为;要提高“向心力”,在一体推进中构筑统战新格局;要筑牢“压舱石”,在强基固本中展现统战新活力。会议传达学习全国、全省、泰州市统战部长会议精神,讨论确定《中共泰兴市委2023年度政党协商计划》。

【泰州市统战工作第二期观摩研讨会在泰兴举行】 5月16日,2023年泰州市统战工作第二期观摩研讨会在泰兴市举行。泰州市委常委、统战部部长、市政协党组副书记张小兵出席活动并讲话,泰兴市委常委、统战部部长殷海成,市委常委、黄桥镇党委书记蒋益公参加会议。张小兵先后走访黄桥镇永丰社区、黄桥镇祁巷村等地。

【党外代表人士情况通报会】 5月24日，全市党外代表人士情况通报会召开，听取市公安局工作情况汇报和党外代表人士意见和建议。市委常委、统战部部长殷海成，市政协副主席、市新联会会长刘建参加通报会。殷海成要求，要强化政党协商，增进政治共识，充分发挥团结各界、联系群众、凝聚力量的桥梁和纽带作用，全面加强与社会各界人士的联系与沟通。要围绕中心工作，服务发展大局，共同创造更加安全稳定的社会环境、公平正义的法治环境和优质高效的服务环境。要坚持共治共享，提升治理效能，共同构筑起群防群治、全域联动的坚固防线，全力营造国泰民安的社会环境。

【泰州首家国企党外知识分子联谊会成立】 8月12日，市城投集团党外知识分子联谊会成立。泰州市委统战部副部长陆国富，泰兴市委常委、统战部部长殷海成，泰兴市人大常委会副主任、市知联会会长王中先出席会议。会上，陆国富与王中先为城投集团党外知识分子联谊会揭牌，为“知韵城投·美丽泰兴服务队”授旗。市城投集团为泰兴市属一类国有企业，下设民生建投、安泰水务、江苏国兴等9家一级子公司，联谊会的成立，成为集团广大党外知识分子交流信息、联络感情、建言献策、服务社会的新载体、新桥梁。

【“三师”服务活动】 8月17日，泰州市“三师”服务主题活动在泰兴市举行。省委统战部副部长胡毅，泰州市委常委、统战部部长张小兵，泰兴市领导张坤、殷海成、刘建出席活动。胡毅、张小兵、张坤共同启动2023泰州市“祥泰暖心 护企同行”主题活动。胡毅为泰兴市“税务师、注册会计师、律师”“三师”服务分团授旗。全年组织“三师”服务团进园入企，提供政策解读、专业咨询等智力服务20余次。

【党外人士调研成果专题协商会】 12月26日，泰兴市召开党外人士调研成果专题协商会，会议听取民主党派、无党派人士《发挥基金杠杆作用 助推产业高质量发展》等调研成果汇报4篇。市委书记张坤参加并讲话，市委副书记、统战部部长刘辉主持会议。

编制工作

【概况】 2023年，市委编办落实《中国共产党机构编制工作条例》（以下简称《条例》）精神，合理配置机构编制资源，提升编制使用效益。

【机构编制资源配置】 2023年，市委编办调整优化城乡中小学校布局。及时报审科级及以上机构、职数变化情况，动态更新机关事业单位科、股级领导干部职数库。推进社会矛盾纠纷调处队伍建设，提请编委会核定专职调解员员额，并明确员额使用程序。分析年度自然减员、空编使用情况，并向民生领域和镇街倾斜。提请编委会下达2024公务员（含公安）报录计划151名、事业人员（含教育、卫生）招聘计划726名。

【事业单位登记管理】 2023年，市委编办规范事业单位登记管理，推行“容缺受理”机制和事业单位法人电子证照库归集应用。推动利用国有资产举办的新型研发机构登记为事业单位法人，对接指导重点研发机构开展登记准备工作。完成全市452家事业单位法人年度报告审核公示、483个中文域名缴费续费工作。

【机构编制监督检查】 2023年，市委编办参加市委巡察选人用人专项检查，完成对分界镇等8个乡镇以及市财政局等9个部门的机构编制监督检查和问题反馈工作。将《条例》和省实施办法纳入各部门（单位）党委（党组）理论学习中心组学习内容。

【信息宣传】 2023年，市委编办在泰州级以上各类媒体发表改革动态和经验文章36篇，其中江苏省机构编制网18篇、交汇点等18篇。信息宣传工作位居泰州前列，被泰州市委编办表彰为2023年度机构编制宣传信息工作先进集体。完成4项年度机构编制调研课题，其中《县域人口发展趋势对教育事业编制保障中长期影响研究——以泰兴市为例》获2023年度泰州市机构编制重点课题研究成果一等奖、2023年度泰兴市社科课题成果一等奖。

（黄 薇）

对台事务

【两岸交流】 2023年，市台办举办“游美丽乡村·话两岸情谊”“两岸一家亲”同心义剪、“浓情端午共安康”“明月皎皎映同心”端午中秋传统节日文化体验等活动。首次开展泰台社区基层群体交流活动，台湾新北市里长联谊总会参访团到泰兴，就片区概况、文化特色、基层建设经验等，与延令街道三营社区分享探讨；接待台湾工业总会江苏经贸参访团理事长苗丰强一行；举办第七届“琴系两岸·韵育未来”两岸青少年交流活动；承办泰州市“梅韵千秋·流芳两岸”海峡两岸梅兰芳艺术文化周泰兴行活动。全年累计4批196位台胞到泰兴进行交流。

【涉台服务】 2023年，泰兴市定期组织台商参加企业家座谈会，定期邀请台商、台属参加创新创业讲堂，助力企业转型升级；定期联合市经信委、市科技局、市环保局、市安监局等职能部门到企业进行宣讲。全年办理涉台求助类案件3件次，满意率100%。

保密工作

【概况】 2023年，泰兴市开展送教上门服务，全年开展18场次，参训人员1600余人次。开展“4·15”全民国家安全教育日之密码安全、保密常识等系列宣传教育活动，保密宣传品牌——“安”如泰山、“娜”样保密及“保密宣传教育下基层”工作被中央保密办（国家保密局）通报表扬。微视频《守密慎为·你我同行》获国家2023年度保密宣传三等奖。

【涉密监督管理】 2023年，泰兴市开展机关单位涉密人员登记，完善市管干部和涉密人员因私出国保密审批手续，开展多轮岗位练兵和应知应会知识培训。制发《2023年度保密工作检查实施方案》，开展保密自查自纠自评工作，定期开展保密检查工作。开展中考、高考保密检查工作，明确统一考试各环节保密要求。组建保密要害部门进行新旧保密仓库交接，回收并统一销毁文件资料2468份。

老干部工作

【概况】 至2023年底，全市共有离退休干部1410人，其中离休干部103人、市管退休干部1307人。全市建有离退休干部党组织123个，其中乡镇（街道）、市级机关部门（单位）建制性离退休干部党组织85个，城市社区建制性党支部22个，涉老社团协会组织临时党支部16个。获评泰州“五星级”党支部2个、省“六好”（组织设置好、班子建设好、党员队伍好、学习活动好、作用发挥好、制度坚持好）示范党支部1个，6个党建品牌入选泰州市离退休干部党建工作创新典型案例。

【离退休干部志愿服务】 2023年，市委老干部局依托市级“访亲团”、镇村“老干部+”志愿服务队等，开展银发志愿服务，6000余人加入“老干部+”志愿服务队，开展志愿服务2100余场次，助力解决民生问题650余件。承办省直银发人才“五送助发展，银发当先锋”服务基层专项行动。组建“银杏苑·公孙情”功能型党组织，与养老机构签订“公益助学”协议，送教上门；送书画摄影展、惠民演出进村（社区）、养老院，累计捐赠2万余元慰问品。选派老干部兼职全市191家校外辅导站老师。评选老干部“正能量

2023年，市委老干部局开展离退休干部入户问卷调查活动　（秦溪娴　摄）

之星”30名。

【离退休干部服务保障】 2023年，市委老干部局动态维护省离退休干部服务管理系统数据。市级层面慰问627人次、吊唁79人，发放特困帮扶金6.9万元。组织全市1430名离退休干部集中健康体检。开展离休干部医疗督查，考核家庭医生签约服务情况。回访全市离休干部居家养老情况，为48名离退休干部提供适老化改造，发放适老化产品129件。

【离退休干部文体活动】 2023年，市委老干部局指导元林老年大学组建学校管理委员会，在4个乡镇（街道）设立老年大学教学点。开展政治理论宣讲、养生保健知识普及等讲座，开展“小主播”走进元林老年大学，与老年学员共同朗诵诗词等活动。基层支部开展“谈复兴、话传统、聚力量”主题活动，形成调研文章48篇。举办“走看促”、文艺演出、书画影诗词作品展等30余场次。老年大学获评“省楹联教育基地”，老干部艺术团获评省群众文化“百千万”工程优秀文艺团队。　（汪　婧）

党校工作

【干部培训】 2023年，市委党校承办主体班次40期，培训人数5799人次。包括2023年年轻公务员成长计划班（2020级、2021级、2022级）14期、“招商双锐”集中培训6期、招商外语培训9期、党政办公室系统实务培训会1期、全国村（社区）党组织书记培训班1期、领导干部“学思践悟”讲坛1期、高质量发展考核业务培训会1期、“城市治理与危机管理”专题培训班1期、全市人才工作研修班1期、新录用公务员初任培训班1期、泰兴市级机关入党积极分子暨发展对象培训班1期、“两新”组织党务工作者培训班1期、全市机关党组织书记培训班1期、“三新”党组织书记班1期。承办非主体班23期，培训人数1600余人次。

【市委党校黄桥分校成立】 11月27日，中共泰兴市委党校黄桥分校揭牌仪式举行。市委常委、组织部部长、党校校长毛戴军，市委常委、黄桥镇党委书记蒋益公为市委党校黄桥分校揭牌。成立仪式上，黄桥分校发布“红色+”研学线路，将黄桥红色文化、古镇文化、乡村民俗、特色产业融合，制定红色、青色、绿色、金色“四色”研学路线，形成微党课、现场教学、体验式教学等特色课程菜单。

11月27日，中共泰兴市委党校黄桥分校揭牌成立　（杨圣　摄）

【教学科研】 2023年，市委党校授课100余场，受众1万余人次。其中，6名青年教员为省纪委督导组、省反非法反违禁处党支部、省委党校第

25期县处级公务员任职培训班、江苏省委党校第45期县处级干部进修班、省委党校省管干部进修班等省级单位授课。新开发“长江生态湿地和绿色廊道”现场教学点，为泰州市委理论学习中心组讲解“以‘四变’看生态蝶变”；参加泰州市第四届红课大赛，《解读英雄宣言·汇聚“四敢”力量》获三等奖；组织16位青年教员完成主题教育专题课备课，新增13门专题课程，推出2023年度主题教育教学菜单。2022年申报泰州党校课题20项，均在2023年结项。其中，《建设青年友好型城市的对策建议》获社科联二等奖，《泰兴乡镇发展力研究》获三等奖。2篇调研报告《泰兴加快集聚青年人才的路径研究》《泰兴乡镇发展力研究》被列为市委、市政府主要负责人圈点课题，《泰兴加快集聚青年人才的路径研究》被列入泰州市委组织部重点课题。《柔性引才用才机制探讨与经验启示》获2022年度泰州市思想政治工作课题二等奖，《抗战时期中共泰兴党组织的重建及其基本经验》获全省党校系统第十一届优秀科研成果奖三等奖。

【理论宣讲】 2023年，市委党校实施《打造“三百”学习矩阵，高质量推进理论教育走深走心》创新项目，开展理论宣讲150余场次，获泰兴市改革创新项目三等奖。开设田间课堂、基层课堂、镇街课堂，把理论宣讲“主战场”搬到基层实景课堂，开展百堂党课下基层；依托“理上心来”理论宣讲队，培育镇（街道）党校，构建市、镇、村三级联动格局，组织百场宣讲。开设理论教育“训练营”，揭牌成立泰州市首个“E起学习”工作站。11月，“理上心来”理论宣讲志愿服务队获评全国基层理论宣讲先进集体。

（杨　圣）

12月，“E起学习”活动宣讲“三个不相信”精神（辛仕　摄）

史志档案工作

【概况】 2023年，市党史方志办公室对1992—1998年到期文书档案进行划控开放，共开放1.74万卷档案。开展密级档案筛选、2014—2018年违纪档案的校对、民国档案破损情况普查等工作。全年接待查档3849人次，利用档案资料3349卷、2922件，复印2.38万页。

【党史征编】 2023年，市史志办查阅各部门档案资料3000多份，开展《中国共产党泰兴历史第三卷（1978—2012）》编写，至年底形成初稿30万字；编印《新时代　新征程　新时代》专辑，记录中共十八大以来经济社会发展历程。

【党史宣教】 2023年，市史志办推进党史知识进学校、进机关、进社区等“七进活动”，在机关、社区等设立19个“史志研究成果读书角”。到泰兴征集杨根思烈士史料，共征集文字资料30多万字、图片史料120多份。对《红星闪耀》《新四军历史研究》《追忆英雄杨根思》、“红色故事演讲”稿、“剧说四史剧目”等涉党史内容进行审稿把关，检查全市各纪念场馆涉党史内容。

【志书编纂】 2023年，第一批13部泰州市名镇名村志全部出版发行，启动镇志全覆盖文化工程，开展11个乡镇志编纂工作。至年底，4个乡镇基本完成镇志初稿，7个乡镇基本完成资料征集；5部村志基本完成初稿，4部村志基本完成资料征集。2月，启动省影像志申报，黄桥镇入选全省首批省影像志制作单位。经过预审、初审、修改、增补史料等环节后，11月完成拍摄。

【年鉴编纂】 2023年，市史志办按期出版发行《泰兴年鉴（2023）》。全书75.6万字，按“政治”“经济”“文化”“社会”分类，记述2022年泰兴市政治、经济、文化、社会、生态基本情况和年度大事、特事等。卷首彩页设“第十一届中国（泰兴）银杏节”“美丽泰兴”栏目，用图片记录年度要事、新事。启动乡镇（街道）年鉴编纂工作，姚王街道作为试点，年内完成初稿编纂。全年完成12期月度大事记、1本年度大事记编纂。

【档案业务指导】 2023年，市史志办首次利用馆室一体化系统对全市各家单位归档目录进行修改审核，开展年度档案检查，并现场反馈问题，限期整改，对检查结果予以通报。推进村级建档工作，4个乡镇全域行政村（居）档案室达星级。年内，创成市自然资源与规划局、市公安局、市人民检察院3家示范档案室，市人社局、市水务局、市应急管理局等7家单位创成规范档案室。

【档案征集利用】 2023年，市史志办接收古溪、溪桥卫生院等7家医疗单位出生医学证明档案125盒、8669件，累计接收31家医疗单位11.17万件出生医学证明档案进馆；接收2018—2022年婚姻档案共6.40万件；接收2006—2018年公证档案1.70万卷；接收市纪委（2014—2018）审理档案346盒、879卷（件）；接收中国人民银行泰兴支行文书及部分业务档案3730件；接收第二批疫情防控档案759件进馆等。

【创建国家级数字档案馆】 年内，市档案馆围绕高标准档案馆建设，加强系统功能升级，开发“数字档案馆系统”“数字档案室系统”2个综合管理平台。8月17日，省档案馆组织专家对市档案馆创建情况进行验收，专家组一致同意通过国家级数字档案馆测试，报请国家档案局审批。

【参展江苏书展】 7月，由省政府主办、省委宣传部等承办的第十三届江苏书展在苏州市举办。泰兴市代表泰州市参加方志书籍、特色地情文化展演等活动，国家级非物质文化遗产项目泰兴花鼓、省级非物质文化遗产项目泰兴木偶参加展演，广陵插花、黄桥烧饼制作、麻将雕刻、银杏木雕等非遗项目参加展陈，并参加红色地名故事展演。该项工作受到省、泰州市高度评价，展陈项目参观人数逾5000人，展演项目网络点击量370余万次，点击量居书展期间所有直播节目首位。

【《江苏省名镇志·滨江镇志》通过终审】 10月30日，《江苏省名镇志·滨江镇志》通过终审。年内，泰兴市启动省名镇志创建工作，以2021年出版的《泰州市名镇志·滨江镇志》为底本，按照省名镇志要求重新进行编纂，形成12万字终审稿，并通过终审。

【泰州记忆讲堂】 5月，泰兴市举办“历史的穿越——古城文化溯源”泰州记忆讲堂泰兴古城文化专场活动，泰州市党史方志馆联盟泰兴成员单位代表、鼓楼小学代表等60余人参加。市文博中心主任印九红为主讲人，以边走边讲的形式讲解泰兴古城文化。活动通过方志江苏视频号、智慧泰兴App等客户端进行直播，3000余人在线观看。

重要会议

【概况】 2023年，市人大常委会听取和审议专项工作报告22个，作出决定决议18项，组织代表视察3次，开展执法检查2次、专题询问1次，备案审查规范性文件3件，依法任免国家机关工作人员78人次。

【市十六届人大二次会议】 1月2—4日，市十六届人大二次会议召开。会议审议通过市政府工作报告、市人大常委会工作报告、市人民法院工作报告、市人民检察院工作报告。审查和批准泰兴市2022年国民经济、社会发展计划执行情况和2023年国民经济、社会发展计划，泰兴市2022年财政预算执行情况和2023年市本级财政预算。测评泰兴市2022年政府民生实事项目落实情况，票决通过泰兴市2023年政府民生实事项目。听取市人大常委会关于2022年度乡镇（街道）人大工作先进单位、市人大代表活动积极分子、优秀代表建议的表彰决定。会议期间，代表10人以上联名提出议案16件。其中，经济发展方面的4件，水利、道路、桥梁建设方面的8件，教育卫生方面的2件，基层管理经费保障方面的2件。经大会秘书处审查，16件议案全部作为建议、批评和意见，与其他收到的代表对各方面工作提出的131件建议、批评和意见一起，交由部门研究办理并答复代表。

【市十六届人大常委会会议】 2023年，共召开9次会议，即市十六届人大常委会第十一次至十九次会议。

第十一次会议　2月27日召开，通报市人大常委会2023年工作要点和议题安排；听取市政府关于法治政府建设情况的报告；听取和审议市政府关于《泰兴市国土空间总体规划（2021—2035年）》编制情况的报告；听取市人大常委会各街道工委2022年工作情况的报告；通过有关人事任免议案。

第十二次会议　3月31日召开，听取、审议和测评市政府关于2021年度审计查出问题整改情况、2022年度环境状况和环境保护目标完成情况，评议市人大常委会任命人员和泰州市第六届人大代表履职情况；进行人事任免，新任命人员接受任命书并进行宪法宣誓。全国人大代表张强传达全国两会精神。

第十三次会议　4月6日召开，审议并表决通过市公安局提请许可的事项，并作出相关决定。

第十四次会议　5月5日召开，听取并审议“一府一委两院”关于办理2022年度市人大常委会审议意见情况的报告，并开展专题询问和满意度测评。

第十五次会议　5月31日召开，听取审议和测评市政府关于国有资产管理和行政事业性国有资产管理情况的报告，市政府关于全市河道管护工作情况的报告，市检察院关于适用认罪认罚从宽制度情况的报告；评议市人大常委会任命人员和泰州市第六届人大代表履职情况；表决有关辞呈和人事任免议案，举行颁发任命书和宪法宣誓仪式。

第十六次会议　7月27日召开，听取和审

议市政府关于2022年财政决算和决算审计及2023年上半年财政预算执行情况的报告、市人大常委会执法检查组关于《中华人民共和国科学技术普及法》贯彻实施情况的报告、市政府关于港口建设情况的报告、市法院关于人民法庭参与基层社会治理工作情况的报告；评议有关专项工作报告、市人大常委会任命人员和泰州市第六届人大代表履职情况；表决通过市政府提请的关于设立“泰兴企业家日”的议案和《泰兴市人民代表大会常务委员会关于批准2022年财政决算草案的决议》；表决通过人事任职议案，举行颁发任命书和宪法宣誓仪式。

第十七次会议　9月28日召开，听取和审议市政府、市法院关于代表建议办理情况的报告，市政府关于2023年上半年国民经济社会发展计划执行情况和“十四五”规划中期评估情况、婴幼儿托育服务情况的报告，以及市人大常委会相关工委的调查报告，对相关工作进行满意度测评；评议市人大常委会任命人员和泰州市第六届人大代表履职情况；表决人事任免议案和有关辞呈，举行颁发任命书和宪法宣誓仪式。

第十八次会议　12月5日召开，听取市委有关人事安排情况的说明，表决通过市人大常委会主任会议、市政府、市法院、市检察院提请的人事任免议案，以及有关辞呈。听取并审议市政府关于2023年预算调整方案的报告、生活垃圾分类工作情况的报告，以及市人大常委会相关工委的调查报告；听取并审议市人大常委会执法检查组关于种子“一法一条例”贯彻实施情况的执法检查报告；对相关工作进行满意度测评；评议市人大常委会任命人员和泰州市第六届人大代表履职情况；举行颁发任命书和宪法宣誓仪式。

第十九次会议　12月29日召开，听取市委有关人事安排情况的说明，表决通过市监委、市政府、市法院提请的人事任免议案，以及有关辞呈；听取并初审市政府关于2023年国民经济社会发展计划执行情况和2024年计划安排（草案）的报告、市政府关于2023年财政预算执行情况和2024年财政预算（草案）的报告；听取并审议市政府关于2023年及以前年度政府重大投资项目计划执行情况和2024年项目计划草案的报告，票决2024年政府重大投资项目；审议、表决市十六届人大三次会议的有关事项；举行颁发任命书和宪法宣誓仪式。

【主任会议】　4月27日，听取市政府关于非物质文化遗产保护情况以及关于2022年延期建设民生实事项目落实情况的报告。8月23日，听取市政府关于全市农业重大项目实施情况的报告。10月19日，听取市政府关于全市未成年人关爱保护工作情况的报告。

重要活动

【执法检查】　6—7月，市人大常委会组织对《中华人民共和国科学技术普及法》开展检

10—11月，市人大常委会组织对《中华人民共和国种子法》和《江苏省种子条例》在泰兴市的贯彻实施情况开展检查　（姜纹涛　摄）

4月24日，市人大常委会组织代表实地视察全市农村电商服务体系建设情况　　（姜纹涛　摄）

查，建议市政府及相关部门整合学校、医院、企业、科研机构科普阵地资源。10—11月，组织对《中华人民共和国种子法》《江苏省种子条例》开展检查，检查组对种子工作保障机制、种质资源保护利用、种子生产经营和种子监督管理等进行实地检查。至2023年底，累计开展"双随机、一公开"（在检查过程中随机抽取检查对象，随机选派执法人员，抽查情况和检查结果及时向社会公开）监督检查25次，抽样检测种子样品121个，抽样检测合格率98%以上，主要农作物优质品种推广率100%。

【代表视察】 4月24日，市人大常委会组织人大代表视察全市农村电商服务体系建设情况，并进行评议。8月29日，市人大常委会组织人大代表视察"深化公安现代基础管控机制改革、推进群租房安全管理"工作情况，并听取相关情况汇报。12月12日，市人大常委会组织人大代表实地视察市政府2023年度民生十件实事办理情况。

【代表工作】 2023年，泰兴市举办2期代表履职能力提升培训班，全市举办"人大代表讲坛"21期，开展"五级代表回选区访选民""惠民惠企·同心同行"等主题活动，常态化开展"你点我督"活动。代表参加执法检查、专题调研、代表视察等活动283人次；开展"主任接待代表日"活动，召开列席代表座谈会，当面听取代表意见建议。建成专业代表工作室、基层品牌工作室、人大主题广场、民情小屋等特色履职平台。建成20个"雁阵"代表团队。市人大常委会和市政府负责人联合督办17家建议重点承办部门。收到的147件代表建议全部办结，落实解决率76.2%。

【"牢记嘱托 感恩奋进"学习实践】 4月25日，市人大常委会召开全市各级人大代表"牢记嘱托 感恩奋进"学习实践活动工作会议。市人大常委会主任刘荣华等参加会议，与会人员参观济川街道和广陵镇"惠民惠企·同心同行"人大代表联络站、河失镇人大主题广场，现场听取乡镇（街道）工作情况介绍。　　（张　嵘）

4月25日，全市各级人大代表"牢记嘱托 感恩奋进"学习实践活动工作会议前视察济川街道　　（姜纹涛　摄）

泰兴市人民政府

重要会议

【市政府第十六次常务会议】 1月13日，市政府第十六次常务会议召开，市长刘文荣主持会议。会议听取市市场监管局（食安办）关于2022年食品安全工作情况的汇报。会议要求，市市场监管局（食安办）要聚焦食品行业新模式新业态、小型食品加工点等重点领域，提升监管水平，确保不发生有影响的食品安全事故。会议原则同意市工业和信息化局提出的《泰兴市2023年春节期间惠企稳岗十条措施》。会议原则同意市政府办公室提出的关于市数据中心（一期）运维服务的建议方案。会议明确，数据中心运维服务期为2023—2025年，相关服务费和采购配套费由市财政局统筹安排。

【市政府第十八次常务会议】 3月15日，市政府第十八次常务会议召开，市长刘文荣主持会议。会议听取市党政督查室关于2023年度民生十件实事进展情况汇报。会议要求，各责任单位要对照年度目标任务，全面排摸各项任务推进情况，分类施策，加快进度。会议原则同意市住房和城乡建设局提出的《关于促进全市建筑业高质量发展的若干措施（试行）》。会议要求，市住房和城乡建设局要加强政策宣贯，严格考评兑现，促进建筑业企业争先创优；市财政局要做好预算编制，保障资金安排。会议原则同意市住房和城乡建设局提出的关于调整城区2023年度住房保障范围和标准的建议方案。会议明确将姚王街道非集体经济组织成员纳入2023年度住房保障范围；申请公共租赁住房、经济适用住房，家庭人均收入标准分别调整为3400元/月和3750元/月，廉租房租赁补贴发放范围与保障标准不作调整。会议原则同意市住房城和乡建设局提出的关于2023年房屋征收项目产权调换房安置结算价格的建议。会议要求，市住房和城乡建设局要会同城建指挥部办公室，拟定具体安置方案。会议原则同意市民政局提出的关于惠民殡葬提标增项的建议方案。会议明确，各项惠民殡葬提标增项所需经费，由市财政局负责统筹，纳入预算安排。会议原则同意市市场监管局提出的《泰兴市江苏省知识产权建设示范（县域）工作方案（2023—2025年）》。会议要求，各相关部门、单位要以省知识产权建设示范市创建为抓手，打通知识产权保护、创造、运用、管理和服务全链条，为高质量发展提供支撑。

【市政府第二十二次常务会议】 7月20日，市政府第二十二次常务会议召开，市长刘文荣主持会议。会议原则同意泰兴生态环境局提出的《关于加强噪声污染防治工作的若干意见》。会议要求，各责任部门、单位要严格实施意见，紧盯重要点位、特殊时段，强化源头管理，加大执法力度，稳步提高噪声治理水平，持续改善声环境质量。会议原则同意市城建办提出的关于新增3项工程列入2023年惠民城建项目计划的建议方案。会议明确，新增实验初中文江校区接送学生等候区及绿化带工程、前园路工程和金沙路工程3项工程，列入2023年惠民城建项目计划。会议原则同意市供销总社提出的关于电子商务进农村综合示范项目后续项目的实施方案。

会议要求，各责任部门、单位要规范利用专项资金，保质保效推进电子商务进农村综合示范项目后续项目建设。会议原则同意市消防救援大队提出的关于明确澄江路消防救援站人员和运行经费的方案。会议原则同意市民政局提出的关于《提高2023年社会救助标准的实施方案》和关于社会福利院实施“公建民营”改革的建议方案。会议要求，市民政局要积极借鉴外地先进经验，结合泰兴市实际，配套完善监管、保障、服务等系列机制，强化考核评估，全面提升养老服务质量。会议原则同意市医保局提出的关于调整2023年度城乡居民基本医疗保险财政补助标准的建议方案。会议明确，2023年城乡居民基本医疗保险财政补助标准为750元/人。

【市政府第二十三次常务会议】 8月19日，市政府第二十三次常务会议召开，市长刘文荣主持会议。会议原则同意市发改委提出的关于《泰兴市政府投资项目管理办法》的修订建议以及关于《泰兴市国民经济和社会发展第十四个五年规划纲要和二〇三五年远景目标纲要》实施情况的中期评估报告。会议原则同意市安委办提出的《关于加强乡镇（街道）安全生产和消防监管能力建设的意见》。会议原则同意市住房和城乡建设局提出的《泰兴市2023年农村生活污水单户处理就地消纳治理模式的实施意见》、《泰兴城区“供排污”一体化实施方案》、关于2024年老旧小区改造项目计划的建议方案以及《关于实行城区商品住宅维修消除危险资金补贴的实施意见》。会议原则同意市水务局提出的《泰兴市水利工程管理实施细则》、关于元竹镇、古溪镇工业集聚区建设排涝控制建筑物建设的建议方案。会议原则同意市城建办提出的关于新增工程列入2023年惠民城建项目计划的建议方案。会议明确，新增丹霞路西延（济川路至滨溪路）及绿化工程列入2023年惠民城建项目计划C类项目。

【市政府第二十五次常务会议】 10月19日，市政府第二十五次常务会议召开，市长刘文荣主持会议。会议原则同意市政府提出的关于《促进实体经济高质量发展的若干意见》。会议原则同意市住房和城乡建设局提出的《泰兴市既有住宅增设电梯实施意见》《关于进一步加强城区物业管理工作的意见》。会议明确，由市领导孙红东牵头各责任部门、单位，加强政策法规研究，推动物业管理制度化、规范化发展。会议原则同意市自然资源规划局提出的关于不动产登记历史遗留问题处理的建议方案、《泰兴市依法没收违法用地上建（构）筑物移交处置办法（试行）》。会议原则同意市科技局提出的2022年度《关于提升创新驱动能力推动高质量发展的若干政策措施》奖补方案。会议原则同意泰兴生态环境局提出的关于地下水监测监控能力提升项目和重点区域环境空气质量溯源监测项目的实施方案。会议原则同意市财政局（国资办）提出的《泰兴市国有资本经营预算管理办法》。

【市政府第二十六次常务会议】 11月15日，市政府第二十六次常务会议召开，市长刘文荣主持会议。会议原则同意市住房和城乡建设局提出的《关于推进政府投资工程集中建设工作的意见》，以及关于2023年惠民城建计划新增房屋征收项目的建议方案。会议原则同意市交通运输局提出的关于农村公路新增项目的建议方案。会议原则同意市水务局提出的关于泰兴开发区自来水厂及配套设施PPP项目2023年度付费的申请，以及关于增做羌溪河整治节余工程的建议方案。会议原则同意泰兴生态环境局提出的关于泰兴天星洲“生态岛”试验区建设的实施方案。会议原则同意滨江镇提出的关于增减挂钩项目补助的建议方案。会议原则同意泰兴经济开发区提出的关于泰兴经济开发区产业创新中心及配套设施PPP项目变更前期准备的有关事项。会议原则同意市消防救援大队提出的关于缴纳国家综合性消防救援队伍医疗保险、养老保险的建议方案。会议原则同意市财政局（国资办）提出的原济川派出所地块资产处置方案以及关于成立5家资产运营公司的汇报。

重要活动

【一季度重大产业项目集中开工活动】 2月18日，全市一季度重大产业项目集中开工活动在泰兴经济开发区举行，26个项目总投资108.2亿元。市委书记张坤宣布开工，市长刘文荣致辞，市领导徐闻仲、张红霞、刘辉、毛戴军、蒋益公、孙红东、朱为祥出席活动。

【泰兴（北京）高质量发展投资推介会】 3月17日，泰兴（北京）高质量发展投资推介会在北京召开。中国兵器工业总公司原总经理、党组书记马之庚，国务院国有重点大型企业监事会原主席季晓南，国家发展和改革委员会国土开发与地区经济研究所所长、学术委员会主任周毅仁，中国石油和化学工业联合会副会长傅向升，全球化智库高级研究员、商务部亚洲司原司长、中国驻日本大使馆原商务公使吕克俭等出席推介会。现场签约战略合作协议1项、产业项目17个、科技人才合作项目6个。

3月17日，2023江苏省泰兴市（北京）高质量发展投资推介会项目签约现场

（江苏省泰兴经济开发区　供图）

【首届农产品未来加工助力农业农村现代化论坛】 4月27日，首届农产品未来加工助力农业农村现代化论坛暨第三届国家农产品加工产业科技创新联盟年会在泰兴市举办。省委副书记邓修明，农业农村部乡村产业发展司副司长邵建成，泰州市委书记朱立凡，中国农业科学院副院长刘现武，中国工程院院士、中国农业大学教授任发政，中国工程院院士、湖南省农业科学院研究员单杨，省农业农村厅一级巡视员沈毅，国家农产品加工产业科技创新联盟理事长、中国农业科学院农产品加工研究所所长王凤忠，泰州市委常委、秘书长徐克俭，泰兴市领导张坤、刘文荣、张红霞、王晓云、孙天民参加开幕式。

【泰州（深圳）城市·产业投资环境推介会】 5月11日，泰州（深圳）城市·产业投资环境推介会在深圳举行，泰兴市委书记张坤出席并见证项目签约，副市长、泰兴经济开发区党工委书记朱为祥参加。泰兴市7个项目现场签约，分别为总投资42亿元的30万吨/年丙烯酸及30万吨/年丙烯酸丁酯辛酯项目，总投资3000万美元的高端商用新一代显示屏智能制造项目，总投资12亿元的王老吉白云山凉茶项目，总投资7500万美元的挤压硫酸铵颗粒基地项目，总投资11.28亿元的690特种合金制造项目，新材料产业基金项目、新型高性能微胶囊环氧及自修复材料研发及产业化项目。

【泰兴（上海）投资推介会】 8月11日，泰兴（上海）投资推介会举行，市委书记张坤致辞，市委副书记、市长刘文荣主持会议。市领导刘荣华、徐闻仲、刘辉、范存力、蒋益公、王晓云、朱为

8月11日，2023年泰兴（上海）投资推介会举行

（张一弛　摄）

祥出席会议。现场签约22个产业项目、6个科技人才合作项目，总投资224.7亿元，项目涵盖新材料、高端装备制造、生物医药、食品加工、新能源等领域。

【全市三季度重大产业项目集中开工活动】 9月7日，全市三季度重大产业项目集中开工活动暨莎布蕾健康休闲食品项目奠基仪式举行。市委书记张坤宣布全市三季度重大产业项目开工。市领导刘荣华、徐闻仲、刘辉、毛戴军、王建武、殷海成、蒋益公、王晓云、孙红东出席会议。活动共集中开工31个项目，总投资125.6亿元，涵盖大健康、新材料、新能源等前沿产业。

【国家重点实验室成果推介会】 12月28日，泰州市化工新材料产业发展研讨会暨国家重点实验室成果推介会在泰兴市举行。泰州市委副书记、市长万闻华，中国石油和化学工业联合会副会长、秘书长赵俊贵，南京工业大学党委书记芮鸿岩，南京工业大学原校长乔旭，泰兴市领导刘文荣、范存力、朱为祥、李丽娟出席推介会。

【首届中国生物发酵与未来食品城新食品原料创新发展大会】 12月29日，首届中国生物发酵与未来食品城新食品原料创新发展大会暨江苏省产业技术研究院特医食品研究所签约揭牌仪式在泰兴市举行。中国营养保健食品协会会长、国家食品药品监督管理局原副局长边振甲，中国工程院院士、江南大学教授陈坚，中国工程院院士、江南大学教授金征宇，泰兴市领导刘文荣、范存力、蒋益公参加会议。

电子政务

【概况】 2023年，政府办公开政务信息31件。全年督查市领导“12345”日报批示件359件、市领导专题交办事项督查6件，编发《泰兴政务简报》30期，办理国务院“互联网+督查”平台交办核查事项1件，承办泰州交办建议提案16件，办理市本级建议提案356件。

【政务新媒体】 7月24日，泰兴市政府网站新版上线试运行，同步完成网站适老化与无障碍改造工作。全年政务新媒体发布信息5516条，转发上级推送信息1154条，互动交流5642次。至年底，全市共有11个政务新媒体号。

【市长信箱】 2023年，全年共受理各类市长信箱、人民来信共862件。其中，泰州市长信箱297件，泰兴市长信箱459件，纸质版人民来信106件，按期办结率100%。

“12345”政风行风热线

【概况】 2023年，全市“12345”政务服务便民热线平台汇集群众和企业来电来件24.63万个，同比下降29.94%；受理工单中，咨询类7.38万件，投诉类11.19万件，求助类1.81万件，建议类1248件，举报类1389件，表扬类119件，其他类3.97万件。全年热线平台接通来电20.9万个，接通率97.87%（省标93.32%）。省“12345”平台转派9193件，泰州“12345”平台转派1.44万件，“110”平台推送2028件，泰治理推送工单3397件，微信公众号受理130件。诉求量前10位为社区管理类1.09万件，路况管理类8723件，劳动纠纷类8649件，违法建设类8402件，市容管理类8334件，消费维权类8197件，社会保障类7744件，道路设施类6825件，物业管理类6286件，噪声污染类6265件。

【工作日报】 2023年，“12345”政务服务便民热线开展各类会商会、培训会20场次，向市委、市政府报送工作日报365篇，各类情况汇（专）报10篇，工作月报12篇，领导批示239件（篇），年度群众满意率99.82%。

行政服务

【概况】 2023年，市行政审批局办理各类事项2.37万件，按期办结率100%，其中即办件5955件、承诺件1.55万件、上报件76件。市公共交易资源中心完成公共资源交易项目2071个，累计交易金额41.1亿元。其中，工程建设公开招标项目185个，控制价31.2亿元，中标价25.57亿元，节约资金5.63亿元，资金节约率18.05%；政府采购项目462个，预算价8.16亿元，中标价7.03亿元，节约资金1.13亿元，资金节约率13.83%；国有产权交易项目104个，底价0.25亿元，成交价0.29亿元，溢价0.04亿元，资金溢价13.73%；交易目录外项目1320个，成交金额8.21亿元。累计完成异地远程评标项目84个，累计服务时长513小时，为23个异地公共资源交易中心提供平均6小时/项目的远程评标服务。省考指标名列前茅，开办企业营商环境评价全省第一，政务服务营商环境评价全省第四。

【重大项目审批】 2023年，市行政审批局实施行政审批超时默认制试点改革，将泰兴市试点范围拓展至乡镇1000万元以上项目，全年新增104个1亿元以上产业项目，其中56个项目纳入管理，完成项目11个，总量位居泰州市第一。全年37个项目实现“拿地即开工”“多证齐发”。实施施工许可分阶段办理，神意项目成为泰州市首个“桩基先行”（在符合条件的建设项目审核流程中，将桩基施工部分独立进行提前审批）项目。推行“电水气讯”联合报装，龙河消防项目成为泰州市首个市政公用设施报装项目。

8月，泰兴市首个行政审批超时默认制试点项目实现多证齐发 （市行政审批局 供图）

【企业全周期服务】 2023年，市行政审批局在泰州市率先建设运行企业全生命周期服务中心，集行政审批、金融服务、人才服务、自助服务等功能。企业开办全流程0.5个工作日，办结率100%，最快1小时办结。全年新开办企业5371户，同比2022年增长6.75%，总量位居泰州市第一。出台市场主体注销便利化十条措施，放宽简易注销申请条件。在全市5个园区推出7个“零创空间”创业帮扶平台，并提供配套服务。推动“政银合作”,“农商·苏服办”合作网点建设镇级网点21个、村（社区）网点144个，投放自助服务机158个，开通24类142个服务事项。

【公共资源交易】 2023年，市行政审批局印发《泰兴市公共资源交易相关主体职责清单》《泰兴市工程建设项目招标投标活动负面清单》《关于进一步规范工程建设项目招标人主体行为的通知》，在政府采购、工程招投标等领域，推行数字人民币应用，累计支付47次25.3万元，推行全流程电子化100%，累计完成国有产权项目104个、交易额2874万元，溢价率13.73%。

（殷　晶）

信访工作

【概况】 2023年，市信访局受理人民来信和网上信访1798件，比上年上升15.78%；接待群众来访1825批4157人次，比上年批次上升42.80%，人次下降15.87%。全年开展《信访工作条例》专题宣传167次，分界镇、河失镇被表彰为泰州市2023年信访工作示范乡镇（街道）。

5月16日，市信访局在鼓楼广场开展信访条例宣传　　（市信访局　供图）

【党政干部接访】 2023年，全市各级党政干部采取定期接访和重点约访相结合方式，开展接待群众来访工作。市委、市政府负责人到市人民来访接待中心接访37次，面对面接待来访群众30批48人次，全部办结，按期办结率100%，其中化解24件，化解率80.0%。乡镇（街道）、园区、市级机关各部门党政负责人在所在单位信访接待场所定期接待群众来访，乡镇（街道）、园区主要领导每周不少于1天、部门主要领导每月不少于2天、其他党政领导每个工作日轮流接访。村（社区）负责人随时接待群众来访。

【信访突出问题化解】 3—9月，市信访工作联席会议办公室开展“信访突出问题攻坚化解月”行动、信访突出问题“双月攻坚”。年内，交办的389件第一、二批国治件化解377件，化解率96.92%；80件第三批国治件化解77件，化解率96.25%。10月至年底，开展涉法涉诉、金融、房地产3个重点领域攻坚行动。年内，纳入专项攻坚的83件涉法涉诉信访事项化解73件，化解率87.95%；20个涉房地产风险点化解17个，化解率85.00%；未收到上级交办的涉金融信访事项。

【信访问题源头治理】 7月，全市启动信访问题源头治理三年攻坚，推进信访问题前端防范、畅通规范信访渠道、依法依规办理、常态化治理重复信访化解信访积案、信访信息研判预警等工作。年内，全市求决类初次信访事项一次性化解率98.80%，高于全省平均值0.77个百分点。

【省委巡视组交办信访事项】 2023年，省委第十一巡视组对泰兴市巡视期间，分3批交办信访事项829件。市信访工作联席会议办公室按照权责交办责任单位办理。年内，829件信访事项全部办结，其中化解334件，化解率40.29%；其中初信初访176件，化解143件，化解率81.25%。

（宋启程）

外事工作

【概况】 2023年，泰兴市举办APEC商旅卡推介会，100余家外资企业参与，累计办理APEC商旅卡29张。办理外国人到华邀请15批34人次。走访调研重点外资企业16家。发挥境外安保机制统筹协调作用，对在局势动荡国家的20余名泰兴籍人员开展信息排查和安全提醒，配合开展苏丹撤侨等工作。

【交流合作】 2023年，泰兴市组团到以色列、日本、意大利等国家洽谈经贸合作，举办专题推介会5场，推进境外项目13个，意向投资总额8.13亿美元。以色列化妆品项目签约。4月，市长刘文荣率团访问以色列，与采法特市市长签订友好合作关系备忘录，双方明确在经济贸易、科技创新、教育文化等领域开展交流与合作。组织泰兴市非遗项目泰兴麻将、广陵插花等走进韩国、日本。与化工新材料、医药日化领域专家团队建立联系，搭建校企沟通平台。7月，匈牙利韦伦采市市长到泰兴考察访问，推动中国欧洲进出口商品集团有限公司与江苏凤灵乐器有限公司签订友好合作单位协议。拜访以色列、日本等国家驻沪总领馆，邀请比利时、以色列、日本驻沪总领馆官员到泰兴访问，推介泰兴重点项目及优势产业。

【中澳教育交流】 1月，澳大利亚标准中文学校校长李复新博士应邀访问泰兴中学，双方围绕建立交流制度、提高教师业务水平、组织文化体验活动等方面达成合作共识。11月，泰兴中学20名师生赴澳大利亚研学，体验澳大利亚教育模式及理念，弘扬中华优秀文化，传递中国好声音。

侨务及港澳工作

【概况】 2023年，全市受理涉侨来访求助9次，办结率100%。协调1名侨港界适龄儿童入学，办理三侨生考生高考加分事项1件。利用春节、中秋等传统节日，走访慰问120余人。泰兴市组织开展联谊交友活动8次。《架起基层“连心桥”推动侨务工作走深走实》《以侨为桥 助推中匈企业合作》等稿件在《华人时刊》《华人之窗》公众号刊登。

【“港泰基层组织”结对共建】 4月，延令街道越街社区党委书记刘云到香港参观考察友好共建单位香港“径口之友”，了解社区服务模式及特色做法。9月，越街社区与香港“径口之友”举行“我们的节日·中秋”活动。8月，庆云禅寺与香港宝莲禅寺结对，双方将在寺庙建设、传统文化传播、公益慈善活动等方面开展交流合作。

【海外联谊】 2023年，海外华裔菁英青少年大运河文化体验泰兴站活动举办，来自美国、德国、英国、澳大利亚、新西兰、西班牙、意大利等国的155名华裔青少年，参观长江生态湿地绿色廊道和常泰长江大桥工程等地。

机关事务管理

【概况】 2023年，市机关事务服务中心承接会议1541场，其中国家级、省级、市级大型会议8场。全年接待来访人员2.26万人，机关食堂接待就餐16万余人次，按时足额发放35家单位750人工资、津补贴，及时缴纳保险、公积金。

【公务用车管理】 2023年，公车服务中心平台49辆公务用车累计出车超3200辆次，行驶里程约47万千米，燃油费用50万元，油耗量6.2万升，租车费用同比下降30%，全年更新公务用车17辆，其中新能源车占比70.6%。

【办公用房管理】 2023年，全市11家党政机关完成17.63万平方米办公用房权属登记工作，登记率100%，对77家党政机关办公用房开展专项巡检。全市办公用房大中维修审批立项5个，概算资金120万元。全年维修办公用房面积8673.65平方米，零星维修1548次，更换灯具894个，修复门把手69套，维修洁具152套，水电改造17次，全年未出现任何设备故障。充实公物仓资产166件套，修复、调剂81件套，完成255件新增固定资产登记。

【节能管理】 2023年，行政办公中心合同能源管理项目完成并进入托管期，节能率23.98%，完成车库照明改造，更换350套LED节能灯，年节电约1.2万千瓦时，建设机关食堂屋顶分布式光伏，总容量97.2千瓦。公共机构人均综合能耗下降超10%，单位建筑面积能耗下降超7.5%，人均水资源消耗下降超10%。

【安全检查】 2023年，市机关事务服务中心开展安全专项业务培训和消防演练11次，开展集中安全检查25次，聘请食品监督、消防等部门和行业专业技术人员开展安全检查16次，开展办公用房安全隐患排查76家，排查安全隐患34处，全部整改完毕。对全市46家机关食堂开展食堂燃气安全专项整治。

政协泰兴市委员会

重要会议

【概况】 2023年，政协泰兴市十四届委员会召开全体会议1次、常委会会议4次、主席会议11次。

【市政协十四届二次会议】 1月1—4日，政协泰兴市第十四届委员会第二次会议召开。会议听取和学习讨论市委书记张坤讲话；听取和审议市政协主席徐闻仲作的《政协泰兴市第十四届委员会常务委员会工作报告》和市政协副主席焦国庆作的《政协泰兴市第十四届委员会常务委员会关于提案工作情况的报告》；列席泰兴市第十六届人民代表大会第二次会议，听取并讨论市人民政府工作报告和其他报告；举行大会发言；表彰先进集体、优秀政协委员、优秀提案；审议通过会议有关决议。

【市政协十四届常委会议】 六次常委会议　3月23日，市政协十四届六次常委会会议召开，围绕“制造业智能化改造和数字化转型”开展专题学习。

七次常委会议　6月21日召开，听取全市上半年经济社会发展情况通报；围绕“制造业智能化改造和数字化转型情况”开展专题协商；听取民主评议医保工作情况报告，并进行民主测评；协商通过有关制度修订和人事事项。

八次常委会议　9月21日召开，围绕“促进高质量充分就业”开展专题协商；听取市政府关于市政协十四届二次会议以来提案办理工作情况；开展提案“两述一评”工作；审议通过《政协泰兴市委员会界别活动实施办法》修订方案。

九次常委会议　12月28日召开，听取市纪（监）委、市人民法院、市人民检察院2023年工作情况通报；协商政府工作报告（征求意见稿）、国民经济和社会发展情况以及财政预算工作情况；协商通过十四届市政协《常委会工作报告（讨论稿）》《提案工作情况的报告（讨论稿）》；协商通过《关于召开政协泰兴市第十四届委员会第三次会议的决定（草案）》及其他有关事项；协商通过《市政协常务委员履职报告制度》《市政协中共党员常委履职建言点评实施办法》；审议《市政协2024年工作要点和主要工作安排》；协商通过有关人事事项；审议政协常委向市政协常委会述职报告。

【市政协十四届主席会议】 十一次主席会议　1月17日召开，审议通过市政协2023年工作要点和主要工作安排。

十二次主席会议　2月21日召开，走访虹桥工业园区。

十三次主席会议　3月21日召开，讨论研究重点提案；审议通过民主评议医保工作情况方案、第六次常委会会议和学习贯彻中共二十大精神宣讲报告会、落实“四敢”重大要求“同心讲堂”工作方案。

十四次主席会议　4月24日召开，围绕“蓝天保卫战工作情况”开展专题协商。

十五次主席会议　5月19日召开，与市政府联席共商政协协商成果转化落实情况。

十六次主席会议　6月16日召开，听取“制造业智能化改造和数字化转型情况”调研情况和民主评议医保工作情况汇报；审议通过第七次常委会会议有关事项；研究委员履职经费使用工作；听取履职小组上半年工作完成情况。

十七次主席会议　7月31日召开，围绕“推进现代农业园区高质量发展”开展专题协商。

十八次主席会议　8月24日召开，围绕“基层医疗卫生服务能力建设情况”开展专题协商。

根思乡红色村寻根思源议事调解室　（贾亦真　摄）

十九次主席会议　9月19日召开，听取重点提案督办情况汇报；听取“促进高质量充分就业”调研情况汇报；审议通过第八次常委会会议有关事项

二十次主席会议　10月25日召开，讨论2024年市政协工作议题安排，布置十四届三次全会相关工作。

二十一次主席会议　12月21日召开，研究市政协十四届三次全会有关事项；审议通过第九次常委会会议有关事项。

建言献策

【提案工作】 2023年，市政协收到委员提案263件，立案249件，立案率94.68%。其中，集体提案21件，委员个人和联名提案228件。立案提案分别交由59个部门承办，立案提案全部办结，办复率、答复满意率均为100%。提案所提意见和建议得到采纳并当年解决的220件。

【协商议事】 5月10日至6月10日，市政协开展“访界别群众 聚发展合力”专题协商议事月活动。9月1—30日，市政协开展“履职为民助发展”专题协商议事月活动。

【协商文化建设】 3月31日，市政协印发《关于培育协商文化助力“四敢”重大要求落实的实施意见》，推进协商文化“五进”活动，建成黄桥镇“三单四议五事”、广陵镇“商立方”、行政审批局“泰暖心”、自然资源和规划局“三全四微”、襟江小学“师水襟江·共商共育”、赢胜集团“商以聚同·赢在未来”等21个协商文化培育展示点；8月1—4日，召开市政协协商文化培育座谈会；11月16日，开展协商文化培育展示点现场观摩活动。

【社情民意信息】 2023年，市政协收到社情民意信息336条，向泰州市政协报送129条，向市委、市政府报送10条。其中，全国政协采用3条，省政协采用8条，获省领导批示1条，泰州政协采用33条。

【“委员议政日”活动】 6月1日，市政协围绕“城区传统街巷保护利用和有机更新”开展“委员议政日”活动。8月18日，围绕“小区电梯建管工作情况”开展“委员议政日”活动。

【政协联谊会】 2月23日，市政协联谊会召开五届二次会员会议，审议2022年度工作报告。

民主监督

【视察走访】 5月8日，市政协组织政协委员围绕“提升法治营商环境”开展专题调研；7月27日，市政协组织政协委员视察走访师德师风建设情况，对民主评议情况进行二次回访；9月20日，市政协组织政协委员走访了解国有资产管理情况；10月17日，市政协组织政协委员视察走访阳光征收工作情况。

【民主评议】 4—6月，市政协民主评议工作组通过走访相关职能部门、召开不同层面座谈会、实地察看现场、开展“线上+线下”问卷调查等方式，对医保工作进行调研评议。6月21日，市政协十四届七次常委会会议对民主评议报告进行审议，综合评议意见报市委、市政府。

文史工作

【概况】 2023年，《泰兴历史文化》期刊出版共4期（总第42~45期）；编纂出版泰兴历史文化丛书《泰兴佛教文化》。12月11日，市历史文化研究会召开三届二次理事（扩大）会。

【市丁文江研究会】 12月11日，市丁文江研究会召开2023年年会，副会长卜文斌作工作报告；选举卜文斌为会长，丁萌辞去副会长职务。

（李　莉）

纪检监察

综　述

【概况】 2023年，市纪委监委持续开展“清风行动”，围绕基层行政执法、财政纪律、投资融资、政府工程、困难群体救助5个重点领域开展专项治理，搭建5个工作专班，明确重点任务和关键环节，形成专项时间表、路线图，制定自查自纠工作方案。

【市纪委十四届三次全会】 2月9日，中国共产党泰兴市第十四届纪律检查委员会第三次全体会议召开。市委书记张坤强调，要永葆“赶考”初心、践行“追梦”使命，坚决扛起管党治党根本政治责任，推进全面从严治党，为新征程上全面推进中国式现代化泰兴新实践提供更加坚强有力的政治保障。市委常委，市纪委书记、市监委主任夏万云代表十四届市纪委常委会向大会作工作报告。会议审议通过全会工作报告和决议。

2月9日，中国共产党泰兴市第十四届纪律检查委员会第三次全体会议召开　　（市纪委监委　供图）

监督检查

【案件查处】 2023年，市纪委监委重点查处泰兴一建上海分公司集体贪污窝案等严重职务违法犯罪案件，立案14人，留置并移送检察机关审查起诉8人，追赃挽损3000余万元。贯彻落实习近平总书记关于整治医药领域腐败问题重要批示精神，推进集中整治，核查问题线索14条，立案5人，给予党纪政务处分5人，运用“第一种形态”2人。

【两个责任落实】 2023年，市纪委监委紧盯“关键少数”，推动上级“一把手”对下级“一把手”约谈提醒，落实纪委书记同下级党组织“一把手”谈话制度，先后对92名各级“一把手”约谈提醒。督促基层纪检监察组织加强同级监督，制发“三色清风卡”1017张。开展全面从严治党“两个责任”

落实情况专项督查，问责履职不力的2个党组织和12名责任人，其中乡科级干部5人。

【作风监督】 2023年，市纪委监委查处违反中央八项规定精神问题109个，批评教育帮助和处理124人，给予党纪政务处分124人，其中乡科级干部40人。聚焦公车使用、食堂管理、津补贴发放等情况常态化开展监督检查，通报典型案例6期21起、26人。会同市委主题教育办公室推进党员干部不担当不作为问题专项整治，纠治形式主义、官僚主义问题21个，批评教育帮助和处理22人，问责3人。

6月21日，市纪委监委对公车使用开展监督检查　　（市纪委监委　供图）

【"清风护林"行动】 2023年，市纪委监委出台《关于深入实施"清风护林"行动 推进落实"四敢"精神的十项措施》，制发《深化运用容错纠错机制的实施办法》，组织开展专题培训，实施运用容错纠错、减责免责，通报典型案例4起，相关做法获省纪委专刊推介。建立快速澄清正名机制，对受处分干部及时开展激勉谈话，常态进行回访教育，累计实施澄清正名9人，激勉谈话149人。

审查调查

【信访审查】 2023年，全市纪检监察组织共接收处置信访举报412件，其中检举控告368件；立案484件，已给予党纪政务处分454人，其中采取留置措施15人、移送检察机关15人。查处行贿案件17件，向司法机关移送行贿人1人。坚持案件查办与追赃挽损同推进，追赃约1700万元。发挥"四种形态"综合施治、教育警醒功能，批评教育和处理846人次。

【专项整治】 2023年，市纪委监委开展"清风行动"，查处各类问题261个、275人，其中乡科级干部18人，通报侵害群众利益典型案例6期21起，累计挽回经济损失800余万元。强化纪检信访联动，严查群众信访背后作风问题，立案17人，与信访部门一起"双交办"群众急难愁盼问题80个，推动解决合理诉求271件。

3月22日，泰兴市2023年"清风行动"动员部署会召开　　（市纪委监委　供图）

派驻工作

【概况】 2023年，市纪委监委派驻机构参加各

2月10日，市纪委派驻组开展监督检查工作　　（市纪委监委　供图）

类会议566次，提出意见建议200个。累计承办信访125件，报结122件；受理问题线索167件，报结156件。实践运用“第一种形态”191人次，累计立案63件，给予党纪政务处分67人次。

【派驻联审】 2023年，市纪委监委落实派驻联审制度，安排30人次参与组间协作，开展监督检查、审查调查等工作，组建联合审理小组，共审结案件80件。

廉政教育

【领导干部警示教育大会】 1月11日，全市领导干部警示教育大会召开。市委书记张坤强调，要全面贯彻落实中共二十大精神，持之以恒推进党的自我革命，始终保持蓬勃朝气、昂扬锐气、浩然正气，在擦亮廉洁泰兴底色上守正创新，在巩固发展风清气正的政治生态上久久为功，为全面推进中国式现代化泰兴新实践提供坚强的作风纪律保证。市委副书记、市长刘文荣主持会议。市领导刘荣华、徐闻仲、张红霞等出席会议。会上集中观看警示教育专题片《永葆“赶考”的清醒和坚定》。

【落实“一案四查”】 2023年，市纪委监委落实“一案四查”（通过典型案例，查摆思想总开关的松懈点、查摆制度建设的薄弱点、查摆权力运行的风险点、查摆监督管理的空白点），综合运用案件剖析报告、纪检监察建议、整改监督评估等方式，深化以案促改。全年制发纪检监察建议111份，推动完善制度机制105项。聚焦泰兴第一建筑工程上海分公司系列案件，针对性制发纪检监察建议，问责一建公司党委、纪委履行全面从严治党责任不力问题，给予党纪处分2人，实施诫勉谈话2人。

【廉政警示教育】 2023年，市纪委监委开展分众化“以案五说”（以案说纪、以案说法、以案说德、以案说责、以案说家）警示教育，制作国企领域

4月21日，江苏文脉大讲堂走进泰兴，以“国学与廉政”为题开展讲座　　（市财政局　供图）

专题警示教育片《坍塌》，召开廉洁国企建设述职评议会，组织党员干部、公职人员旁听案件庭审。深化“廉润泰兴”文化品牌，组织开展“5·10”廉洁文化宣传月、县处级领导干部及家属“清风讲堂”、年轻干部纪律教育等活动，编印《清白传家》深化家风建设，廉洁微动漫《“无地起楼”翟尚书》等在中央纪委国家监委网站展播。

队伍建设

【教育整顿】 2023年，市纪委监委制发《关于进一步落实纪检监察干部队伍建设主体责任的十条措施（试行）》，先后开展“四必谈四必清”（岗位变动必谈、组织处理必谈、家庭发生变故必谈、出现苗头性问题必谈，对职工家庭状况和身体状况必清、对职工本人脾气性格特长爱好必清、对职工本人的工作表现和优缺点必清、对职工不同时期的思想变化必清）、检视整治谈心谈话、廉政家访谈话共3轮520余人次，对五类人群实施重点谈，查摆并整改问题40个，梳理纪检监察权力运行风险隐患116个，制定防控措施302条。开展纪检监察干部问题线索处置质效提升、违规参与民间借贷、违规办案、借用人员管理不规范、重复举报化解不力5个专项整治。教育整顿期间，接收或主动发现全市纪检监察干部信访举报和问题线索18件，给予诫勉谈话1人、批评教育1人，立案查处8人，其中，6人受

到党内警告处分，1人受到政务警告处分，1人受到撤销党内职务、政务撤职处分。

【体制改革】 2023年，市纪委监委完成全市纪检监察干部监察官等级首次确定工作。向5家未设置纪检组织的市属国有企业派出驻企纪检监察员，完善国有企业监督体系。完善“室组”联动监督、“室组地”联合办案机制，全年“室组地”（监督检查室、纪检监察组、地方纪委监委）对相关问题线索进行研判、审核把关，立案78件。

巡视巡察

【概况】 2023年，泰兴市委开展2轮常规巡察，先后巡察分界镇、元竹镇等8个镇及所辖119个村（社区）和发改委、司法局等9家机关党组织，发现并反馈问题2569个，移交问题线索112条，推动立行立改22件，解决民生实事31件，形成巡察报告58份、专题报告13份、“一把手”专题材料58份。

【上级巡视巡察】 2023年，市委巡察办开展省委巡视泰兴市前期准备工作，梳理上级巡视巡察整改任务，督促牵头整改单位对落实情况进行“回头看”。参与省委巡视综合保障，开展跟踪联络和协调推进工作。协助泰州交叉巡察兴化组对泰兴中学进行巡察意见反馈。配合泰州市委第三、第五巡察组对泰兴经济开发区、黄桥经济开发区以及黄桥镇开展提级巡察，督促相关单位根据反馈意见整改落实。对照查阅清单，整理形成档案资料138卷；主动开展自查自纠，梳理总结形成市委巡察工作专题汇报材料；针对反馈的4个方面、13个问题，制定整改措施29条，全年完成19条，10条按要求序时推进。

【省委第十一巡视组巡视泰兴市工作】 2023年7月3日，泰兴市召开省委第十一巡视组巡视工作动员会。省委第十一巡视组组长沈自力作动员讲话，对做好巡视工作提出要求。泰州市委书记朱立凡就泰兴市委接受巡视监督、配合和支持巡视工作提出要求。泰兴市委副书记、市长刘文荣主持会议并作表态发言。8月31日，省委第十一巡视组对泰兴市巡视工作结束。10月12日，省委第十一巡视组组长沈自力代表省委巡视组，分别向泰兴市委书记张坤、市委领导班子反馈巡视情况，对抓好巡视整改工作提出要求。泰州市委书记朱立凡就履行主体责任、抓好整改工作提出要求。张坤主持向市委领导班子反馈会议并作表态发言。

【十四届市委第四轮常规巡察】 3月7日，十四届市委第四轮巡察工作动员部署会议召开，启动对分界镇、元竹镇等8个镇及所辖119个村（社区）的巡察，启用“泰巡一点通”线上平台，运用“一单一表一册”巡察宣传袋开展对村（社区）“敲门式”巡察；巡察期间推动立行立改21件，移交问题线索55件、成案22件，解决民生实事31件；发现镇级层面问题368个、村级层面问题1886个，形成巡察情况报告49份、专题报告11份、“一把手”专题材料49份。

【十四届市委第五轮常规巡察】 9月27日，十四届市委第五轮巡察工作动员部署会议召开，启动对市发改委、市司法局、市财政局、市卫健委、市应急管理局、市审计局、市行政审批局、市统计局、团市委9家机关党组织的常规巡察，发现问题315个，移交问题线索11条，形成巡察情况报告9份、专题报告2份、“一把手”专题材料9份。书记专题会和市委常委会会议双重听取巡察汇报、研究巡察工作。

【交叉巡察】 4月15日，市委巡察办组建12人联动巡察组对靖江市公办义务教育学校食堂开展交叉巡察。同时开展公办义务教育学校食堂联动巡察靖江组巡察期间统筹协调、后勤服务保障等工作，协调市教育局开展公办义务教育学校食堂巡察反馈意见整改工作；11月20日，组建16人巡察组对兴化市公安系统开展交叉巡察，配合靖江巡察组对泰兴市公安系统开展巡察。

【市级巡察整改】 2023年，市巡察办指导督促十四届市委第三轮、第四轮被巡察党组织落实整改要求，审核整改工作方案、集中整改进展情况报告。推行党组织“一把手”书记专题会当面报告机制，2名党组织主要负责人分别汇报整改情况、就开展整改工作作表态发言。协调市纪委监委、市委组织部、市委巡察组“三方”联审整改方案、集中整改进展情况报告各59份，督促巡察反馈问题整改落实。市委第一至三轮巡察反馈问题814个，至年底完成整改803个。全年向市委组织部、市财政局、市农业农村局3家部门单位当面移交专题报告8份。系统梳理第四轮巡察发现9个镇层面和7个村（社区）层面存在共性问题，形成专题通报。第四轮巡察期间，同步对24个村（社区）开展巡察整改成效群众评议，发现问题118个。 （丁　俊）

民主党派·人民团体

民建泰兴市基层委员会

【概况】 2023年，民建泰兴市基层委员会组织会员学习习近平总书记系列重要讲话精神、中共二十大精神和全国两会精神。召开全国两会精神专题学习会，传达学习、贯彻落实全国两会精神。开展“凝心铸魂强根基 团结奋进新征程”主题教育活动、“习语共鸣话发展 踔厉奋发担使命”主题教育及调研活动等。带领会员分别到宿迁、淮安、镇江等地学习参观，开展线上线下政治理论学习。12月，到重庆开展“倾听历史回响 追寻红色记忆”主题教育活动。

【调查研究】 2023年，民建泰兴市基层委员会和各支部组织开展专题调查研究工作，实地走访慰问老同志，调研会员企业和支部“会员之家”建设情况，开展“习语共鸣 践行亲知”助力乡村振兴调研观摩活动，与民建泰州市委会联合举行“同心助力”大健康产业高质量发展实践基地揭牌仪式暨调研活动，开展“金融支持民营企业发展座谈会”活动。

【建言献策】 2023年，民建泰兴市基层委员会2名人大代表、37名政协委员，提交2篇人大建议、37篇个人及联名政协提案，内容涉及民生和社会保障、经济及生态等。

【志愿服务】 2023年，民建泰兴市基层委组织各支部开展线上“银杏深处是家乡 同心助力促振兴”公益团购活动，助农活动共采购梨500箱，葡萄100箱，价值5万元。会员走进市大庆医院开展“春阳抚照暖人心，思源义诊显真情”志愿服务活动。

（常杰平）

泰兴市总工会

【概况】 2023年，全市新建独立基层工会138家、联合工会8家、工会联合会2家，新发展会员6760人。至年底，共有独立基层工会1903家，联合基层工会290家，覆盖企业6761家，会员总数23.49万名。

【劳模推选宣讲】 2023年，市总工会推选全国五一劳动奖章1人，江苏省五一劳动奖章2人、荣誉奖章1人，江苏省五一劳动奖状1人，江苏省工人先锋号4人，泰州市五一劳动奖状3人、奖章11人，泰州市工人先锋号12人；何健忠劳模创新工作室参展第二届大国工匠创新交流大会。开展“劳模工匠进校园、思政教师进企业”宣讲活动28场次，覆盖40多家企业和学校8000余人次。评选表彰51个文明班组、63名文明职工。投资90多万元在祁巷村建设劳模广场。

【安全生产和劳动保护技能大赛】 2023年，市总工会举办13个门类专题劳动技能竞赛，18人获“泰州市技术能手”称号；开展行业技能竞赛5场，26人获“泰兴市金牌工人”称号。参加泰州市安全生产和劳动保护技能大赛，1人获个人三等奖；代表泰州参加省化学分析工技能竞赛，获个人二等奖1个。

6月12日，市总工会举办泰兴市"江苏银行杯"产业工人学习党的二十大精神知识竞赛决赛　　（市总工会　供图）

【职工服务】 2023年，市总工会职代会建制率94.5%。开发区化工行业、黄桥乐器行业申报省级和谐劳动关系行业，江苏常隆农化有限公司创建为"省优秀劳动关系和谐企业"。开展"圆梦筑家+"行动，新建道路运输、网约车司机等行业工会，新增会员2万余人；投资近100万元建成11个"24小时不打烊""暖心驿站"，建设2个"货车司机之家"，建成15分钟"惠工暖心服务圈"，服务对象逾10万人次。发布就业岗位3500多个。开设各类创（就）业培训班20余期，参培人员近1000人，其中有400余人取得技能证书。全年为200余名学生提供就业实践机会，其中有124人获省总工会专项补助。

【产业工人队伍建设】 2023年，市总工会细化《2023年全市产业工人队伍建设改革工作要点及重点任务清单》77条，产改试点单位扩大到150家，形成经验做法20余个。"幸福企业"建设试点企业扩展到65家，江苏南极机械有限责任公司申报为全国"提升职工生活品质"试点企业单位、省"幸福企业"建设示范单位。309名职工报名参加学历提升，其中专升本常州大学202人，高起专江苏农牧科技职业技术学院107人。20余家企业参与"揭榜挂帅"活动，发布榜单50余个，参与职工200余人，产生创新成果60余个，创造经济效益5000多万元；结对师徒60余对。开展"三十"（十大科技创新成果、十大先进操作法、十大发明专利认定）、"五小"（小革新、小发明、小创造、小设计、小建议）等群众性职工创新活动，全年共有2个"三十"和11个"五小"项目被泰州认定，其中6个项目被泰州推荐参加省级评选。

【数智工会建设】 2023年，市总工会推进"数智工会"建设，启用"互联网+"工会组建（换届）系统。建立工会组织和工会会员数据库，共组织线上普惠活动10余场，累计参与量超20余万人次，带动线上入会新增会员2万余人。

【"县级工会加强年"专项工作】 2023年，市总工会实施35个"主席领题"项目，推进"县级工会加强年"专项工作。组成5个调研组，分片区到全市17个乡镇（街道）、园区调研梳理需要解决问题5大类43条。　　（耿国先）

共青团泰兴市委员会

【概况】 2023年，全市共有基层团组织（含团支部）2400个；团员2.86万人；专职团干部40人，兼职团干部4100人。1人、1个集体获全国"两红两优"荣誉，5人、5个集体获省级"两红两优"荣誉。获评"全国优秀共青团员"1名、"全国五四红旗团委"1个，获评其他各类省级表彰20个。"火红旗帜"青年学习社线路获评省级称号，"朱东润""筑梦""文杏"3家青年学习社获评泰州市级称号；开展“‘青年学习社’开讲啦”学习云接力活动30余场，参加线上线下“青年大学习”60万人次。

【基层团组织建设】 2023年，共青团泰兴市委员会（以下简称“团市委”）出台《泰兴市县域共青团基层组织改革“四大工程”实施方案》，实施“全域提质”“全域建强”“全域培养”“全域引领”四大工程，细化落实32项任务清单，实现编制外工作力量比改革前增加1倍，联合推动出台县域改革相关政策文件11个，新建社会领域团组织132家，网络直播行业、精细化工产业链团工委2家，青年之家3家，形成“流动团员再组织化管理”“团银合作”“互动式网络社群”等改革案例19个，泰兴市县域共青团基层组织改革获省级评估“优秀”等次。

【共青团泰兴市第十八届二次会议】 3月22日，共青团泰兴市第十八届委员会第二次全体（扩大）会议召开。市委常委、组织部部长毛戴军出席会议并讲话。会议回顾2022年全市共青团工作，研究部署2023年工作任务。

【市青年联合会二届四次常委会（扩大）会议】 12月6日，泰兴市青年联合会二届四次常委会（扩大）会议召开。市青联常委会全体成员、各乡镇（街道、园区）团（工）委书记参会。会议听取并通过泰兴市青年联合会2023年工作总结及2024年工作计划，审议吸收青竹林社会工作服务中心为团体会员事项。

【青年志愿服务】 2023年，共青团泰兴市委新招募江苏省大学生志愿服务乡村振兴计划志愿者25名，开展乡村振兴青年先锋宣讲活动15场，覆盖700人。举办“青耘中国”直播助农活动10场，帮销27万元。与泰兴农商行签订“‘千团万村’促振兴 青春建功显担当”战略合作协议，发放“新农菁英贷”1.3亿元。推动“社区青春行动”“七彩志愿社区行”等志愿服务品牌，开展文明城市创建、“河小青”志愿服务、普法宣传等活动1000余场。

【青年实践活动】 2023年，共青团泰兴市委开展“学子归巢”实践活动，提供见习岗位614个，深化“社区有我 青春报到”行动，发布共青团专项岗位17个。实施“青春泰兴行”体验式项目，新增结队高校3家。常泰长江大桥、新浦化学丙烷脱氢制丙烯等项目成立青年突击队25支，开展青年安全生产示范岗专项行动100余场。

【纪念五四运动104周年活动】 4月26日，共青团泰兴市委举办泰兴市“青春在泰 兴业可期”青年“思享汇”暨纪念五四运动104周年活动。市委常委、组织部部长毛戴军出席活动并讲话，市人大常委会副主任王中先、市政协副主席周国庆出席活动。活动邀请青年代表分享交流，相关职能部门现场答疑解惑。

4月26日，泰兴市举办“青春在泰 兴业可期”青年“思享汇”暨纪念五四运动104周年活动 （团市委 供图）

【周末体验直通车】 5月13日，泰兴市委人才办、共青团泰兴市委联合举办在校大学生“周末体验直通车”系列活动。南京工业大学药学院、生物与制药工程学院、化工学院、化学与分子工程学院等学校的40名师生，到泰兴经济开发区，参观开发区重点企业，观摩特色项目，参与现场推介，开启为期2天的青春泰兴之旅。

【2023年泰兴市基层团干部培训班暨“青马工程”培训班】 8月1—2日，共青团泰兴市委举办2023年泰兴市基层团干部培训班暨“青马工程”培训班。各乡镇（街道、园区）团（工）委负责人，各市直机关、有关企事业单位团组织负责人，部分村（社区）和非公企业团组织负责人，部分团代表以及“青马工程”社会组织班、乡村振兴大学生志愿者班学员参训。共青团泰兴市委书记刘苏出席并作开班讲话。培训学习习近平总书记考察江苏重要讲话重要指示精神和在同共青团中央新一届领导班子成员集体谈话时的重要讲话精神辅导、团十九大报告辅导、基础团务等课程。

【中学中职团组织书记培训班】 8月23日，共青团泰兴市委举办2023年泰兴市中学中职团组织书记培训班暨团员发展和教育管理互检互查活动，全市中学中职团组织负责人参加培训。培训班分为理论学习，初中“双积双评”（两次积分和两次民主评议）工作辅导，入团志愿书、纪实簿规范填写辅导，智慧团建系统操作辅导，党的创新理论和团的业务知识测试等环节。活动现场进行2023届初三毕业生团员档案集中转接，现场签收团员档案移交签收单，规范团员发展档案存储。

【乡村振兴计划志愿者中秋座谈会】 9月27日，由共青团泰州市委员会主办，共青团泰兴市委员会、新街镇人民政府承办的“中秋暖心泰归雁 月圆同心助振兴”乡村振兴计划志愿者中秋座谈会召开。共青团泰州市委副书记周锦坤、团泰兴市委书记刘苏及全市25名乡村振兴计划大学生志愿者参加该次活动。活动中揭牌江苏大学生志愿服务乡村振兴计划泰兴实践基地，并慰问大学生志愿者。

8月1—2日，团市委举办2023年泰兴市基层团干部培训班暨“青马工程”培训班 （团市委 供图）

【省“青绘乡村”大赛决赛训练营（泰州）】 12月15—16日，江苏省“青绘乡村”大赛决赛训练营（泰州）走进泰兴市银杏村、桑木村、三桥村。入围决赛的选手在竞赛基地参加为期2天的集训活动。集训营从“青”眼看发展、“青”身访村、“青”耳听民情、“青”笔绘画卷4个方面开展集训营活动。选手们分别参观宣泰战斗陈列馆、古银杏公园、银杏驿站、历史文化展陈室、农耕文化馆、村规民约展示馆、复兴庵、德卿塔、三桥村毛家圩景区、三桥村村史馆等历史文化场所，了解乡村红色历史、生态文化、发展规划、特色产业等。

泰兴市妇女联合会

【概况】 2023年，全市有14个乡镇妇联，3个街道妇联，63家市级机关部门（单位）妇女组织，80家非公企业妇联，1家新兴领域妇联。2023年度“99公益日”活动募集69万余元专门用于妇女儿童公益活动。164名心蕊妈妈结对51名心蕊女童。

【市妇联十五届七次执委（扩大）会议】 2月7日，市妇联召开十五届七次执委（扩大）会议。会议全面总结回顾2022年妇女工作，研究部署2023年工作。市委常委、组织部部长毛戴军出席并讲话。会议指出，2023年全市妇女工作要突出宣传宣讲，通过做强主题宣传教育、做优女性典型选树、做精巾帼志愿服务，不断加强女性思想政治引领。要求紧扣主业主责，推进科技创新巾帼行动、赋能提升巾帼行动、乡村振兴巾帼行动，尽职尽责服务全市中心发展大局。注重家庭教育，加强社会协同育人、丰富家庭建设内涵、深化家庭教育指导，助力弘扬社会文明风尚。

【巾帼评选宣传】 2023年3月，市妇联联合市委宣传部开展“最美泰兴人”——巾帼奋斗者推荐评选活动，评出最美巾帼奋斗者4人、巾帼奋斗者提名4人。江苏省三八红旗集体新四军黄桥战役纪念馆工作室、泰州市三八红旗手何惠工作室被省妇联评为示范工作室，元竹镇兴杨村党总支书记、村委会主任叶秀美获评“全国巾帼建功标兵”。

【女性就业创业】 3月8日，市妇联举办全市女性专场就业招聘会，全市18家企业提供女性就业岗位300多个，现场125名女性达成初步就业意向。全年开展新业态新社会组织群体培训、妇女创业技能以及电商直播培训、“巾帼助农 与‘新’同行”技能直播培训等10余场。

【美丽庭院建设】 3月30日，市妇联召开全市“泰美庭院”建设工作推进会，交流“泰美庭院”创建情况，全年新打造泰州市“泰美小园”示范带2个，泰州市“泰美小院（园）”示范户50户，其中4户“泰美小院（园）”示范户被泰州市住建局评为“最美庭院”。“美丽庭院”占比40%以上，虹桥镇六圩村被评为2023年省级“美丽家园”示范点。

【巾帼志愿服务】 5月26日，市妇联承办泰州市“‘五个100·在你身边’文明实践巾帼志愿展示交流会暨‘学思践悟新思想·巾帼志愿者在行动’”主题活动，发布22项巾帼志愿为民服务项目。设立全市“巾帼志愿大集市”，200余名妇女参与。泰州市妇联主席黄海燕，泰兴市市委常委、组织部部长毛戴军出席活动。

【家庭文明评选】 3—5月，市妇联联合市文明办开展文明示范家庭评选活动，评选出2100户泰兴市文明示范家庭，2户家庭获评江苏省最美家庭。全年组建全市首支由20名成员组成的家风家教宣讲团，公开招募84名家庭教育指导员，新建2所镇级家庭教育指导服务站。

【女性新媒体创意大赛】 9月6日，市妇联举办泰兴市第三届“她说·她创”女性融媒体创意大赛，共征集作品120件，评出一等奖1个、二等奖3个、三等奖4个、优秀组织奖2家、活跃组织奖6家。泰兴市妇联获评江苏省女性融媒体创意大赛优秀组织奖、泰州市女性融媒体创意大赛优秀组织奖，视频作品《Women兴农村》荣获省融媒体创意大赛最佳融合创意奖，工作案例《以融媒之力 赋能“她”成长》获省妇联优秀融媒体工作案例。

【女企业家创新主题活动】 7月7日，市妇联联合兴业银行举办“践行‘四敢’精神 谱写巾帼新篇”女企业家创业创新主题活动，邀请45名女企业家代表参加，联合泰兴农商行共同推出“乡村振兴巾帼贷”。联合兴业银行开展“赴兴业之约 助女企兴业”主题活动，助力银企签订战略合作协议。促进泰兴市、常州市两地女企业家协会跨区域交流合作，60余名女企业家在江苏福坤新材料有限公司共谋发展、共话未来。

【基层女书记联盟成立】 7月3日，泰兴市基层女书记党建联盟成立，全市村（社区）女书记及市妇联全体人员参加会议，市妇联党组书记、主席祝萍参会并授牌。会议通过《泰兴市村（社区）女书记联盟章程》，选举产生11名理事会成员，其中理事长1名、副理事长3名、秘书长1名、理事5名。

【“经典咏流传 家风润万家”主题活动】 9月28日，市妇联举办“经典咏流传 家风润万家——美满中秋·欢度国庆”主题活动，展演《精忠报国》《岳母刺字》《中华好家风》等节目，泰兴市妇联党组书记、主席祝萍致辞并为泰兴市文明示范家庭代表授牌。

【妇女干部培训】 10月26—27日，市妇联举办全市妇女干部提素增能培训班，各乡镇（街道）、园区妇联主席，两新组织妇联主席代表，市妇联十五届执委，市妇联机关全体人员等90余人参训。

【妇女儿童权益维护】 2023年，市妇联接待处理妇女群众等来电来信来访29件。实施“我助妇儿康·妇儿权益维护与安全守护课堂”项目，组织公益律师讲师走进乡镇（街道）、村（社区）举办妇儿权益和安全守护讲座92场次。联合市平安家庭建设成员单位开展“与法同行促平安”暨“三八”维权周普法宣传活动。

【关爱困境妇女儿童】 2023年，市妇联实施“一户一策”困境妇女儿童家庭精准微关爱项目，联合市财政局印发《关于下达2023年度省扶持妇女儿童家庭工作专项资金的通知》，为44户家庭提供关爱服务。联合泰兴农商行举行“农信联心”微关爱结对仪式，组织乡镇支行与村（社区）签订结对帮扶协议。开展中央专项彩票公益金支持低收入“两癌”救助申报，为3名城乡低保患病妇女上争救助款每人1万元。联合新浦化学有限公司为10名“两癌”妇女每人发放2000元慰问金。

（陈永捷）

泰兴市工商业联合会

【概况】 2023年，泰兴市工商业联合会（以下简称“市工商联”）有会员2283个，行业商会10家，异地泰兴商会12家，泰兴异地商会2家，乡镇（街道）园区商会18家。

【北片区基层商会建设调研座谈会】 3月10日，市工商联召开北片区基层商会建设调研座谈会，农产品园区、元竹、新街、宣堡、根思5个基层商会参加座谈会。市政协副主席、市工商联主席周桂香，市委统战部副部长、工商联党组书记翁进参加座谈会，翁进主持会议。3月14日，东片区基层商会建设座谈会召开，黄桥、古溪、分界、广陵、河失等乡镇商会会长参加会议。市政协副主席、市工商联主席周桂香出席会议，市工商联副主席吴忠华主持会议。

【江苏省“幸福民企”调研座谈会】 3月15日，省纪委监委驻省委统战部纪检监察组副组长马树生，省纪委监委驻省委统战部纪检监察组一级主任科员罗昊，省工商联机关党委副书记周强军，省工商联机关党委三级主任科员董加良，泰州市委统战部副部长、市工商联党组书记陈军，泰州市纪委监委第二十派驻纪检监察组副组长顾磊，泰州市工商联党组成员、副主席于勇、刘青华，泰州市工商联党组成员、副主席、秘书长殷小将，泰兴市政协副主席、工商联主席周桂香等领导到江苏南极机械有限责任公司对“幸福民企”创建工作进行调研。

【市工商联(总商会)十二届三次执委(扩大)会议】 4月12日,市工商联(总商会)十二届三次执委(扩大)会议召开。市委常委、市委统战部部长殷海成出席会议并讲话;市政协副主席、市工商联主席周桂香代表常委会作工作报告;市委统战部常务副部长丁中辉作届中人事调整说明;市委统战部副部长,市工商联党组书记、常务副主席翁进主持会议。

【第五期全市民营经济代表人士培训班】 5月10—12日,市委统战部、市工信局和市工商联联合举办第五期全市民营经济代表人士培训班,50名民营经济代表人士参加。市政协副主席、工商联主席周桂香出席开班仪式并作动员讲话。培训设置专题教学、现场教学、交流分享等环节,参训人员听取“宏观经济形势分析及民营经济政策解读”“勇于敢字当头,交出示范答卷——‘四敢’在苏州的实践”等主题讲座,在苏州生物医药产业园、亨通集团和苏大维格光电科技股份有限公司进行现场教学。

【“提升网格化服务管理实效”融合互促协商议事活动】 5月25日,市政协工商联界别联合延令街道开展“提升网格化服务管理实效”融合互促协商议事活动,与会人员实地视察祥泰社区未来城花海红延小站、国庆二村社区警网融合网格服务站,并听取社区网格化服务管理工作介绍。在随后召开的座谈会上,延令街道相关负责人介绍街道网格化服务管理情况,越街社区、国庆二村社区、祥泰社区及网格员代表分别提出网格化服务管理中的现实困境和亟须解决的难题,与会人员开展协商,并提出意见和建议。

【“6·14”企业信用管理(合规)培训会】 6月14日,泰兴市举办“6·14”企业信用管理(合规)培训会议。会议邀请省发展改革委信用建设处、省工商联法律维权处以及市市场监管局负责人授课,各乡镇(街道、园区)经济发展局负责人、基层商会(行业商会)负责人、相关企业信用管理负责人等120余人参加会议。现场讲解信用的基本知识及信用体系建设的意义、开展商会商事调解的重要性和意义及市场监管部门信用监管重点以及如何申请信用修复,重点解析《失信行为纠正后的信用信息修复管理办法(试行)》对信用信息修复的新要求,

【义诊活动】 11月19日,扬州泰兴商会邀请江苏省苏北人民医院10多位泰兴籍科室主任医师到家乡分界镇开展义诊活动。扬州市政协原副主席、江苏省苏北人民医院医疗集团理事长王静成,市政协副主席、工商联主席周桂香,市委统战部副部长、工商联党组书记翁进等参加活动。

【爱心活动】 8月15日,黄桥商会开展“高温送清凉”慰问活动,为公安干警、综合执法、环卫工人、消防救援人员送去价值3万余元清凉物品。9月10日,姚王街道商会开展“助教义捐”暨商会理事会年度例会活动。12月23日,宣堡镇商会举办暖冬行动暨“银杏花开”亲子活动。全镇14个困境家庭家长、学生,志愿者老师等40余人参加活动。

(蒋小燕)

军事·法治

军　事

·人民武装·

【概况】 2023年，市人武部贯彻政治建军要求，组织学习贯彻习近平新时代中国特色社会主义思想主题教育和“学习强军思想、建功强军事业”教育实践活动。保持部队高度集中统一和纯洁巩固。贯彻习近平主席训令，坚持一切工作向“服务打仗、保障打赢”聚焦。完成支援分队4批次520人基地轮训和拉动点验，专项组织杨根思民兵应急连和武警第二机动总队开展为期12天的挂钩联训。开展廉洁征兵教育、监督员资格认证、巡查督查，持续抓好廉洁征兵工作，全市无一例廉政征兵问题，完成全年征兵任务。

【主题教育】 2023年，市人武部贯彻政治建军要求，组织学习贯彻习近平新时代中国特色社会主义思想主题教育和“学习强军思想、建功强军事业”教育实践活动，落实“三个清单”“四个计划”，坚持周有专题学习、月有党课辅导、季有理论测试。贯彻军委主席负责制，研究制定《泰兴市人武部军委主席负责制学习教育规划（2023—2027年）的具体措施》，落实“三项机制”（鼓励激励机制、容错纠错机制、能上能下机制），坚决做到思想上政治上行动上与党中央、中央军委和习近平主席保持高度一致。采取集体学习与个人自学相结合、专题学习与跟进学习相结合、集体研讨与课题研究相结合的方式，组织4次党委中心组理论学习。开展廉洁征兵、严禁违规喝酒，防止酒驾醉驾专题党课辅导，持续开展应征青年入伍宣誓和英雄宣言感悟，厚植杨根思“三个不相信”（不相信有完成不了的任务，不相信有战胜不了的困难，不相信有战胜不了的敌人）传统价值。杜绝防范“低级红”“高级黑”，用强军文化正能量感召干部职工。全年在全国性媒体用稿8篇、省级用稿6篇，位居军分区第一，在全省名列前茅。

【全市武装工作会议】 2月17日，全市武装工作会议召开。市委书记、市人武部党委第一书记张坤强调，认真践行习近平强军思想，时刻牢记职责使命，以强烈的担当和严实的作风，真抓实干，攻坚克难，不断开创全市党管武装工作新局

2月17日，市人武部召开全市武装工作会议

（市人武部　供图）

面。市委常委、市人武部部长张军作工作部署。市人武部政委石磊主持会议并传达上级会议精神。会上，济川街道、分界镇、宣堡镇、根思乡等乡镇（街道）人武部部长进行述职。

【宣布命令大会】 7月8日，泰州军分区政委杨罗玉到泰兴市参加宣布命令大会，杨罗玉宣读军委国防动员部命令，宣布泰兴市人武部原部长张军转业，绍兴军分区战备建设处处长汪震调任泰兴市人武部部长，汪震作表态发言。市长刘文荣参会并讲话。市人武部全体干部职工、全市基层专武干部参加宣布命令大会。

【市委常委议军会】 7月26日，市委书记张坤主持召开市委常委议军会，强调要站在讲政治的高度，大力发扬国防情怀，大力支持国防后备力量建设，带着对国防和军队建设的深厚感情，积极履职尽责，破解工作难题，凝聚军地齐抓共管的合力，推动泰兴市经济社会建设和国防后备力量建设高质量发展，持续谱写泰兴市党管武装工作的新篇章。市长刘文荣等出席会议。市人武部政委石磊传达学习习近平总书记关于国防和军队建设的重要讲话精神和新修订的《征兵工作条例》相关内容，市人武部部长汪震汇报军事工作情况。会议听取延令街道、滨江镇、元竹镇、珊瑚镇4名乡镇（街道）党委（党工委）书记述职，审阅其他乡镇（街道）党委（党工委）书记书面述职报告。

【练兵备战】 2023年，市人武部贯彻主席训令，坚持一切工作向“服务打仗、保障打赢”聚焦，立起研战谋战务战导向鲜明。全面落实党委主体责任、主官第一责任，严格落实党委议战议训制度，开展形势战备和职能使命教育，深挖彻改和平积弊，树牢底线思维、极限思维；按照“需求牵引、军种联动、分工协作、实用管用”思路，加强作战准备整体筹划，修订完善国防动员和非战争军事行动等方案2类18个；常态运用“蓝信”系统，民兵情报报情工作明显提升；加强重大节日期间作战值班，组织民兵应急分队战备拉动演练，保持高度戒备；坚持实战实训、联战联训、从严治训，采取“基地轮训、军种跟训”模式，完成支援分队4批次520人基地轮训和拉动点验，组织杨根思民兵应急连和武警第二机动总队开展为期12天的挂钩联训。7月，组织杨根思民兵应急连参加泰州市2023年防汛抢险1小时应急响应圈实战演练。推进军综网在线学习室建设、互联网学习室和图书室，持续推进训练转型。5月，选派5名民兵干部参加军分区民兵干部集训，市防化救援连代表军分区接受省军区整组现地检查。7月，10名民兵教练员参加军分区民兵教练员集训，取得个人和团体第一名。

【征兵工作】 2023年，市人武部开展兵员征集工作，召开征兵工作推进会、业务培训会12次，发放征兵宣传册1.5万份，协调全市户外大型LED电子屏、智慧泰兴公众号推送征兵政策信息和征兵宣传片。对照“五率”（报名率、上站率、合格率、择优率、退兵率）指标，开展适龄青年网上兵役登记、应征报名，全年组织2批应征青年体检、复查。组织役前教育，落实一日生活制度，开展训练教育活动。组织开展廉洁征兵教育、监督员资格认证、巡查督查，持续抓好廉洁征兵工作，全市无一例廉政征兵问题。

【民兵整组】 2023年，市人武部先后开展国家国动委赋予9大类8000余条基础潜力数据调查统计，完成战区明确支撑备战打仗3大类9项国防动员重点潜力资源调查核准，2次组织潜力数据集中会审、成果录入和分析评估，动态更新、实时保鲜。围绕民兵建设“十四五”规划中期建设目标，新质力量占比首次突破20%。

【国防教育】 2023年，市人武部把全民国防教育作为年度经常性长久性任务，按照“突出重点、分类施教、深化普及、结合渗透”思路，拓展国防教育平台，丰富国防教育资源，开展国防教育“进机关、进企业、进学校、进社区、进村户”活动，制定《民兵政治教育实施计划》，印发《政治教育授课提纲》，加强民兵预备役人员爱国主义、革命传统教育。利用媒体宣传、社会宣传、场馆阵地资源，结合征兵、国家安全教育日等活动，协调利用沿街单位、宾馆酒店、银行药店户外电子显示屏、楼宇电视及镇村社区橱窗报栏加大国防教育和征兵宣传公益广告投放力度；面向全体市民开展国防知识竞赛活动，组织官兵读红色书籍、看经典影片、讲革命家书、学英模典型。结合征兵宣传、国家安全教育日、双拥模范城创建等活动，发布各类公益广告。3月，联合市教育局在鼓楼小学举行首批“国防教育示范学校”挂牌仪式，落实国防教育专项经费。泰兴市洋思中学和根思实验学校被国家评定为“国防教育示范学校”。推进学生军训市场化商业化整顿治理，组织学生军训教官培训和资格认证，完成全市普通高中和职业技术学校6989名新生军训任务。

【安全管理】 2023年，市人武部每月定期召开安全形势分析会。确定17类管控重点，履行“三查”（每日值班员进行重点部位巡查，查营区水电、防火煤气等设施，每周交班会各科室专题汇报自查）制度。开展安全隐患排查治理活动，持续开展微信整治专项行动。

【双拥共建】 2023年，人武部以纪念延安双拥运动80周年为契机，军地“双清单、三助力”机制常态运行，联合市司法局建立军人军属法律援助工作站，指导各乡镇设立涉军法律援助联络点，全市实现军人军属法律援助全覆盖。联合市退役军人事务局为立功官兵家庭送喜报协调畅通抚恤扶助、退役安置、军属优待等绿色通道，常态化开展“走边防看亲人”“情系边海防”等活动，为边海防官兵家庭解决实际困难，全年慰问边海防和困难现役军人，发放慰问金约6万元。

【党管武装】 2023年，市人武部落实“军地双重领导”“第一书记现场办公”“军事日”“党管武装工作述职”等党管武装制度。组织党委议军，将国防和军队建设内容纳入市委中心组学习计划。7月，组织召开市委常委议军会，研究解决影响和制约武装工作发展中矛盾困难。支持基层武装部规范化建设，全市17个乡镇（街道）人武部356个村居营连部建设全面达标，11月通过军分区检查验收。市人武部组织3名新任职党委书记政治教导员宣布命令仪式，联合市委组织部建立专武部长人才储备库，组织入库考核和动态调整。

（黄　凯）

·武警泰兴中队·

【概况】 2023年，中国人民武装警察部队泰州支队执勤大队泰兴中队连续43年完成“三无”（无刑事案件、无责任事故、无严重违纪）目标。

【政治思想工作】 2023年，武警泰兴中队以“学习强军思想、建功强军事业”教育实践活动为依托，抓好理论武装，政治教育成效良好，防范预防扎实有效，内部关系和谐健康，官兵思想积极向上，争先创优凝聚有力。中队学习贯彻中共二十大精神，开展学习贯彻习近平新时代中国特色社会主义思想主题教育，加强组织建设。

【执勤演练】 2023年，武警泰兴中队牢记习近平总书记“要把备战打仗的指挥棒立起来，把抓备战打仗的责任担当立起来”要求。以“学大纲、研大纲、用大纲”为主题，营造官兵比、拼、赶、帮、超训练氛围，提升实战能力。执勤工作结合担负任务实际和驻地形势，严格勤务组织实施，与目标单位开展联合方案演练，对照中队实际排查整治执勤隐患25个问题，以“零违纪”“零通报”标准狠刹“常见病”“多发病”，全年执勤安全无事故。

（张　扬）

法　治

·社会治安综合治理·

【概况】 2023年，全市政法系统开展常态研判

144次、战时研判42次、专题研判12次。全市群众安全感99.02%，持续保持历史高位；法治建设满意度92.71分，继续保持全省第一方阵；人民群众对政法机关和政法队伍满意率94.81%，居全省前列。打掉恶势力犯罪集团4个，破获十类涉恶案件516起，抓获涉黑涉恶犯罪嫌疑人1072人，冻结扣押涉黑涉恶资产1.7亿元，群众对扫黑除恶满意率位列全省第一。2023年，全市政法系统64个集体、83人获得省级以上表彰。"共同理大家评"综合解纷工作法入选全国"枫桥式工作法"。建成泰州市首家政法融媒体中心，"平安泰兴"微信公众号在全省政法委系统新媒体榜单位列第2位。

【全市党政主要负责人专题述法评议会】 3月30日，全市党政主要负责人专题述法评议会召开。市委书记张坤强调，全市上下要坚决贯彻党中央关于全面依法治国的重大决策部署和省委、市委各项工作要求，不断强化党政主要负责人履行推进法治建设第一责任人职责，以更高标准、更大力度、更实举措，努力建设更高水平的法治泰兴，为全面推进中国式现代化泰兴新实践提供坚强法治保障。市委副书记、市长刘文荣主持会议。市领导王建武、蒋益公、孙峰、朱为祥参加会议。会上，市市场监管局、市住建局、河失镇、元竹镇等乡镇（街道）和部门主要负责人就2022年度履行推进法治建设第一责任人职责情况现场述法。市委常委、政法委书记王建武，副市长、市公安局局长孙峰现场提问并点评。会议专门邀请"两代表一委员"现场监督测评，达到"知责明责、履责督责、考责问责"的预期效果。

【全市社会治理现代化建设工作会议】 4月17日，全市社会治理现代化建设工作会议召开。市委书记张坤强调，要坚决贯彻落实党中央关于加强社会治理的决策部署，举全市之力、集全市之智，深化改革创新、全面推进落实、奋力走在前列，推动社会治理现代化不断取得新成效，实现党建引领力、群众满意度、经济活跃度"三个上升"，矛盾纠纷、风险隐患、行政成本"三个下降"。市长刘文荣主持会议。市人大常委会主任刘荣华，市政协主席徐闻仲等出席会议。会上，市委常委、组织部部长毛戴军部署党建引领社会治理工作，市委常委、政法委书记王建武部署推进社会治理体系和能力建设工作。市公安局、黄桥镇、滨江镇、元竹镇蒋堡村、延令街道三营社区作交流发言。

【市委全面依法治市委员会第六次会议】 12月5日，市委书记张坤主持召开市委全面依法治市委员会第六次会议。他强调，要结合第二批主题教育，持续推进习近平法治思想入脑入心入行，统筹抓好全面依法治市各项工作，为护航经济社会发展、提升民生幸福指数、维护社会和谐稳定作出新的更大贡献。市领导刘文荣、张红霞、毛戴军、王建武、王长健、冯宇出席会议。会上，市委常委、政法委书记王建武带领学习习近平法治思想，副市长、市公安局局长冯宇汇报全市道路交通安全和运输执法领域突出问题专项整治工作情况，市司法局汇报依法行政工作情况。

4月17日，全市社会治理现代化建设工作会议召开

（王文蕾　摄）

【“泰平安”治安大联防】 2023年，全市政法系统建立5个“政治安全气象哨”，捣毁邪教活动点4处，查处编造传播有害信息35人。组织打击“拉车门、砸车窗”盗窃专项行动，案件同比下降10%。开展社会治安重点地区和突出治安问题排查整治，全部验收摘牌。全年未发生重大刑事案件和冲击道德底线的恶性案事件。

【基层治理】 2023年，全市政法系统推进社会治理现代化建设，出台推进基层治理现代化系列文件。深化“一站式”社会矛盾纠纷调处服务体系建设，成立市社会矛盾纠纷调处工作委员会，整合信访接待、诉讼服务、公共法律服务等7个中心职能，组建市社会矛盾纠纷调处服务中心，落实8个常驻部门、9个轮驻部门、2个随驻部门，设置“综合接待、信访受理、诉讼服务”等窗口和调解功能室，实现“一站式受理、一揽子解决”。推进乡镇（街道）社会矛盾纠纷调处服务中心机构、阵地、职责、队伍、机制和平台运行“六个规范化建设”，乡镇（街道）中心全部建成运行。社会矛盾纠纷“统分联合”工作法在全省现场会作经验交流，开发运行的社会矛盾纠纷化解大联动智慧平台列入省级试点，在泰州市现场会上作经验交流。

【网格化服务管理】 2023年，市委政法委排查上报各类信息13万余条，协助走访7万余人次，网格知晓率、满意率位居全省前列。推进网格规范化建设并通过泰州市验收，获奖补资金763万元。黄桥商业综合体专属网格被列入泰州市网格员培训班现场教学点；推进“网格+警格”深度融合和“警法融合、三所共治”；在“泰治理”上线“信访+网格”“消防+网格”等模块，建立多网融合规范，获泰州市“泰治理”优秀创新应用案例二等奖。

【营商环境整治】 2023年，市委政法委成立破产法研究分会和服务化工企业高质量发展研究会，建立市政法系统与市企业联合会联席会议制度，出台护航企业发展措施50条。成立“泰融融”金融纠纷调解工作室，建立“援法助企”工作站，化解纠纷218起。选聘首席法律咨询专家68人，参与社会稳定风险评估257项，化解矛盾纠纷30余起。开展“法企同行”活动，举办法律宣讲35场次。建立“企业公证顾问”制度，推广数据知识产权和商业秘密在线保护服务。

【“忠诚保平安 护航新征程”文艺巡演】 10月22日，泰兴市举办“忠诚保平安 护航新征程”平安建设专场文艺演出。泰州市委常委、政法委书记孔德平，泰兴市委书记张坤、市四套班子分管负责人、法院院长、检察院检察长出席活动。节目紧扣平安建设主题，分“忠诚·赤胆印寸心”“为民·枝叶总关情”“使命·铿锵勇前行”3个篇章，以歌曲、舞蹈、小品、说唱等形式，演绎政法干警防风险、保安全、护稳定、促发展、惠民生的情景和故事。活动现场还举行2019—2022年全市平安建设先进集体和先进个人颁奖仪式、2023年“泰兴供电杯”平安建设短视频创作大赛获奖作品颁奖仪式。活动通过“江苏政法”微博、“智慧泰兴”App、全市政法新媒体矩阵等平台同步直播，6万余人在线观看。部分政法干警代表、网格员代表、群众代表参加现场活动，全市新时代文明实践所（站）同步组织观看。首演结束后，演出单位前往各乡镇（街道）进行巡演。

（周　翔）

·公　安·

【概况】 2023年，市公安机关完成大型安保任务27起。全年接警36.67万起，有效警情13.66万起，其中火灾事故833起、纠纷类警情3.98万起、交通类警情5.1万起、求助类警情2.09万起、举报投诉警情5379起。全市公安机关共处置群体事件48起，其中20~50人47起、50~100人1起。

【危险化学品管理】 2023年，市公安机关对危险化学品单位开展专项整治，通过单位自查及公安部门监督检查等方式，对危险化学品储存场所的治安防范状况开展“兜底翻”式大检查。办理涉危刑事案件1起，其中非法经营烟花爆竹案1起，移诉3人。移交涉危线索1起，移诉1人，全年涉危移诉任务完成。办理涉危行政案件51起，其中涉及易制爆危化品案件13起，责令改正并罚款7家单位，罚款5家单位；烟花爆竹类案件23起，处罚11人，其中行政拘留3人，罚款8人；涉及剧毒危化品案件2起，责令改正2家单位；办理枪支管制刀具案件13起，处罚5人，其中行政拘留3人，罚款2人，收缴尖刀6把，气枪4把，仿真枪4把，铅弹7发。

【户籍管理】 2023年，全市总户数39.67万户，总人口数112.71万人。总人口中男性57.09万人、女性55.62万人，男女性别比为1.03；城镇人口64.01万人，占总人口的56.79%。总人口中，18周岁以下13.79万人，占总人口的12.23%；18周岁以上至35周岁以下19.76万人，占总人口的17.53%；35周岁以上至60周岁以下46.85万人，占总人口的41.57%；60周岁以上32.31万人，占总人口的28.67%。人口老龄化趋势明显。出生4336人，出生率3.84‰；死亡1.22万人，死亡率10.79‰；人口总量减少7821人，人口自然增长率-6.88‰。省内迁入1740人，省外迁入2026人，迁往省内3844人，迁往省外2390人，人口机械负增长2471人，机械增长率-2.17‰。办理正式身份证5.85万张，临时身份证1.36万张，异地证2683张，港澳台居住证48张。

【案件侦破】 2023年，全市立刑事案件4581起、破2546起，破案率55.58%，同比上升38.75个百分点。“八类”（故意杀人、故意伤害致人重伤或者死亡、强奸、抢劫、贩卖毒品、放火、爆炸、投毒罪）案件全破，抓获上网在逃人员236人，其中1人为潜逃20年外省命案在逃人员。电诈立案数、案损值同比分别下降25.7%和31.1%，破案率、追赃挽损数同比分别上升60.2%和18%，破获泰州市首例偷渡缅北实施电信网络诈骗“回流”案，抓获犯罪嫌疑人113人，明确金主头目身份3人并申报红通人员实施跨境抓捕。破获全省首例制售假新冠特效药案，查获假药2万余瓶，被省公安厅挂牌督办。侦办泰州市首例依托咪酯新型毒品案。推进“平安长江”行动，办理涉渔刑事案件15起、16人，行政案件32起、32人。侦办梅某等人组织卖淫案、房某辉等人赌博案等案件，采取刑事强制措施151人、治安处罚1106人。

【打击非法集资专项行动】 2023年，市公安机关立非法集资案9起，集资参与人数200人，集资金额4898万元，破案7起。2022年泰兴登记在册陈案6起，全部移送起诉，陈案处置率100%。先后8次开展拉网式排查，约谈金融企业、重点单位的负责人和重点人30余次，组织投资人员座谈会20余次，以案说法开展法律教育。

【内保管理】 2023年，全市公安机关对全市内保重点单位进行检查8750余家次，发现隐患336处，印发整改通知书104份，办理内保行政案件110余起；全市发生安全事故33起，均按要求开展案件初查，其中立案32起，不予立案1起，撤销案件7起，采取强制措施32起，公诉15起。推进中小学幼儿园及周边秩序整治，调查摸底中小学、幼儿园157所，检查发现安全隐患26处，当场整改安全隐患21处，限期整改安全隐患5处。

【交通管理】 2023年，市公安机关累计查纠各类交通违法行为75.9万起，查处饮酒驾驶920起，醉酒驾驶476起，超限超载3161起。完成2000个停车泊位实施规划和11处市区堵点乱点治理；全年查处违法停车12.32万起，机非不分2.35万起，不戴头盔12.82万起，逆向行驶1.92万起；提请市政府投入150余万元，聘请100余名文明劝导员参与创建工作。推行道路交通死亡事故溯源调查分析工作机制，推进重大事故隐患排查整治、“零死亡”定期认定通报、电动车底数摸排和高龄驾驶人精准宣传等工作，累计登记摸排电动车17.67万辆，向8.25万名高龄驾驶人开展精准宣传，全年没有发生一次性死亡3人及以上道路交通事故。侦破重大交通事故逃逸案6起，侦破率100%。完成国家、省、市及重大中心活动等交通安保170余次。开展交通安全宣传工作，累计发放宣传单、公开信8万余份，进中小学上交通安全宣传课300余场，发送安全出行短信提示60余条，推送抖音视频110条次，组织交通安全宣传"美丽乡村行"巡回演出12场次，设立交通违法"曝光台"，曝光市民和公职人员交通违法500余起，在智慧泰兴发布对外卖、快递企业交通安全"红黑榜"、电动自行车安全文明评价"四色图"12期。

【车辆管理】 2023年，全市累计清理重点隐患车辆1.05万辆，清理AB类隐患驾驶1.05万人；约谈高违法、高风险、交通事故企业24家次，向相关职能部门送达抄告函22份、送达安全告知单94份；平台评价高风险企业数量减少68.42%，低于全省平均水平；危化品运输车辆监管模式典型做法，被《人民公安报交通安全周刊》登载推广。

【出入境管理】 2023年，市公安机关受理各类出入境证件1.72万人次，签注1.96万人次。其中，受理公民因私出国申请9312人次；往来港澳通行证7793人次，签注1.96万人次；台湾通行证申请（含签注）53人次；中华人民共和国出入境通行证12人次。新增登记法定不批准出境人员通报备案信息1510条，新增登记国家工作人员登记备案信息1815条。外国人入境申请136人次，其中居留许可99人次、普通签证8人次、停留证件29人次。登记、审核上传境外人员临时住宿登记2828人次，对96名常住在泰兴外国人进行全覆盖回访。全年共侦办5起妨害国（边）境管理犯罪案件，移诉8人；共查处"三非"（外国人非法入境、非法就业、非法居留）行政案件7起，抓获"三非"外国人7人。

·检　察·

【概况】 2023年，市人民检察院办理的8个案件入选省级以上典型案例，9项机制做法被最高人民检察院转发，12个特色亮点被中央级媒体报道，16人次获省级以上表彰。

【刑事检察】 2023年，市人民检察院全年批准逮捕244件、306人，提起公诉765件、994人。依法从快办理故意杀人、抢劫、强奸等刑事案件37件、42人。办理盗窃、诈骗等多发性侵财案件199件、290人。经最高检、最高法指定管辖，对外省非法制造枪支案起诉19人。办理涉600余万元盗窃燃气案、涉200余万元敲诈勒索案等案件。开展扫黑除恶斗争，对王某等12人聚众斗殴、寻衅滋事案依法改变涉恶定性；对上级指定管辖的陈某某等6人敲诈勒索、寻衅滋事案，依法追加认定恶势力犯罪集团。加强检警协作，打击电信网络诈骗及其关联犯罪，成立专案组依法办理缅北电信网络诈骗"回流"案件，批捕18人，起诉34人。落实宽严相济刑事政策，不批捕47人、不起诉227人，建议变更羁押强制措施21人，认罪认罚适用率95.16%。

【职务犯罪检察】 2023年，市人民检察院依法办理监委移送职务犯罪案件11件、11人。依法办理某国有建筑公司9人贪污窝案，为国家挽回经济损失1000余万元。参与惩治涉粮领域腐败，该做法被中纪委、最高检转发。参与查办司法工作人员职务犯罪，1件案件线索报上级院立案侦查，并获法院有罪判决。

【经济犯罪检察】 2023年，市人民检察院开展"检护民企"行动，建立检察长挂钩联系民企机制，收集企业涉检法治需求115个。依法审慎办理企业涉罪案件21件、31人，慎用限制人身自由和财产权利的强制措施。加强与公安、法院衔接，探索涉案企业刑事合规"全流程适用"，督促8家企业落实合规承诺实现"司法康复"。依托东南大学法学院，成立涉案企业合规研究基地。

【未成年人检察】 2023年，市人民检察院办理未成年人刑事、民事案件96件、132人。打击性侵未成年人犯罪，构建以被害人陈述为核心证据的审查规则，对1起被告人拒不认罪的性侵未成年人案件提出抗诉，增加认定4笔犯罪事实，被告人刑期由有期徒刑8年改为13年。审查电子数据，发现“隔空猥亵”线索，依法监督立案5人，该案入选全省“护苗2023”专项行动典型案例。落实《中华人民共和国家庭教育促进法》，发出督促履职令36份。对25名未成年犯罪嫌疑人附条件不起诉，聘请专业司法社工、心理咨询师制定帮教方案，相关案例入选全省“文明办网”典型案例。

2023年，市人民检察院联合市纪委监委对粮食购销领域相关整改工作开展“回头看”（叶晶　摄）

【公益诉讼检察】 2023年，市人民检察院办理公益诉讼案件48件，其中42件案件在诉前解决。开展柴油危化品专项治理，在2条省道查获6处非法加油点，查扣9辆流动加油车、5本运输柴油假证，2人被公安机关立案，该案入选全省保障安全生产典型案例。联合市卫健委对41家乡村口腔诊所开展专项治理，6家非法口腔诊所被立案调查，对涉嫌非法行医人员刑事立案，该案入选省人民检察院典型案例。

【刑事执行检察】 2023年，市人民检察院加强刑罚执行和监管活动监督，提出纠正意见60件。对2家看守所开展巡回检察，督促纠正未及时送监等不当行为。

【民事检察】 2023年，市人民检察院贯彻《中华人民共和国民法典》，提请民事抗诉、发出再审检察建议6件。针对“刑民交叉”案件中作出矛盾判决的问题，建立民事检察监督模型，发现民事监督线索4件、深挖刑事犯罪线索2件，均依法进行处理。对4件法院裁判正确的申诉案件作出不予支持监督决定，并同步开展释法说理、息诉服判等工作。持续打击虚假诉讼，建立内部线索互通、双向反馈机制，就沈某等人伪造交通事故骗保虚假诉讼案件，向法院发出再审检察建议并得到采纳。

【行政检察】 2023年，市人民检察院开展“行政检察护航民生民利及法治化营商环境”专项活动，制发行政诉讼检察建议21件、行政违法检察建议26件。实质性化解行政争议29件。会同市自然资源规划局在全省率先建成信息化平台，对行政处罚、申请法院执行、执行情况“三类数据”开展智能分析研判，推送监督线索13条，监督成案6件，该做法被最高人民检察院转发。会同相关乡镇政府处理涉土地矛盾纠纷，推动100余亩耕地复垦，该案获评全省保障粮食安全参考性案例。

【涉检信访】 2023年，市人民检察院受理信访419件，7日内程序性回复和3个月内办理过程或结果答复率均为100%。落实院领导包案首办责任制，院领导包案办理22件、公开听证32次。

（舒　为）

·法　院·

【概况】 2023年,市人民法院共受理各类案件2.69万件(含旧存3110件),同比上升10.38%;审判、执行结案2.4万件,同比上升13.09%;审判结案标的额(不含清算破产)40.62亿元,员额法官人均办案393件。其中,案件受理数和结案数均处于泰州法院系统首位。

【刑事审判】 2023年,市人民法院审结刑事案件802件、1069人,结案率94.28%。开展扫黑除恶斗争,落实涉黑恶案件联席会商制度,"青春蔚蓝行动"获评全省法院扫黑除恶优秀品牌。判处涉缅北电信诈骗、利用移动积分诈骗、养老诈骗等犯罪79件、166人,判处非法吸收公众存款、集资诈骗犯罪8件、12人,判处"黄赌毒"犯罪48件、101人。严惩职务犯罪14件、14人,罚没款680余万元。1名法官获评全省法院打击整治养老诈骗专项行动先进个人。

【未成年人守护】 2023年,市人民法院审结未成年人犯罪30件、42人,非监禁刑适用率35.71%。加强未成年人法治教育,开展巡回审判进校园,定期举办校园法治讲座,定期帮助指导问题家庭,定期跟踪帮教未成年矫正对象。

【民事案件纠纷化解】 2023年,市人民法院审结民事案件1.31万件,裁决争议标的额38.85亿元。审结商品房买卖、房屋租赁纠纷案件281件。审结拖欠劳动报酬纠纷案件631件,审结劳动争议纠纷案件364件。处理服务类预充值等群体性消费纠纷、商铺"售后返租"系列案件310件。审结婚姻家庭纠纷案件1854件,发出人身安全保护令4份。

【审判执行】 2023年,市人民法院受理执行案件1.11万件,结案9988件,执行到位标的额39亿元。向公安机关移送涉嫌"拒执罪"案件9件,立案5件,提起公诉1件,判决1件,移送数、判决数均位居泰州市前列。在泰州市率先开展执行行动抖音直播,流量突破80万人次。通过"放水养鱼"等方式提升被执行人偿债能力,经验做法被《人民法院报》、江苏省高级人民法院公众号等宣传报道。2名干警分获省、泰州市"优化法治营商环境执行年"先进个人称号。

【企业债务清算】 2023年,市人民法院立案审查破产案件106件,裁定受理99件,审结99件,结案率同比上升31.1%。办理泰州市首例预重整案件,泰兴天马化工有限公司用时47天重整,化解债务2.76亿元。移送"执转破"案件101件,受理数泰州市第一。全年腾退土地32.6万平方米,盘活资产7.7亿元,安置职工410人,化解债务超100亿元,增加税收6500万元。办理的阿贝尔化学(江苏)有限公司重整案获评泰州市"骏马奖"并入选全省破产审判十大典型案例,经验做法被最高人民法院推广。

【商事纠纷化解】 2023年,市人民法院审结各类商事案件4073件,同比上升18.57%。重点推进商会人民调解,联合市工商联出台《关于建立健全民营经济高质量发展协作机制的意见》,设立城区商会调解室,调解典型意义案件15件,涉案金额500余万元。

【行政争议调处】 2023年,市人民法院运行行政争议调处中心,参与审理行政案件116件,行政机关败诉率2.68%,为历年最低。加强行政执法与司法良性互动,向行政机关提供专门法律适用建议28件,协调解决打击逃废债、金融领域犯罪等重点难点问题。

【民商案件诉讼服务】 2023年,市人民法院推进所有民商事案件进入诉前解纷程序,全年诉前调解案件1.27万件,调解成功6491件。挂牌成立泰州市首家"泰融融"金融纠纷调解中心,经验做法登上"学习强国"学习平台、《新华日报》。何健忠、张强"调解工作室"经验做法被全国人大常委会代表工委《联络动态》专刊采用。完善“家门口式”诉讼服务，黄桥、虹桥法庭实现自主登记立案，民商事纠纷网上立案、跨域立案占比60%以上。

9月15日，“泰融融”金融纠纷调解工作室揭牌

（市人民法院　供图）

【“一庭一品牌”建设】 2023年，市人民法院拓展“一庭一品牌”建设，黄桥法庭设立面向黄桥老区劳动争议纠纷一体化处理中心，化解争议近600件；高新区法庭成立小区“板凳评议团”，构建“自治+法治”基层治理模式；虹桥法庭关注辖区港口经济发展重点，打造“三个现场”（现场办案、现场调解、现场普法）工作法。黄桥法庭指导辖区深化人民调解工作做法获评泰州法院基层法庭特色工作。

【涉诉信访化解】 2023年，市人民法院处理来信1400余件，接待来访2000余人次，办结涉养老、劳资纠纷等重点信访突出问题35个。会同市住建局及相关园区街道处理5个保交楼案件252件。开展债务规模80亿元的泰兴市广源房地产开发有限公司复工复建工作，阶段性完成可交付商品房301套。防范惩治“套路贷”虚假诉讼，向公安机关移送有犯罪嫌疑线索23人86件，训诫50人次，罚款11人。

【廉洁法院创建】 2023年，市人民法院开展廉政警示教育，党组书记、派驻纪检组长带头上廉政课。开展防止干预司法“三个规定”执行情况专项检查行动。开展队伍风险点排查和防范整治活动，排查风险点19个，采取措施12条。开展审务督察，排查整治诉讼退费、案款发放不及时等隐患问题3类20个。运用监督执纪“第一种形态”处理6人、党内警告1人。

【社会监督】 2023年，市人民法院推进泰州人大基层立法联系点建设，邀请市人大、市政协负责人调研法院工作。开展“清单式”联络活动，邀请代表委员参加旁听庭审、“凌晨行动”等活动68人次，办理代表建议、委员提案5件，邀请检察长列席审委会5次。落实人民陪审员制度，全年参与陪审案件598件，选任、培训新一届人民陪审员200名。（燕　朦）

·司法行政·

【概况】 2023年，全市收到行政复议申请160件，其中受理123件，不予受理及以其他方式处理37件。审结95件（含2022年结转13件），其中直接纠错数10件（撤销5件，确认违法5件），直接纠错率10.53%。实质性化解数36件（调解17件，申请人自愿撤回19件），实质性化解率37.89%。2022年经复议的一起应诉案件被省厅评为2022年度全省行政应诉典型案例，2023年办理的1起案件在全省行政复议案卷评查中获优秀案卷第一等次，“张某不服某市综合行政执法局处理决定行政复议案”被省司法厅评选为十大优秀案例之一。

【人民调解】 2023年，全市各级调解机构共调解各类纠纷4.33万件，成功率99.6%。市司法局推进市乡矛盾纠纷“一站式”化解平台建设。举办“枫桥经验”主题纪念暨“万名调解员入网格进万家”现场会，活动现场为乡镇街道发放人民调解工作手册。江苏律园律师事务所、江苏泰润物流装备、泰州市律师协会泰兴分会、江苏中丹集团共同签订涉外法律服务。古溪镇介绍“警法融合”的特色做法和成效，分界镇交流践行枫桥精神的工作经验。市人民法院分享商事调解的工作经验。河失镇“共同理、大家评”综合解纷工作法，被评为全国新时代“枫桥经验”先进典型。

【法律服务】 2023年，市司法局开展“以案释法百场企业行”专项行动，为60余家民营企业开展政策法律宣讲35场次，发放普法读本、宣传折页等5000余册，推送50余条普法动态、12篇“以案释法”案例。遴选48名优秀、热心公益服务的律师组建法律服务团，为园区项目规划、土地交易、安全生产等方面提出法律建议421条，进行“法治体检”451次，解答法律咨询、代写法律文书5096人次，指引办理公证、仲裁、司法鉴定227次，调解重大复杂矛盾纠纷9起。全市新增建设17个法律援助工作站点，受理援助案件1464件，开展法律帮助751件。泰有助”法律援助服务品牌被省司法厅评为首批改革创新类“法援惠民生”服务品牌。推广远程公证，建立网络平台发布办证指引和指南，开通微信小程序、手机App、公证一体机申请办理远程公证业务，办理远程公证213件，全年办理各类公证5743件，与2022年同期相比增长15%。

【社区矫正和安置帮教】 2023年，全市新增矫正对象521人，解除矫正472人。在册社区矫正对象557人。在册安置帮教对象2974人。市司法局联合市人民检察院出台《关于建立涉新业态社区矫正对象监管与合法权益保护协作工作机制的意见》，该项工作获省司法厅副厅长批示。设立“戒治—矫治融合”工作站，打造“萤星”未成年人工作室，启动“聚光行动”，被《新华日报》报道。将公安“雪亮工程”接入智慧矫正中心，全市17个司法所安装视频调度系统。在济川街道打造危险驾驶、交通肇事类损害修复基地。

【法治宣传】 2023年，市司法局开展“缤纷冬日 法伴我行”、“农民工学法活动周”、“妇女权益维护活动月”、“4·8”司法日、“民法典宣传月”等公益法治宣传。开展以案释法119场、普法讲座122场，发放普法资料2.1万份。开展村（社区）法律顾问万场讲法活动。在各村（社区）开展法治讲座350多场，内容涉及《中华人民共和国民法典》财产篇、继承篇、婚姻家庭篇等，受众2万余人次。在全市359个留守儿童法治驿站开展法治宣传，覆盖率100%，受教育人数6700余人次。

（杨　梅）

11月，泰兴市开展全市人民调解员培训　（市司法局　供图）

开放型经济

利用外贸及港澳台资

【概况】 2023年，全市完成协议利用外资及港澳台资5.65亿美元，同比下降8.98%；完成实际利用外资及港澳台资3.02亿美元（其中利用港澳台资1.33亿美元），同比下降21.7%，总量居泰州市第一。

【外资项目】 2023年，全市签约外资及港澳台资项目26个；新批外资及港澳台资项目18个（含总投资3000万美元以上项目数6个），完成协议外资及港澳台资2.46亿美元。

【增资扩股】 2023年，全市协议增资扩股项目11个，完成协议利用外资及港澳台资3.34亿美元，实际利用外资及港澳台资2.8亿美元。其中，新浦化学（泰兴）有限公司增资1.01亿美元，泰兴合全药业有限公司增资9000万美元，江苏扬子鑫福造船有限公司增资7000万美元，江苏金茂成兴环保科技有限公司增资1488万美元，林德气体（上海）有限公司324万美元，泰兴实隆生物制品有限公司增资55万美元。

对外及对港澳台贸易

【概况】 2023年，泰兴市实现自营进出口总额52.06亿美元，同比下降15.7%，其中自营出口31.61亿美元，同比下降19%；自营进口20.45亿美元，同比下降10.14%。

【进出口产品结构】 2023年，泰兴市化工产品进出口20.97亿美元，占进出口总额40.28%，同比下降26.4%；机电产品进出口16.02亿美元，占进出口总额30.77%，同比增长0.5%；高新技术产品进出口2.22亿美元，占进出口总额4.26%，同比下降42.6%。

【进出口市场】 2023年，泰兴市对亚洲进出口21.67亿美元，同比下降40.6%（其中对东盟进出口8.41亿美元，同比下降19.8%）；对欧洲进出口4.82亿美元，同比下降38.5%（其中对欧盟进出口3.47亿美元，同比下降39%）；对北美洲进出口7.91亿美元，同比下降35%；对大洋洲进出口1.78亿美元，同比下降69.9%；对拉丁美洲进出口3.69亿美元，同比增长33.4%；对非洲进出口12.19亿美元，同比增长96.6%。五大贸易国分别为对利比里亚进出口10.48亿美元，同比增加406.3%；对美国进出口7.51亿美元，同比下降32.2%；对韩国进出口5亿美元，同比增长5.2%；对印度尼西亚进出口3.83亿美元，同比增长105.1%；对巴西进出口2.17亿美元，同比增长26%。对五大贸易国合计进出口28.99亿美元，占全市进出口总额的55.69%。

【贸易结构】 2023年，泰兴市对外及对港澳台贸易中，一般贸易进出口36.50亿美元，同比下降21.1%；加工贸易进出口15.24亿美元，同比增长0.4%。

【组织参会参展】 2023年，泰兴市组织企业参会参展，收集、发布展会信息80余条，引导企业“云”参展拓展海外订单。组织泰州远大家佩有限公司、长虹三杰新能源有限公司等40余家企业参加中国进出口商品交易会、中国国际进口博览会、中国国际消费品博览会、2023中国跨境电商交易会、阿拉伯国际医疗器械展等境内外展会，达成订单200余个，成交额超2000万美元。

投资和经济合作

【概况】 2023年，全市共计完成外经营业额9000万美元，外经营业额总量在泰州市连续11年保持第一，江苏扬子鑫福造船有限公司等外经骨干企业支撑作用明显。

【对外投资】 2023年，泰兴市新批境外投资企业10家，中方协议投资额6000万美元。受俄乌战争导致的全球经济衰退、西方主要经济体高通胀以及巴以冲突等不利因素的影响，外贸进出口总额下降幅度较大。

海 关

【海关监管】 2023年，泰州海关驻泰兴办事处对辖区1169艘次出入境船舶、2.23万名进出境船员实施检疫查验和医学巡查，完成船员换班1532人次。完成进出境船舶供/退船物料审批及监管1515批次；完成进出境船舶吨税审批及执照、税单制发217批次；优化特殊物品卫生检疫流程，累计发放特殊物品卫生检疫审批行政许可决定书252份，快速验放进出口特殊物品2075批次。

【进出口货物查验】 2023年，完成口岸查验和目的地查验269批次。开展属地查检工作，出口危险化学品检验6775批次，出口危险化学品包装性能检验出证758批次，包装使用鉴定出证5684批次，其中检出使用鉴定不合格74批次。

【单证管理】 2023年，泰州海关驻泰兴办事处签发各类优惠原产地证书7159份，签证金额7.9亿美元。签发入境检验检疫单证23份，出境检验检疫单证6460份，危险货物包装检验单证7833份。

开发园区

江苏省泰兴经济开发区

【概况】 2023年，江苏省泰兴经济开发区完成工业开票销售收入1150亿元，工商税收收入46.4亿元，实际使用外资及港澳台资2.42亿美元，进出口30.5亿美元。连续11年跻身全国化工园区前10强，2023年蝉联第4位；连续5年居江苏省省级开发区综合考核前十强、2023年列第4位；连续9年获泰州市考核一等奖。先后获批中国产学研合作创新示范基地、国家知识产权试点园区、国家循环化改造重点支持园区、国家新型工业化产业示范基地、国家外贸转型升级基地、中国智慧化工园区试点示范单位、国家绿色化工园区等一批“国字号”品牌。

【产业建设】 2023年，江苏省泰兴经济开发区初步形成以精细化工为基础、以新材料和健康美丽（医药、日化）为主导、以现代服务业为保障的“1+2+X”现代产业体系。精细化工产业有企业44家，产业规模超670亿元。新材料产业培育填补国内空白产品30多个，有企业34家，产业规模近350亿元。医药日化产业规模125亿元。现代服务业以港产城一体化为统领，发展仓储物流、现代商贸、研发设计、检验检测等生产性服务业。前瞻布局第三代半导体、前沿新材料、生物基材料、氢能、新型储能、零碳负碳6个成长型未来产业。

【招商引资和项目建设】 2023年，江苏省泰兴经济开发区新签约、新开工、新竣工1亿元以上项目分别为30个、21个、17个。总投资100亿元联翼新能源动力电池及系统项目实现“当年签约当年开工”，总投资14亿美元新浦化学高端化学品和总投资10亿美元金鹰顶峰油脂一体化项目入选第七批国家标志性外资项目。

【基础设施建设】 2023年，江苏省泰兴经济开

江苏省泰兴经济开发区港口鸟瞰图　　（江苏省泰兴经济开发区　供图）

江苏泰兴黄桥经济开发区全景　　（江苏泰兴黄桥经济开发区　供图）

发区澄江路一级消防站、小微企业危废暂存库建成投用，人才公寓、商业广场、金燕化工码头投入运营，实训基地实现园区高危工艺培训全覆盖。天星大道、院士路、金港西路等11条道路建成通车，供电、给水、燃气、管廊等保障工程统筹推进。

【科技创新】 2023年，中试孵化产业园开展首批中试项目征集，推进苏州、南京离岸创新中心、南京工业大学泰兴产业学院建设，全年引进海外人才2人、落地1人，助力全市实现零的突破。规范运作产业引导基金，组建10亿元招商引资母基金，出资促成亚瑟医药、盛世泰科等项目落户；围绕新材料、医药、智能制造、氢能等主导产业和未来产业组建子基金。

【绿色发展】 2023年，江苏省泰兴经济开发区上线运行安全智能化管控平台2.0，开展多轮次隐患排查治理，定期更新全域风险辨识“一图一册一清单”，园区持续保持较低风险等级D类。推进“三废”（工业污染源产生的废水、废气和固体废弃物）治理，空气质量优良天数比率、$PM_{2.5}$年均值，达到高质量考核要求，3个国、省考断面均优于Ⅲ类水质，危险废物安全利用处置率100%。持续完善三级防控体系，试点开展新污染物治理、土壤地下水详细调查、“无废园区”创建等。

江苏泰兴黄桥经济开发区

【概况】 2023年，江苏泰兴黄桥经济开发区完成开票销售收入205亿元，同比增长10%。工业实现税收收入4.6亿元，同比增长46.6%；实际利用外资及港澳台资3078万美元；外贸进出口额累计完成1.26亿美元。于2022年度省级开发区高质量发展综合考核评价中位列第43名。年内，江苏泰兴黄桥经济开发区创建为泰州市首家“江苏省节水型工业园区”，制定出台《黄桥经济开发区（黄桥镇）优化营商环境建设实施办法》，神意科技项目获批泰州市首个“桩基先行”试点项目。

【招商引资】 2023年，江苏泰兴黄桥经济开发区新签约1亿元以上项目42个，其中10亿元以上4个、5亿元以上12个、3000万美元以上外资及港澳台资项目7个。总投资2.5亿美元的新苏高端工业机床项目入选2024年省重大项目。新开工1亿元以上项目11个，新竣工1亿元以上项目11个。

【产业建设】 2023年，江苏泰兴黄桥经济开发区聘请国家“十四五”食品课题组组长、江南大学原校长陈坚院士、中国生物发酵协会名誉理事长石维忱，全国工业机械电气系统标准化技术委员会委员、清华大学博士生导师叶佩青等领军人才为特色产业发展特聘顾问，培育形成高倍率锂电产业链、生物发酵与未来食品产业链、高端装备制造产业集聚“两链一聚”3个特色产业。3个特色产业分别完成开票销售收入22.31亿元、9.14亿元、42.47亿元，分别占工业开票销售总额的19.8%、8.1%、37.65%。

【特色产业园】 中国生物发酵与未来食品城规划面积200公顷，于2020年10月获中国生物发酵产业协会批准建设。2023年，中国生物发酵与未来食品产业研究院建成运营，长三角国家创新中心江苏省特医食品研究所、江苏省发酵制品质量监督检验中心挂牌成立，先后在北京、江苏召开先行先试示范区专家研讨会和国际研讨会。骨干企业泰兴市东圣生物科技有限公司，为目前全国规模最大TG酶复配添加剂生产基地，产量占全国市场的60%，是国家级专精特新“小巨人”企业。

高倍率锂电产业园规划面积102.5公顷。2023年省重大项目——总投资52亿元三元高倍率锂电研制生产项目（长虹三杰四期项目）竣工，并启动五期项目建设；推进2023年省重大项目——九天预镀镍钢带项目建设，年内主体工程竣工。2023年，龙头企业长虹三杰新能源有限公司创建为国家级智能制造优秀场景、国家级绿色工厂和省级智能制造示范工厂。

高端装备制造产业园规划面积100公顷。建成15.2公顷惠尔信企业低速风电轮毂总成研发制造基地，新苏贝辰、鑫常特材、神意科技等项目相继建成投产。2021年省重大项目——总投资30.58亿元的惠尔信风电智能成套研发制造项目一期建成，总投资2.5亿美元的新苏高端工业机床项目申报入选2024年省重大项目。龙头企业惠尔信机械（泰兴）有限公司是西门子、恩德、特灵等世界500强企业优质供应商，2023年创建为省级绿色工厂。

【科技创新】 2023年，江苏泰兴黄桥经济开发区推进中国生物发酵与未来食品城建设，产业研究院建成运营，院长金征宇当选为中国工程院院士。长三角国家创新中心江苏省特医食品研究所、江苏省发酵制品质量监督检验中心挂牌成立。举办第三届全国生物制造与未来食品前沿技术高级研修班和首届中国生物发酵与未来食品城高层次人才创新创业大赛，福百安特医等5个项目签约。2023年，申报高新技术企业31家、科技型中小微企业数95家；申报科创项目35个，新增授权发明专利48件、发明专利47件；申报省“双创计划”2人、市“双创计划”3人，海外引才15人。创建为国家级专精特新“小巨人”企业2家、省级4家；创建为国家级智能制造优秀场景1个、国家级绿色工厂1个、省级绿色工厂1个；创建为省级智能制造示范工厂1个、示范车间3个；创建为省星级上云企业10家；创建为两化融合贯标企业5家。 （吴希凡）

江苏省泰兴高新技术产业开发区

【概况】 2023年，泰兴高新区完成工业开票销售收入134.4亿元，同比增长15.5%；完成工商税收收入7.1亿元，同比增长9.4%；完成固定资产投资119.3亿元，同比增长9%；完成规模以上工业总产值129.75亿元；完成服务业营收10.3亿元，同比增长63.5%。新增规模以上工业、服务业、批零住餐企业分别为10家、6家、13家。

【规划建设】 2023年，泰兴高新区深化链群融合、集聚发展，规划布局光伏新能源产业园、汽车零部件产业园、半导体装备产业园、绿能环保产业园、检验检测产业园和总部经济中心“六大产业园”，形成节能环保产业集群、半导体关键装备产业集群、光伏新能源产业链和现代服务业集聚区。推进环保产业由以传统制造业为主向先进制造业与环保服务业互动并进转变。新能源新材料，布局IBC、HJT、钙钛矿等前沿路线光伏装备项目，同步发展光电显示等新兴产业。智能制造以半导体关键装备和汽车零部件为主。现代服务业布局发展文旅消费、跨境电商等。

【基础设施建设】 2023年，泰兴高新区完成科技路工程、科技路北延自来水主管网工程、污水管网工程、专线强电工程、泰隆北侧绿化带工程、横一路新建雨水管网工程建设。

【品牌创建】 2023年，泰兴高新区创建为国家级绿色工业园区、国家级生态环境科普基地、省级中小企业特色产业集群、省级现代服务业高质量发展集聚示范区、省商业秘密创新试点基地等多项荣誉，建成国家级节能环保人才培训基地、省级永磁电机标准化委员会，凤栖小镇被省发改委命名为首批江苏省特色小镇。

【创新载体】 2023年，泰兴高新区依托创新链赋能培育产业链的发展格局逐步显现。建成新型光电显示材料院士创新中心、半导体陶瓷材料研究所等科创平台，新增省级以上众创空间1家。新增市级以上工程技术研究中心、企业技术中心、工程研究中心7家。全年认定科技型中小企业92家，新增国家高新技术企业9家，均实现历史性突破。全年引进高层次人才114名，其中国家级人才11名，院士专家实现“零”的突破。举办省特色小镇创新创业大赛、江苏企业（研发机构）创新大赛、新型光电材料技术与产业发展论坛等赛事活动12场。

【招商引资】 2023年，泰兴高新区全年完成1亿元以上签约项目37个。其中，5亿元（含3000万美元）以上项目15个，3000万美元以上外资及港澳台资项目4个，10亿元（含1亿美元）以上项目3个。节能环保产业签约2个项目，新能源新材料产业签约15个项目，智能制造产业签约19个项目。

【项目建设】 2023年，泰兴高新区新开工1亿元以上项目18个、新竣工1亿元以上项目14个。总投资10亿元普乐高效太阳能光伏电池片项目实现“当年签约、当年投产”，友智、中浦、嘉视等“三比一提升”项目实现竣工投产，天佑、新港城等项目加速落地，锡华项目入选2024年省重大产业项目。发力集成电路关键装备制造领域，总投资5亿元的华拓半导体封测项目顺利投产，理想万里晖高效光伏异质结整线集成设备制造项目、伍加一半导体电子器件智能制造项目加速建设，半导体人才培训基地项目签约落户。总部经济中心、检验检测产业园、双创中心等重大载体建成投用，北京京仪离岸创新中心签约落户，和其光电、启迪科技等项目相继入驻。 （王婷丽）

江苏省泰兴虹桥工业园区

【概况】 2023年，虹桥工业园区完成工业开票销售收入325.1亿元，同比增长12.2%；工商税收收入13.16亿元，同比增长33.1%；实际利用外资及港澳台资7367万美元、自营进出口16亿美元，分别同比增长18%和14.3%。完成规模以上工业总产值198.68亿元。新增规模以上工业企业13家。完成服务业税收1.9亿元、规模以上营利性服务业营业收入2.6亿元、限额以上批发业销售132.1亿元，分别同比增长41%、36%和20.3%。

【规划布局】 2023年，虹桥工业园区完成国土空间规划中期规划方案；推进实用性村庄规划，通过专家评审14个、获市政府批复12个。推进“亩均论英雄”改革，盘活低效闲置用地49.27公顷。六圩港、七圩港内港池完成规划调整，裕兴港务通用码头完成试桩工程。中铁建公用码头获临时对外开放资格，首艘开普船靠泊，公用码头工程获评2023年度江苏交通优质工程奖，虹桥港码头设计吞吐量全年4500万吨以上。虹桥园工业开发有限公司创建为省级小型微型企业创业创新示范基地。

【基础设施建设】 2023年，虹桥工业园区6.2公顷安置房完成开工前期准备工作，8公顷安置房、社会矛盾纠纷调处服务中心启动规划建设。完成项目区动迁50户，实施占补平衡项目3.46公顷、增减挂钩项目6.51公顷。提档升级农村公路

10.75千米，管道天然气进村入户工程新铺设5个村。维修破损路面2.2万平方米，施划道路标志标线1500平方米，新增停车泊位180个。改造雨水管网1千米，新建污水管网1.6千米，2万吨/日工业污水处理厂建成试运行。虹润路新增供电线路。

9月7日，全市三季度重大产业项目集中开工活动在江苏省泰兴现代农业产业园区举办　　（江苏省泰兴现代农业产业园区　供图）

【项目招引】 2023年，虹桥工业园区推进“重特大项目攻坚年”行动，举办杭州现代服务业发展推介会、全市四季度重大项目集中开工等活动，总投资20亿元神龙项目落户。全年新签约1亿元以上项目38个，其中5亿~10亿元8个、10亿元以上4个、3000万美元以上4个；新开工1亿元以上项目19个，其中5亿~10亿元6个、10亿元以上1个；新竣工1亿元以上项目13个，其中5亿~10亿元3个、10亿元以上1个。泰州“三比一提升”认定新开工5亿元以上项目8个，其中3000万美元以上外资及港澳台资项目1个、10亿元以上1个；新竣工5亿元以上项目4个，其中3000万美元以上外资及港澳台资项目1个、10亿元以上1个，新开工、新竣工排名分列B档园区第1名、第3名。

江苏省泰兴现代农业产业园区

【概况】 2023年，江苏省泰兴现代农业产业园区实现工业国税开票销售收入82.3亿元，同比增长0.22%；工商税收收入2.09亿元，同比增长18.08%；规模以上工业总产值74.38亿元；固定资产投资48.1亿元，同比增长11.24%。新增规模以上企业18家。新增数字经济规模以上企业4家，农产品加工及食品加工企业4家。特色产业规模达到28家，占园区规模以上工业企业总数64%。全年特色产业开票销售71.03亿元，同比增长4.25%，占园区工业企业开票总数86.31%。

【项目建设】 2023年，江苏省泰兴现代农业产业园区累计新开工1亿元以上项目10个，完成年度目标100%，其中5亿元以上项目1个。累计新竣工1亿元以上项目9个，完成年度目标100%。8月，总投资5.2亿元豪泰项目实现“多证齐发”，并于获取施工许可证当天正式开工建设。9月，承办全市三季度重大产业项目集中开工活动暨莎布蕾健康休闲食品项目奠基仪式，园区共9个项目参与集中开工，总投资31.34亿元。12月，总投资2.58亿元超悦二期项目竣工投产。

【品牌创建】 2023年，泰州市龙洋木业有限公司、江苏丽佳农牧股份有限公司申报四星级上云企业，泰州市龙洋木业有限公司、泰兴市开拓者网络科技有限公司、永盛生物科技有限公司、江苏九润鑫晟食品有限公司、泰州天江药业有限公司、泰兴市思辰物流科技有限公司、江苏顺乾新型材料有限公司申报三星级上云企业；江苏菇本堂生物科技股份有限公司、江苏宇宸面粉有限公司、泰州市龙洋木业有限公司、泰兴市聚峰压延科技有限公司获评省级专精特新中小企业；泰兴市聚峰压延科技有限公司认定省级绿色工厂；江苏宇宸面粉有限公司申报市级智能制造示范车间，获得"江苏精品"认证。

【招商引资】 2023年，江苏省泰兴现代农业产业园区累计新签约1亿元以上项目32个，完成年度目标任务106.6%，其中5亿元（含3000万美元）以上项目7个，完成年度目标任务的100%；10亿元（含1亿美元）以上项目2个，完成年度目标任务的100%；3000万美元以上外资及港澳台资项目2个，完成年度目标任务的200%。

【基础设施建设】 2023年，江苏省泰兴现代农业产业园区完成开闭所10千伏管网、丁泰中沟景观绿化、新建污水管网、蒸汽管线改道、雨水管网清淤抢修等10余个工程项目建设；开工建设元芮线道路、区内雨水管网优化等工程；启动实施中国农产品未来加工创新研究院、融合发展中心排水优化、龙洋北侧停车场等项目。

泰兴市城区工业园区

【概况】 2023年，城区工业园区完成工业开票销售收入97.18亿元，同比增长5.62%；完成工商税收收入5.93亿元，同比增长56.44%；完成规模以上工业总产值70.52亿元；工业投资47.04亿元，同比增长1.74%；实际利用外资及港澳台资1100万美元。新增规模以上企业11家。三个特色产业完成开票销售总额59.61亿元，同比增长7.44%，占总额比重同比上升1.4个百分点。规模以上企业总用电同比下降1129.76万千瓦时，降幅8.71%。

【园区规划】 2023年，城区工业园区编制完成2个成片开发方案片区，面积9.92公顷。申报办理农用地转用、土地征收街区项目报批15宗12.39公顷。盘活存量用地，全年共处置2019—2023年度批而未供土地10宗19.66公顷。

【基础设施建设】 2023年，城区工业园区完成庄基东路及周边道路污水管网改造工程，除南区两条支路外，园区污水管网实现全覆盖；西北社区卫生服务中心主体结构封顶；大生幼儿园整体竣工并移交使用；兴燕路邻里中心建设项目完成施工许可证办理。

【招商引资】 2023年，城区工业园区新签约1亿元以上项目40个，其中5亿元（3000万美元）以上项目9个，10亿元以上项目3个，外资及港澳台资项目2个。

【项目建设】 2023年，城区工业园区新开工1亿元以上项目16个，其中5亿元（3000万美元）以上项目1个，10亿元以上项目1个；累计新竣工1亿元以上项目13个，实现当年签约、当年开工。园区完成泰州"三比一提升"开工项目4个、航空光电项目实现"多证齐发"、晨光数控完成"多评合一"、斯凯氟领取全市首张"超时默认制"施工许可证、龙河消防成为全市首个水电气联合报装项目。

【科技人才】 2023年，城区工业园区引进高层次人才85名，其中海外人才13名、正高级工程师2名，申报2023年泰州突贡专家1名，泰兴市突出科技工作者6名，"311高层次人才" 10名，入选省"双创"项目1个，新建博士后创新实践基地2家，申报产教融合示范基地1家。

【创新转型】 2023年，城区工业园区通过星级上云企业21家，其中四星级4家、三星级17家；两化融合贯标认定2家，其中2A级2家、1A级1家；省级智能车间申报1家，规模以上企业"智改数转"免费诊断全覆盖。全年高新技术企业申报35家，认定18家，发明专利授权71件，新增有效发明专利60件；上报本土科创项目36个，离岸创新项目20个。国家级专精特新"小巨人"企业认定4家，省级专精特新"小巨人"企业认定2家。省工业设计中心认定1家，市工业设计中心认定3家。市企业技术中心认定1家。市服务型制造示范企业申报1家。省级新产品新技术通过2家。规模以上企业绿色工厂星级自评价全覆盖。 （李雪雯）

农　业

·综　述·

【概况】 2023年，全市粮食生产面积8.52万公顷、总产量63.61万吨，设施农业面积1.22万公顷。全市生猪出栏62.75万头，畜牧生态健康养殖比重100%，生猪、蛋禽、肉禽、奶牛、山羊的规模养殖比重分别为97.3%、93.2%、95.3%、100%、72.8%；渔业面积3767公顷，产量2.38万吨，优质水产品占比88.83%。新增省级农业农村重大项目40个，总投资39.45亿元；泰州市级以上龙头企业销售收入310.19亿元，同比增长16.19%。姚王街道被认定为首批国家产业强镇，江苏百汇农业发展有限公司被认定为国家级龙头企业。乡村振兴实绩考核在全省76个涉农县（区）中排名第五。

【农业行政执法】 2023年，泰兴市夏秋两季秸秆禁烧实现“零通报”、综合利用率稳定在97%以上。持续开展长江禁捕，查处非法捕捞、运输、销售等各类案件252起。新建1艘长江禁捕专用艇船、10个高清视频监控、1座无人机基站、30个数字化音频广播。查办长江涉渔违法案件252起、257人，其中移送司法机关追究刑事责任13起、15人。

【农民培训】 2023年，全市高素质农民培育累计培训9186人，其中举办粮食种植、果树栽培、农产品电子商务、休闲农业、青年农民、农民素质素养提升等专业高素质农民培训班64期，培训7444人。组织200名农技人员参加省级、县级培训班，举行农技培训观摩活动7期，参加培训观摩1271人次。参加部级新型农业经营主体经营者、专业技能能手、农村创新创业者等类型培训班8期，培训589名。中高职农业教育在籍学生1153人。

·林　业·

【概况】 2023年，全市完成成片造林2650.2亩（其中新增造林1970.4亩）。新建、完善农田林网7.52万亩，“四旁”（路旁、沟旁、渠旁、宅旁）植树61.07万株，森林抚育1.35万亩，发展林下经济面积1.2万亩，完成庄河绿化610千米。建成绿美村庄30个，其中达省级绿美村庄标准7个。全市林木覆盖率26.77%，修复湿地68.8公顷，新增湿地保护面积1333.5公顷，湿地保护率35%以上。

【林业管理】 2023年，泰兴市林长制工作获省政府督查表彰激励。全市共落实市级林长24名、镇级林长17名、村级林长323名、管理员和护林员838名；根据人员变动，及时做好林长制公示牌更换和文化宣传牌增补工作。提升美国白蛾防控能力，全市挂设美国白蛾性诱捕器400个，全年监测到美国白蛾越冬代成虫4头、第一代成虫4头、第二代成虫2头，防治美国白蛾面积9.8万亩次。完成林木采伐16宗，采伐林木蓄积1606.06立方米；办理森林植物检疫69件；收容救护野生动物65只。

【银杏普查】 2023年，泰兴市开展银杏古树保护管理，完成新一轮古树名木外业普查工作，完善全市272株散生树、308个古树群信息。开展银杏产品抽样检测，完成22个土壤样、88个银杏产品采样抽检，全部检测合格；“泰兴白果”有机食品续认证通过。（张　冲）

·种植业·

【概况】 2023年，全市粮食种植面积8.52万公顷，粮食产量63.61万吨，增产0.38万吨，粮食面积增加160公顷。其中，小麦种植面积3.99万公顷，亩产400.1千克，亩均增加0.7千克；水稻种植面积4万公顷，南粳5055、南粳9108、宁香粳9号、泰香粳1402和扬农稻1号等优质食味性品种种植面积比重97.35%，亩产626.6千克，亩均增加3.3千克。以泰兴荞麦、泰兴香荷芋、甜豌豆等为主的小杂粮种植面积640公顷。全市蔬菜播种面积3.08万公顷，总产量113.56万吨。

【稻米生产】 2023年，泰兴市水稻种植面积59.95万亩，比2022年增加0.16万亩，平均单产626.6千克，比2022年增加3.30千克。种植品种主要有南粳5055、南粳9108、宁香粳9号、泰香粳1402等优良食味性水稻品种。水稻机插秧面积为适宜栽插面积的100%。曲霞镇、虹桥镇、古溪镇被评为江苏省“味稻小镇”。水稻栽插在泰兴特有高沙土地区，并引长江水灌溉，推广优良食味水稻品种，通过机插秧延长水稻整个生育期，稻米品质提升，适口性好，煮出的米饭香气四溢，软糯弹口，形成泰兴大米特有口感。

宁香粳9号　（张宏伟　摄）

·养殖业·

【畜牧业】 2023年，全市实现存栏生猪36.08万头、家禽435.71万羽、山羊3.82万只，出栏生猪62.75万头、家禽699.7万羽、山羊5.31万只，超额完成泰州市交稳产保供任务，生猪稳产保供考核列泰州市第一。新创建省级生态健康养殖示范场9家，泰州市级生态健康养殖示范场200家，全市生猪大中型规模养殖比重90%以上，畜禽生态健康养殖比重100%。强化生猪猪瘟防控，累计排查非洲猪瘟防控场点9.8万次、生猪1772.29头次，开展各类疫病防控技术培训班12场次，监测非洲猪瘟样品3850份；累计使用各类疫苗1417.04万毫升（头份、羽份）、耳标65.47万套，免疫密度、挂标率、档案配套使用率均为100%；消毒养殖经营场所2758万平方米，使用消毒药41吨。灭害面积1370万平方米，使用灭害药物6310千克。规范开展畜禽疫情监测，实行日常常规监测与专项监测相结合，定期开展抽样监测活动，全年全市累计常规监测血样、肉样1.26万份。备案执业兽医（助理）42名，143名从业人员取得执法资格。畜牧业统计监测工作被农业农村部畜牧兽医局综合评估为“优秀生产监测县”。

【水产业】 2023年，全市渔业面积3767公顷，产量2.38万吨，总产值14.46亿元，繁育种苗4.8亿尾，优质水产品面积占比88.83%。泰兴市江源农牧有限公司获批省数字渔场，“江缘”牌江沙蟹获省“江苏精品”荣誉称号。泰兴江沙蟹获2023年“苏韵乡情”江苏河蟹优质水产品称号。开展水产品质量安全执法检查26次，检查水产养殖（繁育）场所190家次，抽检样品300个，及时发现并整治水产品质量安全隐患，查处销售兽药残留不符合农产品质量安全标准的农产品案1件；调处渔业污染事故9起，为养殖户挽回经济损失1万元；实施渔业资源增殖放流，在通江河道放流鲢鱼、鳙鱼、草鱼、鳊鱼等，投放总量384.9万尾、1.06万千克。

·农业机械化·

【农机购置补贴】 2023年，全市核发农机购置补贴资金2288.88万元，补贴机具1466台套，受益农户1160户次。全市秸秆还田面积7.01万公顷，全年还田率88%，发放秸秆还田补助资金1354万元。

【农业生产全程全面机械化】 2023年，全市持续开展省农业生产全程全面机械化整体推进示范县创建，建成省农业生产全程机械化智能化示范基地（园区）2个，其中水产养殖类1个、果茶桑类1个；建成泰州市2023年度农机化“两大行动”示范基地（园区）23个，其中蔬菜生产类1个、水产养殖类1个、果桑茶类2个、“全程机械化+综合农事”服务中心7个、粮食生产“无人化”农场7个、农机农艺融合示范点5个。

6月7日，省农业农村厅到泰兴开展“三夏”机械化生产下沉一线指导服务工作 （市农业农村局 供图）

【农机安全监理】 2023年，全市累计执法检查农机237台次，排查整改农机隐患42项，年检各类农业机械2181台次。新登记发牌发证143个，初次申领驾驶证115人，增驾65人，有效期满换证166本。履行注销手续和三年以上未检农业机械公告制度，累计注销农机296台。开展违法记分驾驶员和无证驾驶隐患人员教育培训14人，发放农机安全宣传资料1200余份，与农机手签订农机安全生产责任状2000余份，与公安部门联合执法检查6次，查纠车辆43辆次，全年未发生重特大农机安全事故。

·农业产业化·

【概况】 2023年，全市有国家现代农业产业园区1个、省级现代农业产业示范园1个、泰州市级现代农业产业园22个。获泰州五星、四星、三星考核认定的园区分别为1家、2家、9家。有市级以上农业龙头企业86家，其中，国家级农业产业化重点龙头企业2家、省级13家、泰州市级71家。2023年泰州市级以上龙头企业销售收入310.19亿元，同比增长16.19%。出台《2023年农业重大项目招引建设考核办法》，2023年全市1000万元以上农业规模项目40个，总投入39.45亿元，完成投资26.85亿元，年度投资完成率100%。1亿元以上农业重大项目15个，其中“园区高端蛋制品加工项目、园区豆制品加工项目、泰兴市美佳怡食品加工项目”被列为省级示范项目。农业重大项目建设工作考核蝉联泰州第一，位列省第一方阵，推进举措连续两年获全省农业农村重大项目建设机制创新典型。

【国家现代农业园区创建】 2023年，泰兴市国家现代农业产业园完成全部创建任务，年总产值105.09亿元，主导产业总产值92.94亿元，农产品加工产值75.3亿元。产业园位于泰兴市北部，涉及“三镇一乡一园”（新街镇、元竹镇、宣堡镇、根思乡、农产品加工园区），总规划面积14.5万亩，有农户3.86万户。园区以生猪和银杏为主导产业，2022年1月通过农业农村部、财政部第四批国家现代农业产业园认定。

【高标准农田建设】 2023年，全市新建高标准农田1333.33公顷，改造提升2400公顷，投资1.37亿元，其中争取泰州市级以上资金8214万元，规划新建各类田间配套建筑物91座、电灌站108座、硬质渠道178.87千米、埋设管道8.7千米、混凝土路74.7千米，高效节水灌溉面积326.67公顷，全市高标准农田总面积4.9万公顷，比重83.45%。

·农业能源利用治理·

【农业污染防治】 2023年，全市开展千村万户百企化肥减量增效行动，建立7个“三新”（新产品、新技术、新机具）配套技术示范方，其中2个稻麦示范方和5个水肥一体化示范方；遴选1个稻麦化肥减量增效示范方和1个经济作物化肥减量增效示范方，全市测土配方施肥技术覆盖率90%以上，化肥使用量较上年削减0.6%。落实蔬菜农药安全间隔期等制度规定，农药使用量较上年削减0.55%。2023年，废旧农膜回收利用率92.82%，农药包装废弃物回收率93.39%。

【畜禽粪污资源化利用】 2023年，全市推进畜禽粪污综合利用，畜禽粪污资源化利用率98.85%，规模养殖场粪污处理设施装备配套率100%。泰兴市规模以下养殖密集村畜禽粪污处理与资源化利用模式（开绿模式）和江苏洋宇生态农业有限公司种养循环模式（洋宇模式）在全省示范推广。

【农产品质量安全监管】 2023年，泰兴市制定市级农业农村地方标准3项，累计申报有效绿色食品117个、部省绿色优质农产品基地18个，绿色优质农产品比重达91.76%。实施规模农产品生产经营主体入网监管行动，入网监管主体2552家，巡查、速测均实现全覆盖。全年完成农产品质量安全定量检测1791批次，合格率99.3%。“雪澄牌小麦粉”获中国绿色食品博览会金奖，雪澄、菇本堂、江缘入选江苏农业品牌精品培育计划，百汇农发入选第二届江苏省农业企业知名品牌30强。分界甜豌豆、曲霞面粉、泰兴香荷芋获全国名特优新农产品称号。

（徐长杰）

水　务

·综　述·

【概况】 2023年，市水务局上争羌溪河整治、滨江镇排涝一站、城市防洪排涝工程3个中央国债项目，获得国债资金6192万元。累计上争省级项目9个、2.17亿元，实施宣堡港整治、曲霞小流域治理、人大干河农桥建设、省级农村生态河道奖补等重点项目，农村生态河道覆盖率52%以上，居泰州市第一。马甸水利枢纽改建工程获2021—2022年度中国水利工程优质（大禹）奖，“清水润城”二期获评省水利工程文明工地，天星港整治工程获评泰州市“梅兰杯”优质工程奖。完成186条幸福河湖建设任务，创成省级幸福河湖3条、泰州市首批幸福河湖示范片区1个、“十佳”幸福河湖3条、“五星”幸福河湖5条。开展长江防洪一小时应急响应圈建设，经受住超长梅雨期，“7·6”、“7·7”特大暴雨和台风严峻考验。排查整改安全隐患50余处，全年未发生一起安全事故。马甸水利枢纽泵站、节制闸创成省精细化管理一级工程，水利建设质量考核连续四年在泰州市考核中获得A级第一等次，农村河道长效管护连续五年获省级绩效评估考核第一等次。

【水资源管理】 2023年，全市用水总量5.4亿立方米。推进节水型社会建设，黄桥经济开发区获评省级节水型工业园区，创成江苏省节水型企业3家、机关2个、学校3所、小区1个和泰州市节水型企业12家、机关4个、学校6所，完成10家重点用水单位用水审计，组织31家企业开展水平衡测试。实施年度生态河湖相关项目，对如泰运河实施生态河湖状况评估。对泰兴市尚存闲置、报废地下水井开展封填工作，共计封填2家单位2眼地下水井。全市自备水水表安装率100%，全年征收水资源费2250万元。

·水利建设·

【防汛抗旱工程建设】 2023年，泰兴市总投资3800万元，开展坍塌段观测和长江水下地形测量，开工建设滨江镇排涝一站、包港闸站、胜利中沟闸站，完成省级水利工程维修养护项目和古马干河南侧挡墙加固、九圩白蚁危害段治理、新星坍江段抛石防护等防汛应急项目。完成沿江闸精细化管理平台建设，焦土港闸创成省精细化管理二级工程。全面掌握长江堤防、大中型水闸和重点堤防险工险段安全状况，分类实施除险加固，消除安全隐患。

【农村水利建设】 2023年，泰兴市投资3.6亿元，实施焦土港整治工程、黄桥灌区（2021年）设计变更工程、宣堡港整治工程、西姜黄河—季黄河整治工程、羌溪河整治工程、曲霞小流域治理项目、人大干河农桥建设、一事一议农桥建设、农村生态河道治理工程、2023年省级农村生态河道奖补资金工程、分界长生支沟治理11项工程，整治农村河道63条（段）96.5千米，其中干河6条（段）47.4千米、中沟22条29.9千米、庄河35条19.2千米，新建维修农桥54座。

【城市水环境治理】 2023年，泰兴市投资1.22亿元，推进城市河道“清水活水”五年行动，实施16个单项工程，整治城市河道12条4.33千米。实施金沙中沟北排涝站、友谊中沟南闸站、耿戴中沟闸站、星火中沟节制闸工程，新增城区控水建筑物4座；完成内城河（人民医院东侧）改造、桃园河与农场河沟通等工程；完成城市桥下空间优化（二期）等工程，实现“双水”城区段沿河步道全面贯通。

·水政水资源管理·

【水政执法】 2023年，泰兴市常态化开展河湖“清四乱”专项整治（对乱占、乱采、乱堆、乱建等河湖管理保护突出问题开展专项清理整治行动），开展河湖安全保护专项执法行动和水土保持专项执法行动，整改涉河问题60处，行政处罚立案2起。组织对全市干河进行全面清障，印发张贴清障通告200余份，出动执法人员150余人次、执法艇20余航次，清除各类渔网鱼

四桥港闸站 （许爱如 摄）

篰30余处。全年收取河道堤防工程占用补偿费663.75万元。常态化开展海峡两岸暨香港、澳门联合执法，长江、内河巡查全覆盖，落实采砂船指定停泊管理，保持打击非法采砂高压态势，全年开展执法巡查180余次，拆解非法采砂机具5台套，拍卖非法采砂船4艘计102.08万元，无行政复议和行政诉讼。规范长江河道疏浚砂综合利用，推动滨江通用码头成为疏浚砂综合利用项目上岸点，完成东夹江一期油品泊位码头疏浚工程监管。

【水利工程管理】 2023年，泰兴市完成国家水土保持重点工程曲霞小流域综合治理项目，刘桥、蒋华小流域被评定为江苏省生态清洁小流域，全年开展水土保持监督检查150余次，接收自主验收报备项目30个，完成综合治理面积9.2平方千米。常态化开展履约考核，推进标准化建设，水利建设质量连续四年在泰州市考核中获A级第一等次。开展安全生产专项整治系列行动，全年未发生一起安全事故。制定出台《泰兴市水利工程管理实施细则》。对全市37个岸线利用项目进行常态化监管，完成遥感图斑核查1100余处。

【推行河长制】 2023年，泰兴市制定年度工作要点，推行市级领导责任河湖"三张清单"，全年市、镇、村三级河长巡河5万余次，整改完成泰州市级河长交办单7份、泰州市河长办河湖问题专项督查情况通报1份，下发泰兴市级河长交办单31份。落实"河长+林长+路长"三长协同机制，与毗邻市县签订区域共管协议，形成常态化、制度化联合巡河机制。落实总河长挂钩重点河道制度，完成2条市级总河长挂钩重点河道黑臭水体治理。新、改建城镇污水管网7.74千米，农村生活污水治理率42%，污水处理设施正常运行率90%，畜禽粪污资源化利用率98%以上。落实河道长效管护，分南北片对全市干河进行市场化管护，乡镇级河道纳入农村公共服务运行维护"六位一体"实施管护。

【生态河湖建设】 2023年，泰兴市建成农村生态河道35条（段）、68千米，农村生态河道覆盖率52%以上。建成186条幸福河湖，长江（泰兴段）、两泰官河、羌溪河获评省级幸福河湖，创成泰州市级"十佳"幸福河湖3条、"五星"幸福河湖5条，虹桥镇张公村、涌兴村创建为泰州市首批幸福河湖示范片区，获省级奖补资金100万元、泰州市级奖补资金120万元，创建数量、奖补资金双居泰州市第一。《毛家圩的笑声》微视频获评水利部河长办"守护幸福河湖"主题赛优秀奖。打造"河你河我·共治共享"河长制工作品牌，开发推广泰兴市幸福河湖4.0"水利+"H5程序，设计红色文化、璀璨江景、古城水韵、田园风光4条幸福河湖观光线路，开展"巾帼河长·木兰护水"民间河长系列活动，承办江苏省首届"碧水绕苏·醉美水韵"亲水徒步走项目。

【区域供水及饮水安全】 2023年，泰兴市新建完成河失第二增压站、农产品加工园区增压站和黄桥增压站改扩建工程——清水库项目。开工建设黄桥第二增压站及配套管线工程。开展老旧管网改造，完成润泰路（国庆路—鼓楼路）、万桥路（国庆路—北湾桥）、鼓楼东西路（长征路—鼓楼路）长约1.5千米供水管道，新建玉园路（东阳路—封庄中沟）约340米供水管道。完成复兴社区、南郊村、兴燕社区、府前社区等片区，共计28处改造节点背后街巷、老旧小区供水管网改造工程。（徐　波）

工　业

·综　述·

【概况】 2023年，泰兴市实现工业开票销售收入2156.3亿元，同比增长5.8%；规模以上工业增加值、工业入库税收收入分别同比增长7.2%、10.16%；全年完成实际利用外资及港澳台资3.02亿美元，总量泰州市第一，完成外贸进出口额52.06亿美元，总量泰州市第一。全市6个特色产业规模以上开票销售1400亿元。

【项目建设】 2023年，全市新签约1亿元以上工业项目193个，其中5亿元（含外资及港澳台资3000万美元）以上72个，3000万美元以上23个，10亿元（含外资及港澳台资1亿美元）以上7个；弘大气凝胶和联泓惠生（江苏）新材料有限公司POE等2个50亿元以上项目和百亿级项目联动天翼签约。新开工1亿元以上工业项目96个，其中10亿元以上7个，总投资105亿元20吉瓦时快充动力电池项目开工建设；新竣工1亿元工业以上项目69个，其中10亿元以上5个。

【产业发展】 2023年，全市开票超1亿元工业企业223家，超10亿元43家；税收超1000万元工业企业86家，超1亿元企业7家，新增规模以上工业企业84家。“50+30”重点企业累计实现开票销售1139.5亿元，占全市比重52.8%。创建为省级专精特新中小企业36家，国家级专精特新“小巨人”12家，国家级制造业单项冠军1家。江苏晟楠电子科技股份有限公司北交所上市并首发募资1.93亿元。

【科技创新】 2023年，泰兴市完成高新技术产业产值1245.9亿元，有效期内国家高新技术企业超300家，培育泰州市级瞪羚企业11家、科技型中小企业7506家。全年新增企业联创中心4家、市级创新联合体2家，落户专业研究所2家。新认定国家级企业技术中心分中心1家、省级企业技术中心7家、省级工程技术研究中心2家、省级工程研究中心1家，38个项目列入省重点技术创新导向计划，15项新技术新产品通过省级鉴定，13项列入省重点推广应用目录。

【转型升级】 2023年，泰兴市439家企业完成两化融合及智能制造成熟度自评估。两年省级专项资金智改数转免费诊断累计数745家。创建为国家级智能制造优秀场景3个、国家两化融合管理体系贯标评定企业23家、省智能制造示范工厂3家、省工业互联网标杆工厂3家、省5G工厂1家、省级智能制造示范车间11个、省星级上云企业155家、市级智能制造示范车间11个。泰兴市获批省级绿色金融创新改革试验区，成为全省13家首批试点城市之一，创建为国家级绿色工业园区1个、国家级绿色工厂1家、国家级工业产品绿色设计示范企业1家、省数字化绿色化协同转型发展典型案例1个、省级绿色工厂10家。其中，国家级绿色园区和绿色设计示范企业实现零的突破，均为泰州市首家。全年累计形成节能指标29.4万吨标准煤，制定《泰兴市“散乱污”重点行业整治提升专项行动方案》，完成电镀、小麻将行业27家企业整治工作。累计盘活低效闲置用地2800亩，“亩均论英雄”改革专项考核排名实现泰州市三连冠。

【优化营商环境】 2023年，泰兴市出台《泰兴市重大工业项目行政事业“零收费”实施意见》《泰兴市工业项目资源要素节约集约评估办法》，评估用地工业项目46个，协调解决矛盾问题65个，受理“零收费”项目25个。审批服务联盟实现立项评估、规划许可、施工许可、竣工验收全流程覆盖，正博诺、航空光电等一批重大项目“多证齐发”“拿地即开工”。推进产融对接，全市制造业贷款余额331.59亿元，同比增长23.53%。1379家企业在产融平台获得授信1910笔，金额110.06亿元。22家企业获得省纾困增产增效专项资金贷款，金额1.04亿元。泰兴市出台《促进实体经济高质量发展若干意见》，落实66条重点举措，奖补资金1.5亿元，惠及企业近900家。全年累计落实泰州市政策清单42.87亿元，惠及市场主体13万户（次），累计争取上级企业发展专项资金2.2亿元。拨付4.86亿元。安排人才专项资金5000万元，提供购房券、租房补贴、生活补贴、技能提升等。全年办结企业诉求510条。将每年11月1日设定为“泰兴企业家日”，为江苏省第一个以法定程序确立“企业家日”的县级市。

【经济形势分析会】 3月23日，泰兴市召开经济形势分析会。市委书记张坤要求，要锚定目标不放松、狠抓落实不懈怠、超前谋划不耽搁，努力实现“开门红”，跑好全年“第一棒”，为年中实现“双过半”、完成全年目标任务打下坚实基础。市长刘文荣主持会议。市领导刘辉、范存力、蒋益公、王晓云、孙红东、朱为祥参加会议。会上，各部门、乡镇（街道）、园区汇报相关情况。

·产　业·

【精细化工及新材料产业】 2023年，泰兴市精细化工产业以新浦化学75万吨离子膜烧碱和110万吨轻烃利用、延长中燃120万吨轻烃深加工为“链主”项目，发展烯烃下游复合材料、高端树脂、工程塑料、聚氨酯等高分子新材料，培育填补国内空白产品30多个。泰兴市成为全球最大的醋酸酯生产基地、全球第二大丙烯酸生产基地、亚太地区最大的聚丙烯酰胺生产基地、国内最大的氯乙酸和酞菁颜料生产基地、华东地区最大的环氧乙烷及衍生物生产基地，有电子铜、聚羧酸减水剂、锂电池电解液添加剂等17个优势产品。泰兴市打造世界级精细化工及新材料产业基地，集聚规模以上企业73家，全年实现规模以上开票销售623亿元，代表企业有新浦化学（泰兴）有限公司、泰兴金江化学工业有限公司、爱森（中国）絮凝剂有限公司、江苏盛泰化学科技有限公司、泰兴金燕化学科技有限公司等开票销售超30亿元，泰兴市昇科化工有限公司、泰州联成化学工业有限公司、泰州联成塑胶工业有限公司等开票销售超20亿元。

【高端装备制造产业】 2023年，泰兴市高端装备制造产业涉及专用设备、通用设备、仪器仪表、汽车及零部件、船舶及配套、风电设备、电子设备、电气设备以及航空航天国防等九大领域，集聚规模以上企业348家，全年累计实现规模以上开票销售354亿元。虹桥工业园区以船舶及配套产业链为主，黄桥经济开发区、高新区以新能源装备和传动设备产业链为主，经济开发区以制冷设备产业链为主的发展格局，创建超大型货船、机器人关节、高端风电装备、特种制冷设备等知名区域品牌，其中江苏扬子鑫福造船有限公司开票销售超65亿元，泰隆减速机连续10年蝉联全国减变行业排头兵企业，江苏宏大特种钢机械厂有限公司球团链篦机在行业中排名第一，江苏兆胜空调有限公司船用制冷设备市场占有率第一。

【医药及医疗器械产业】 2023年，全市有生物医药及医疗器械规模以上企业29家，累计实现规模以上开票销售121.5亿元。形成以济川药业集团股份有限公司为龙头，中西药、原料药制造和医疗器械制造协调发展的产业布局。代表企业有江苏江康药业有限公司、江苏中裕药业有限公司、济川药业集团有限公司、江苏科鼐生物制品有限公司、江苏永盛生物科技有限公司、泰兴扬子医药化工有限公司、江苏中丹制药有限公司、博瑞生物医药泰兴市有限公司等。

【新能源产业】 2023年，泰兴市新能源产业拥有高倍率锂电、高效异质结太阳能电池和锂电材料3个特色产业集群，有长虹三杰新能源有限公司、江苏东方九天新能源材料有限公司、理想万里晖真空装备（泰兴）有限公司、格林美（江苏）钴业股份有限公司、泰兴华盛精细化工有限公司等26家规模以上企业，全年实现规模以上开票销售64.1亿元。经济开发区发展锂电池上游材料，格林美（江苏）钴业股份有限公司开票销售37.7亿元，黄桥经济开发区形成以长虹三杰新能源有限公司、江苏东方九天新能源材料有限公司、江苏东方泰虹电池材料有限公司等企业为核心，从锂电池外壳材料、冲壳生产，到电芯制造、PACK组装等锂电池产业链。高新区招引入驻普乐新能源科技（泰兴）有限公司、深圳市捷佳伟创新能源装备股份有限公司等龙头企业。

【新型食品产业】 2023年，泰兴市新型食品产业集聚33家规模以上企业，实现规模以上开票销售172亿元。其中，邦基（泰兴）粮油有限公司开票销售90亿元，江苏百汇农业发展有限公司开票销售12.2亿元。全市形成粮食加工、畜禽加工、果蔬加工3条基础产业链，培育江苏超悦农业发展有限公司、江苏鲜时农业科技有限公司、江苏百汇农业发展有限公司、江苏宇宸面粉有限公司、泰兴市东圣生物科技有限公司等一批优质企业。现代农业产业园形成“卤味、快食、面点、果饮”4个鲜食产业集群。黄桥经济开发区打造以食品添加剂、功能糖、未来食品为主的生物发酵与未来食品特色产业链，建设中国生物发酵与未来食品城。

【绿色环保产业】 2023年，泰兴市节能环保产业有规模以上企业69家，实现规模以上开票销售58亿元。代表企业有江苏南极机械有限责任公司、江苏亚太泵阀有限公司、江苏蓝电环保股份有限公司、江苏河海集团、泰兴市申联环保科技有限公司。泰兴市环保类产品涵盖《国家鼓励发展的重大环保技术装备目录》所列162项环保装备中的58项。

建筑业

·综　述·

【概况】 2023年，全市实现建筑业总产值117.66亿元，实现入库税收13.37亿元，列泰州市第一名。全年新接工程项目3958个，施工面积1.25亿平方米，合同总额814.1亿元。泰兴市在江苏省营商环境评价“办理工程建设项目审批”指标考核中连续两年位列全省第一方阵。市住房和城乡建设局驻政务服务中心窗口获泰州市第十六批（优化营商环境专项）“骏马奖”。2023年，全市新增专业承包一级资质1项，建筑业企业总数560家。其中，总承包特级资质企业2家，一级资质企业23家，二级资质企业38家。江苏大隆鑫建设集团有限公司晋升特级资料通过住房城乡建设部预审。

【建筑业市场】 2023年，建筑业市场遍布国内除港澳台以外的所有省份（自治区、直辖市），各省级市场建筑业总产值均超过5亿元，其中10亿元以上24个、50亿元以上3个。江苏大隆鑫建设集团有限公司与中铁十八局集团有限公司共同承建徐州丰县定销房项目，总投资6.9亿元；机电设备安装公司与中国工业集团共同建设燃气管网、供热管网、防水与防腐保温项目，总投资2.1亿元；鑫泰建设集团有限公司与雨发建设集团有限公司联合中标浙江舟山环岛路工程；中交河海工程有限公司与中国电力建设集团有限公司中标云南勐波罗河治理工程；鹏图建设有限公司研发销售建筑节能材料、医疗器材、空气净化等环保产品。

【创新创优】 2023年，建筑业企业获得国家级QC教学成果奖（以下简称QC奖）1项、省级QC奖33项、国优奖1项、省优“扬子杯”6项、省级标化工地14项、泰州市标化工地15项。全市新增发明专利8项、实用新型专利27项、省级工法10项、新技术应用示范3项申报国家级BIM技术应用示范项目3个，省级BIM技术应用示范工程7项。

【建筑业发展工作会议】 2月3日，全市建筑业发展工作会议召开，表彰先进典型，总结2022年全市建筑业发展情况，部署2023年建筑业高质量发展工作。市长刘文荣主持，市领导殷海成、顾刚、孙红东、刘建出席会议。市委常委、统战部部长殷海成宣读表彰决定，会议对2022年度建筑业综合实力“十强”企业、建筑业成长性“十强”企业、建筑业“规模上台阶”、“突出贡献奖”、“开拓经营奖”企业授牌。副市长孙红东作全市建筑业发展工作报告。市住建局、虹桥镇和江苏中昱建设工程有限公司负责人作表态发言。

·建筑业监管·

【概况】 2023年，全市在建受监项目272项，总面积207万平方米。开展质量监督抽查1437次，受理质量投诉449次。安全检查项目共1115项次，出具抽查记录168份，隐患整改指令书947份，出具全面停工指令2份、局部停工12份，移交处罚项目14项，约谈企业2家。全年联合查处4起重大违规装修案件，接收装饰装修申报（备案）4687例，初步判定存在安全隐患283例，下达整改停工通知书153份，移交综合执法局案件147例。

【惠企政策】 2023年，泰兴市落实泰州30强“涉诉免保”白名单制度，免征30家高信誉施工企业农民工工资保证金988万元，发放2022年度建筑业“综合实力10强企业”“成长性10强企业”等奖励资金2690万元。

【保障农民工工资】 2023年，泰兴市推动工人工资“月结月清”，在建项目登记率、专户开通率、实名制考勤率100%，实名制管理平台发放工资15.13万人次，总计发放工资8.13亿元。调处农民工欠薪风险矛盾46起，协调发放农民工工资约5360万元，涉及14个项目、3100多名农民工。

【审批服务】 2023年，泰兴市推动工程建设项目审批制度改革，建立“一窗受理，一站式办理”机制，压缩审批流程和审批时间，77个审批事项精简为36个，施工许可流程所需材料由130件缩减至62件，总办结时间缩短为30个工作日。

·重点企业选介·

【中兴建设有限公司】 中兴建设有限公司拥有国家级工法4项，省级工法25项，发明专利5项，实用新型专利26项，行业标准2项、十项新技术应用示范工程23项，年施工规模项目保持在700项以上。先后创鲁班奖10项（其中参建鲁班奖2项），国家优质工程1项，省市级以上优质工程600多项，连续多年被评为全国优秀施工企业，3A资信企业。

【泰兴一建建设集团有限公司】 泰兴一建建设集团有限公司在国内15个省、自治区、直辖市有建筑市场，先后8次获“鲁班奖”，16次获“国家优质工程奖”，2次获“詹天佑奖”，创造国家级科技示范工程7项、部优工程12项、省市优质工程200多项，获国家级QC成果奖18项、省级工法27项、发明专利10多项、实用新型专利70多项。2023年，泰兴一建建设集团有限公司完成施工产值84.17亿元，实现财务利润2.58亿元，缴纳税费1.58亿元，其中在泰兴本地缴税9300万元。

【江苏金禾建设工程有限公司】 江苏金禾建设

工程有限公司成立于1986年，有注册资本金1.2亿元。有一、二级建造师120多人，中、高级职称150多人，职工5000人。承建26项工程获江苏省扬子杯奖，60项工程获地级市优质工程，2项工程创国家级建筑施工标准化文明工地，68项工程获江苏省文明标准化工地，6项工程获省级科技示范工程，获国家发明专利6项，国家实用新型专利22项，获省级施工工法18项，获省市级QC成果36项。2023年，完成施工总产值33.3亿元，缴纳税费3800万元。

【江苏大隆鑫建设集团有限公司】 江苏大隆鑫建设集团有限公司获评省市标化工地29项、省"绿色智慧工地"1项、全国建设工程项目施工安全标准化工地1项；泰州市优质工程"梅兰杯"奖11项。获国家级发明专利5项、实用新型专利25项、省级工法5项、省级QC成果3项、省级新技术应用示范工程2项。江苏大隆鑫建设集团有限公司技术中心被认定为"江苏省建筑业企业技术中心"。2023年，公司完成施工总产值22.65亿元，缴纳税费2500万元，其中本地纳税2298万元。

【江苏民生建设有限公司】 江苏民生建设有限公司在国内10多个省、自治区、直辖市有建筑市场，承建工程创建为省市优质工程100多项，获省级工法19项、发明专利4项、实用新型专利10多项。2023年，公司完成施工产值11亿元，缴纳税费0.32亿元，其中本地纳税0.18亿元。

综　述

【概况】2023年，泰兴市实现服务业增加值643.21亿元，增长6.8%；实现服务业税收41.65亿元，社会消费品零售总额334.3亿元，增长5.4%。中燃延长液态烃仓储、黄桥生物发酵与未来食品产业研究院、福泰社区商业广场、汽车商业综合体等1亿元以上项目竣工运营。云配通物流科技有限公司获评2023年度省级重点物流企业，6家商超和6家酒店获批“祥泰商超”和“祥泰酒店（宾馆）”，6家酒店获批国家钻级认证酒店。

【规模以上服务业企业】2023年，全市规模以上营利性服务业企业158家，营业收入60亿元，增长21.4%，其中租赁和商务服务业、科技服务业、文化体育娱乐业、软件信息服务业、居民服务业加快发展，规模以上企业营业收入分别增长15.7%、30.3%、37%、55.4%、102%。全年新增规模以上服务业企业50家、限额以上服务业企业138家。（丁子桀）

【粮油贸易】2023年，全市粮食购销企业收购总量21.99万吨（小麦12.44万吨、粳稻9.55万吨），其中国有粮食购销企业收购总量14.41万吨（小麦9.92万吨、粳稻4.49万吨）。优质小麦、粳稻收购价分别比普通品种每500克高出0.04~0.06元、0.05~0.09元。推进农村一二三产业融合粮食生产加工产业发展，夏秋两季国有粮食企业落实收购资金3.6亿元，落实订单粮食生产面积32.7万亩，订单收购粮食14.2万吨，其中订单小麦9万吨、订单粳稻5.2万吨。

（葛　琳）

供销合作商业

【概况】2023年，市供销合作总社开展全托管服务18万亩，半托管服务近70万亩次。列为

2023年，市供销总社开展生鲜直通车活动（市供销合作总社　供图）

2023年江苏省化肥农药“两制”试点工作培训班观摩现场。建成市级配送中心2个、药肥集中采购统一配供站点33个。开展农业社会化服务面积43.85万亩（全面目标42万亩），开展三项环节服务68.6万亩次（全年目标65万亩次）。全市农业集中采购统一配供量50.68吨，配供金额898.48万元，服务田亩40.84万亩次（全面目标40万亩次），节省农业生产成本56.5万元。

【农村电子商务】 2023年，农村电商销售30.9亿元，其中农产品电商销售9.4亿元。市电商服务中心入驻企业近100家，年开票销售超1亿元。印发《泰兴市电子商务进农村综合示范项目后续项目实施方案》。在野肖村、滕兴村、木行村等设立生鲜分拣点。上争泰州市奖补资金近100万元。

【第二届电商直播大赛】 4月24日，泰兴市第二届“青春正能量 电商助我行”电商直播大赛启动。市委常委、副市长范存力参加。2023年，全市网络零售额达247亿元，跻身全国县域网络零售额百强。

【基层社村共建】 2023年，全市新结社村共建对子6家，分别为滨江镇顾阚村、根思乡老叶村、虹桥镇刘圩村、济川街道众贤村、宣堡镇梅埝村、姚王街道桑木村。

【“两废”回收】 2023年，“市镇村”三级回收网络体系，包括市级回收中心1个，乡镇（街道）回收站（点）17个，村级临时回收网点368个。与乡镇（街道）合作，组织工作人员参加“两废”（农业生产过程中产生的农药包装废弃物和废旧地膜、农膜）回收技术培训，发动乡镇（街道）开展废弃物回收宣传活动。全年回收农药包装废弃物700.79万件，约100.11吨，回收率92.2%（全年目标92%）。回收废旧农膜521.25吨，回收率92.3%（全年目标90%）。上争省社农资统一配供及农业废弃物集中回收处置奖补资金70万元，其中用于“两废”回收处置40万元，用于药肥集采统配30万元。使用2023年农业农村局农业生态保护与资源利用项目资金50万元，全部用于“两废”回收处置。使用供销综合改革资金230万元，其中用于“两废”回收处置110万元、用于药肥集采统配120万元。

（吴　雨）

专营专卖

·盐业专营·

【概况】 2023年，全市销售各类盐产品8815.8吨，其中食用盐3985吨、工业盐4746.65吨。销售小包装食盐2701.6吨，销售品种盐400吨。全市居民用户碘盐覆盖率100%，碘盐合格率99%，合格碘盐使用率99%。

【打击涉盐违法行为】 2023年，泰兴市盐业有限公司协助市场监管局查处涉盐案件11起，下达处罚决定8起，没收食盐0.56吨，罚款2.77万元。

【政府储备】 2023年，泰兴市盐业有限公司建立政府食盐储备，符合政府要求的储备量并按照储备盐轮储相关规定，每季度轮储1次，安排专人对储备库进行日常管理维护，开展储备库进货出货记录，台账资料完备无差误。（王　俐）

·烟草专卖·

【市场营销】 2023年，全市累计销售卷烟4.30万箱，同比上升0.09%，单箱销售额5.06万元，同比上升4.91%，卷烟销售稳中向好。

【网络建设】 2023年，泰兴市烟草专卖局（分公司）建设三版终端216户、红色终端2户、苏产烟示范一条街14户，百镇千店40户。推进城乡一体化建设，全年累计建成加盟终端24户、合作终

3月15日，市烟草专卖局（分公司）开展普法宣传

（市烟草专卖局 供图）

黄桥镇南街社区通过泰州验收，成为泰州市“一刻钟便民生活圈”示范社区，延令街道五里墩社区、姚王街道兴泰社区、黄桥镇滨河社区和虹桥镇虹福社区申报泰州市“一刻钟便民生活圈”试点社区；建成珊瑚镇农产品产地集配中心建设、分界镇苏浙购物广场升级改造工程、宣堡镇三堡村农产品集配中心、十里甸集镇农贸市场、河失镇集镇农贸市场、蒋华集贸市场改造6个县域商业体系项目。（薛 宇）

端43户、新现代终端238户。开展主题活动149次，其中开展助农增收等主题直播活动10次，各类测试活动33次，投票活动106次。

【专卖管理】 2023年，泰兴市烟草专卖局（分公司）开展卷烟打假破网工作，全年共查获假私烟案件32起，卷烟59.67万支，标值68.27万元。推进市场专项整治行动，全年查获违法案件416起，卷烟1276.09万支，案值1570.51万，其中查获5万~20万元案件30起，20万~50万元案件18起，50万~100万元案件3起。全年查获电子烟案件11起，收缴烟弹603个，收缴烟杆367个、一次性电子烟102个，货值15.44万元。（杨 慧）

商贸流通

【综述】 2023年，泰兴市完成社会消费品零售总额344.3亿元，同比增长5.4%，完成批发业总产值95亿元，同比增长12.5%；完成零售业总产值37.15亿元，同比增长5%；完成住宿业营业2.7亿元，同比增长24.9%。

【市场体系建设】 2023年，济川街道兴燕社区、

餐饮业

【概况】 2023年，全市实现餐饮业总产值11.02亿元，同比增长13.3%。

【黄桥涨烧饼制作技艺大赛】 9月29日，2023年黄桥涨烧饼制作技艺大赛举行，100多人参赛，最大的烧饼直径超1.2米。活动现场，评委对涨烧饼的外观形状、色泽、发酵程度以及炼制熟度进行评选，评出特等奖1名、一等奖1名、二等奖2名、三等奖3名。

【中式烹饪职业技能大赛】 6月26日，泰兴市中式烹饪职业技能大赛举办，7个乡镇街道104名选手参赛，比赛分实操和理论2个部分进行，产生一等奖2名、二等奖6名、三等奖9名，66名选手获高级工证书。

【星火路青年美食节】 12月8日，泰兴市举办为期7天的星火路青年美食节。市餐饮行业协会商会联合市融媒体中心组织“我最喜爱的星火路餐饮店”网上征集投票活动，10家餐饮店获奖。活动期间，邀请5名烹饪专家和20名青年美食爱好者评选出10道“我最喜爱的星火路特

色美食”，并颁发证书和牌匾。（吴长元）

旅游业

【概况】 2023年，全市共有列统旅游行业单位50余家。A级旅游景区5家，其中AAAA级1家（新四军黄桥战役纪念馆），AAA级3家（江苏泰兴国家古银杏公园、小南湖风景区、马甸水利枢纽风景区），AA级1家（中共江浙独支纪念馆）。有四星级旅游饭店1家（银光大酒店）、金牌旅游接待饭店2家（银光大酒店、豪庭大酒店）。创建有全国乡村旅游重点村1家（祁巷村）、江苏省级乡村旅游重点村1家（印达村）、江苏省级乡村旅游重点村培育单位1家（吴榨村）。旅行社36家，其中星级旅行社6家（九州旅行社、金色假日旅行社、春秋旅行社、山水旅行社、天润旅行社、三泰旅行社）。

【旅游项目建设】 2023年，祁巷村青少年综合实践基地获评为全国研学旅行基地（营地）。祁巷村乡村旅游项目入选中国旅游协会评定的第四届“中国服务”·旅游产品创意案例，乡村研学旅行项目入选省文化和旅游厅公布的“游乡村·促消费”全省百项乡村旅游业态创新示范产品和项目名单。印达村入选文化和旅游部全国乡村旅游精品线路。张桥吴榨村入选省级乡村旅游重点村培育单位。凤栖湖开元颐居酒店被泰州市总工会、文化广电和旅游局评定为泰州市职工（劳模）疗休养基地。推进文创旅游商品开发，在泰州2023旅游文创商品（非遗商品）大赛中获1金、2铜。

【旅游宣传推广】 2023年，泰兴市拓展客源市场，签订临安—泰兴双城旅游联盟、高港—泰兴红色旅游联盟合作协议。组织南京旅游直通车助力2023全国排球冠军赛（泰兴站）、无锡旅游直通车助力“6·21”国际乐器演奏日、华东媒体“相约泰兴”采风、“长三角美食达人走进泰兴”等主题活动。举办2023祈福泰兴梦幻星空光影秀、2023全国排球冠军赛泰兴农文旅商品市集、“江沙蟹美食旅游节”等特色活动。同时开展“5·19”中国旅游日泰兴主题活动、南京银杏里嘉年华泰兴文旅推介、非遗奇妙游、“6·21”国际乐器演奏日中国主会场等系列特色活动。

【旅游行业管理】 2023年，泰兴市推进行业管理、文明旅游宣传教育、导游培养等工作，打击虚假宣传、购物欺诈等行为，旅游投诉在法定期限内结案率、诉转案办结率达100%。联合市公安局、市交运局召开旅游包车安全生产专项会议、组织开展春节、“五一”、国庆等重要节假日旅游景区专项检查，全年零旅游安全事故。

【乡村旅游景点】 江苏泰兴国家古银杏公园 （国家级森林公园，全国农业旅游示范点，国家AAA级旅游景区）坐落于“中国银杏第一镇”——泰兴市宣堡镇。公园南临京沪高速、宁通高速、东临宁靖盐高速，上海、南京等周边城市至景区仅1小时。公园总面积1600公顷，有定植嫁接银杏树6.58万株。其中，挂果树1.72万株，百年以上树龄5226株，200年以上树龄1600株，千年古银杏3株。

泰兴长江生态湿地及绿色廊道　长12千米，宽度为堤外江滩100米，堤内50米。堤外退渔还湿，进行生态修复，与天星洲生态区呼应；堤顶按百年一遇防洪要求拓宽改造；堤内重点进行生态绿化，相继实施虹润湿地公园、四桥港风光带、长江断流地标、三桥圩田景观等工程。

祁巷村　（全国乡村旅游重点村、江苏省特色田园乡村、国家AAA级旅游景区）隶属于千年古镇、红色重镇、文化名镇黄桥镇。先后获“中国美丽乡村”“全国文明村”“全国一村一品示范村”“全国生态文化村”等20余个省级以上称号。2017年，入选江苏省首批特色田园乡村建设试点村。2019年，获评首批全国乡村旅游重点村。祁巷村以本土美食文化和特色农业景观为核心，成为集文化体验、自然观光、休闲度假、培训学习、遗产旅游、养生享老、儿童游乐、科普教育、户外运动于一体的全国知名乡村旅游目的地和文化休闲度假胜地。

印达村 （江苏省级乡村旅游重点村、江苏省特色田园乡村）位于曲霞镇南部，古庙“十方庵”有450年历史。印达村以“吃老灶头、品农家乐、尝蟹黄包、钓生态鱼、采甜葡萄、观印达灯”为主线，打造“小秦河风光带”，发展特色养殖种植，挖掘地方民俗文化，以灯会为载体，举办洋灯节、河灯节等灯会节庆活动。

吴榨村 （江苏省级乡村旅游重点村培育单位）位于泰兴市张桥镇南郊，辖13个村民小组，660户，常住人口1678人，耕地和水面1920亩。该村推进“一村一品一店”示范工程建设，打造以“绿色水果+农副产品+网上销售”为特色产销基地，形成以采摘、垂钓、餐饮、露营以及青少年户外教育为特色田园乡村旅游基地。

银杏村 （泰州特色田园乡村）地处泰兴市宣堡镇西首，是苏中七战七捷首战之地，南部、西部与高港区接壤，全村由原李山、曹沈2个自然庄台合并而成。先后获“省级生态示范村”“江苏省二星级康居示范村”“省级绿化示范村”称号。银杏村内古银杏树众多，其中千年银杏树2棵，500年以上100多棵，300年以上100多棵，100年以上300多棵，连片古银杏群落9处，新栽银杏林7处。银杏村以银杏产业为主，全村银杏覆盖率为规划面积50%，民居依银杏树而建，有“银杏树下有人家”的特有意境，村内有盐官文化（曹德卿）、宋元时期古井、清代武官（沈家，在曹家河已经找到沈氏祠堂内的石刻）、复兴庵等遗迹。

公共设施

交　通

【概况】 至2023年底，全市公路总里程2413.96千米，公路密度2.06千米/平方千米。其中，高速公路72.17千米，国省干线公路251.44千米，县道365.90千米，乡村道1796.62千米。有公路客运站场9个、长江汽渡1个。航道总里程559千米。其中，六级航道75.21千米，七级航道218.02千米，等外航道265.56千米。长江岸线总长25.16千米，利用港口岸线10.3千米。其中，公用码头占用岸线约6.7千米，临港工业及货主码头（含船厂）占用岸线约3千米，其他公务类码头占用岸线约0.6千米。共建成码头16座（含舾装码头2座），其中万吨级以上码头13座、5万吨级以上码头8座。全市境内公路客运量167.85万人次，客运周转量2.42亿人千米；货运量1132万吨，货运周转量27.25亿吨千米。水路货物运输量458万吨，水运周转量28.67亿吨千米；港口货物吞吐量7087.9万吨，同比增长21.5%，其中出港3145万吨，同比增长27%；进港3942.9万吨，同比增长17.4%。

【常泰大桥建设】 5月，世界最高352米常泰大桥泰兴侧5号墩索塔中塔柱施工结束，启动上塔柱首节钢塔吊装，10月上旬封顶。大桥公铁合建段下层铁路梁、公路梁架设于2月全部结束，11月上层高速公路梁架设结束，公铁合建段北引桥全线贯通。一级公路北引桥箱梁于5月施工结束，11月护栏施工结束。12月，天星洲专用航道主跨388米公铁两用钢桁拱桥完成跨中合龙施工。主航道桥完成45%钢桁梁吊装。按期完成剩余电力、电信、天然气杆管线迁改。完成两家企业拆迁征收评估、初步审计完善，以及补偿协议签订。

【高铁建设】 2023年，全市境内3条铁路集中开工建设。北沿江高铁江苏段泰兴市境内两处先行用地分别位于分界镇、元竹镇境内，中标施工单位为中铁十一局、中铁十二局项目部。盐泰锡常宜铁路泰兴段完成线路定测，可研及初步设计批复地方前置要件全部办理完成。常泰铁路从盐泰

12月，世界最大跨度公铁两用钢桁拱桥常泰长江大桥天星洲专用航道桥合龙
（市交运局　供图）

锡常宜铁路“泰兴东站”（设计院暂命名）引出后南行，利用在建常泰长江大桥进入常州市境内，完成新建路段定测、开展规划与选址论证、环评、稳评等专题，项目处于可研鉴修审查阶段。

【高速公路建设】 2023年，常泰长江大桥主桥转入上部结构施工阶段。大桥北接线，顺接常泰长江大桥，终于沪陕高速，全长约22千米。如常高速黄桥至泰兴段工程，起于沪陕高速枢纽，终于盐靖高速枢纽，长约7千米，取得工可批复等前期手续。沪陕高速公路平潮至广陵段扩建工程，全线按照双向八车道高速公路标准扩建，泰兴境内长约7千米，同步移位改建广陵互通。1515盐靖高速、京沪高速广陵至靖江段等扩建工程处于工可研究阶段。

【省道建设】 2023年，355省道、232省道、504省道等国省干线全线建成通车；镇海路南延建成通车，广陵互通连接线扫尾施工。

【农村公路建设】 2023年，全市实施县道大中修25千米，安防工程78千米，提档升级100千米，危桥改造20座。全市农村公路管养里程2162千米，管养桥梁1045座，行政村双车道四级公路覆盖率100%，先后获“四好农村路”全国示范县和省级示范县称号。姚石线、金溪路、申成路、幸福桥获泰州市第四届“浓浓小康情，最美乡村路桥”表彰。

【城乡公交】 2023年，泰兴公交优化调整城乡、镇村公交线路，优化调整开通公交线路57条（城区19条、城乡25条、镇村12条、旅游1条），实现行政村通达率100%。完成248个智能公交站台升级改造工作。规范城乡公交票价优惠政策，实施城乡新票价，由2~10元调整为2~6元。

【港口服务】 2023年，中铁建港航局公用码头、民生港务散货码头以及金燕液体化工码头完成竣工验收，新增5万吨级以上泊位2个、万吨级以上泊位6个，新增港区设计年通过能力1382万吨，其中中铁建港航局首次在泰兴港区实现10万吨级开普船的靠泊；655油品工程泊位完成施工；滨江作业区内港池码头工程和黄桥二氧化碳码头工程启动前期报批工作。跟踪对接《泰州港总体规划》《泰州内河港总体规划》重新修编工作，将LNG、洗舱站等重点项目实施纳入规划；《泰州内河港总体规划》取得环评批复，初步形成以古马干河、如泰运河和姜十线为主要航道的“两横一纵”水路运输格局。 （桂蓉蓉）

电　力

【概况】 2023年，全市共有变电站34座，总容量717.8万千伏安。其中，500千伏变电站1座，容量225万千伏安；220千伏变电站8座，容量234万千伏安；110千伏变电站26座，容量258.3万千伏安。35千伏及以上线路111条、1286.37千米，10千伏线路480条、5355.29千米（不包含用户专线），农村400伏线路6696千米。全年，生产人身死亡为0，设备重大、特大事故为0，大面积停电事故为0；城市客户供电可靠率99.98%，农村客户供电可靠率99.98%；供电电压合格率99.99%，其中居民端电压合格率100%；线损率完成1.48%，同比下降0.27个百分点。

【经营指标】 2023年，泰兴公司完成供电量92.34亿千瓦时，同比增长7.93%；售电量90.97亿千瓦时，同比增长8.12%。最高用电负荷再创历史新高，为155.8万千瓦，同比增长4.21%。

（黄　凯）

邮　政

【概况】 2023年，泰兴邮政公司实现业务收入3.3亿元，规模列全区县（区）分公司第二位，同比提升10.53%；实现利润6874万元，完成率100.11%。普服营业服务达标率、普服投递频次和深度达标率、普服邮件全程时限达标率、建制村直接通邮率等7项重点指标均为100%。定期召开"铁三角"服务质量管控会，对责任机构下发问题清单，制定整改措施。

【金融业务代理】 2023年，泰兴邮政公司实现金融业务收入2.37亿元，规模列全区第二，增幅149.7%；AUM规模（资产管理规模）200.8亿元，年月均净增21.9亿元，净增规模与增幅均列全区第一；余额规模136.2亿元，其中价值存款占比88.84%，列全区第一位。

【寄递类业务】 2023年，泰兴邮政公司完成寄递总收入5373万元，年度完成率84.07%。特快业务实现收入1719万元，同比增幅36%。快包业务实现收入1573.3万元，市场占有率从年初的8%提升至36.58%。国际业务实现收入290.42万元，同比增幅10%，完成率100.14%，收入规模居县公司第一。完成收入1787.96万元，年度内零担、专线邮政占比分别为60%、40%。省内互寄快包出口时限完成率99.85%，全区第一。

【邮务类业务】 2023年，泰兴邮政公司实现收入1595万元，报刊收入836万元，完成率100.09%，文创收入25万元，完成率113.7%。与市公安局、市交运局、市气象局等单位合作禁放项目、三级物流体系项目实现收入65万余元；开发"巨变泰兴"项目，实现收入60万元；开发市社会养老保险服务中心账单业务，实现收入28万元；组织两季人才招聘会，实现收入13.5万元。分销销售额2100万元，完成率105%。增值业务收入53万元，完成率100%，简易险特训营活动实现团险销售4.88万元，规模全区第一。烟草零售项目累计实现销售额310万元，完成率102%，实现收入16万元，利润率5.2%。全年累计开展直播带货活动12人次，累计实现农产品销售额1863万元。

【金融业务】 2023年，泰兴市邮政分公司净增价值客户3864户，全省县公司第五。邮银协同开展"送三农金融知识"进村活动5场；参与"送气象知识"进村、邮乐购站点等活动16场；参与古镇旅游节、党建联盟共建活动等13场。分公司对督训师、理财经理和大堂经理开展专项培训，开展客户营销服务工作。新客定期存款249万元，预约购买定制理财218万元。分公司开展针对性外呼，发展意向客户1189位，响应率15%，550位客户实现资产提升，资产提升率68%。 （张　杰）

7月，泰兴市邮政公司寄送梨等农产品，助力乡村振兴

（赵荣华　摄）

通　信

【中国电信泰兴分公司】 2023年，中国电信股份有限公司泰兴分公司实现主营业务收入超4.5亿元，天翼用户超37万户，宽带用户超24万户。新建10GPON1200端口，实现千兆全覆盖，无线开站862台设备，自主查勘104个站点。推进农村地区千兆光宽、5G网络建设与升级，加强乡镇5G网络建设，推进5G网络覆盖。主营业务涵盖天翼移动手机、宽带、网络电视、广告传媒、天翼云、物联网、大数据、信息系统集成等

综合信息服务，摸索“1+4”社会发展和综合治理一体化平台模式，为政府定制化软件开发和配套硬件工程；提供燃气预警、安全管理、流动人口管理、技防监控接入、数字乡村、智慧医疗、智慧校园、智慧园区等新兴业务，推动智慧城市、数字乡村建设。（顾艳阳）

【中国移动泰兴分公司】 2023年，中国移动通信集团江苏有限公司泰兴分公司（以下简称泰兴移动）实现通信服务收入6.1亿元，服务手机客户超72万户，5G用户超30万，宽带用户数22.5万。完成68处4G站点、32个700M站点、182处5G站点、158部电梯，17个地下室信号覆盖建设及开通，实现城区4G、5G信号深度覆盖、所有乡村5G信号广覆盖。助力泰兴高新技术产业开发区及经济开发区申报泰州市工业互联网平台培育对象，为赢胜节能集团和普乐新能源科技有限公司建设5G专网，推动企业星级上云24家，其中四星级上云企业1家。承建电梯安全智慧化管理、小区电动车充电设施建设、众安港智慧生鲜市场等惠民项目，签约项目32个。

【中国联通泰兴市分公司】 2023年，中国联通泰兴市分公司（以下简称泰兴联通）实现主营业务收入6147万元。打造中低频协同5G/4G精品网，推进900M低频打底网建设，完成121个农村建设站点。至年底，有5G共享基站960个，共享率100%，5G流量占比提升至50.8%。累计千兆宽带建设端口3.5万个，累计建设LTE基站室分209个。配合政府重大项目建设，完成232省道泰兴段（古宣线至泰兴姜堰交界段）、泰兴城区与常泰过江通道重要连接线——镇海路南延工程管网覆盖。全年客户满意度98.41%，投诉解决率87.5%，投诉响应率100%，万人投诉量2.31件。

财税·金融

财　税

·财　政·

【概况】2023年，市财政局（国资办）完成一般公共预算收入97.21亿元，增长8%，加上留抵退税3.5亿元，全市一般公共预算收入100.71亿元。财政管理工作连续6年获省政府办公厅督查激励，财政重点工作连续8年获省财政厅考核一等奖。

【落实积极财政政策】2023年，市财政局开展“财政宣传月”活动，推行不动产登记“税费统缴、后台清分”服务模式，设立促进实体经济高质量发展专项资金，全年兑现各类资金4.8亿元。全年面向中小企业采购份额6.36亿元，占比98.6%。发展普惠金融，推广“小微贷”“泰信保”“苏科贷”，全年担保贷款27.6亿元，惠及企业673家。开展“农担服务零距离”活动，全年农担在保余额4.4亿元，较上年底增加1.76亿元。

1月30日，全市财政国资工作会议召开

（市财政局　供图）

【民生支出】2023年，全市民生支出112.23亿元，增长9.4%，占一般公共预算支出比重的81.8%。拨付1.74亿元落实灵活就业社保补贴，安排12.15亿元用于提高基础养老金和基本医疗保险补助标准，发放社会救助保障资金6.11亿元，上争省级工伤保险基金储备金统筹补助0.23亿元。全年教育支出19.43亿元，连续6年实现“两个只增不减”（确保一般公共预算教育支出逐年只增不减，确保按在校学生人数平均的一般公共预算教育支出逐年只增不减）。全年医疗卫生支出16.81亿元。计提土地出让收入6.96亿元用于农业农村，投入1.37亿元建设高标准农田5.6万亩，拨付农业保险保费补贴0.87亿元、稻谷补贴0.41亿元，下达村级公共运行维护转移支付资金0.6亿元。统筹24.24亿元支持城建惠民项目、交通强市建设、生态文明建设、社会治理工作等。

【国资国企改革】2023年，市财政局（国资办）完善国资监管“1+N”政策体系，制定国资监管制度11个，指导国企修订制度165个、流程200余个、“三重一大”决策事项1076条。推进融资平台清理整合，全年注销封闭95家，新增AA+企业1家、AA企业2家，新组建泰州化工新材料产业集团通过AAA评级预认证。完善国企综合考核评价体系，规范国有资本经营预算管理，推进工资总额管理和内部收入分配改革。成立5家资产运营公司，全年累计清查资产142.95亿元、盘活资产1.85亿元。启动国

资监督三年行动和出资人审计工作。开设“国资讲坛”及钉钉云课堂，全年开展线下培训9期超1300人次。（孙弘扬）

·税　收·

【概况】 2023年，市税务局组织税费收入283.25亿元，其中税收收入127.25亿元，同比增长9.63%；社保费收入61.34亿元，增长14.08%；非税收入94.43亿元，下降8.69%。完成公共财政预算税收收入70.23亿元，同比增长12.88%。

【税费管理】 2023年，市税务局核查财产行为税逻辑性浅层次风险1199条，入库税款1.51亿元。成立环境保护税监管团队，完成1385户次环保税税源信息专项核实，入库税款1244.11万元，增长39.48%。全年完成风险应对任务506户，总成效11.36亿元，同比增长52.89%，列泰州市第一。

2023年泰兴市税务部门组织收入分项目情况一览表

表4　　单位：万元

征收项目	税费收入	公共预算收入
总计	2832486.68	1785696.69
一、税收收入合计	1272525.16	702332.22
其中：中央级收入	570192.90	
地方公共预算收入（财政口径）	702332.22	702332.22
其中：留抵退税省级	−24820.15	−24820.15
1. 国内增值税	695931.76	347965.88
2. 国内消费税	347.93	0.00
3. 营业税	73.83	36.91
4. 企业所得税	255061.19	102008.71
其中：内资企业	181998.56	72783.65
涉外企业	73062.63	29225.05
5. 个人所得税	89085.02	35633.96
6. 车购税	15338.66	0.00
7. 其他税种	216686.76	216686.76
二、非税收入合计	944339.47	942840.15
三、社保费合计	613432.28	138334.55

【减税降费】 2023年，市税务局按月开展“应享未享”精准辅导，累计推送优惠政策提醒50多万条，“兜底辅导”190户次，推送面100%。落实国家政策措施，全年新增减税降费及退税缓费超19亿元，出口退（免）税核准2523户次、17.06亿元。

【征管改革】 2023年，市税务局完成省税务局征管改革重点任务清单，通过中期评估。建立“统一社会保险费征收模式”上线市级协调机制，细化60项具体任务。完成“全面数字化的电子发票”改革工作任务，完成“事前防控”系统上线任务。

【便民办税服务】 2023年，市税务局连续10年开展“便民办税春风行动”，推出5批110条便民举措，获市领导批示，并被国家税务总局内网刊载。实现174项线上及105项线下非即办事项集中审核审批，推进跨区通办、全省通办。推进“线上办税一揽子提升”计划和办税缴费“零跑动”各项举措，向纳税人推送红利账单1.53万份。深化“一件事一次办”改革，“不动产交易全程线上办”得到省税务局领导肯定。

（张亦梁）

5月11日，泰兴市税务局组织青年税务干部走进校园，开展税法宣传活动　（张亦梁　摄）

金　融

【概况】 2023年，全市共有金融机构25家，机构数量居泰州县域首位。全市本外币各项贷款余额1773.41亿元，同比增长15.51%，较年初增加272.05亿元，同比多增68.36亿元。处理个税退税7.66万笔，金额6017.36万元。

【绿色金融】 2023年，泰兴市推动“积极申报省级绿色金融改革示范区”项目。至三季度末，全市绿色贷款余额266.23亿元，同比增速65.24%，高于各项贷款增速。银行机构与企业达成合作意向21.95亿元。持续推动保险机构在泰兴优先发展绿色保险业务创新，开展环境污染责任险推广工作，1—10月，累计为企业承担责任风险4500万元。

【现金服务】 2023年，中国人民银行泰兴支行开展硬币自循环工作，开展同城易兑管理工作，定期不定期对同城易兑设备进行非现场管理，组织对同城易兑系统使用效率进行分析研究。全年硬币自助设备共发生硬币收付5591笔、金额56.99万元（其中，存入1元硬币43.03万枚、5角硬币7.54万枚、1角硬币4.25万枚；取出1元硬币2.18万枚）。

【支付结算】 2023年，中国人民银行泰兴支行建立账户服务长效机制，依据《银行账户风险防控与优化服务工作手册》，指导银行机构建立账户分类分级管理机制。辖内25家银行、124个网点均实施小微企业简易开户。推动“全链通”代理接入平台建设工作，优化企业预约服务功能。

【外汇改革】 2023年，全市持续推进贸易外汇收支便利化试点。开展服务贸易便利化标识试点工作，并定期监测。新增22家贸易便利化试点企业，取消1家不符合条件试点企业。

【金融稳定】 2023年，泰兴市利用金融统计分析、监管信息等，不定期对金融机构风险状况进行评估和预警监测。指导地方法人银行机构依法有序调整存量个人住房贷款利率，配合地方政府做好恒大等房企风险处置，协调4家银行发放按揭贷款11笔，金额453.6万元。针对不良贷款率攀升等问题约谈中银富登村镇银行4次。持续开展“征信修复”乱象治理行动，治理完成率98%。引导各金融机构成立现金服务网格化管理小组，拓展网格员173名，对接社区357个。组织开展“一人多卡”、长期不动户排查清理，加强信息共享、风险联防联控、买卖账户惩戒等方面警银联动。

（王志宏）

综合经济管理与服务

计划管理

【概况】 2023年，泰兴市编制2023年主要经济工作指标年度计划和国民经济计划，制定2023年全市经济指标预期目标。按月形成全市经济形势分析、用电情况分析，全年形成《关于加快建设以应用为导向的县域科技创新体系的思考与建议》《关于激发我市绿色能源消费潜力的调研报告》等10篇调研报告。

【规划管理】 2023年，泰兴市推进规划审查，按照《泰兴市国民经济和社会发展第十四个五年规划和二〇三五年远景目标纲要》文件精神，进行土地征收、专项规划合规性审查程序，全年审查项目64个。完成《泰兴市国民经济和社会发展第十四个五年规划和二〇三五年远景目标纲要》实施中期评估报告。 （叶孝吟）

【固定资产投资管理】 2023年，泰兴市开展“三比一提升”活动，实现重大项目招引建设“持续发力、滚动开发、快速推进”良好态势，三次产业投资比为0.45 ：70.78 ：28.77，固定资产投资总体稳定增长。全年固定资产投资同比增长7.3%。按产业分，第一产业投资同比下降7%，第二产业投资同比增长11.8%，第三产业（不含房地产）同比增长1.7%。29个制造业行业中，18个行业投资增长，食品制造业投资同比增长80.5%，专用设备制造业投资同比增长11.7%，化学纤维制造业投资同比增长396.9%，电气机械和器材制造业同比增长27.9%，化学原料及化学制品制造业投资同比增长31%。全年完成高技术投资156.1亿元，同比下降22.8%，占比19.7%。增发1万亿元国债2批次获批项目4个，获批金额1.88亿元，占泰州市比重22%。获批中央预算内投资3341万元、专项债金额19.08亿元。完成房地产投资22.02亿元，同比下降25.4%，施工面积298.59万平方米，同比下降12.4%，其中住宅施工面积227.63万平方米，同比下降8.8%；房地产竣工面积50.66万平方米，同比增长138.6%，其中住宅竣工面积42.24万平方米，同比增长376.3%。 （张　阳）

【示范试点培育】 2023年，江苏宏大特种钢机械厂有限公司、江苏南极机械有限责任公司、亚太泵阀有限公司、中兵航联科技股份有限公司、江苏晟楠电子科技股份有限公司5家单位被纳入泰州市产教融合型企业建设培育库。6家老年友善医院通过省级验收。推进老年友好型社区创建，1家国家级友好社区进入公示阶段。

【社会信用体系建设】 2023年，泰兴市“营商便利度”指标中政务诚信考核结果列泰州市第一。推进“双公示”（行政许可、行政处罚等信用信息作出决定后上网公示）信用承诺及用水用气等29类信用信息归集，全年归集信用信息66.28万条。为企业出具信用报告1.36万份，为自然人出具信用报告938份。实行“三书同达”（综合行政执法部门在对违法企业作出行政处罚时，除制发《行政处罚决定书》，同时向企业提供《行政合规建议书》和《信用修复告知书》）机制，举办市级层面信用修复培训3场，园区信用修复培训6场，全年累计帮助244家企业完成300多条信用信息修复。开展“诚信标杆”评选活动，评选出30家“诚信标杆单位”。推动“信易贷”工作，全年2.91万户市场主体注册成功，累计1422家企业在产融平台获授信2010笔，授信金额115.73亿元。（张　楚）

【能源开发】 2023年，全市规模以上非电工业企业原煤消费量128.07吨，同比上升7.6%。推动光伏开发，全年新增光伏项目备案容量360.84兆瓦，装机容量265.16兆瓦，同比上升257.07%，光伏发电量2.66亿千瓦时，同比上升129.05%；泰州电厂东夹江50兆瓦渔光互补项目开工，润电智慧能源曲霞镇16兆瓦鱼塘水面光伏发电项目进入省市场化并网项目实施库。（肖　羲）

市场监督管理

【概况】 2023年，市市场监督管理局推动“放管服”和行政审批制度改革，优化营商环境，激发市场主体活力。全年新增各类市场主体1.81万户，其中个体工商户1.26万户、企业5477家、农民专业合作社19户。18户个体工商户通过“个转企”变更登记，办理开办便利店、开办餐饮店“一件事”登记200户，筛选43家长期停业未经营等吊销后未注销企业，向法院申请强制清算。

【经济合同管理】 2023年，市市场监督管理局强化对装饰装修、校外培训机构和汽车销售等重点行业的格式合同开展监督检查和指导规范。开展2022年度“守重企业”的推荐评选活动。

【广告管理】 2023年，市市场监督管理局加强对长江禁捕、涉金融非法集资等重点广告违法行为监测，移交执法处置违法广告线索32条，查处违法广告案件17起；指导泰兴市电子商务服务中心申报首批泰州市广告人才培养实践基地，泰兴高新区申报为“泰州市广告产业园”。

【知识产权保护】 2023年，泰兴市创建为全国知识产权强县建设试点县。全市新增发明专利授权647件，中兵航联科技股份有限公司获批承担泰州市高价值培育计划，3家企业获批承担泰州知识产权战略推进计划项目，1家企业获泰州市专利奖金奖，鼓楼新天地获批泰州市“正版正货”承诺示范街区。成立泰州市首个知识产权案件巡回审理工作站，开展商标调解案件1起，受理专利侵权纠纷行政裁决案件6起。助力全市109家企业通过知识产权质押融资10.65亿元，融资件数和金额均位列泰州市第一。

2023年，泰兴市举办全市知识产权培训
（市市场监管局　供图）

【信用监管】 2023年，市市场监督管理局开展涉校外培训机构和新车销售（4S店）部门联合双随机检查网络直播。牵头实施跨部门“双随机、一公开”联合抽查3260户，检查频次同比下降30%。实现省市信用信息平台“双公示”数据共享，移出经营异常名录2692家，信用修复59家，完成严重违法失信信用修复2家。企业年报率95.97%，特种设备生产企业实现100%年报。

【消费维权】 2023年，市市场监督管理局通过《天天315》电台节目出新节目12期，听众22万余人次，微信阅读点击量3万余次，接受各类咨询电话200多个。2家市场主体经省放心办同意作为2023年度省级放心消费创建单位。开展“线下实体店七天无理由退货”承诺活动，全年无理由退货商家数32家、退货件数4.65万件，涉及金额198.03万元。受理“12315”各类消费纠纷1585起，“12345”消费纠纷968起，对重大、群体性消费纠纷约谈商家8家，指导分局处理“12315”“12345”消费纠纷156起。

【价格监督】 2023年，市市场监督管理局重点开展水电气收费、停车场收费、教育收费、交通运输行业港口收费以及助企纾困政策落实情况等专项检查。推进中介机构“五公开”工作，全市涉审中介机构95家，均实行“五公开”（服务项目、服务标准、项目收费标准及依据、办理时限、客户评价公开）服务，覆盖率100%。配合执法大队、6个分局办理幼儿园收费、转供电、计量表具、明码标价等案件11起，罚没金额300余万元。

【食品安全监管】 2023年，市市场监督管理局牵头制定完善食品安全“两个责任”制度机制，推进属地管理责任落实到位、包保干部履职到位，实现季度包保完成率100%。全年检查食用农产品经营单位339家次、农贸（批）市场123户次、婴幼儿配方乳粉经营单位236家次、特殊食品经营主体485户次，食品生产企业和食品加工小作坊检查实现全覆盖。完成监督抽检9110批次、风险监测700批次、食品快检14.56万批次，发现并处置不合格食品436批次。联合公安、教育、卫健、消防等多部门对校园、养老机构食堂、集中用餐单位进行全覆盖检查，对其他重点餐饮单位共检查671家次。开展“阳光外卖”工程建设，完成386家入网餐饮单位接入，加工过程实时上传，全程接受社会公众监督，创建为星火路、吾悦广场“阳光外卖”示范街区。

4月16日，市市场监管局检查学校食堂

（市市场监管局　供图）

【药械安全监管】 2023年，市市场监督管理局对药品零售企业检查覆盖率60%，医疗机构检查覆盖率47%，疾控中心、疫苗接种单位检查覆盖率100%，收集上报药品不良反应报告1549例，新的和严重药品不良反应539例。开展药品医疗器械经营使用专项检查，检查药品经营单位308次，药品使用单位116次，医疗器械经营单位700余次。开展“祥泰药房”创建活动，全市19家药店获评升星，数量列泰州市第一。首次应用疫苗流通管理系统，督促指导168家企业完成线上备案，不定期开展巡查。

【特种设备安全监察】 2023年，市市场监督管理局培育重点双重预防机制建设企业50家，通过省试点验收16家，推进规模和验收数量均位居全省前列。举办首届特种设备作业人员职业技能竞赛，开展叉车、气瓶、传菜电梯、高压管道等专项整治与执法行动，排查整改隐患630余条，查处案件58件。试点安装100台电梯物联网设备和特种设备“智慧芯”片1.58万枚，整合电梯“96333”应急救援、无纸化维保、物联传感与特种设备智慧服务平台系统，推动《泰兴市公共电梯安全三年筑底行动实施意见》政策性文件出台落地。

【质量监管】 2023年，全市12家企业获批“江苏精品”，数量位列泰州市第一；新增省质量信用AAA级2家、AA级3家、A级13家，“泰州品质”认证5家。推荐的QC成果在泰州QC发布赛中全部获奖，获1个一等奖、2个二等奖和1个三等奖，获奖数量和等次在泰州市名列前茅。

【计量管理与监督】 2023年，市市场监督管理局服务企业约5000家次，检测计量器具11万台件，其中强检计量器具约4.5万台件；组织开展定量包装商品计量监督检验264批次，检测量、检测收入继续保持苏中地区前列。全年完成各类检验任务1600余批次。其中，化工1000余批次，轻工260余批次，电器180余批次，建材200余批次。对全市范围内家具类、建筑及装潢材料类、家用电器及音像器材类等12大类消费品开展抽检活动，累计抽检160批次。全年完成本市级监督抽检2000批次，承担局“双随机”飞行检查、举报投诉等抽检任务600批次，完成专项抽检1310批次，食品企业以及个人委托检验近1100批次，全年完成食品快检7800批次。推进诚信计量自我承诺示范单位培育工作，全年完成216家单位申报创建，指导新认证测量管理体系2家。

【标准化管理】 2023年，市市场监督管理局推动永磁电机领域全国首个专业标准化技术委员会——江苏省永磁电机标准化技术委员会落户泰兴。指导全市企事业单位主导或参与制修订国家标准14项，同比增长75%。组织3家企业申报省战略性新兴产业标准化试点并获批，立项数泰州市第一，引导福昌环保申报国家级循环经济标准化项目，通过立项公示，为泰州市唯一入选项目，指导康惠护养院养老机构医养结合国家级标准化试点通过验收，成为全市首个国家级服务业标准化试点。联合市金融监管局、农商行推出标易贷金融产品，授信金额达1.6亿元，组织中工高端院申报省级技术标准创新基地并获立项，成为泰州市唯一获批筹建单位。

【执法与检查】 2023年，市市场监督管理局13个专项执法行动形成“泰兴特色”，开展“雳剑2023”、长江禁捕、违规收费、反餐饮浪费、加油机作弊、特种设备、知识产权等30多个其他领域执法行动，查处各类违法案件718起，移交公安部门案件7起，捣毁假酒制作窝点4个、销售点5个，国家督办案件1起，入选省级典型案例5起，泰州市级典型案例21起。（吴月豪）

物价管理

【概况】 2023年，全市价格总水平保持在合理区间。全年居民消费价格指数呈温和上涨态势，1—12月，泰兴市CPI（居民消费价格指数）分别为102.7、101.7、101、100.1、100.3、100.3、99.5、99.9、100.1、99.7、99.1、99.5。全年CPI累计上涨0.3%。

【价格监测调控】 2023年，泰兴市出台《关于实施泰兴市2023年价格调控目标责任制的通知》，分解明确全市各部门价格调控目标，实现3%左右预期调控目标。开展省级11张报表数据上报工作，全年累计上报监测数据4万条，撰写监测分析文章40余篇；在市政府门户网站发改委价格监测板块设立“货比三家”专栏，定期公示重要民生商品价格监测数据。

【成本监审】 2月，泰兴市对泰兴中燃热电发展有限公司2021—2022年度蒸汽加工成本开展成本监审；4月，对泰兴市振宇外国语学校2020—2022年度教育收费及住宿费成本开展成本监审；6月，对泰兴市润城管道有限公司2020—2022年度供热管网运输成本开展成本监审。

【农本调查】 2023年，泰兴市加强农调户培训辅导，全年召开2次培训会议，针对调查户记账情况进行具体指导。全年完成生猪月报调查、农户种植意向调查、农户存售粮情况调查、农户购买农资情况调查、小麦直报调查、粳稻直报调查、小规模生猪直报调查、韭菜特色调查和全品种常规调查，撰写农本分析材料9篇。

【价格调整】 2023年，泰兴市推进非居民用天然气价格调整，非冬供期间非居民用天然气最高销售价格由冬供期间4.51元/立方米降低至4.18元/立方米；依据《煤热价格联动办法》，定期调整热力价格。调整泰兴市振宇外国语学校学费（课后服务费）标准，不予调整住宿费标准。明确春学期学校收费项目、标准，微调秋学期普通高中代办费标准。扩大公办(及民办普惠性)幼儿园收费优惠对象范围和优惠力度。

【价费优惠政策】 2023年,全市16家企业享受初加工环节农业用电优惠;推动落实托育机构用水用电用气优惠政策,跟进全市6家备案托育机构水电气优惠价格执行落实情况,引导水电气暖经营企业给予下游用户价格优惠。

【规范涉企收费】 2023年,泰兴市动态调整《泰兴市行政事业性收费项目目录》《泰兴市政府性基金项目目录》《泰兴市政府定价管理经营服务性收费目录》。其中,行政事业收费项目26项,政府性基金项目17项,政府定价经营服务性收费项目9项。编制公布《泰兴市重要民生价格手册(2023版)》清单。开展2022年度收费年度报告工作,全市列统收费单位144家,全年收费总额共计4.53亿元,较上年下降近0.85%。1月发放价格临时补贴,标准100元/人,发放总金额273.58万元,惠及困难群众2.74万人。

【价格认定】 2023年,泰兴市开展涉案财产、涉纪财物、涉税财物、涉政府重大事务价格认定,完成价格认定635件,认定总金额26.8亿元。其中,涉案财产价格认定226件,认定金额278万元;涉纪财物价格认定12件,认定金额128万元;涉税财物价格认定审核368件,认定审核金额26亿元左右;完成涉税价格争议14件,争议金额1500万元。 (钱 银)

审 计

【概况】 2023年,市审计局实施审计项目28个,审计查出主要问题金额7.84亿元,其中违规金额69万元、损失浪费金额139万元、管理不规范金额7.82亿元;发现非金额计量问题235个;向市纪委监委和相关主管部门移送案件线索15起,移送人员25人次;审计促进整改落实有关资金18.75亿元;被审计单位采纳审计建议74条,

12月13日,泰兴市推行乡镇预算执行监督工作情况新闻发布会召开 (叶伟 摄)

制定整改措施79项,健全规章制度83项。1个项目获评全省优秀审计项目三等奖,1个项目获评泰州市优秀审计项目一等奖,2个项目获评泰州市优秀审计项目二等奖,1个项目获评泰州市优秀大数据审计项目。养老服务体系政策措施建设的审计要情获省委省政府主要负责人批示。

【市委审计委员会第八次会议】 3月4日,市委书记张坤主持召开市委审计委员会第八次会议,听取《2021年度市本级预算执行及其他财政收支审计查出问题整改情况的报告》,审议《2023年审计项目计划(草案)》和《进一步加强审计整改工作的意见》。市领导刘文荣、张红霞、刘辉、夏万云、毛戴军参加会议。

【“同级审”工作】 2023年,泰兴市市本级预算执行及其他财政收支情况审计查处管理不规范金额18.96亿元;推动政府及其相关部门制定并出台长效管理制度4个,其中市级层面1个、业务主管部门2个、其他单位1个,1人受到党纪政务处分。

【经济责任审计】 2023年,市审计局实施13个领导干部经济责任审计项目,其中机关部门领导干部项目4个、国有企业领导干部项目1个、乡镇(园区)领导干部项目8个。审计查出问题107个,违规金额26.05万元,管理不规范金额7921.36万元,提出审计建议21条。

【领导干部自然资源资产离任审计】 2023年，市审计局实施4个领导干部自然资源资产离任审计项目，审计查出不规范金额4994.26万元，非金额计量问题17个。

【政府投资审计】 2023年，市审计局实施2个竣工决算审计和2个跟踪审计项目，在2个经济责任审计项目中统筹实施投资审计事项，向主管部门（单位）移送问题线索2起，收回财政资金1.57万元。

【内部审计】 2023年，市审计局发挥内部审计在人大预算审查监督中专业作用，9—10月开展乡镇“同级审”试点工作，围绕财政收支管理、“三公经费”管理使用等事项，发现问题108个，涉及问题金额2295.11万元。

【审计整改工作】 2023年，泰兴市审议通过《进一步加强审计整改工作的意见》，梳理2018—2022年审计发现问题整改情况，对未整改到位问题进行跟踪关注“回头看”。审计发现问题整改情况满意率100%。 （叶　伟）

统　计

【全国百强县（市）】 2023年，在《第二十三届县域经济与县域发展监测评价报告》第二十三届全国县域经济基本竞争力百强县名单中，泰兴市位居第20位，与上届持平。

【第五次全国经济普查】 2023年，泰兴市成立以市长为组长经济普查领导小组，完成市、镇、村三级普查工作机构组建，在全市开展宣传工作。承接泰州市五经普综合试点（黄桥镇），完成综合试点各项工作。全市共划分普查区371个，划分普查小区685个，标绘建筑物1.08万个，选聘“两员”（普查指导员和普查员）1477人，其中普查指导员387人、普查员1090人。整合有证照法人、产业活动单位和个体工商户信息，编制清查底册单位4.49万家、个体户5.02万户，全市登记单位3.63万家，其中，税务活跃单位2.21万家；数字经济单位2169家；文化产业单位2070家；登记个体户10.59万户，其中一人户3690家；有证个体户5.66万户；200万元以上个体户2909户；全市期末从业人数31.8万人，户均从业人数3.01人。

【统计服务】 2023年，市统计局按季开展GDP核算工作，全年完成新增“四上”（规模以上工业企业、有资质的建筑业及房地产开发经营企业、限额以上贸易业企业、规模以上服务业）单位入库318家，其中工业97家、建筑业26家、房地产6家、贸易139家、服务业50家。（郭常松）

【国家统计局泰兴调查队】 2023年，国家统计局泰兴调查队组织实施住户收支与生活状况调查、居民消费价格调查、农作物播种面积和产量等农业生产调查、畜牧业调查、劳动力调查、工业生产者价格调查、采购经理调查等常规调查。全年撰写信息分析214篇，其中国家统计局采用26篇、《中国信息报》采用3篇。制作《“漫”说住户走访慰问　促民增收篇》《金秋丰收日　测产正当时》等媒体作品。 （兰　芳）

9月20日，国家统计局泰兴调查队走进居民收支调查户家中开展统计开放日活动

（国家统计局泰兴调查队　供图）

科　技

·综　述·

【概况】 2023年，市科技局制定出台《泰兴市促进实体经济高质量发展的若干意见》，完善鼓励和支持科技创新政策体系。全年招引科创项目超200个，发放各类奖励支持资金近1亿元（其中科创积分奖励5800万元），惠及510家企业；落实科技创新税收政策16.19亿元（高企减免税额5.52亿元，企业研发费用加计扣除减免税额10.67亿元），同比增幅55.6%。为41家企业发放科技贷款1.74亿元。2023年5月，泰兴市入选国家创新型县（市）建设名单。全社会研发投入占GDP（地区生产总值）比重的2.91%，比2022年增长0.27%，列泰州市第二位。获2023年中国创新创业大赛新能源、新能源汽车、节能环保全国赛优秀企业称号。

【高新技术企业认定】 2023年，泰兴市实施科技型中小微企业“育苗工程”“小升高”高新技术企业培育计划，创新型领军企业培育计划，组织240家企业申报国家高新技术企业；新入库科技型中小企业750家，培育泰州市级以上瞪羚企业7家，有省级创新型领军企业2家。组织申报省级科技计划项目15项、泰州市级科技支撑项目24项，完成各级各类项目18项。

【研发机构建设】 2023年，全市强化与省产业研究院战略合作，共建泰隆减速机、润泰化学、华骋科技、科鼐生物制品联合创新中心。提升济川药业省级重点实验室、泰丰化工李亚栋院士工作站、中兵航联叶培建院士工作站运行质效。全年新列统新型研发机构1家，新增省级工程技术研究中心2家、市级工程技术研究中心7家，新申报省级众创空间2家、孵化器1家。组织13家企业参加省级企业研发机构绩效考评，其中亚太泵阀有限公司等4家企业获省级企业研发机构绩效考评优秀。黄桥经济开发区邀请江南大学、中国农业大学等高校院所顶级智库团队加盟，组建生物发酵与未来食品产业研究院。高新区与清华大学新型陶瓷和精细工艺国家重点实验室和省产业研究院合作共建集萃半导体陶瓷材料研究所。

【科技成果转化】 2023年，市科技局支持企业与高校、科研院所开展战略合作、联合创新，开展“校企合作恳谈会”“企业院校行”“产业链协同创新对接会”等活动，健全完善“企业出题、专家解题、政府助题”的产学研协同创新长效机制。怡达化学与大连理工经过十余年的联合创新，通过直接氧化（HPPO）工艺技术生产环氧丙烷，填补国内技术空白；润泰化学与华东理工大学合作，突破技术瓶颈，将生产装置由传统的间歇反应，改进成连续化的塔式反应，能耗降低约10%，产品收率提升约5%。

【科技计划实施】 2023年，江苏友诚数控科技有限公司承担的“小型高效终端用户多级空气压缩储能装置的研发及产业化”立项泰州市科重大科技成果转化项目，获200个企业积分。

2023年泰兴市承担泰州市级以上研发机构情况一览表

表5

名　称	承担单位	研发机构类别
江苏省环保成膜助剂工程技术研究中心	润泰化学（泰兴）有限公司	省级工程技术研究中心
江苏省航空飞行器辅助动力系统关键部件工程技术研究中心	江苏晟楠电子科技股份有限公司	省级工程技术研究中心
VPSA大气量往复真空泵系统工程技术研究中心	江苏亚太工业泵科技发展有限公司	市级工程技术研究中心
建筑用特种表面活性剂工程技术研究中心	博特新材料泰州有限公司	市级工程技术研究中心
泰州市石油套管接箍工程技术研究中心	江苏泰顺能源科技开发有限公司	市级工程技术研究中心
泰州市高级脂肪胺工程技术研究中心	江苏万盛大伟化学有限公司	市级工程技术研究中心
泰州市真空不锈钢腔室构件研发工程技术中心	光科真空科技（泰兴）有限公司	市级工程技术研究中心
泰州市短流程工艺合成壬基环己醇聚醚工程技术研究中心	泰兴市凌飞化学科技有限公司	市级工程技术研究中心
泰兴航空光电工程技术研究中心	泰兴航空光电技术有限公司	市级工程技术研究中心

【全市工业经济高质量发展推进大会】 5月10日，全市工业经济高质量发展推进大会召开，会上表彰2022年度科技创新工作先进集体和先进个人。济川药业集团有限公司等10家企业被表彰为科技创新十佳企业，济川药业集团有限公司——江苏省济川儿科药物工程技术研究中心等10家企业研发机构被表彰为科技创新十佳企业研发机构，赵菁等20人被表彰为优秀企业科技管理员，武昊等20人被表彰为优秀企业科技专员，王华辉等39人被表彰为科技人才工作先进个人。

【“科创泰兴·智赢未来”创新创业大赛】 10月30日，由市委人才办、市科技局、市科技镇长团主办，江苏省泰兴经济开发区承办的2023年“科创泰兴·智赢未来”创新创业大赛决赛举办。市委常委、组织部部长毛戴军出席活动。大赛吸引241个项目报名参赛，经过资格审查、小组预赛，18支参赛团队进入决赛。决赛现场，各参赛项目通过线下路演进行项目汇报，5位专家评委及17位大众评委为参赛项目打分，市公证处公证员对比赛过程进行全程监督，并对比赛结果进行公证。最终“功能性新材料合成及分离关键技术与设备开发”等6个项目分获大赛一、二、三等奖。

【入选国家创新型县（市）建设名单揭牌】 11月3日，省科技厅党组成员、副厅长蒋洪和泰兴市委书记张坤为泰兴入选国家创新型县（市）建设名单揭牌，中国银杏产业数字化总部基地等3个科技创新平台揭牌，签署战略合作项目1个、科技合作项目10个。

【科技成果】 2023年度，全市获国家科学技术进步奖1项、泰州市科技创新奖3项、泰州市创新联合体备案2项。

【科技活动】 2023年，全市开展产学研对接活动35场次，签订高质量产学研合作协议78项。

2023年国家科学技术进步奖获奖项目一览表

表6

奖项	项目名称	完成单位	主要完成人员
二等奖	经典方剂类方研究模式与中药配伍禁忌规律性发现的关键技术及应用	南京中医药大学、天津中医药大学、陕西中医药大学、济川药业集团有限公司、山东步长制药股份有限公司、北京中医药大学、中国人民解放军军事科学院军事医学研究院（第4完成单位）	段金廒、范欣生、张艳军、唐于平、曹龙祥、钟赣生、王宇光、宿树兰、郭立玮

2023年泰州市科技创新奖获奖项目一览表

表7

奖项	项目名称	完成单位	主要完成人员
一等奖	可得然胶复配添加剂研发及产业化	泰兴市东圣生物科技有限公司、江南大学	步国建、焦爱权、杨月月、李雪乐、李　涛、申连芳、朱　楠、张裕聪、翁业勋
三等奖	高效大转矩永磁同步电机轻量化设计关键技术及应用	江苏中工高端装备研究院有限公司	王长路、曹　建、张立勇、高贵彬、王胜利
三等奖	长链非编码RNA SBF5-AS1、POU5F1B和环状RNA circ-Foxo3在食管鳞癌中的表达变化及对放射敏感性的影响	泰兴市人民医院	刘阳晨、郭信伟、周绍兵、孙红娟、赵伟伟

2023年泰州市创新联合体备案名单

表8

创新联合体名称	牵头单位
儿童药物产业技术创新联合体	济川药业集团有限公司
泰州市航空机电企业创新联合体	江苏晟楠电子科技股份有限公司

2023年泰兴市科技合作项目一览表

表9

项目名称	企业名称	技术支撑单位
复杂环境下空地协同应急抢险排涝机器人的研发及产业化	江苏河海给排水成套设备有限公司	江苏大学
食用菌产业战略合作协议	江苏菇本堂生物科技股份有限公司	上海市农业科学院食用菌研究所
合作协议书	江苏兆胜空调有限公司	江苏科技大学
合作协议书	兆新科技（泰兴）有限公司	南京农业大学

续表 9

项目名称	企业名称	技术支撑单位
精对苯二甲酸（PTA）残渣资源化利用关键技术研发与应用	泰兴市福昌环保科技有限公司	江苏理工学院
冷鲜肉气调包装精准调控关键技术与智能装备研发	江苏百汇农业发展有限公司	江苏省农业科学院农产品加工研究所 无锡福源自动化系统工程有限公司
螺旋混流泵成套技术开发	江苏源泉泵业股份有限公司	江苏大学
天然植物活性成分功能研究	江苏弘康生物科技有限公司	南京农业大学
项目合作协议	江苏泰隆减速机股份有限公司	瑞典皇家理工学院
一种 PTA 残渣提纯制备增塑剂的方法	泰兴市福昌环保科技有限公司	江苏理工学院
合作协议书	江苏诺兴生物科技有限公司	中科院上海高等研究院 赵志军
全面合作框架协议	泰兴市人民政府	苏州大学
合作协议书	江苏黄桥生物发酵与未来食品产业研究院股份有限公司	江南大学 蔡永超
合作协议书	江苏中奕和创智能科技有限公司	电子科技大学
共建“江苏省农业科学研究院中丹饲料产业研究院”战略合作框架协议	江苏中丹集团股份有限公司	江苏省农业科学院
校企产学研合作协议	泰兴市凌飞化学科技有限公司	江南大学
醋酐等溶剂分离回收技术	泰州百力化学股份有限公司	天津大学
甲醇溶液分离回收技术	泰州百力化学股份有限公司	天津大学
船用喷水推进泵叶轮设计研究	江苏亚太水务集团股份有限公司	扬州大学
合作协议书	江苏嘉禄嘉锋制冷设备有限公司	上海市农业科学院
合作协议	新浦化学（泰兴）有限公司	江苏省产业技术研究院 泰州市产业技术研究院
适用于新型飞机的系列化电能变换器设计	江苏晟楠电子科技股份有限公司	南京航空航天大学
小儿豉翘清热糖浆、颗粒全过程动态质控体系的构建与应用	济川药业集团有限公司	中国药科大学
项目合作协议书	江苏普瑞亚动力科技有限公司	江苏大学
合作协议书	泰州市正大化工有限公司	江南大学
合作协议书	泰兴市美佳怡食品有限公司	江南大学
合作协议书	江苏泰隆减速机股份有限公司	南京邮电大学
合作协议书	江苏蓝电环保股份有限公司	江苏科技大学
合作协议书	江苏超悦农业发展有限公司	中国农业科学院农产品加工研究所

续表 9

项目名称	企业名称	技术支撑单位
合作协议书	江苏睿济鼎洲科技工程有限公司	金陵科技学院
黄龙止咳颗粒治疗儿童和成人哮喘的代谢组学机制比较研究	济川药业集团有限公司	中国药科大学
合作协议书	江苏亚太工业泵科技发展有限公司	南京航空航天大学
合作协议书	江苏鼎翔节能科技有限公司	江苏理工大学
合作协议书	江苏捷顺机电设备有限公司	江南大学
合作协议书	江苏宇宸面粉有限公司	江南大学
合作协议书	江苏永盛生物科技有限公司	南京晓庄学院
合作协议（麦麸多糖的分离纯化及合生元产品研发）	江苏宇宸面粉有限公司	南京农业大学
合作协议	济川药业集团有限公司	中国药科大学
JITRI—科鼐生物联合创新中心共建协议	江苏科鼐生物制品有限公司	江苏省产业技术研究院 泰州市产业技术研究院
合作协议书	江苏中工高端装备研究院有限公司	安徽科技学院
合作协议书	润泰化学有限公司	常州大学
东圣生物与江南大学合作框架协议	泰兴市东圣生物科技有限公司	江南大学
一种具有微纳塔层结构的金属氧化物粉体及其制法技术转让	江苏万华拓谷新材料科技有限公司	南京航空航天大学
合作协议书	江苏河海给排水成套设备有限公司	江苏大学
合作协议书	江苏兆胜科技股份有限公司	苏州科技大学
合作协议书	双乐颜料泰兴市有限公司	江苏理工学院
一种多组合水动力空化装置	江苏河海给排水成套设备有限公司	江苏大学
合作协议书	江苏常隆农化有限公司	常州大学
合作协议书	江苏源泉泵业有限公司	江苏大学
合作协议书	泰兴市兴隆船舶机械有限公司	电子科技大学
合作协议书	江苏松林汽车零部件有限公司	烟台大学
合作协议书	中船重工天禾船舶设备江苏有限公司	北京航空航天大学
合作协议书	江苏永昇空调有限公司	武汉理工大学
超薄铜箔用高纯活性氧化铜制备工艺及设备的研发	泰兴冶炼厂有限公司	天津科技大学
10 千瓦充电模块总成研发	江苏华骋科技有限公司	扬州大学

续表 9

项目名称	企业名称	技术支撑单位
校企合作补充协议	江苏华骋科技有限公司	扬州大学
校企合作学生实习协议	江苏华骋科技有限公司	扬州大学
校企合作学生实习协议	江苏华骋科技有限公司	扬州大学
校企合作学生实习协议	江苏华骋科技有限公司	扬州大学
校企合作学生实习协议	江苏华骋科技有限公司	扬州大学
伞齿轴热处理过程变形量控制与改进技术研究	江苏泰隆减速机股份有限公司	江苏大学
防腐涂料用微球负载型缓蚀剂关键技术开发	江苏云湖新材料科技有限公司	江南大学
汽车零部件可靠性检测系统开发	泰州市双宇汽车零部件有限公司	南京铁道职业技术学院
儿童药物产业技术创新联合体共建协议	济川药业集团有限公司	中国药科大学 陕西中医药大学 江苏省中医药研究院
砜吡草唑的合成工艺开发	江苏常隆农化有限公司	常州大学
小型通用飞行器总体设计及气动性能分析项目合同书	江苏友诚数控科技有限公司	南京航空航天大学
工程农林车辆关键零部件创新联合体共建协议	江苏华骋科技有限公司	扬州大学
居住区中水预处理装置设计关键技术研究	江苏睿济鼎洲科技工程有限公司	金陵科技学院
马钢—聚峰合作框架协议	马鞍山钢铁股份有限公司	泰兴市聚峰压延科技有限公司
江苏省新能源汽车车顶系统关键技术研究创新联合体组建协议	江苏德福来汽车部件有限公司	常州大学
江苏省先进醇醚材料产业技术创新联合体	泰兴市凌飞化学科技有限公司	江南大学
一种热量可回收的气态烃非催化部分氧化制合成气的方法	新浦化学（泰兴）有限公司	华东理工大学
高线速度齿轮传动系统动力学优化技术开发	江苏中工高端装备研究院有限公司	安徽科技学院
JITRI—泰隆减速机联合创新中心共建协议	江苏泰隆减速机股份有限公司	江苏省产业技术研究院 泰州市产业技术研究院
JITRI—华骋科技联合创新中心共建协议	江苏华骋科技有限公司	江苏省产业技术研究院 泰州市产业技术研究院
一键拆卸式遮阳帘固定天窗（VW313）金属卷簧表面处理系统设计	江苏德福来汽车部件有限公司	常州大学
JITR—润泰新材联合创新中心共建协议	润泰化学（泰兴）有限公司	江苏省产业技术研究院 泰州市产业技术研究院

2023年泰兴市"最美泰州人"——双创之星篇先进典型一览表

表10

姓　名	工作单位及职务
董瑞蛟	希坤新材料科技（泰州）有限公司董事长
吴风雷	江苏世林博尔制冷设备有限公司总经理

2023年泰兴市"智创泰州"科技创新创业大赛获奖情况一览表

表11

组别	行业类别	企业名称	奖项
初创组	新材料	中科国生（泰兴）新材料科技有限公司	二等奖
成长组	新一代信息技术	江苏康鹤数字科技有限公司	三等奖
成长组	高端装备制造	海舶创新（江苏）智能科技有限公司	三等奖
成长组	新能源 & 新能源汽车	泰州洁洋新能源科技有限公司	三等奖
初创组	新材料	江苏埠博新材料科技有限公司	优秀奖
成长组	新一代信息技术	江苏泓鑫科技有限公司	优秀奖
成长组	生物医药	江苏一鸣生物股份有限公司	优秀奖
成长组	新材料	江苏飞赛过滤科技有限公司	优秀奖
团队组	生物医药	植物外泌体创新应用	优秀奖

2023年泰兴市聘任的"科技招商大使"一览表

表12

姓　名	职　务
潘　伟	清华大学教授、新型陶瓷与精细工艺国家重点实验室主任、世界陶瓷科学院院士
Paul Burrows	江苏省产业技术研究院副院长、世界工业技术研究组织协会秘书长
胡修玉	中国生物发酵产业协会副秘书长、综合办主任
毕金峰	中国农业科学院农科英才领军人才、果蔬加工制造与营养健康创新团队首席科学家
张　路	东方国际集团上海投资有限公司执行董事、总经理
冯　冲	上海海洋装备前瞻技术研究院项目办主任、材料学博士

2023中国（泰兴）金秋经贸科技洽谈会科技合作项目一览表

表13

单位	项目名称	甲　方			乙　方		
		单位名称	人员	职务	单位名称	人员	职务
泰兴经济开发区	甲醇溶剂分离回收技术的研究开发	天津大学	杨汉斌	教授	泰州百力化学股份有限公司	胡红一	副总经理
泰兴经济开发区	新型聚丙烯酰胺降解菌的研究开发	中国海洋大学	包木太	化学化工学院副院长、教授	爱森（中国）絮凝剂有限公司	徐青林	研发总监

续表 13

单位	项目名称	甲方			乙方		
		单位名称	人员	职务	单位名称	人员	职务
黄桥经济开发区	智能工厂调度决策平台	西北工业大学	罗建超	教授	惠尔信机械（泰兴）有限公司	闾建捷	副总经理
黄桥经济开发区	电动旋翼垂直起降燃油动力驱动飞行的固定翼飞机	南京航空航天大学	王　岩	教授	江苏友诚数控科技有限公司	王　勇	董事长
泰兴高新区	宽调速永磁取力发电系统制造	东南大学	花　为	电气工程学院院长	江苏中奕和创智能科技有限公司	陆建国	董事长
泰兴高新区	智能高效散热系统研发及生产	泰兴高新区	谭吉汎	泰兴高新区党工委委员、管委会副主任	江苏胜航电子科技有限公司	张　荣	法定代表人
虹桥工业园区	新型碳纤棉研发制造	虹桥工业园区	马华平	组织委员	常州沛一新材料研究有限公司	谭　沛	总经理
现代农业产业园区	面粉发酵剂功能微生物筛选、复配及扩培关键技术开发	江南大学	严　群	教授	江苏宇宸面粉有限公司	佟占冬	研发总监
城区工业园区	制冷空调系统控制与研发	南京师范大学	张忠斌	教授	江苏永昇空调有限公司	严裕华	董事长
姚王街道	中华绒螯蟹深加工关键技术与即食产品研发	江南大学	高　沛	教授	泰兴市江源农牧有限公司	王　荣	副总经理

【科技产业化】 2023年，全市高新技术产业产值1245.9亿元，占规模以上工业产值比重的58.6%。2023年，新认定高新技术企业121家，全市有效期内高新技术企业总数307家；认定科技型中小企业750家；有省民营科技企业29家；累计拥有省级瞪羚企业3家、泰州市级4家；拥有省级领军企业2家。江苏友诚数控科技有限公司小型高效终端用户多级空气压缩储能装置的研发及产业化项目获批泰州市级科技计划（重大科技成果转化）项目。江苏泰隆减速机股份有限公司、亚太泵阀有限公司等4家企业工程技术研究中心获省级企业研发机构绩效考评优秀。

2023年泰兴市获批的高新技术企业一览表
（三部委认定的高企）

表 14

序号	企业名称	序号	企业名称
1	江苏宏鼎电器有限公司	9	江苏旭信机械制造有限公司
2	江苏帕珐尼洁净科技有限公司	10	江苏裕康光伏材料有限公司
3	江苏赛夫特防爆电气有限公司	11	双强（江苏）重工科技有限公司
4	江苏斯凯氟复合材料有限公司	12	泰兴市华杰机电设备有限公司
5	江苏维凯科技股份有限公司	13	泰兴市吉力玻璃制品有限公司
6	江苏一鸣生物股份有限公司	14	泰兴市远方合成材料有限公司
7	江苏治宇医疗器材有限公司	15	泰兴市志成玻璃有限公司
8	乾丰流体科技（江苏）有限公司	16	泰州永和塑料包装有限公司

续表 14

序号	企业名称	序号	企业名称
17	泰兴开广塑胶有限公司	49	光科真空科技（泰兴）有限公司
18	泰兴市领航电连接器有限公司	50	江苏东方九天新能源材料有限公司
19	泰兴市伟裕智造机械有限公司	51	江苏泓博新材料有限公司
20	泰兴市兴隆船舶机械有限公司	52	江苏华诚自动化设备有限公司
21	泰兴市中亚烘干设备制造有限公司	53	江苏华瑞制冷设备有限公司
22	泰兴扬声电子有限公司	54	江苏强达新材料科技有限公司
23	泰州市远胜新能源科技有限公司	55	江苏荣拓实验设备有限公司
24	中兵航联科技股份有限公司	56	江苏鑫常特材有限公司
25	中船重工天禾船舶设备江苏有限公司	57	江苏鑫河智能装备有限公司
26	中天（江苏）防务装备有限公司	58	江苏雨能水利工程有限公司
27	江苏曹工液压科技有限公司	59	泰兴市华诚机电制造有限公司
28	泰州恒茂新材料有限公司	60	泰兴市琴海乐器有限公司
29	格兰立方能源科技（江苏）有限公司	61	泰兴市通灵乐器有限公司
30	江苏奥德减速机有限公司	62	泰兴市中博钻石科技股份有限公司
31	江苏鼎旺冶金材料有限公司	63	长虹三杰新能源有限公司
32	江苏国泰环境科技研究院有限公司	64	博瑞生物医药泰兴市有限公司
33	江苏煌灿新材料科技有限公司	65	博特新材料泰州有限公司
34	江苏晶飞能源科技有限公司	66	济川药业集团有限公司
35	江苏群星矿用机械有限公司	67	江苏奥喜埃化工有限公司
36	江苏瑞阳环保有限公司	68	江苏格莱特复合材料科技有限公司
37	江苏泰隆风机制造有限公司	69	江苏宏基环电股份有限公司
38	江苏泰隆减速机股份有限公司	70	江苏科奕莱新材料科技有限公司
39	江苏万基传动科技有限公司	71	江苏永成环保机械有限公司
40	江苏微讯达网络科技有限公司	72	江苏云泰大数据有限公司
41	江苏星鑫分离设备制造有限公司	73	泰兴华盛精细化工有限公司
42	江苏亚太工业泵科技发展有限公司	74	泰兴锦云染料有限公司
43	江苏中工高端装备研究院有限公司	75	泰兴盛嘉树脂有限公司
44	江苏中奕和创智能科技有限公司	76	泰兴市凌飞化学科技有限公司
45	泰兴亿源环保新材料科技有限公司	77	泰兴中科艾德膜材料科技有限公司
46	亚太泵阀有限公司	78	汤臣（江苏）材料科技股份有限公司
47	中际（江苏）智能暖通设备有限公司	79	赢胜节能集团股份有限公司
48	中科同帜半导体（江苏）有限公司	80	江苏金宇防腐科技有限公司

续表 14

序号	企业名称	序号	企业名称
81	江苏申光电子科技有限公司	102	泰兴市辉耀照明有限公司
82	泰兴市艾珀耐特复合材料有限公司	103	泰州越洋船舶设备有限公司
83	泰兴市航安电器有限公司	104	中运锚链（江苏）有限公司
84	江苏恒熠金属制品有限公司	105	江苏方圆型钢有限公司
85	江苏星光发电设备有限公司	106	江苏金牛铸钢件有限公司
86	江苏泰顺能源科技开发有限公司	107	江苏沈数机床自动化设备有限公司
87	江苏巨力齿轮股份有限公司	108	润洪源电子科技泰兴有限公司
88	江苏新汉诚建筑材料有限公司	109	泰州市龙洋木业有限公司
89	泰兴联创绝缘材料有限公司	110	泰兴市亚华吊装设备有限公司
90	泰兴市东岳机械有限公司	111	福蒂斯（江苏）游艇配件有限公司
91	泰兴市润众电子科技有限公司	112	江苏环耀工业科技有限公司
92	泰兴市申泰塑业有限公司	113	泰兴市未来建材科技发展有限公司
93	江苏百澄特种钢管制造有限公司	114	泰州市双宇汽车零部件有限公司
94	江苏华辉照明科技股份有限公司	115	创发科技（泰兴）有限公司
95	江苏济通复合材料有限公司	116	江苏合球机械科技有限公司
96	江苏江大泵业制造有限公司	117	江苏凯凯包装材料科技有限公司
97	江苏双立制氧机械有限公司	118	江苏赛露达汽车隔音材料有限公司
98	江苏泰氟龙防腐设备有限公司	119	江苏宝蓝机械科技有限公司
99	江苏万信山机械有限公司	120	江苏泰禾金属工业有限公司
100	江苏幸运宝贝安全装置制造有限公司	121	江苏扬帆船舶设备有限公司
101	泰兴市兴华气阀有限公司		

2023年泰兴市认定的科技型中小企业一览表

表 15

序号	企业名称	序号	企业名称
1	江苏惠生流体设备有限公司	9	泰兴市昊源商品混凝土有限公司
2	江苏迈科道环境科技有限公司	10	江苏宇搏机械设备有限公司
3	江苏环光科技有限公司	11	泰兴市祥灿机电科技有限公司
4	泰州英鸿卫浴有限公司	12	泰兴市康威塑业有限公司
5	江苏乐贝贝安全座椅有限公司	13	泰兴市栢宝玩具制品有限公司
6	江苏昱泰能源装备有限公司	14	江苏奋兴石英材料有限公司
7	江苏中兴水务有限公司	15	泰兴市宏鑫混凝土有限公司
8	江苏沃谱瑞环境科技有限公司	16	江苏璇燊智能装备有限公司

续表 15

序号	企业名称	序号	企业名称
17	泰兴市兴华气阀有限公司	49	泰兴市华明玻璃有限公司
18	江苏伟斯动科技有限公司	50	泰兴市虹桥特钢有限公司
19	江苏达利佳时装有限公司	51	江苏劢葆智能家居科技有限公司
20	江苏盛泰电力设备有限公司	52	泰州佳佑电子科技有限公司
21	江苏金叶胶辊有限公司	53	江苏隆泰泵阀制造有限公司
22	泰兴市航海电连接器有限公司	54	泰兴市正杰电器有限公司
23	泰兴市沃特尔化工有限公司	55	泰兴市欣晶电器有限公司
24	江苏科立德冷链科技有限公司	56	江苏馨拓科技有限公司
25	江苏鹏江电子科技有限公司	57	江苏弘道冶电设备有限公司
26	江苏伦迪叉车有限公司	58	泰兴市宏桥聚合新材料有限公司
27	双键化工（泰兴）有限公司	59	泰兴市鸿艺乐器有限公司
28	泰兴市东方海工设备有限公司	60	泰兴市华贵新型包装材料有限公司
29	江苏华钰电力金具制造有限公司	61	江苏泰力磨具有限公司
30	江苏苏新医疗设备有限公司	62	江苏科曼机械制造有限公司
31	江苏荣拓实验设备有限公司	63	江苏金泰新减速机有限公司
32	江苏济通复合材料有限公司	64	莱铂赛智能装备（江苏）有限公司
33	泰兴市志成玻璃有限公司	65	江苏沃尔诺通风设备有限公司
34	泰州诚睿达新材料有限公司	66	江苏泰起重工有限公司
35	江苏爱科净化科技有限公司	67	江苏星辰星汽车附件有限公司
36	泰兴盛嘉树脂有限公司	68	江苏裕康光伏材料有限公司
37	梯爱司新材料科技（泰州）有限公司	69	江苏吉达印业有限公司
38	泰兴市辉耀照明有限公司	70	泰州元凤食品科技有限公司
39	江苏永生新能源科技有限公司	71	泰兴挚富新材料科技有限公司
40	泰兴市盛源电器有限公司	72	泰兴市海虹机械制造有限公司
41	泰兴市苏中制药机械有限公司	73	江苏维凯科技股份有限公司
42	泰兴坤阳服饰有限公司	74	悦木科技（江苏）有限公司
43	泰兴市云裳服饰有限公司	75	江苏欧迈克斯家居用品有限公司
44	泰兴市金润精密铸造有限公司	76	泰州驰铭机械有限公司
45	江苏迪泰克精密仪器有限公司	77	泰兴市常宏通灵电器有限公司
46	江苏亚太工业泵科技发展有限公司	78	泰兴市金城纺机齿轮制造有限公司
47	江苏三文特材科技有限公司	79	泰兴市瑞达电池配件有限公司
48	江苏友诚数控科技有限公司	80	江苏嘉麟德电子科技有限公司

续表 15

序号	企业名称	序号	企业名称
81	泰兴市宏明传动机械配件有限公司	113	泰兴市南方水务有限公司
82	江苏跃达成套机电有限公司	114	泰兴市远方合成材料有限公司
83	泰兴市艾珀耐特复合材料有限公司	115	泰兴市宁辉锂电池有限公司
84	江苏福坤新材料科技有限公司	116	江苏天丰真空泵有限公司
85	江苏鑫恒泰电气科技有限公司	117	江苏河海纳米科技股份有限公司
86	泰兴市珑华压克力板材有限公司	118	江苏中邦输送带有限公司
87	江苏邦臣生物科技股份有限公司	119	江苏韵燕印刷版材有限公司
88	泰兴市八达科技有限公司	120	江苏海泰船舶成套设备有限公司
89	泰兴市西桥轧辊厂	121	江苏恒瑞昇达科技发展有限公司
90	泰州兴普泰生物制药有限公司	122	泰州天融科技有限公司
91	江苏亨泰输送装备有限公司	123	锐程智能科技（泰州）有限公司
92	泰兴市瑞兴橡塑机械有限公司	124	江苏赛夫特防爆电气有限公司
93	中船重工天禾船舶设备江苏有限公司	125	江苏润泉水务科技有限公司
94	江苏宏浩铝业有限公司	126	江苏国兴通风设备有限公司
95	泰兴市协力量具有限公司	127	江苏凤灵乐器有限公司
96	江苏旭信机械制造有限公司	128	江苏斯凯氟复合材料有限公司
97	海明（江苏）环境科技有限公司	129	江苏永辉橡胶有限公司
98	泰兴欧曼液压科技有限公司	130	泰州忆航机械有限公司
99	江苏恒丰橡胶制品有限公司	131	江苏恒瑞泽朗生物工程有限公司
100	江苏科立德制冷设备有限公司	132	江苏壹泰节能环保科技有限公司
101	江苏睿济鼎洲科技工程有限公司	133	江苏中泾包装科技有限公司
102	江苏世林博尔制冷设备有限公司	134	江苏启航包装科技有限公司
103	泰兴市金鹰乐器有限公司	135	浦新国诚空气净化技术（江苏）有限公司
104	万得化工（泰兴）有限公司	136	江苏鲜时农业科技有限公司
105	江苏孜品生物科技有限公司	137	世纪龙扬（江苏）国际会展有限公司
106	中农康正技术服务（泰州）有限公司	138	泰州永和塑料包装有限公司
107	江苏华辉照明科技股份有限公司	139	泰州速利胜精密工业有限公司
108	江苏顺乾新型材料有限公司	140	泰州宇思自动化科技有限公司
109	江苏鼎翔节能科技有限公司	141	江苏恒悦定制大米有限公司
110	江苏弘积医疗器械有限公司	142	江苏亿尔等离子体科技有限公司
111	江苏泓鑫科技有限公司	143	泰州天江药业有限公司
112	泰兴市华建金属配件科技有限公司	144	江苏业康安全科技有限公司

续表 15

序号	企业名称	序号	企业名称
145	泰州鹤鸣机床有限公司	177	泰兴联芸科技有限公司
146	江苏开拓者环保材料有限公司	178	江苏贺道尔金属制品有限公司
147	江苏帕珐尼洁净科技有限公司	179	江苏胜航电子科技有限公司
148	泰兴市领航电连接器有限公司	180	泰兴市光华石油化工机械制造有限公司
149	江苏纳萨铸造有限公司	181	江苏三迪机车制造有限公司
150	泰兴市天地同创机械设备有限公司	182	斯迪姆教学设备科技（泰兴）有限公司
151	泰兴高新环保设备有限公司	183	泰兴市华龙化工实验设备有限公司
152	泰兴市家骅精密冲压有限公司	184	江苏奥凯医疗设备有限公司
153	江苏金洋宇农牧有限公司	185	泰兴市通灵乐器有限公司
154	江苏天祺环保科技有限公司	186	泰兴市万翔转向器有限公司
155	江苏金银杏舞台设备有限公司	187	江苏合球机械科技有限公司
156	泰州市宸铭家居有限公司	188	江苏创谊电器有限公司
157	江苏拓来电子有限公司	189	江苏文益信息技术有限公司
158	江苏双立制氧机械有限公司	190	泰兴市中博钻石科技股份有限公司
159	中创环保设备技术工程（泰兴）有限公司	191	江苏鑫河智能装备有限公司
160	江苏捷驱叉车制造有限公司	192	江苏泰拓减速机有限公司
161	泰兴市金鸡液压机械有限公司	193	江苏哈威斯智能科技有限公司
162	江苏泰宇交通设施有限公司	194	泰兴市天一冶金科技发展有限公司
163	泰州泓濠家俬有限公司	195	江苏江洋智能电气有限公司
164	江苏沃鸿科技有限公司	196	泰州德煜塑胶科技有限公司
165	泰兴市鸿缘乐器有限公司	197	江苏得一健材料科技有限公司
166	泰兴市神龙橡胶制品有限公司	198	江苏颐瑞特科技有限公司
167	江苏一脉科技有限公司	199	江苏正源特钢有限公司
168	泰兴晨光索具有限公司	200	泰兴市德任电器有限公司
169	泰兴市春雷仪表有限公司	201	江苏金煌达特钢有限公司
170	江苏爱科固体废物处理有限公司	202	江苏三志制动器有限公司
171	伟邦制管（泰州）有限公司	203	江苏奥德斯能源科技有限公司
172	泰州市浙泰铝业有限公司	204	江苏亚盟电气有限公司
173	江苏首玉环保设备有限公司	205	江苏嘉鹏液压科技有限公司
174	江苏中裕药业有限公司	206	江苏富强特钢有限公司
175	泰兴市笑笑纺织有限公司	207	江苏金牛铸钢件有限公司
176	润佳鸿（泰州）纺织科技有限公司	208	江苏金泰密封科技有限公司

续表 15

序号	企业名称	序号	企业名称
209	泰兴市奥赛精密机械有限公司	241	泰兴市汇龙光电仪器有限公司
210	泰兴市航天电器有限公司	242	泰兴市伟航光电科技有限公司
211	泰兴中科艾德膜材料科技有限公司	243	江苏海博环保科技有限公司
212	江苏煜灿氟塑材料有限公司	244	江苏炜耀医疗科技有限公司
213	泰兴市东岳机械有限公司	245	泰兴市泰源电气有限公司
214	泰兴市联升木业有限公司	246	江苏锡泰美新型材料有限公司
215	泰兴市御森服饰有限公司	247	江苏凯凯包装材料科技有限公司
216	江苏亚玛力电机有限公司	248	江苏锐嘉新能源科技有限公司
217	泰兴市锦诚包装有限公司	249	江苏瀚林药用包装科技有限公司
218	江苏彦冷冷冻设备有限公司	250	江苏申光电子科技有限公司
219	江苏恒熠金属制品有限公司	251	江苏罗茨泵业科技有限公司
220	江苏云泰大数据有限公司	252	江苏徕普医疗器械有限公司
221	泰兴市双羊机械工程有限公司	253	江苏海纳智光科技有限公司
222	江苏格莱特复合材料科技有限公司	254	泰兴市铭亿源金属制品有限公司
223	江苏苏东化工机械有限公司	255	江苏尚鼎钢结构有限公司
224	泰兴市倩雯纺织品有限公司	256	泰兴市佳凯智能科技有限公司
225	泰兴市笛瑶服装有限公司	257	江苏泽龙环保科技有限公司
226	泰兴市晨雨服饰有限公司	258	卓能环保科技有限公司
227	江苏龙天顺金属有限公司	259	江苏美利美新型建材科技有限公司
228	江苏袁氏铸造有限公司	260	江苏飞鼎暖通设备有限公司
229	泰兴市骏达金属制品有限公司	261	泰兴市苏中自动化仪表有限公司
230	江苏沈数机床自动化设备有限公司	262	江苏江宇机械铸造有限公司
231	江苏科腾环境科技有限公司	263	泰州凯博精密五金制品有限公司
232	江苏西墅新能源科技有限公司	264	江苏宏宇船舶设备有限公司
233	江苏中农鹏源生物科技有限公司	265	中运锚链（江苏）有限公司
234	江苏莱澳材料科技有限公司	266	江苏永乐医疗科技有限公司
235	泰兴市初魅纺织有限公司	267	江苏海之睿船舶科技有限公司
236	泰兴市宏业钢丝制造有限公司	268	泰兴市盛通电器有限公司
237	泰兴市启泰机械铸造有限公司	269	江苏臣轩机械科技有限公司
238	江苏恒裕纺织有限公司	270	润洪源电子科技泰兴有限公司
239	江苏九昊自动化科技有限公司	271	泰兴市东达精密机械有限公司
240	泰兴市百胜减速机有限公司	272	江苏远东钢结构有限公司

续表 15

序号	企业名称	序号	企业名称
273	泰兴市亚华吊装设备有限公司	305	江苏万基传动科技有限公司
274	泰兴市依科攀船舶设备股份有限公司	306	泰兴市春申铸钢件有限公司
275	泰兴市跃龙机械配件有限公司	307	泰兴市立君机械设备有限公司
276	泰兴市振兴包装有限公司	308	江苏晶莹厨房设备有限公司
277	江苏精功吊装设备有限公司	309	江苏双洁环保机械制造有限公司
278	江苏卓高广告器材有限公司	310	江苏华瑞制冷设备有限公司
279	泰州快迩展览展示器材有限公司	311	泰兴五新精密铸造有限公司
280	泰州凯隆汽车部件制造有限公司	312	泰兴市双鑫石油机械有限公司
281	泰兴市鑫盛船用机械有限公司	313	江苏天海新特钢有限公司
282	江苏拓金新材料科技有限公司	314	泰州市开隆消防装备有限公司
283	泰兴市日达车辆配件有限公司	315	江苏畅宇交通科技有限公司
284	江苏固特美装配式建筑科技有限公司	316	泰兴市名扬食品机械有限公司
285	江苏汇宏电子科技有限公司	317	泰州辰科能源科技有限公司
286	江苏季泰通用机械有限公司	318	泰州光美机电工程有限公司
287	泰兴市申泰塑业有限公司	319	泰州市泰达信息工程有限公司
288	江苏煌灿新材料科技有限公司	320	泰兴市美佳怡食品有限公司
289	泰兴市翔宏环保机械有限公司	321	泰兴市志晋金属制品有限公司
290	江苏金穗能源设备制造有限公司	322	华庭锅炉（泰州）有限公司
291	莹普智能科技（泰州）有限公司	323	江苏达力叉车有限公司
292	泰兴先先化工有限公司	324	泰兴市佳林石化机械制造有限公司
293	泰兴市宝竹抛光材料有限公司	325	泰州市远胜新能源科技有限公司
294	江苏泰源数控机床有限公司	326	江苏玉龙神纺织机械制造有限公司
295	泰州中际热能设备有限公司	327	江苏庆弘机械科技有限公司
296	江苏源泉泵业股份有限公司	328	泰兴市建生机械制造有限公司
297	泰州优思虎网络科技有限公司	329	泰兴华鼎科技有限公司
298	泰州市亚翔机电安装工程有限公司	330	泰兴市未来建材科技发展有限公司
299	江苏昂格生物科技有限公司	331	江苏巨润恒传动设备有限公司
300	泰兴市航顺电子有限公司	332	恒达科技泰兴有限公司
301	泰州市中兴内燃机配件有限公司	333	耀拓装饰工程（泰兴）有限公司
302	格兰立方能源科技（江苏）有限公司	334	泰兴市海益纺织品有限公司
303	超级家（泰兴）智能科技有限公司	335	泰州协进精密机械有限公司
304	江苏科新云环保科技有限公司	336	江苏菇本堂生物科技股份有限公司

续表 15

序号	企业名称	序号	企业名称
337	泰兴市新永诚车灯塑件有限公司	369	江苏弘太电讯工程有限公司
338	江苏佳佩环保机械设备有限公司	370	江苏恒封新材料有限公司
339	西伯瀚（泰兴）传动技术有限公司	371	泰兴市鸿吉乐器有限公司
340	江苏中奕和创智能科技有限公司	372	江苏璟硕设备有限公司
341	江苏国泰环境科技研究院有限公司	373	江苏为善环保科技有限公司
342	江苏海泰海洋装备有限公司	374	江苏鑫壹达液压设备有限公司
343	江苏丰源船舶工程有限公司	375	泰兴市众益电子有限公司
344	泰兴市星湖创业服务有限公司	376	泰兴市创智天工机械科技有限公司
345	泰兴实隆生物制品有限公司	377	展通易科安全技术服务（江苏）有限公司
346	泰兴市中能高科新型材料有限公司	378	江苏森博苑机电科技有限公司
347	江苏长城商品混凝土有限公司	379	江苏环耀工业科技有限公司
348	江苏福鑫华康包装材料有限公司	380	江苏华兴特钢铸造有限公司
349	泰州亚泽塑胶有限公司	381	泰兴市兴隆船舶机械有限公司
350	江苏天润特种钢有限公司	382	江苏幸运宝贝安全装置制造有限公司
351	江苏鼎宝华电子有限公司	383	泰州中工船海机电设备有限公司
352	泰兴市海纳锦程弹性纤维有限公司	384	荏原环保装备科技（江苏）有限公司
353	江苏中工高端装备研究院有限公司	385	江苏黎明发电设备有限公司
354	泰兴市神力链条有限公司	386	江苏顺和农业发展有限公司
355	江苏泰益凯智能科技有限公司	387	泰兴市新启源纺织有限公司
356	江苏晨光数控机床有限公司	388	江苏虹光新材料有限公司
357	江苏中燕叉车制造有限公司	389	泰兴英武舟科技有限公司
358	泰兴市金龙机械制造有限公司	390	泰州扬子江再生资源有限公司
359	泰兴市康森爱特传动设备科技有限公司	391	江苏奥凯新材料科技有限公司
360	江苏栋泽机械有限公司	392	达器船用推进器（江苏）有限公司
361	泰兴市明递电子有限公司	393	江苏弘康生物科技有限公司
362	江苏弘泰农业科技有限公司	394	泰兴市富安化工有限公司
363	江苏纵化农业机械有限公司	395	江苏强达新材料科技有限公司
364	泰兴市广力机械制造有限公司	396	泰州舟鑫森船舶运输有限公司
365	江苏羟源环能科技有限公司	397	江苏攀高升降设备制造有限公司
366	泰兴市中全新能源技术有限公司	398	博门艺嘉网络技术有限公司
367	泰兴市永盛氟塑制品有限公司	399	百成数码影业有限公司
368	江苏永盛氟塑新材料有限公司	400	江苏森兰德工艺品有限公司

续表 15

序号	企业名称	序号	企业名称
401	中科同帜半导体（江苏）有限公司	433	泰兴市恒信特种耐火材料有限公司
402	泰兴美视智能光电有限公司	434	江苏泰阳化学科技有限公司
403	江苏昇达智能科技有限公司	435	创发科技（泰兴）有限公司
404	江苏苏邦环保科技有限公司	436	泰兴市金辉橡胶制品有限公司
405	泰州恒茂新材料有限公司	437	泰兴市琴海乐器有限公司
406	泰兴扬声电子有限公司	438	泰兴市泰德立通用机械制造有限公司
407	江苏晶飞能源科技有限公司	439	江苏万信山机械有限公司
408	江苏兴源石化实业有限公司	440	泰兴市伟裕智造机械有限公司
409	泰州洛克机电制造有限公司	441	泰兴市鑫利船舶特种设备有限公司
410	泰兴华辉铜业有限公司	442	江苏振翔减速机有限公司
411	江苏皑氟阀门有限公司	443	江苏治宇医疗器材有限责任公司
412	江苏泰伯铸造有限公司	444	江苏扬帆船舶设备有限公司
413	江苏泰之星减速机有限公司	445	江苏芬奇工业设备制造有限公司
414	泰州裕泰乐器有限公司	446	泰州君达新材料科技有限公司
415	江苏巨力齿轮股份有限公司	447	福蒂斯（江苏）游艇配件有限公司
416	江苏享颂机械有限公司	448	泰兴市中亚烘干设备制造有限公司
417	江苏武专科技有限公司	449	江苏虹福造船有限公司
418	江苏金利化工机械有限公司	450	江苏微讯达网络科技有限公司
419	泰兴市凯悦乐器有限公司	451	江苏曙光冶金机械制造有限公司
420	江苏盖德冷冻机有限公司	452	江苏慧芃新材料有限公司
421	江苏恒邦电机有限公司	453	泰州市永信端子有限公司
422	泰州市华进建设有限公司	454	江苏新世纪乐器有限公司
423	泰兴市化工助剂福利厂	455	江苏中邦智能科技有限公司
424	江苏军昊电缆有限公司	456	江苏盛维工业科技有限公司
425	同沐科技（江苏）有限公司	457	江苏博诚新科技材料有限公司
426	江苏华强泵业有限公司	458	江苏行星重载齿轮箱有限公司
427	江苏鼎汇食品有限公司	459	江苏宏鼎电器有限公司
428	泰兴市金欣伊杉食品有限公司	460	江苏胜立特机械有限公司
429	泰兴市宏洋新材料科技有限公司	461	泰兴市年华机械制造有限公司
430	江苏嘉禄嘉锋制冷设备有限公司	462	江苏善予食品有限公司
431	泰兴市美仙服饰有限公司	463	泰兴市田园提琴制作有限公司
432	江苏天脉化工有限公司	464	泰兴市共鸣乐器制造有限公司

续表 15

序号	企业名称	序号	企业名称
465	泰兴市恒瑞机械制造有限公司	497	江苏远大门窗有限公司
466	江苏润源环境工程有限公司	498	泰州泽代机械科技有限公司
467	江苏恒鑫传动机械制造有限公司	499	江苏泛华传动机械有限公司
468	泰兴市中运重工有限公司	500	泰州市港湖机械配件制造有限公司
469	江苏意戈尔钢制品有限公司	501	江苏奔田机械科技有限公司
470	江苏波瑞电气有限公司	502	泰兴市润众电子科技有限公司
471	泰兴市和盛传动机械制造有限公司	503	泰兴市圆润塑料制品有限公司
472	泰兴市金太阳传动机械有限公司	504	江苏奥德减速机有限公司
473	江苏康仕佰减速机有限公司	505	泰兴市日辉船舶设备有限公司
474	泰兴市经纬物流有限公司	506	泰兴市易发金属脚轮有限公司
475	泰兴市怡然乐器制造有限公司	507	泰州市正华橡胶带有限公司
476	泰兴市金艳门业有限公司	508	江苏金泰堡机械制造有限公司
477	江苏京未工艺美术有限公司	509	中益（泰兴）环保科技有限公司
478	江苏聚格新材料有限公司	510	江苏燕伟门窗幕墙装饰工程有限公司
479	泰兴市锦宸钢结构有限公司	511	江苏明科光电技术有限公司
480	泰兴市南洋水泥制品有限公司	512	泰兴市威泷新能源科技有限公司
481	泰兴市益民生物质燃料有限公司	513	江苏星鑫分离设备制造有限公司
482	江苏隆佳新型建材有限公司	514	江苏瓯泰纺织科技有限公司
483	泰兴市祥友环保机械有限公司	515	江苏群星矿用机械有限公司
484	江苏万欣管业有限公司	516	泰兴市吉力玻璃制品有限公司
485	泰兴市恒泰鞋业有限公司	517	江苏华诚自动化设备有限公司
486	泰兴市华东减速机制造有限公司	518	泰兴市彩之源化学有限公司
487	江苏永盛生物科技有限公司	519	泰兴市浩源电子有限公司
488	江苏伟创塑胶制品有限公司	520	泰州优麦精密机械有限公司
489	江苏易恒运动用品有限公司	521	江苏爱维特船舶设备有限公司
490	嘉恒医药（江苏）有限公司	522	江苏海行输送机械科技有限公司
491	江苏雨能水利工程有限公司	523	泰兴市星晔纺织有限公司
492	泰州市荣旭消防器材有限公司	524	泰兴市恒顺纺织有限公司
493	泰州市连成机械制造有限公司	525	泰兴市民洋服装有限公司
494	泰兴市金环泵业有限公司	526	江苏玉苗布业有限公司
495	江苏普利瑞科技有限公司	527	泰州市双宇汽车零部件有限公司
496	泰兴市众悦光电科技有限公司	528	泰兴市晟睿电连接器有限公司

续表 15

序号	企业名称	序号	企业名称
529	泰兴市荣海金属制品有限公司	561	江苏源之瑞建设工程有限公司
530	泰州市江元铸造材料有限公司	562	泰兴市学中猪鬃制刷有限公司
531	江苏赛露达汽车隔音材料有限公司	563	泰兴市八达电连接器有限公司
532	江苏广为锻造科技有限公司	564	泰州三阳环保设备有限公司
533	泰兴市华烁玻璃有限公司	565	江苏科信船舶设备有限公司
534	泰兴市裕顺再生资源有限公司	566	江苏云鹏给排水科技有限公司
535	泰兴市宇琦织造有限公司	567	江苏同生新材料有限公司
536	泰州瑞泰橡塑水带有限公司	568	江苏新光泵业有限公司
537	泰兴市常泰轴承有限公司	569	江苏信达克工具技术有限公司
538	泰兴市福利塑料厂	570	泰兴市高桥炉业有限公司
539	江苏衡新科技有限公司	571	泰兴市昊华复合材料有限公司
540	泰兴市热工仪表厂有限公司	572	江苏豪源减速机制造有限公司
541	造品科技材料（泰兴）有限公司	573	江苏金禾新能源机械有限公司
542	江苏锡泰冶金机械设备有限公司	574	泰兴市华杰机电设备有限公司
543	泰兴市宏阳服装有限公司	575	泰兴市前进齿轮有限公司
544	江苏新进医疗器械有限公司	576	江苏博康特建材有限公司
545	泰州亦友服饰有限公司	577	江苏越红生物科技有限公司
546	泰兴市佳虹纺织有限公司	578	江苏泰银传动设备有限公司
547	泰兴泰阀集团有限公司	579	泰兴星辰汽车附件有限公司
548	江苏荣翔实验室设备有限公司	580	泰州市杰尔曼消防装备有限公司
549	江苏九润鑫晟食品有限公司	581	江苏庆丰环保科技股份有限公司
550	泰兴市九羊机械设备有限公司	582	泰兴市川达塑业有限公司
551	江苏鹏瑞耐磨材料有限公司	583	华慧（江苏）检测技术有限公司
552	蓝帕控制阀门（江苏）有限公司	584	泰兴市新特耐火材料有限责任公司
553	江苏新泰虹机械制造有限公司	585	泰州明隆精密机械有限公司
554	江苏屹能新能源科技有限公司	586	泰兴市正茂机械设备有限公司
555	泰兴市申龙工贸有限公司	587	江苏隆嘉新型建材有限公司
556	江苏日升环保工程有限公司	588	泰兴宝瑞纺织科技有限公司
557	泰兴市晨光铸造厂	589	江苏麦格生物科技有限公司
558	江苏金鹏防火板业有限公司	590	泰兴市汉途科技有限公司
559	泰州市昱昊新材料科技有限公司	591	泰兴嘉典电子科技有限公司
560	江苏四新机电设备安装有限公司	592	泰兴市翔睿纺织整理有限公司

续表 15

序号	企业名称	序号	企业名称
593	泰兴市凯泰化学有限公司	625	泰兴市佳吉信机电工程有限公司
594	泰兴市进军喷涂有限公司	626	泰兴市黄桥通用机械有限公司
595	泰兴市鹏源养殖有限公司	627	江苏贝诺新材料有限公司
596	江苏鑫常特材有限公司	628	江苏力德热交换系统有限公司
597	江苏卡斯美特节能科技有限公司	629	泰兴市美晶亚克板材有限公司
598	江苏巨胜智能传动科技有限公司	630	泰兴市君晔冷藏服务有限公司
599	江苏鑫济源新材料科技有限公司	631	泰兴市美音乐器有限公司
600	泰兴市鑫泰电梯设备有限公司	632	泰兴琴艺乐器有限公司
601	泰兴市龙腾电子有限公司	633	泰兴市鑫海船舶设备有限公司
602	江苏港金联运有限公司	634	江苏盛远静电除尘设备有限公司
603	泰兴市亚春亚机械有限公司	635	江苏华通电池配件有限公司
604	江苏腾源电气有限公司	636	泰州中联安控数字科技有限公司
605	江苏快鹿地铁钢结构制造有限公司	637	江苏垣泰水利科技有限公司
606	泰兴市昊月机械有限公司	638	海舶创新（江苏）智能科技有限公司
607	泰州诚洋粉体有限公司	639	泰兴市众成新型建筑材料有限公司
608	泰兴市阿托木自动化设备有限公司	640	江苏良宇塑业有限公司
609	荣盾人防工程（泰州）有限公司	641	泰州红亚生物科技有限公司
610	康玛智能科技（泰州）有限公司	642	江苏铭迪模具制造有限公司
611	江苏鸣翔化工有限公司	643	泰兴市杰菡机械科技有限公司
612	江苏精彩风机制造有限公司	644	江苏国铸新型建材科技有限公司
613	泰兴市银星铜业有限公司	645	泰州丰柏年服饰有限公司
614	江苏科诚技术有限公司	646	泰兴市东宁机电有限公司
615	中船永志泰兴电子科技有限公司	647	江苏意创家具有限公司
616	泰州市久泰科技有限公司	648	江苏智优电气有限公司
617	江苏友帮船用设备有限公司	649	泰兴市裕唐新型建材有限公司
618	泰兴市连飞电子科技有限公司	650	泰兴市东坝木制品有限公司
619	泰兴市宏成塑业有限公司	651	泰州市双峰机械有限公司
620	江苏亚太水务集团股份有限公司	652	江苏兴南复盘物流设备有限公司
621	江苏泓博新材料有限公司	653	泰州市宇悦包装材料有限公司
622	江苏中德复合材料科技有限公司	654	江苏绿源叉车制造有限公司
623	双强（江苏）重工科技有限公司	655	泰兴市苏丰纺织有限公司
624	江苏正弘橡塑机械制造有限公司	656	江苏鹏浩热工技术有限公司

续表 15

序号	企业名称	序号	企业名称
657	江苏鼎力起吊设备有限公司	687	泰兴市联众井盖有限公司
658	泰兴市嘉文电子有限公司	688	泰兴市斯美特医疗器械有限公司
659	泰州市鸿源炉业有限公司	689	泰兴市安荣纺织有限公司
660	泰州市鑫众安医疗用品有限公司	690	泰兴市特隆减速机有限公司
661	泰兴市龙腾光热材料科技有限公司	691	江苏佳宇传动设备有限公司
662	泰兴市威特新材料科技有限公司	692	江苏永成环保机械有限公司
663	江苏富华起重设备有限公司	693	江苏吉能电气有限公司
664	泰兴市远达仪表有限公司	694	江苏申浦船舶设备有限公司
665	江苏锐鸣材料科技有限公司	695	泰州市新鼎海橡塑制品有限公司
666	江苏瑞澜给排水成套设备有限公司	696	泰兴市宸泰新能源科技有限公司
667	江苏科瑞电气有限公司	697	江苏华斯泰阀门制造有限公司
668	泰州越洋船舶设备有限公司	698	江苏隆宇新材料有限公司
669	江苏博辉工程材料有限公司	699	江苏永旭汽车配件有限公司
670	鲍尔汽车部件（泰兴）有限公司	700	江苏蓓特新材料有限公司
671	泰兴市东盛耐磨合金材料有限公司	701	江苏昆泰塑业有限公司
672	泰州市广健化工机械设备有限公司	702	泰兴市宝韵乐器有限公司
673	江苏普瑞亚动力科技有限公司	703	泰兴市万雄电机有限公司
674	江苏东升胶辊制造有限公司	704	泰兴市鑫圣橡胶制品有限公司
675	江苏久丰电子科技有限公司	705	泰兴市旭日丰生态农业发展有限公司
676	江苏百依高新材料有限公司	706	江苏鹏生轻合金科技有限公司
677	江苏红日船舶设备有限公司	707	泰兴市宇航电子有限公司
678	泰兴市佳兴铸造有限公司	708	泰兴市金音乐器有限公司
679	江苏金宇防腐科技有限公司	709	泰兴市维凯纳乐器有限公司
680	泰兴市四新实业有限公司	710	江苏双海线缆科技有限公司
681	江苏江大泵业制造有限公司	711	江苏曹工液压科技有限公司
682	江苏虹安精密机械制造有限公司	712	泰兴市劲达辊筒制造有限公司
683	江苏云配通物流科技有限公司	713	泰州市鑫得众生物科技有限公司
684	江苏开绿循环农业技术开发有限公司	714	江苏迅航船舶设备有限公司
685	江苏万华拓谷新材料科技有限公司	715	泰兴市广泰炉业有限公司
686	泰兴市昊畅复合材料有限公司	716	江苏威特诺乐器有限公司

续表 15

序号	企业名称	序号	企业名称
717	江苏瑞阳环保有限公司	734	泰州德丰塑胶科技有限公司
718	泰兴市云翔电子科技有限公司	735	泰州梓越金属制品有限公司
719	江苏宝蓝机械科技有限公司	736	江苏祥强机械设备有限公司
720	泰兴市环境保护设备厂有限公司	737	江苏宏芯时代半导体有限公司
721	泰兴市佳缘乐器有限公司	738	泰兴市恒杰乐器有限公司
722	江苏和生堂药业有限公司	739	泰兴市高斯佳乐器箱包有限公司
723	江苏畅安井盖有限公司	740	泰兴市恒源化学厂
724	江苏舜叉智能装备有限公司	741	泰兴市神力干冰有限公司
725	泰兴市嘉萱纺织有限公司	742	江苏尧工叉车制造有限公司
726	江苏迈盛新材料有限公司	743	泰兴市圣群油脂有限公司
727	江苏昕宇电器有限公司	744	泰兴市东盛通讯器材有限公司
728	泰兴市泰华工具有限公司	745	泰兴市东圣电力设备有限公司
729	江苏万和新型建材有限公司	746	江苏山顶机床有限公司
730	江苏创安防火门窗科技有限公司	747	泰兴市晶美工程新材料科技有限公司
731	泰兴市恒力钢丝制造有限公司	748	江苏瑞富精密机械有限公司
732	泰兴市博尔顿金属制品有限公司	749	江苏百诺医疗科技有限公司
733	江苏沃宸住宅工业有限公司	750	江苏展途通风设备有限公司

2023年泰兴市列入江苏省民营科技企业一览表

表 16

序号	企业名称	序号	企业名称
1	江苏泰伯铸造有限公司	13	泰兴市浩源电子有限公司
2	泰州市久泰科技有限公司	14	江苏苏新医疗设备有限公司
3	江苏中兴水务有限公司	15	江苏泛华传动机械有限公司
4	江苏恒丰橡胶制品有限公司	16	江苏昕宇电器有限公司
5	江苏迪泰克精密仪器有限公司	17	江苏泰之星减速机有限公司
6	泰兴市航顺电子有限公司	18	泰州百力化学股份有限公司
7	江苏盛泰电力设备有限公司	19	泰兴市宏明传动机械配件有限公司
8	江苏佳佩环保机械设备有限公司	20	江苏源之瑞建设工程有限公司
9	江苏巨润恒传动设备有限公司	21	泰兴市西桥轧辊厂
10	江苏中燕叉车制造有限公司	22	中际（江苏）智能暖通设备有限公司
11	江苏威特诺乐器有限公司	23	江苏世林博尔制冷设备有限公司
12	江苏胜航电子科技有限公司	24	江苏享颂机械有限公司

续表 16

序号	企业名称	序号	企业名称
25	泰兴市志晋金属制品有限公司	28	泰州红亚生物科技有限公司
26	泰州市远胜新能源科技有限公司	29	泰兴市中泰塑业有限公司
27	江苏业恒新材料有限公司		

2023年泰兴市列入江苏省高新技术产业开发区瞪羚企业一览表

表17

序号	企业名称
1	江苏卡斯美特节能科技有限公司
2	江苏晟楠电子科技股份有限公司
3	泰兴航空光电技术有限公司

2023年泰兴市认定的泰州市科技瞪羚企业一览表

表18

序号	企业名称
1	江苏万盛大伟化学有限公司
2	中科同帜半导体（江苏）有限公司
3	中运锚链（江苏）有限公司
4	江苏中奕和创智能科技有限公司

2023年泰兴市省级工程技术研究中心（企业类）绩效考评结果优秀企业一览表

表19

序号	项目名称	依托单位
1	江苏省传动机械与控制工程技术研究中心	江苏泰隆减速机股份有限公司
2	江苏省冶金球团生产装备工程技术研究中心	江苏宏大特种钢机械厂有限公司
3	江苏省（亚太）大功率潜水电泵工程技术研究中心	亚太泵阀有限公司
4	江苏省船舶与海洋空调冷冻工程技术研究中心	江苏兆胜空调有限公司

·科普活动·

【概况】 2023年，市科协先后走访慰问王德滋、常印佛、叶培建、夏照帆、常进、万建民、陈学庚等泰兴籍院士和周平红、朱邦范等专家教授，动员夏照帆、常进、万建民3位院士参与编撰《泰兴院士》。参与泰州市“凤城英才计划”青年科技人才托举工程，推荐2023年“最美泰州人”科技工作者篇先进典型和第一届泰州“十大”科技人物，全市6名科技人员入选。

【产学研合作】 2023年，市科协申请参加中国产学研合作促进会，促成与省汽车工程学会、造船工程学会，农产品加工园区与省食品科学与技术学会分别进行会地合作签约。组织开展2023年科创江苏“专项行动计划”项目申报，牵线江苏德福来汽车部件有限公司与省汽车工程学会合作，促成上海交大图书馆与泰兴图书馆签约结对共建。加强企业科协、企业与科技工作者交流，全市200多家企业、800多名科技工作者参加80多个项目竞赛活动，推选申报18个。组织企业参加“蒲公英”科技博士服务团中小微企业服务行启动会。

【科普志愿服务】 2023年，市科协组织科普讲师团到基层开展科普志愿服务活动，为基层无偿提供“菜单式”服务。年内，讲师团62名专家走进17个乡镇（街道）、36个村（居）开展专题宣讲82次。

【科普教育基地创建】 2023年，市科协促成丁文江故居创建为全国科学家精神教育基地和中国地质学会创立人科普教育基地，并在丁文江故里黄桥镇举办授牌、揭牌仪式，1000余人参加现场活动。在三营社区成立泰州市老年科技大学泰兴分校。指导泰兴中学、黄桥小学申报泰州市科普教育基地。建成1200多平方米中国流动科技馆泰兴馆，全年接待近6000人次。

【科普宣传】 2023年，市科协对《中华人民共和国科学技术普及法》贯彻落实情况进行执法检查，邀请中国科协科普研究所领导对《中华人民共和国科学技术普及法》举办专题讲座，解读《中华人民共和国科学技术普及法》；在襟江小学和黄桥中学举办“时代楷模、二十大代表赵亚夫同志报告会”，在鼓楼新天地开展为期一周的“科学520”文艺宣传、有奖竞猜活动；在市电视台《泰兴新闻》栏目中，开辟《科普场馆巡展》专栏，对全市近15家各类科普场馆进行系列宣传报道。全年举办各类报告会58场，发放科普挂图、手册等资料8000多份。在电视台开辟科普宣传专栏，优化门户网站、科普阅览屏、微信公众号、抖音号服务系统。

【科技竞赛】 2023年，省第三十四届“金钥匙”科技竞赛泰兴赛区闭卷考试举办，全市600多名学生参赛，150名学生获奖，52名老师受到表彰。1名学生、1名老师分获第九届泰州市青少年科技创新市长奖和科技辅导奖。联合市委宣传部、市教育局开展科学家精神进基层活动，重点宣传丁文江、叶培建院士的先进事迹，走进36所中小学和部分乡镇和企业。先后承办泰州市“金钥匙”科技团体赛和第二十九届江苏省青少年科技模型大赛泰州市选拔赛，泰州市36所中小学校500多名选手参加比赛。

【市高层次人才合作促进会】 4月15日，市科协在成都牵头成立泰兴市高层次人才合作促进会

9月16日，泰兴市在黄桥中学举行丁文江故居“全国科学家精神教育基地”授牌仪式 （市科协 供图）

四川分会，至年底，市高层次人才合作促进会有8个分会。11月26日，泰兴市高层次人才合作促进会召开第二次会员代表大会，选举产生新一届理事会。开展建言献策活动，从《科技工作者建议》中择优编辑印发6期，向市四套班子负责人及有关部门主要负责人报送，其中3篇得到负责人批示。（陈　峰）

教　育

·综　述·

【概况】 2023年，泰兴市共有各类学校157所，其中幼儿园68所、小学43所（含教育集团4个）、初中37所（含教育集团5个、九年一贯制学校5所）、普通高中7所（含第三高中虹桥校区）、中等专业学校1所、特殊教育学校1所；另有乡镇（街道）社区教育中心校17个。全市教职工1.11万人、在校学生11.45万人。

【市委教育工作领导小组会议召开】 10月30日，市委教育工作领导小组会议召开。市委副书记、宣传部部长张红霞出席并讲话。副市长惠星主持会议。会议传达省委教育工作领导小组秘书组、省委教育工委《关于全省教育系统深入学习贯彻习近平总书记教师节重要指示精神的通知》，解读《校外培训行政处罚暂行办法》，并通报2023年教育重点工作推进情况。市文体广旅局、市司法局分别围绕校外培训机构治理、法治副校长履职作交流发言。

·义务教育·

【概况】 2023年，泰兴市义务教育阶段小学入学率、巩固率均为100%，小学毕业生升学率100%；初中入学率、巩固率均为100%。全市小学、初中教职工总数分别为3306人、3004人，在校学生总数分别为4.96万人、2.38万人。

【义务教育学校建设】 2023年，全市投入6.17亿元，推进学校建设项目，新开工建设项目5个，续建项目4个，新开工面积4.45万平方米，在建面积13.26万平方米，竣工面积4.12万平方米。实验初中文江分校建成投用。

【学校管理】 2023年，泰兴市印发中小学作业管理专项督查实施方案，出台师生手机管理办法、学生作业管理十条禁令、中小学教辅材料管理办法等，创省“双减”（减轻义务教育阶段学生作业负担、减轻校外培训负担）示范学校1所，经验做法入选教育部、省“双减”工作快报。推进学校评价改革，实验初中实验分校，襟江小学襟江分校、济川分校，济川初中济川分校4所学校创建为泰州市“新优质学校”。

9月9日，泰兴市举办第39个教师节庆祝活动
（市教育局　供图）

【教育优质均衡发展】 2023年，泰兴市整合重组鼓楼小学北城分校、焦荡实验学校等5所学校，校园、社会双线招聘新教师260名，招录乡村定向培养师范生19人，安排46名定向培养教师到农村任教。开展省义务教

育优质均衡发展市创建工作，国标32条达标率为94.59%。

【德育工作】 2023年，泰兴市开展“四史”、“我们的节日”、红色故事宣讲大赛、民族团结知识竞赛等主题教育近900场。印发《德育工作课程化推进实施方案》，召开全市德育工作推进会，德育工作校本课程模块初步构建。实施青少年生命健康5个“1+N”行动，开展学生心理筛查10多万人次，组织“心育大篷车”指导服务学校90所，3所学校获评泰州市心理健康教育特色校、示范校，省委教育工作领导小组工作动态、省教育厅“润心行动”工作简报专题推介泰兴市经验做法。成立泰兴市专门教育指导委员会，开展宪法、禁毒等宣传教育120余场，中小学法治副校长实现全覆盖，1所学校获评省依法治校示范校。制定阳光家庭教育、学校家庭社会协同育人等实施方案，成立家庭教育名师工作室3个，制作发布“卓越父母讲堂”32期，12所学校获评泰州市家校共育先进校、家校共育数字化示范校。

·普通高中教育·

【概况】 至2023年，泰兴市共有普通高中7所（公办6所，民办1所），其中省四星级6所、省三星级1所，公办普通高中四星级比例达100%。全市普通高中共有教职工1955人、在校学生1.6万人。

【高品质高中建设】 2023年，省泰兴中学通过四星级高中复审，扬子江高中通过三星级高中复审，第四高中“协同育人：农村高中美育课程基地”入选江苏省内涵建设项目。开展泰州市科技创新市长奖申报工作，第四高中万臻获第九届泰州市青少年科技创新市长奖。

·学前教育·

【概况】 至2023年，全市共有幼儿园68所，其中省优质园51所、泰州市优质园8所。全市共有幼儿园教职工2524人，其中专任教师1409人。公办园专任教师1019人，其中全额事业编制教师408人，占比40%；在园幼儿1.88万人，学前三年毛入园率100%。

【幼儿园建设】 2023年，市级机关幼儿园拱极分园、延令街道大生幼儿园新园投入使用，实验幼儿园润泰分园、延令街道新区幼儿园完成前期准备，黄桥镇中心幼儿园、分界镇中心幼儿园、河失镇中心幼儿园、虹桥镇蒋华幼儿园等幼儿园完成改建。

【优质园创建】 2023年，育红幼儿园城西分园、文江分园被认定为江苏省优质幼儿园；26所幼儿园通过江苏省优质幼儿园复审材料评审、现场评估；康福幼儿园被评为泰州市优质幼儿园；实验幼儿园东阳第一分园、第二分园，育红幼儿园龙河分园，启乐艺美幼儿园通过泰州市优质幼儿园现场评估。

【课程游戏化建设】 2023年，省区域推进幼儿园课程游戏化建设项目通过视导，其中管理与保障水平获优秀评价等级。开展学前教育宣传月论文、游戏案例评选活动。开展泰兴市课程游戏化建设基地评选工作，新增1所泰兴市课程游戏化建设基地园。

【幼小双向衔接】 2023年，泰兴市根据《教育部关于大力推进幼儿园与小学科学衔接的指导意见》《泰兴市“幼小衔接”攻坚行动实施方案》，开展泰兴市学前教育宣传月暨幼小衔接专题研训，举办幼小衔接论文和视频案例评审，宣传科学衔接理念。

·特殊教育·

【概况】 至2023年，全市有特殊教育学校1所，教职工42人、学生195人。建有65所融合教育资源中心。其中，幼儿园17所，小学24所，初中22所，九年一贯制学校1所，高中1

所。学前教育和义务教育特需儿童入学率均为100%。

【特殊教育体系建设】 2023年，泰兴市组织20名教师参加融合教育特教专职教师上岗培训（实践操作）。开设江苏省泰兴中等专业学校特校中专班，开展专业课程指导和融合教育资源实训等，首批共招收学生11人，组织参加特需学生就学专业支持培训。

·职业教育·

【概况】 2023年，泰兴市有职业学校1所，即江苏省泰兴中等专业学校，全年招新生1513人，完成招生任务的116.4%，其中五年制高职招生316人。至年底，有教职工396人，在校生5075人。毕业生中职双证、高职高级工通过率分别为99%、100%，就业率98%以上。

【职校学校建设】 2023年，泰兴市完成省中职领航学校创建任务，并接受省专家组现场调研。推进智能数控省“双师型”（同时具备理论教学和实践教学能力的教师和教学团队）名师工作室及智能制造、化工2个省虚拟仿真实训基地项目建设，新增省优质专业1个。完成五年制高职办学水平评估材料并上报省教育厅，高标准通过省人社厅专家组技工院校办学水平评估，泰兴分院“银杏艺术团”“体育特色项目（足球）”“学农类综合实践基地”通过江苏联院专家组现场验收；江苏省泰兴中等专业学校被评为省职业院校教学管理30强、泰州市绿色学校，办学事迹《砥砺奋进二十载 踔厉奋发新时代》被《新华日报》推介。

【教师队伍建设】 2023年，泰兴市推进“135”（一年入门，三年过关，五年成骨干）青年教师培养工程，组织52名班主任到南通市开展班主任能力提升培训，专业教师171人到企业实践锻炼，1人获评正高级教师，1人获评省联合职业技术学院优秀教师，6个省级课题立项，其中《人工智能助力课堂教学实践研究》获评第七批省规划精品课题。

【产教融合】 2023年，泰兴市构建“1233+N”（确立“立德树人”主线，进行“二元”课程开发，打造三个对接平台，实施“三化”教学，实行“N”方向培养）人才培养模式。联合市住建局、市市场监督管理局等，组建泰兴市智能设备管护产业学院。中专校与赢胜节能集团股份有限公司、德悦集团有限公司等企业签订校企合作协议，新增现代学徒制项目3个、国家专利5项、省产教融合型试点企业2家，智能制造产业学院入选首批五年制高职高水平产业学院立项建设名单。

【教学质量提升】 2023年，职教高考本科进线人数94人，继续位居泰州市第一；五年制高职专转本15人，“3+4”升入泰州学院32人。开展各类中高级技能等级认定，1424人通过中高级技能等级认定；实施教育部“1+X”证书试点项目7个，210人获证。

【赛事获奖】 2023年，泰兴市组织参加省职业院校技能大赛，获一等奖2个、二等奖4个、三等奖18个，总积分名列泰州市第一；参加全省教学大赛，获三等奖2个；参加全省职业院校创新创业大赛，获三等奖1个；参加全省联合职业技术学院教学大赛，获二等奖2项、三等奖1项；参加全省联合职业技术学院学科竞赛，获一等奖2个、二等奖6个。

·成人教育与民办教育·

【概况】 至2023年，全市共有开放大学1所、省标准化社区学院1所、省标准化乡镇（街道）社区教育中心16个，新成立街道社区教育中心1个、省标准化居（村）民学校255所。另有民办教育机构26个，其中民办学校19所（高中1所、九年一贯制学校1所、幼儿园17所）、民办非学历教育机构7个。

【校外培训机构治理】 2023年，泰兴市加强校外培训机构综合治理。至年底，全市教育部门审批的校外培训机构注销124家，剩余7家（均为成人类培训）。面向中小学生（含幼儿园儿童）开展学科类培训机构全面清零。

【社区教育创建】 2023年，全市16个乡镇（街道）社区教育中心创建为省标准化社区教育中心。全市共有省级“三农”高水平基地4个、省级品牌项目6个、省“学习苑”项目2个，其中宣堡镇社区教育中心“学习苑”被评为“四星级”、元竹镇社区教育中心“学习苑”被评为“三星级”。

【成人教育培训】 2023年，全市开展职工职业技能、农民实用技术、老年健康生活等社区培训。全市从业人员继续教育年培训率64.24%，城市、农村居民社区教育活动年参与率分别为64.25%、52.83%。老年人继续教育活动年参与率27.7%，社区终身学习网络覆盖率100%。

·重点学校简介·

【泰兴市第二高级中学】 泰兴市第二高级中学创办于1960年，是省四星级普通高中。学校地处泰兴市北部新城核心区，占地面积6.28万平方米，校园内分教学区、运动区、生活区、休闲区，建有大数据中心、智慧教室、录播教室、电子阅览室，所有教室、功能室均安装希沃教学一体机，校园无线网络全覆盖。学校打造和美生态体验园、中华传统美德文化长廊、和美大道、学海明珠、知行苑、拿云亭、方正亭、懿德廊、紫藤廊、感恩石、修德石、勤学石等校园文化景观。学校以“严谨、务实、团结、奋进”为校风，以“求实、求精、求活、求新”为教风，以“自信、勤奋、诚实、卓越”为学风，以“和美教育”为办学特色。有教学班40个，在校人数1988人，教职工246人，泰州市以上骨干教师44人。学校先后被评为“全国国防教育特色校”“江苏省平安校园”“江苏省文明校园”“江苏省绿色学校”“江苏省心理健康教育名校”“江苏省法治文化建设示范点”“泰州市教育工作先进集体”“江苏省法治文化教育课程基地”。

【泰兴市西城初中教育集团】 泰兴市西城初中创办于1993年，地处泰兴市城区西片中心。学校占地面积2万平方米，建筑面积1.05万平方米。有36个班级，共1590人。专任教师195人，本科及以上学历193人，高级职称55人，市级以上名教师和学科带头人46人。2018年，组建西城初中教育集团，有2所分校、5所联盟校。西城初中围绕课堂教学、教师队伍、学校管理等方面，实行集团内部资源共享。学校坚持“让每一名师生充分发展”办学理念，以“良好习惯，幸福人生”为校训，“爱国、和谐、务实、创新”为校风，“敬业、爱生、博学、善教”为教风，“尊师、诚信、合作、快乐”为学风。学校先后获省“教育系统先进集体”“江苏省安全文明学校”“江苏省德育先进学校”“江苏省绿色学校”等20多项称号。2009—2023年连续15年获泰兴市学校办学绩效综合评估一等奖。

【泰兴市鼓楼小学教育集团】 鼓楼小学创办于民国31年（1942），初为城东小学，是泰兴最早的蒙学之一。1966年“文化大革命”期间，更名为泰兴镇工农兵小学。1979年和1985年教育体制改革，先后更名为泰兴镇中心学校、泰兴镇中心小学。1999年8月搬迁至襟江巷2号。2012年1月，经泰兴市教育局批准，更名为泰兴市鼓楼小学。2021年8月搬迁至鼓楼中路86号。2018年6月，经教育局批准牵头成立鼓楼小学教育集团（联盟），有3所分校、7个联盟校。学校坚持“用欣赏的眼光看孩子，相信每棵小草都有开花的心”办学理念，秉承“文韬武略精忠报国”校训，遵循“自主学习、自我教育、自主发展”原则，走上“规模发展、内涵发展、特色发展”之路，形成“博爱”严谨校风、“乐学”扎实学风、“乐教”灵活教风。先后被评为“全国体育工作先进学校”“全国语言文字规范化示范学校”“全国十佳和谐发展校园”“全国红旗大队”“全国少年军校示范学校”“全国国防教育特色学校”“全国国防教育示范学校”“江苏省现代化教育示范学校”“江苏省青少年科技教育特色学校”“江苏省绿色学校”“江苏省平安校园”“江苏省优秀少先队集体”“泰州市文明单位”“泰州市模范学校”“泰州市党建工作示范学校”。

【泰兴市香榭湖幼儿园】 泰兴市香榭湖幼儿园创建于2019年，是直属市教育局主管的公办小区配套幼儿园，坐落于香榭湖畔。幼儿园以“在美丽湖畔，做美好教育”为愿景，坚持用“儿童视角”做教育，确立“润幸福教育 育灵性儿童”办园目标，“诚信、奉献、求实、创新”园风以及“严谨、善诱、宽容、博爱”教风。有教职工56人，专任教师32人，高级教师1人，先后承担市级课题研究3项，数十篇论文在省级、市级发表获奖。幼儿园获“江苏省优质幼儿园”“江苏省精品红石榴家园”“泰州市课程游戏化基地”“泰州市教育安全先进校”“泰州市近视防控先进校”“泰州市巾帼文明岗”等荣誉称号。

（封 蓉）

卫 生

【概况】 2023年，全市各类医疗卫生机构512个，开放床位6293张；各类卫生技术人员7368人，其中执业（助理）医师3405人，注册护士3140人，其他人员823人；每千人口执业（助理）医师3.29人，每千人口注册护士3.22人，每万人口全科医师9.13人，每千人口药师（士）0.38人。

【医政管理】 2023年，泰兴市与苏州大学苏州医学院共建，联合举办公立医院管理知识培训班和临床科研能力提升培训班。引进优质医疗资源，打造泰兴名专科20个。构建整合型医疗卫生服务体系，完善二、三级医院与基层医疗卫生机构之间转诊“绿色通道”，实现各医疗机构主要业务互联互通和检验检查结果互辨互认。加强城乡对口支援机制，实施差别化医保报销政策。新增基层卫生院特色科室10个，对全市682名乡村医生进行业务知识培训，定期开展“义诊”进村（居）活动135场。开展医疗质量持续改进专项行动，新增骨科、麻醉科等5个质控中心。开展抗菌药物准入工作，完善院前急救能力建设，加强院前医疗急救质量控制管理，珊瑚急救点通过省标准化项目建设验收。加强医疗机构感染防控，按规定要求配齐配强感控专职人员，加强院感知识技能全员培训，推进医疗机构污水处理能力建设。加强中医药特色优势，2023年全市有2家卫生院创建为江苏省基层医疗卫生机构五级中医馆建设单位，5家卫生院中医馆服务能力达到四级标准中医馆，7家卫生院中医馆服务能力达到三级标准中医馆。

【妇幼保健】 2023年，泰兴市保持孕产妇零死亡，开展孕产期抑郁症筛查干预服务。制定消除艾滋病、梅毒和乙肝母婴传播实施方案，开展孕产妇艾滋病梅毒和乙肝实验室检测服务核查。开展适龄女生HPV疫苗接种民生实事项目，累计完成2877名适龄女生HPV疫苗注射。加强婚前孕前保健工作，完成孕前优生健康检查1834对。完成两癌筛查2.87万人，查出癌前病变126人。开展幼儿园儿童视力检查建档工作，加强视力异常儿童追踪随访。开展常住6岁以下儿童孤独症筛查干预服务，累计筛查1.26万人。

【爱国卫生】 2023年，泰兴市编制《泰兴2023—2024年国家卫生城市复审工作实施方案》《2023—2024年国家卫生城市复审工作任务分解表》等文件，推进复审工作，巩固国家卫生城市创建成果。新街卫生院、马甸卫生院创建为江苏省健康促进医院。开展卫生镇村创建与复审工作，新街镇、元竹镇、张桥镇创建为江苏省卫生镇，全市实现江苏省卫生镇全覆盖，滨江镇创建为省健康镇，古溪镇、根思乡创建国家卫生镇通过评估，创成省卫生村26个、省健康社区（村）19个。指导虹桥镇、宣堡镇完成国家卫生镇复审申报。集中采购病媒生物防制药物9.7

4月28日，泰兴市举办爱国卫生月健康知识宣讲　　（赵红　摄）

吨，实施城区66条河道、沟塘灭蚊消杀，15个农贸市场灭蝇消杀以及背后街巷、小区等毒饵站建设、清理换药工作，年内新建毒饵站7996个，清理换药2次、4.58万个，全市蚊、蟑螂密度达到A级，鼠、蝇密度达到B级。开展“宜居靓家园 健康新生活”爱国卫生月宣传活动及演出。推进控烟工作，印制发放控烟标志3000余张。

【疾病防控】 2023年，全市启动省基层卫生健康综合试验区建设，入选全省首批“江苏省基层卫生健康综合试验区”名单。提高传染病防控水平，甲乙类法定传染病报告发病率为242.98/10万，0~6岁适龄儿童接种免疫规划疫苗13.81万剂次，平均接种率99.18%；开展适龄儿童免费接种水痘疫苗项目，第一剂超额完成1993剂次，第二剂超额完成465剂次。开展慢性病患者管理，健康档案建档率99.09%，高血压病患者规范管理率66.39%，2型糖尿病患者规范管理率67.81%，严重精神障碍患者规范管理率99.5%，全死因报告覆盖率100%，65岁及以上老年人健康管理16.37万人，健康管理服务率69.69%。加强艾滋病综合干预，累计完成各类人群HIV检测13.68万人，新发现HIV感染者和病人35例，网络直报率、治疗率均为100%。加强肺结核筛查管理，登记治疗结核病患者233人，督导管理率100%。

【泰兴市人民医院】 始建于1934年，为泰兴地区规模最大综合医院，2022年11月创建为三级甲等综合医院，是全国住院医师规范化培训基地（共有21个专业基地），是扬州大学临床医学院和附属医院、蚌埠医学院附属医院、南京医科大学康达学院附属医院和南京医科大学、江苏大学、江苏健康职业学院等院校的教学医院。是上海复旦大学附属中山医院技术合作单位、上海市第一人民医院集团医院、江苏省人民医院技术支持医院等国内知名大型医院的合作单位。是江苏省血液透析培训基地。先后获“全国卫生文明先进集体”“全国院务公开示范点”“江苏省文明单位”“省平安示范医院”等称号。医院长征路院区，占地面积5.33公顷，总建筑面积11.9万平方米；润泰路院区，占地面积6.67公顷，总建筑面积9万平方米，2017年8月投入使用。该院开设妇产科、儿科、血液科、老年医学科、全科医学科、普外科、感染性疾病科和体检中心等。全院编制床位1600张，设置50个临床医技科室、38个病区，其中本部设有24个病区。有在职职工2103人。其中，在职高级职称483人，硕士217人，博士38人，硕士生导师22人，享受国务院政府津贴专家4人，省市突出贡献专家17人，省333工程人员12人，泰州市311工程人员47人。医院固定资产11.87亿元，拥有2台磁共振、5台螺旋CT、2台DSA以及高能直线加速器、ECT、流式细胞仪、全自动生化分析仪、系列腔镜等较先进的医疗设备。2020年，全年诊疗100余万人次，出院病人6.9万余人次，手术量2.36万台次。设立“葛均波院士心脏内科工作站”“夏照帆院士整形烧伤科工作站”“大国工匠周平红教授内镜工作站”“肾脏病学专家刘必成教授工作站”，妇科、普外科、肿瘤科、肾内科和胸外科为江苏省省级临床重点专科；有4个泰州市临床重点学科和28个泰州市临床重点专科，有14个硕士点。在艾力彼全国县市级医院排名榜中，医院综合实力位居第12名，有14个专科进入全国县市级医院20强。胸痛中心获得国家级认证。正常开展心脏手术（冠脉狭窄支架放置术、射频消融术）、消化内镜下相关技术（ESD、ERCP和POEM术）以及系列腔镜微创手术等高难度技术。医院获省卫生厅新技术引进一等奖2项、二等奖4项，获专利26项。获省厅级以上经费资助科研课题10项，泰州市级资助科研课题10项，国家自然科学基金青年项目资助项目2项。

【泰兴市中医院】 始建于1982年，是国家二级甲等中医医院。2021年12月迁至城区银杏东路1号，占地5.34万平方米，总建筑面积9.54万平方米，编制床位600张。有职工682人。其中，高级职称122人，硕士生34人，江苏省“333工程”培养对象1人，泰州市“311工程”培养对象22人，泰州市名中医7人。医院有全国基层名老中医药专家传承工作室建设项目1个。针灸推拿科为国家农村中医特色康复专科建设单位、江苏省中医重点专科。肝胆病科、脾胃病科、妇产科、心血管病科、脑病科及普外科6个科室为泰州市中医临床重点专科，其中肝胆病科为江苏省基层中医特色专科建设单位。先后获江苏省中医药局中医药科技项目立项及市级科研项目10余个，20项新技术新项目获市级以上科技进步奖，在省级以上专业期刊发表论文210余篇。2019年12月，联合市妇幼保健院及宣堡、根思、老叶、新街、南新5个乡镇卫生院，组成“泰兴市中医院医疗卫生共同体”。泰兴市中医院通过泰州市级大型中医医院巡查和三级中医医院省级调研。

【泰兴市第二人民医院】 始建于1949年10月，是国家二级甲等综合医院。2014年被国家卫健委纳入全面提升县级医院综合能力第一批500家试点医院。医院新址位于黄桥镇银杏西路北侧，2019年5月建成投入使用，总建筑面积8.34万平方米，核编床位1100张，实际开放床位600张。有临床一级科室22个、医技科室14个、病区17个，辖11家医共体成员医院和16个村卫生室。医疗服务覆盖泰兴东部七镇两园近60万人口。医院自主研发新技术、实施新项目30余项。中医科为江苏省综合医院示范科；神经内科、检验科为泰州市级临床重点专科；骨科为医院重点发展科室，分设3个病区。

【泰兴市妇幼保健院】 2021年12月28日，泰兴市妇幼保健院迁至龙河东路8号，占地面积2万平方米，建筑面积2.1万平方米，是公立二级妇儿专科医院，是全市唯一产前筛查定点机构。先后被评为“泰州市文明单位”“江苏省巾帼文明岗”“优秀基层党支部”等。医院开设妇女、儿童、围产3个保健门诊，妇产科病区、家庭化产区（LDRP）、产后母婴康复中心（医疗及月子中心）等4个病区和体检中心，开放床位100张。现有职工133人，其中正高级职称5人、副高职称22人、中级职称37人。　（田　力）

文化·体育

文　化

·综　述·

【概况】 2023年，泰兴市举办2023年文艺骨干创作培训班，先后创作小品《不速之客》、歌曲《妈妈同志》、舞蹈《一路格桑》等，其中《妈妈同志》获泰州市新创文艺节目调演一等奖。完成省文明办出版项目《落子无悔》和《旭日照耀第一帆》（江苏凤凰教育出版社2023年版）；文学作品《江边的端午节》入选《泰州乡土语文》（江苏大学出版社2023年版）。开展“墨彩风华”泰州市首届青年书法篆刻作品展，展出主题书法作品63件，联合杨浦区书法家协会在上海举办“墨韵江海情”杨浦泰兴书法交流展。

【群众文化】 2023年，泰兴市打造“百团千场基层行”公共服务品牌，组织文艺团队、非遗代表性传承人、阅读推广人等组成百支团队，到基层开展“送演出、送培训、送展览、送非遗、送讲座”活动5090场，开展“我们的中国梦 文化进万家”文化惠民演出420场。开展朱东润读书节、“泰兴泰嗨”文化志愿基层行、第五届少儿艺术节、“听，花开的声音”诗歌朗诵会等系列文化活动，“泰兴泰嗨”服务品牌入选省群众文化“百千万”工程。完成分界镇滕兴村“夏季村晚”全国村晚示范展示、“大地情深”江苏省优秀群众文艺作品巡演等重点文化活动。

【大型原创话剧《邮差》首演】 4月28日，省话剧团打造的大型原创话剧《邮差》在泰兴市首演。《邮差》以全国优秀共产党员、全国劳动模范、泰兴邮政分公司江平路支局支局长何健忠为创作原型，采用杨根思连战士与主人翁时空对话形式，讲述在“三个不相信”城市精神特质指引下，主人翁是如何从一名邮递员成长为全国劳模的人生故事。连续演出9场，近1万人观看。

4月23日，泰兴市开展朱东润读书节“听，花开的声音”诗歌朗诵会　（市文体广旅局　供图）

·文博图书·

【博物馆】 2023年，市博物馆全年免费接待观众25万余人次，接待党政机关、旅游团队等团体200余批次。在“延令春秋”公众号发布研究文章近40篇。完成襟江书院、朱东润故居修缮与验收，奎文阁和鲲化池维保与验收，博物馆数字化保护及季振宜古籍珍藏馆建设。泰兴市博物馆与泰兴市鼓楼小学、济川实验初中、泰兴中学实行馆校互通，开展讲解员走进课堂等活动。

【图书馆】 2023年，市图书馆与上海交通大学图书馆跨域共建信息共享服务平台，对口服务企业和人才5000余次。全年接待到馆读者7.18万人次，外借图书逾14.5万册次，文献传递超过7万次，线上线下累计开展公益讲座和培训活动123场，参与人次9.27万人。开展纪念杨根思书法展、道德模范行为事迹展等。举办“朱东润读书季”系列活动，征集征文稿160余篇，评选优秀征文13篇送省参加“红读征文”比赛。打造“悠然书香伴成长”亲子阅读节品牌活动，举办“季振宜经典诵读会”，由省公共文化云平台直播，累计吸引1.03万人在线观看。

【图书市场】 2023年，泰兴新华书店完成省集团公司下达营业收入指标122.69%、利润指标101.72%，完成全市中小学义务教育教材发行任务，做到连续45年“课前到书，人手一册”。获评省委宣传部“全省新华书店社会效益考核评价优秀等次”，获评市委宣传部“2023年度泰兴市全民阅读先进单位”称号，在“2023年度阅读空间新榜样”推选中获评“优秀商超店”称号。年内，举办各类公益阅读活动近200场，“泰喜悦·全民阅读推广活动”被认证为2023年度江苏省公益阅读推广活动。向相关集镇学校、文化站、农民、留守儿童等捐赠图书价值10余万元。

（常鋆晖）

·文化市场·

【概况】 2023年，泰兴市培育省级优秀群众文艺团队3支，打造省级“最美公共文化空间”3个，培育社区特色文化品牌示范点6个。

【应急广播平台建设】 2023年，泰兴市应急广播通响率95%以上，乡镇满意度100%。完成黄桥镇、济川街道、姚王街道、滨江镇、广陵镇、曲霞镇6个乡镇（街道）智慧广电乡镇建设并通过省市验收。广播电视在各重要保障期安全播出无事故。

【文化市场执法检查】 2023年，泰兴市开展“护航”、“扫黄打非”等专项行动，严查严管文体旅市场违法行为，累计出动执法人员2794人次，检查经营单位1006家次，立案33起，罚没18.89万元，没收非法出版物2655本，被评为全省文化市场综合执法“先锋”系列行动有功集体、泰州市“扫黄打非”先进集体，泰兴莫妮卡一案获评2022—2023年度全省文化市场综合执法优秀案卷。针对境外卫星设备开展联合执法4次，出动执法人员15人次，没收卫星地面接收设施2座，获评“2023年度全省境外卫星电视传播秩序专项整治工作成绩突出单位”。

·非物质文化遗产·

【概况】 2023年，全市有各级非遗项目71项，其中国家级1项、省级5项、泰州市级9项、县级56项。各级非遗代表性传承人48人，其中省级传承人4人、市级8人、县级36人。有15家非遗传承人工作室，分别是泰兴花鼓传承人李震霞工作室、藤编传承人张留东工作室、宣堡生姜丝传承人刘书敏乡土人才工作室、广陵插花传承人郁泓工作室、黄桥烧饼制作技艺传承人张天勇工作室、泰兴麻将雕刻传承人刘军工作室、泰兴砖雕传承人刘明宏工作室、泰兴银杏木雕传承人陆克正工作室、泰兴说唱传承人傅文章工作室、精工织补传承人张冬梅工作室、泰兴木偶传承人刘军华工作室、手工旗袍传承人石春宏工作室、手工旗袍传承人丁惠惠工作室、古溪针刀传承人陈贵斌工作室、泰兴糖画传承人叶晶成工作室。

【非遗传承展示】 2023年，泰兴市对国家级非遗项目“泰兴花鼓”音乐和舞蹈进行改编，保留经典特色，融合现代审美，编排成人和少儿2个版本。开展“非遗传承”进校园活动，少儿版“泰兴花鼓”走进课堂。各乡镇（街道）文化站

12月29日，泰兴市非遗体验馆开馆　（市文体广旅局　供图）

开展文化遗产“五进”（进社区、进企业、进学校、进农村、进家庭）活动，开展艺术表演、非遗知识图片资料流动展出等活动。全年认定省级非遗工坊2家、泰兴市非遗工坊10家。

【泰兴市非遗馆开馆】 12月29日，泰兴市非遗馆开馆。泰兴市委书记张坤，市长刘文荣，泰州市文化广电和旅游局局长钱建网，市委常委、宣传部部长、市政府党组成员孙红东，市人大常委会副主任王中先，副市长惠星，市政协副主席陆军出席开馆仪式。泰兴非遗馆为省内首家全景式非遗体验馆，开馆仪式现场开展“非遗奇妙游”活动，设置“百艺流芳”“泰兴早茶”“匠心传承”“鲜食飘香”4个板块。

·文化活动·

【概况】 2023年，泰兴市文联有下属协会15个（市作家协会、市书法家协会、市美术家协会、市音乐家协会、市摄影家协会、市戏剧家协会、市朗诵协会、市舞蹈协会、市诗人协会、市诗词楹联协会、市音乐文学学会、市民间文化研究会、市京剧艺术研究会、黄桥历史文化研究会、市写作协会）、乡镇文联1个（黄桥镇文联）。有会员近2000人，其中国家级会员36人（2023年新增中国作家协会会员2人）、省级会员129人（新增江苏省作家协会会员2人）。全市各协会会员文艺作品获设区市级奖项15个，入展17个；获省级以上奖项8个，入展6个；省级以上报刊发表31篇（首），大市级70余篇（首）。市文联组织举办文艺笔会、研讨会、采风、展览等20多场次，2000多人次参加。组织文艺志愿服务、文艺惠民演出200多场次，受众超过5万人。

【泰兴市新春书法作品展】 2月17日，“礼赞二十大·共书新时代”泰兴市新春书法作品展在市文化博览中心开展，共展出40余幅作品，展期4天。17日下午，特邀南京市青年书法家协会主席陈鹏作“书法作品创作意识”主题讲座。

【张泽民书法展】 3月22日至4月8日，张泽民书法展在泰兴市文化博览中心举办。展览展出江苏省书法家协会会员张泽民近期创作60余件书法精品，创作内容包括古今经典诗词、俚语集联等，泰州各市区3000多名书画爱好者参观展览。6月6—18日，“寻根逸野·落墨如石”

2月17日，泰兴市新春书法作品展开展　（市文联　供图）

张泽民书法作品展在靖江市马洲美术馆交流展出。

【"大美泰兴"全国诗词大赛】 2023年,"大美泰兴"全国诗词大赛启动,征稿自4月10日开始,至7月10日截稿,收到来自全国各地633名作者,计1198首投稿作品。通过初评、复评、终评、合议,最终评出获奖作品50首,其中一等奖2名、二等奖6名、三等奖10名、优秀奖32名。

【江苏省首届硬笔书法临帖作品大赛(展)】 2023年,江苏省首届硬笔书法临帖作品大赛举办,大赛由江苏省硬笔书法家协会主办,市文联和泰州市书法家协会硬笔书法分会承办,历时3个月,征集全省各地参赛硬笔书法作品1600多件。大赛组委会组织省内专家评审,最终评出优秀作品25件,入展作品160件。6月25日,在泰兴市新时代文明实践中心举办江苏省首届硬笔书法作品展,展出作品336幅。

【第七届泰兴文艺奖】 2023年,泰兴市开展第七届泰兴文艺申报评选工作,申报范围为2020年1月1日至2022年12月31日,经专业评审委员会评选推荐,文艺奖评选工作领导小组审核,评选出各文艺类别获奖作品35个,其中特别奖3个、作品奖14个、提名奖18个,文联创作广播剧《杨根思》获特别奖。获奖结果在市文联公众号和《泰兴日报》公示。

【市文联四届九次全委会】 11月23日,市文联召开四届九次全委会。会议选举叶骏担任市文联主席,包萍担任市文联副主席,增补华蕾、王晓贤、何志坚为泰兴市第四届文联委员。

【楹联文化推广】 2023年,泰兴市获"江苏省诗词"之乡称号后,市诗词楹联协会先后指导泰兴市第一高级中学建成泰兴市校园内推动联教优质特色发展示范点,帮助泰兴市元林老年大学成为吸收和培养诗词楹联人才主阵地,促成江苏泰兴古银杏公园成为苏中地区有名诗联文化景点。11月,泰兴市第一高级中学、泰兴市元林老年大学被命名为"江苏省楹联教育基地",江苏泰兴国家古银杏公园被命名为"江苏省楹联文化公园",泰兴市黄桥镇祁巷村被命名为"楹联文化村"。

【文艺成果】 2023年,文艺创作成果喜人。袁军的组诗《泸州酒叙》获《诗刊》社与泸州市人民政府举办2023第七届国际诗酒文化大会全球征文奖;李国祥入展江苏省首届硬笔书法临帖作品展;徐璐的剪纸《以爱育人 润泽童心》入围江苏省第九届新人美术作品展;张吉新的油画《齐心协力》入展江苏省第四届青年油画展;谭熠作品入展"江左风流奖"江苏省第十届青年书法篆刻展;花小飞作品入展江苏省第二届"瘗鹤铭"书法篆刻展,行书作品获江苏省首届新文艺群体书法篆刻展优秀奖;黄建国、石爱国、陈平、蒋欣、李国祥等硬笔书法作品入展江苏省首届硬笔书法临帖作品展。张海为青少年创作歌曲《三代红领巾》。顾永红的朗诵作品《送你一支芝麻花》、刘春霞的朗诵作品《青衣》参加"放歌新时代 诵说新辉煌"北京朗诵展演——"梅郎故里 望海听涛"泰州专场演出,并于9月20日参加"奋进新征程 建功新时代"北京朗诵展演"梅郎故里 望海扬帆"泰州专场汇报演出;周佳慧、顾雅杰的朗诵作品《枸杞花开》获江苏省2023年"书香新时代·'典'亮新征程"中华经典诵读大赛特等奖并入围全国复赛;徐平、袁晨、朱鹏飞、刘宇婷创作的电视专题片《给老白的一封信》获江苏省优秀电视社教节目专题片三等奖。袁军被评为江苏省作协2023年度文学工作先进个人;9月,经中国作家网公布,泰兴市作家倪道辉、刘涛加入中国作家协会;蒋康政的散文《慢慢灌浆的生活》获中国作家网"文学之星"优秀奖,作品收入《灯盏2022中国作家网"文学之星"原创作品选》,由作家出版社出版;朱智勇创作的长篇小说《黄桥风雷》全书近30万字,入选江苏省残疾人文学作品出版发行计划,并由中国文史出版社出版发行;蒋兆兵出版歌词集《跟你走到梦想成真的地方》;崔小建教育随笔集《青果树下》出版;伏如林歌词集《又见菜花黄》出版。黄金梅中篇小说《请你夸夸我》在山西省级期刊《火花》杂志连载,短篇小说《城市老鼠》发表于山东省作协期刊《时代文学》;何雨生短篇小说《人造月亮术》发表于《翠苑》杂志;蒋康政散文《初识虞美人》发表于省刊《莫愁小作家》;刘佳散文诗《林深见鹿(组章)》,发表于《扬子江诗刊》,散文诗《青衣(外一章)》发表于《散文诗世界》,散文诗《苍穹之上》发表于湖南省刊《散文诗》;倪道辉诗歌《银镰·铁锤》2023年4月入选重庆出版社出版的《少年向上(朗诵·中学版)》。据不完全统计,全年有40多件作品获设区市以上奖项或入展,100多件作品发表于设区市以上报纸刊物。

【文艺志愿服务】 2023年初,年初泰兴市文联组织“银杏风”文艺志愿服务支队到泰兴市社会福利工厂、分界镇、机关行政办公中心、虹桥镇唐港村等机关、企业和乡镇社区,开展“新春送福送吉祥”活动,举办“大手牵小手 共书中国福”——送福送吉祥走进润泰社区文艺志愿服务活动,现场书写对联和“福”字5000多幅,国画作品10多幅,深受群众的欢迎。市摄影家协会连续4年组织十六人摄影志愿者,记录常泰大桥建设过程。全年组织会员到乡镇园区为当地干部、群众集中讲解摄影基础知识、举办文学讲座、开展文艺演出等志愿服务活动20多场次。组织美术家协会会员参加泰州市“折翼天使 扶苗计划”慈善联合会组织的“慈善书画笔会”根思、宣堡活动;市美术家协会在虹桥镇唐港村成立创作基地,进一步开展驻点创作、惠民活动;市戏剧家协会、市舞蹈协会全年组织会员走进乡镇、街道、村居开展文艺惠民演出100多场次。

(张　浙)

·融媒体中心·

【广播电视】 2023年,FM98.1泰兴综合广播每天有声播音17个小时。其中自办直播节目7档、自办录播节目4档。主要涵盖民生资讯、文学阅读推荐、音乐赏析娱乐等。其中,全媒体节目《12345·政风行风热线》播出34期;策划编导摄制大型融媒体对话栏目《对话·先锋》9期,策划编导摄制《泰兴印记》节目52期、《泰兴企业家》18期。策划各类融媒体直播活动10多场次。电视专题片《我听见这世界缤纷》被中国广播电视社会组织联合会评为一等推荐作品,4部广播电视节目获江苏省广播电视节目省级奖,泰州市一等奖12件。《泰兴新闻》《全景泰兴》栏目全年采制各类新闻5000多篇,开设专栏60多个,全年制播农业专题节目104期。拍摄各类专题片20多部。在泰州电视台用稿保持各县市区第一,省台用稿近200篇,其中江苏新时空26篇,中央台用稿16篇,其中新闻联播3篇。微电影《毛家圩的笑声》获全国“守护幸福河湖”主题赛优秀奖、全省治污攻坚主题宣传二等奖。连续第14年开展“暖冬行动”,慰问困难户57户,钱物合计20多万元。

(徐　平　吕　荣)

【泰兴日报】 2023年,《泰兴日报》开设《新时代·新征程·新伟业》《牢记嘱托、感恩奋进、走在前列——深入学习贯彻习近平总书记考察江苏重要讲话精神》《推进中国式现代化新实践走在前做示范》《学思想 强党性 重实践 建新功》《高质量发展调研行》《创建让生活更美好》等16个栏目。加大评论引导,就贯彻落实市委全会精神等推出系列评论。提升《影像》《行风热线》《对话·先锋》《教育·成长》《泰兴文艺》《理论》《三区三园》等专版质量。组织出版中国(泰兴)金秋经贸科技洽谈会特刊,编辑《泰兴精英》《泰兴企业联合会》杂志。全年在泰州市级以上媒体共用稿100多篇,其中,1篇在《新华日报》一版刊用,10篇被人民网、新华网采用,1篇被《香港商报》刊用,2篇被《人民法院报》刊用,2篇被《中国环境报》刊用。

(常　斌)

【泰兴网】 2023年,泰兴网开设“学习贯彻习近平新时代中国特色社会主义思想主题教育”“牢记嘱托、感恩奋进、走在前列——深入学习贯彻习近平总书记考察江苏重要讲话精神”“学思想、强党性、重实践、建新功”“党史学习教育”“2023年全民数字素养与技能提升月”“2023年全民国家安全教育日”“青春主场聚焦成都大运会”“2023年国家网络安全宣传周”等专题专栏、栏目，对“泰兴新闻”“人力资源”“强国复兴有我”“携手共建文明城市”“法治乡村”“辟谣”“全国两会”“泰兴两会”等专题专栏、栏目进行日常维护，全年共发布各类资讯信息1万余条。泰兴论坛全年收到主题帖2000余个，回复率100%。（祝朝晖）

12月30日，泰兴市举办迎新年“相见湾”10公里精英赛

（市文体广旅局　供图）

【新媒体】 2023年，泰兴融媒新媒体开设“牢记嘱托、感恩奋进、走在前列”等专题专栏，策划制作“百村振兴追梦路”系列短视频，《振兴路上的新农人》获评全省党的二十大融媒体报道精品案例，移动直播《常泰大桥天星洲航道桥合龙》获省县融好新闻一等奖。“智慧泰兴”移动客户端下载用户突破58万次，智慧泰兴、泰兴发布公众号实现一日多推，全国县融月度排行榜最好第23位，全省最好第4位。视频号策划推出短视频评论栏目《泰融时评》，发布各类原创视频325条，抖音号每月推出“风光正好，我的家乡真美”直播活动，全年点击量超100万次作品2条，超10万次作品39条。（丁晓军）

体　育

【概况】 2023年，泰兴市组织开展社区运动会110场，参与人数1.2万人次；开展纪念毛主席题词、行走大运河、全民健身日、幸福江苏等群众性赛事30余场；举办泰兴市迎新年“相见湾”10千米精英赛、产业工人运动会、农民丰收节等活动。开展“体育五进”（全民健身进机关、进学校、进企业、进社区、进医院）活动20场次，指导乡镇（街道）、机关单位、协会俱乐部开展比赛活动50余次，培养社会体育指导员300人，建成社区健身驿站15个，开展技能培训、传统项目进校园10余次；泰兴市河失镇老年门球队被评为2023年江苏省优秀民间健身团队。全市有38名运动员参加省青少年各项比赛，获金牌22枚、银牌19枚、铜牌14枚。21人代表江苏参加全国性体育赛事，获金牌12枚、银牌6枚、铜牌8枚。

【体育学校恢复办学】 2023年，泰兴市实验初中、鼓楼小学恢复建设体育学校。体育学校设田径、排球项目，经过选材、试训、暑训，首批45名运动员开班。与省体育局田径管理中心和泰州市体育局分别签订省市共建田径男子短跑（跳）和市队县办排球项目。

【体育设施建设】 2023年，泰兴市实施全民健身场地设施提升项目，开放生态健身步道24千米，新建体育公园1个，新增笼式球场6个，提档升级篮球、足球、轮滑、体能测试等多功能运动场5个，新建健身网点50个。沿如泰运河南北侧打造如泰运河青年体育公园和羌溪河青年体育公园，如泰运河青年体育公园获评江苏省示范体育公园、泰兴市济川街道体育健身公园被评为2023年全省最美乡村健身公园（广场）。

2023年泰兴市运动员省锦标赛成绩一览表

表20

姓　名	项目	比赛名称	小项	名次（位）
陈癸敏	排球	2023年江苏省青少年沙滩排球锦标赛	沙滩排球	2
吴芷菁	排球	2023年江苏省青少年沙滩排球锦标赛	沙滩排球	2
刘志鑫	跆拳道	2023年江苏省青少年跆拳道锦标赛	乙组62公斤级	1
王紫凡	跆拳道	2023年江苏省青少年跆拳道锦标赛	丙组39公斤级	3
杨新蕊	跆拳道	2023年江苏省青少年跆拳道锦标赛	甲组63公斤级	6
徐　楷	游泳	2023年江苏省青少年游泳锦标赛	男子13～14岁组100米自由泳	2
朱一凡	摔跤	2023年江苏省青少年摔跤团体锦标赛	57公斤级	2
黄光恒	摔跤	2023年江苏省青少年摔跤锦标赛	古典式51公斤级	3
朱一凡	摔跤	2023年江苏省青少年摔跤锦标赛	自由式57公斤级	3
邹　净	举重	2023年江苏省青少年举重锦标赛	49公斤级	3
王维舟	田径	2023年江苏省青少年田径锦标赛	16～17岁组男子4×100米接力	1
陆家乐	田径	2023年江苏省青少年田径锦标赛	16～17岁组男子4×100米接力	1
顾文晴	田径	2023年江苏省青少年田径锦标赛	16～17岁组女子4×400米接力	1
曹丽彤	田径	2023年江苏省青少年田径锦标赛	16～17岁组女子4×400米接力	1
曹丽彤	田径	2023年江苏省青少年田径锦标赛	16～17岁组女子200米	3
顾文晴	田径	2023年江苏省青少年田径锦标赛	16～17岁组女子100米栏	2
曹丽彤	田径	2023年江苏省青少年田径锦标赛	16～17岁组男女4×200米混合接力	1
王维舟	田径	2023年江苏省青少年田径锦标赛	16～17岁组男女4×200米混合接力	1
管默然	田径	2023年江苏省青少年田径锦标赛	16～17岁组男女4×200米混合接力	1
王　莹	田径	2023年江苏省青少年田径锦标赛	14～15岁组男女4×200米混合接力	2
徐昕昕	田径	2023年江苏省青少年田径锦标赛	12～13岁组女子4×400米接力	3
宗雨梦	田径	2023年江苏省青少年田径锦标赛	12～13岁组女子4×400米接力	3
成品逸	田径	2023年江苏省青少年田径锦标赛	12岁组男子200米	2
成品逸	田径	2023年江苏省青少年田径锦标赛	12岁组男子100米	2
陈润宇	田径	2023年江苏省青少年田径锦标赛	14～15岁组男子4×400米接力	2
卞树美	自行车	2023年江苏省青少年自行车锦标赛（山地、公路）	16～17岁组女子山地越野赛	2
尹欣怡	击剑	2023年江苏省青少年击剑锦标赛	16～17岁组女子重剑团体	1

续表 20

姓　名	项目	比赛名称	小项	名次（位）
周彤彤	竞走	2023 年江苏省青少年田径中长跑、竞走锦标赛	17 ～ 18 岁组女 10000 米	1
周彤彤	竞走	2023 年江苏省青少年田径中长跑、竞走锦标赛	17 ～ 18 岁组女 5000 米	2
徐松翔	竞走	2023 年江苏省青少年田径中长跑、竞走锦标赛	17 ～ 18 岁组男子 10000 米	2
马文韬	赛艇	2023 年江苏省青少年赛艇锦标赛	16 ～ 19 岁组男子 2000 米四人艇	1
孟自豪	赛艇	2023 年江苏省青少年赛艇锦标赛	16 ～ 19 岁组男子 2000 米双人艇	1
朱梓娴	赛艇	2023 年江苏省青少年赛艇锦标赛	16 ～ 19 岁组女子 2000 米四人艇	2
陈海卿	赛艇	2023 年江苏省青少年赛艇锦标赛	16 ～ 19 岁组男子 2000 米双人艇	2
马文韬	赛艇	2023 年江苏省青少年赛艇锦标赛	16 ～ 19 岁组男子 2000 米轻量级双人艇	2
庄雅馨	射击	2023 年江苏省青少年射击锦标赛	10 米气步枪个人	2
庄雅馨	射击	2023 年江苏省青少年射击锦标赛	50 米三姿	3
黄钰莹	射击	2023 年江苏省青少年射击锦标赛	10 米气手枪个人	3
谭俊琪	柔道	2023 年江苏省青少年柔道锦标赛	88 公斤	2
陈政旭	柔道	2023 年江苏省青少年柔道锦标赛	76 公斤	1
戎逸飞	柔道	2023 年江苏省青少年柔道锦标赛	71 公斤	3
张　彤	柔道	2023 年江苏省青少年柔道锦标赛	56 公斤	3
卞云萍	柔道	2023 年江苏省青少年柔道锦标赛	70 公斤	3
乔晓盈	柔道	2023 年江苏省青少年柔道锦标赛	男女混合团体	1
崔建华	柔道	2023 年江苏省青少年柔道锦标赛	男女混合团体	1
卞云萍	柔道	2023 年江苏省青少年柔道锦标赛	男女混合团体	1
成慧如	柔道	2023 年江苏省青少年柔道锦标赛	45 公斤	2
陈政旭	柔道	2023 年江苏省柔道团体锦标赛	男子甲组 71 公斤级	2
崔建华	柔道	2023 年江苏省柔道团体锦标赛	男子甲组 83 公斤级	1
成慧如	柔道	2023 年江苏省柔道团体锦标赛	乙组女子 45 公斤级	3
伊美霖	柔道	2023 年江苏省柔道团体锦标赛	乙组女子 53 公斤级	3
卞云萍	柔道	2023 年江苏省柔道团体锦标赛	甲组女子 70 公斤级	1
侯竣翔	柔道	2023 年江苏省柔道团体锦标赛	男女混合团体甲组	1
崔建华	柔道	2023 年江苏省柔道团体锦标赛	男女混合团体甲组	1

续表 20

姓　名	项目	比赛名称	小项	名次（位）
谭俊琪	柔道	2023 年江苏省柔道团体锦标赛	男女混合团体甲组	1
卞云萍	柔道	2023 年江苏省柔道团体锦标赛	男女混合团体甲组	1

2023年泰兴市运动员全国以上大赛成绩一览表

表 21

姓　名	项目	比赛名称	小项
张自毫	赛艇	全国赛艇春季冠军赛	U19 单人双桨 2000 米
房　鑫	柔道	2023 年全国大学生柔道锦标赛	男子 81 公斤
申一杰	柔道	2023 年全国大学生柔道锦标赛	男子 100 公斤
朱一凡	摔跤	2023 年全国 U17 国际式摔跤锦标赛	女子跤 57 公斤
谭嗣康	摔跤	2023 年全国 U17 国际式摔跤锦标赛	古典跤 65 公斤
杨炎智	体操	2023 年全国体操锦标赛	男子团体
杨炎智	体操	2023 年全国体操锦标赛	男子自由体操团体
汪凡琦	帆船	2023 年全国帆船锦标赛 ILCA 级	ILCA 级团体
石　吉	举重	2023 年全国青年举重锦标赛	男子 102 公斤级挺举
石　吉	举重	2023 年全国青年举重锦标赛	男子 102 公斤级抓举
石　吉	举重	2023 年全国青年举重锦标赛	男子 102 公斤级总成绩
刘震毅	足球	2023 年东亚足联 U15 足球锦标赛	U15 男足
张自毫	赛艇	2023 年全国赛艇锦标赛	男子单人双桨 2000 米
朱　彤	帆船	2023 年全国帆船锦标赛	女子 ILCA6 场地赛
汪凡琦	帆船	2023 年全国帆船锦标赛	女子 ILCA6 长距离
侯竣翔	柔道	2023 年全国少年柔道锦标赛	U16 男子 60 公斤
张　彤	柔道	2023 年全国少年柔道锦标赛	U16 组女子 57 公斤
殷逸慧	击剑	2023 年全国击剑锦标赛	女子佩剑团体
何远灿	足球	2023 第一届全国学生（青年）运动会	男子足球中学组
唐曾琦	足球	2023 第一届全国学生（青年）运动会	男子足球中学组
郭佳泰	足球	2023 第一届全国学生（青年）运动会	男子足球中学组
张自毫	赛艇	2023 第一届全国学生（青年）运动会	男子单人双桨
李梓茵	足球	2023 第一届全国学生（青年）运动会	女足 U16
曹若昕	足球	2023 第一届全国学生（青年）运动会	女足 U16
申一杰	柔道	2023 年“体彩杯”全国柔道冠军赛	男子 100 公斤级
曹若昕	足球	2023 年全国青少年女足锦标赛	女子 U16 岁组
李梓茵	足球	2023 年全国青少年女足锦标赛	女子 U16 岁组
颜逸飞	击剑	2023 年全国大学生击剑锦标赛	男子花剑

新建体育设施　　（市文体广旅局　供图）

【竞技体育】 2023年，泰兴市承办全国排球冠军赛（泰兴赛区）、省青少年女子举重、省摔跤锦标赛、省少儿门球赛等大型竞技体育赛事，精心接待、服务全国各地参赛运动员800余名。

【国民体质监测】 2023年，在全市组织开展国民体质监测活动，共获取有效样本量3131人，其中男性1498人、女性1633人，年龄范围为20~69岁，平均年龄41.9岁。20~59岁年龄段体质综合评级分布：优秀率19.5%，比同年龄段全国15.5%的体质优秀率高4.0个百分点；良好率29.2%，比同年龄段全国25.8%的体质良好率高3.4个百分点；合格率45.9%，与同年龄段全国45.5%的体质合格率处于同一水平；不及格率5.4%，比同年龄段全国13.2%体质不合格率低7.8个百分点。60~69岁年龄段体质综合评级分布：优秀率16.9%，比同年龄段全国9%的体质优秀率高7.9个百分点；良好率30.3%，比同年龄段全国21.6%的体质良好率高8.7个百分点；合格率51.7%，与同年龄段全国53.8%的体质合格率高2.1个百分点；不及格率1.1%，比同年龄段全国15.6%体质不合格率低14.5个百分点。

【体育场馆低免开放】 2023年，体育中心4个场馆通过专家组低免开放实地检查，继续获2024年中央及省级低免开放补助资金申请资格。体育中心被省体育局列为体育场馆培训基地。完成泰兴市天健体育文化发展有限公司与中兴国投资产合并和重组工作。

【体育彩票销售】 2023年，全市销售网点204个，行业网点55个。全市实现体育彩票销售2.24亿元，同期比增长21.08%，总销量全省排名第19位（上升2位），泰州市排名列第1位。

4月13日，全国排球冠军赛（泰兴赛区）开赛

（市文体广旅局　供图）

城市建设

综　述

【概况】 2023年，泰兴市改扩建、新建长征路南延、永丰路西延等12条主次干道和3座桥梁。实施"双水润城"功能提升工程、羌溪河西侧I区等11项绿化工程，改造"双水""双河"范围内桥下空间和沿河步道环境。新增及改造绿地面积15万平方米，新建及改造慢行步道25千米。对上争项目补助资金22万元，开展"乐享园林"项目建设，"双水润城"N区被评为省乐享园林项目。

【道路建设】 2023年，泰兴市实施文昌东路改造（戴王路至东阳路）、玉园路东延（东阳路至封庄中沟）、长征路南延（国庆路至文昌路）、永丰路西延（鼓楼南路至长征路）、国庆路（济川路至镇海路）道路、羌溪路改造（文昌路至国庆路）、文江路人行道建设（文昌路至曾涛路）、长征路和永丰路地块道路、迎幸广场北侧区间路（长征路至鼓楼北路）、根思路（根思桥至兴燕路）改造建设、镇海路（澄江路至同德路）人行道工程、国庆路（羌溪路至万桥路）改造，共计12条道路改造建设项目。

【污水管网建设】 2023年，市住建局实施鼓楼路、万桥路、兴燕路等15个路段污水管网建设，新建及改造污水管网8.4千米。完成2号泵站及输送管道扩容工程。实施15个污水处理提质增效项目，总面积4.21平方千米；实施五里墩花苑等13个小区雨水污水错接混接专项整治，梳理和整治城市易淹易涝点6个。

【市政公共设施建设】 2023年，全市抢修污水管网7处，整修人行道1.6万平方米，安砌侧石5.8千米，修复沥青路面1.6万平方米、混凝土路面2500平方米，更换井盖960多套，维修更换护栏1700米，更换警示柱、防撞桶560个。

【老城改造】 2023年，泰兴市实施23个老旧小区改造，开展"老楼加梯"20部，惠及居民超5000户。完成28户房屋征收扫尾任务，实施东阳路片区集体土地等新上项目，拆除荷花池地块49间违章建筑，落实荷花池集贸市场签约腾房工作。

【物业服务】 2023年，泰兴市开展"银杏管家"服务品牌创建，新增党建引领物业管理示范点2个。开展文明城市创建、聚焦飞线充电、毁绿种植等物业管理整治行动。新增省级宜居示范居住区1个、省级示范物业管理项目3个。

【绿色建筑】 2023年，全市新建建筑节能面积115.4万平方米，占新建民用建筑面积100%；绿色建筑设计方案审查工程项目建筑面积83.06万平方米；获省级二星级绿色建筑设计标识项目建筑面积76.6万平方米。分界镇通过2023年江苏省"禁粘"乡镇创建验收。开发区水厂综合楼启动建设，成为全市首个零碳建筑。　（黄雨剑）

城市规划

【概况】 2023年，全市办理规划选址红线图235

份，规划条件、规划设计红线图389份，《建设项目用地预审和选址意见书》58份，“建设用地规划许可证”129份，“临时建设用地规划许可证”42份，“建设工程规划许可证”356份，“乡村建设规划许可证”1445份，重大产业项目用地和规划设计容缺工作图21份。完成规划核实项目160个，竣工验收项目28个。审批修建性详细规划309份，发出建筑设计方案审定意见35份。召开市规委会6次，审议议题49个。规划批前公示99份，批后公布254份。

【规划编制】 2023年，泰兴市国土空间总体规划获省政府正式批复。全省村庄规划工作现场推进会在泰兴市召开。推进详细规划编制工作，全市划分规划单元355个。加快产城融合规划研究，形成西部产城融合区概念性规划研究成果。注重历史街区改造，形成苏利巷、八一巷片区更新改造规划成果。推进实用性村庄规划编制工作，全市254个规划发展村庄（行政村）完成规划中间成果。（张　冲）

国土管理

【概况】 2023年，泰兴市被认定为全国首批“自然资源节约集约示范县（市）”，被授予首批“全国自然资源系统先进集体”“全国林草系统先进集体”称号，自然资源节约集约利用工作第4次获国务院督查表彰激励，获奖励国家用地计划66.67公顷。县级国土空间总体规划在全国首批获批，全省村庄规划工作现场会议在泰兴市召开，举办全省造林绿化暨省政府民生实事绿美村庄建设培训班。《人民日报》刊登泰兴市不动产登记工作创新举措，中央电视台《朝闻天下》栏目展播泰兴市国土空间规划编制成果，《新华日报》《自然资源报》专版报道全市节约集约用地工作经验。

【耕地保护】 2023年，全市净增耕地6050亩。审查2023年农村公路提档升级项目127宗，总里程141千米。开展上年度耕地保护考核激励工作，对全市5个乡镇100个村（居）奖励580万元。通过占补平衡项目新增耕地面积309.18亩，增减挂钩项目新增耕地面积985.34亩。

【项目用地保障】 2023年，泰兴市出台《关于进一步优化土地资源要素配置的通知》，建成全市土地资源要素配置管理系统。全年完成3个土地征收成片开发方案15个片区上报审查。报省通过空间规模指标落地上图方案2次，对上争取空间规模指标404.37公顷。完成上报办理农用地转用、土地征收40个批次（项目），总面积402.4公顷。

【土地供应】 2023年，全市完成国有建设用地挂牌出让84宗、232.26公顷，出让金超100亿元。其中，经营性用地59宗、138.49公顷，工业用地25宗、93.77公顷。农村集体经营性建设用地实施集体土地供应，办理集体建设用地入股11宗、11.24公顷，集体建设用地批准使用151宗、37.74公顷。

【节约集约用地】 2023年，泰兴市开展批而未供土地处置工作，盘活低效闲置用地174.07公顷。落实工业用地容积率低限要求，全年工业容积率下限平均值同比增长17.31%。开展工业集聚区提质增效专项工作，开发区实际建成率提高至95.42%，全市新增规模以上企业园区落户率超91%。

【土地执法监管】 2023年，全市巡查发现新增违法用地26宗、7.58公顷，整改20宗、6.8公顷；上级卫片交办160宗、29.59公顷，整改131宗、27.99公顷；全年新增违法用地数量、面积较2022年分别下降55%、23%。

【审批服务优化】 2023年，泰兴市出台《泰兴市建设工程规划审批豁免清单》，对清单内3大类25个事项予以豁免办理。推行重大项目“容缺并联审批”，对全市35个重大产业项目实行“成交即交地、交地即发证，三证齐发”服务模式。

【地质环境勘察】 2023年，全市累计为园区132个建设项目开展地灾危险性区域评估查询，16个建设项目开展压覆矿查询。完成全市地质环境动态监测与评价项目，通过专家评审。实施泰兴地区氦气资源调查评价项目，完成地震资料再解译、土壤气体地球化学测量和异常圈定与评价，初步研究确定调查区内具有较好氦气资源潜力。

【不动产登记】 2023年，全市推进“线下综窗”（线上跑、进一窗、并行办、享快捷）改革，在全省率先完成不动产登记“一件事一次办”改革，“带押过户”在全省率先拓展应用至各类不同场景，并在应用于各大银行，累计节省交易过桥资金超千万元。运行“一窗一网一平台”模式，实施电子签名（章），85%以上业务实现全程线上办。累计受理不动产业务16.96万件，发放证书10.65万本，登记证明4.89万份，权籍查询8172次。

【全市自然资源节约集约示范市建设工作会议】 4月17日，全市自然资源节约集约示范市建设工作会议召开。市委书记张坤强调，要以高度的责任心、强烈的使命感、坚决的执行力，打好自然资源节约集约示范市建设攻坚战，擦亮更多“泰兴品牌”、创造更多“泰兴经验”、树立更多“泰兴标杆”，为奋力谱写“强富美高”新泰兴现代化建设新篇章贡献更大力量。市长刘文荣主持会议。市领导刘荣华、徐闻仲、蒋益公、王晓云、孙红东、朱为祥出席。副市长孙红东总结全市自然资源节约集约利用工作情况，部署下一阶段工作。市自然资源和规划局、市发改委、市工信局、泰兴经济开发区、新街镇作交流发言。（张　冲）

4月17日，全市自然资源节约集约示范市建设工作会议召开　（市自然资源和规划局　供图）

房地产业

【概况】 2023年，泰兴市房地产投资22.02亿元，同比下降25.4%；全市土地出让面积112.14公顷，完成土地出让金81.09亿元。商品房新开工面积56.09万平方米，同比下降21.9%，竣工面积50.66万平方米，同比增长138.6%；商品房销售面积42.21万平方米，同比下降30.76%，销售金额38.83亿元。

【房地产业管理】 2023年，泰兴市预售10个项目，协助发放预售许可29份；审核房地产开发企业资质核准、事项变更业务28笔；新增商品房预售资金监管项目29个；商品房销售合同变更（注销）410户，白蚁预防69处；白蚁灭治443户，房屋租赁登记备案47户，存量房买卖合同网签备案5651户。

【住房保障】 2023年，泰兴市住房保障范围和标准年度动态调整为：对具有泰兴城区常住城镇户口五年以上，人均住房建筑面积在20平方米以下，人均月收入在1500元（含）以下的市区低收入住房困难家庭，可以通过发放租赁补贴的方式进行住房保障。廉租房租赁补贴保障面积标准（建筑面积）为1人户22平方米，2人户40平方米，3人户54平方米，4人及4人以上户64平方米。低收入家庭租金补贴标准每月9元/平方米，低保家庭租金补贴标准每月10元/平方米，有房未达到标准的按差额发放。对具有泰兴城区常住城镇户口满五年且实际居住三年以上、无房或人均住房建筑面积20平方米以下、人均月收入在3400元（含）以下的住房困难家庭可以通过承租公共租赁住房进行保障，城区低保、特困职工等无房家庭优先配租。对劳动关系稳定，与用人单位签订劳动合同并在泰兴市缴纳社会保险的新就业人员和外来务工人员，通过承租公共租赁住房进行保障。租金标准按同地段市场租金的70%缴纳。对具有泰兴城区常住城镇户口满5年且实际居住，人均住房建筑面积20平方米以下，人均月收入在3750元（含）以下的住房困难家庭亦可通过购买经济适用住房进行保障。经济适用住房核准保障面积（建筑面积）为：1~2人户65平方米，3人户75平方米，4人及4人以上户85平方米。城区全年实际发放廉租房租赁补贴14户，累计发放租赁补贴3.59万元；对符合条件的50户新就业人员和外来务工人员配租公租房；2023年4月1日起实施《泰兴市经济适用房管理实施细则》；对36套公租房进行装修；有公租房673套，动态保障家庭673户。

城市管理

【概况】 2023年，市城管局收集、交办、解决城市治理领域相关问题184件。完成对城区30个重点小区实施强弱电杆线治理。开展公厕改造管护提升行动，管护公厕共103座，其中二类及以上公厕31座，对2座公厕进行智慧化升级，配备人流监测、厕内空气质量监测、厕位占用监测等智能设备。上线“泰便民”公厕导向手机小程序。

【违法建设防治】 2023年，市城管局完成31个老旧小区违法建设整治工作，拆除违建573处、1.22万平方米。推动历史违建拆除工作，年内拆除历史违建692处、3.61万平方米，拆除新增违建354处、1.61万平方米。

【市容秩序管理】 2023年，市城管局完成34个重点小区、路段及31项交办任务杆线整治工作。强电部门完成车库飞线整治2709户、楼道飞线5051户，弱电部门完成飞线整治47.19千米。对城区5个商圈、8个农贸市场、38所学校、40条路段周边开展集中整治141次，取缔流动摊点1.72万处，规范店外经营1.12万处，发放法律文书552份，证据先行登记保存649件物品，清理小广告7.72万处，拆除违规户外广告159处，完善18处摊点疏导点；更新签订市容环卫责任书698份，查处不履行市容环卫责任案件12起；清理非法侵占公共停车位1817处，暂扣乱停放非机动车1187辆。

【环卫保洁工作】 2023年，市城管局开展城区136条（段）路段清扫保洁、63条（段）河道水面和岸坡保洁、105座公厕保洁、52座垃圾中转站（其中城区25个）生活垃圾转运工作，累计清运生活垃圾近3万车，清理粪便3700多吨，中转站渗滤液6200多吨，疏通下水道6500多米。配合市级巡河8次，清理河道垃圾、水草180多吨，清理死鱼30多吨。全年资源化利用建筑垃圾12万吨，办理《建筑（装修）垃圾转移单》374份，资源化利用建筑装修垃圾约6万吨。

【生活垃圾分类处理】 2023年，市城管局开展垃圾细分类工作，采用“四分类”（厨余垃圾、有毒有害垃圾、可回收垃圾、不可回收垃圾）模式，实行撤桶并点，定时定点投放，专人督导。年内新增生活垃圾分类省达标小区24个，新增泰州市级垃圾分类试点乡镇1个。宣堡镇以优秀等级通过省住建厅复评验收。全年城区完成138个小区、317家单位垃圾分类设施建设工作，建设垃圾分类收集亭400余套、分类垃圾桶8200个、有毒有害专用收集容器800个，城区公共区域、居民小区垃圾分类设施覆盖率达98%。城乡生活垃圾产生量为24.42万吨，生活垃圾无害化处理率达100%；资源化处理餐厨废弃物1.56万吨，处置城区建筑垃圾12.86万吨、城市积存装修垃圾5.44万吨，收集暂存有害垃圾2.21万吨。全年组织开展垃圾分类小区宣传活动650多次，发放宣传资料10多万册。

【路灯照明管理】 2023年，市城管局更换、维修灯具1620盏，更换电缆4630米，维修路灯箱变、控制箱8台，处理交通事故造成的安全隐患9处。处理网上及“12345”报修770起，处理电话报修354起，完成率100%。（刘　飞）

农村工作

【概况】 2023年，泰兴市农村居民人均可支配收入3.22万元，同比增加2354元，增幅7.9%；全市村级集体实现经营性收入总额2.79亿元，增长18.5%；全市原建档立卡低收入农户1.36万户，人均可支配收入2.59万元，增幅11.5%。实现农业保险保费1.02亿元，打卡发放理赔资金7099.9万元。有农民专业合作社619家，家庭农场1699家。市、镇两级产权交易项目总数8391个，成交总金额3.73亿元。累计创成省级宜居宜业和美乡村33个，新增美丽宜居示范庄台32个；完成1.34万户年度改厕任务，建成20个户厕改造整村推进村。全年完成被征地农民社会保障登记567组次、8011人次。

【家庭农场】 2023年，全市有家庭农场1699家，土地流转面积3.8万公顷，占家庭承包面积的80.1%。2023年，新创建省级示范家庭农场6家、泰州市级示范家庭农场29家。累计创建各级示范家庭农场697家，其中省级示范72家、泰州市级示范159家，示范家庭农场率41%。泰兴市品吉家庭农场、新圩家庭农场创建为省百佳家庭农场；泰兴市清扬家庭农场入选省级家庭农场典型案例。

【农民合作社】 2023年，全市有农民合作社619家，新创建为泰州市级示范社10家。累计创建为国家级示范社5家、省级示范社27家、泰州市级示范社66家、泰兴市级示范社56家。泰兴市七贤绿花菜专业合作社入选省级农民合作社典型案例。珊瑚镇华美菇业专业合作社入选2023年全省农民合作社典型案例。

【农村三资管理】 2023年，全市推进农村产权制度改革，指导乡镇（街道）开展集体经济组织成员身份动态调整工作，17个乡镇（街道）新增成员1.68万人，核减成员1.73万人，审核确认失地农村集体经济组织成员8459人，有效静态管理332个村。

【农村产权交易】 2023年，市、镇两级产权交易项目总数8391个，成交总金额3.73亿元。17个乡镇（街道）全部正常开展线上交易，线上交易2154笔，成交金额2.35亿元。土地类交易总面积1.18万亩。

【脱贫综合保障】 2023年，全市动态认定本地消费帮促产品153个，规范运营消费帮促专馆（区）8个，销售帮促产品846.71万元，发放脱贫人口小额贷款66万元，规范建设富民帮促车间（基地、园区）55个，带动低收入人口就业484人，全市原建档立卡低收入农户1.36万户，人均可支配收入2.59万元，增幅11.5%，排查处置1户返贫风险户。7个乡镇（街道）实施乡村医疗互助试点项目，自愿参加20.24万人，参加率56.26%。财政全额资助1.6万余名低收入人口参加防贫综合保障保险。研究制定年度集体增收方案，建立村级增收项目库，整合帮促资金3870万元，扶持实施集体经济发展项目18个，受益村44个，每年增加村集体收入300万元，全市158个省定、市定经济薄弱村实现集体经营性收入1.18亿元，村平均75万元，增幅14%。

【强镇兴村富民行动】 2023年，市农委完善集体经济发展规划，修改完善17个镇级整体规划，优化“一村一策”年度计划333个、增收举措4235条，实现镇、村全覆盖。上争省、泰州市扶持资金3870万元，涵盖村级增收项目18个、涉及村居44个，年增收益264万元、村平均6万元。试点联合组建强村公司40家，注册资金1.78亿元，开展资产资源营运、社会服务、订单生产、工程承揽等经营活动。全市集体经济经营性收入3.3亿元，增幅16%；全市村级集体经营性收入100万元以上村110个，占比33%。

【二轮土地承包到期延包】 2023年，泰兴市入选二轮土地承包到期延包全国试点县，全市23.69万户农民签订延包合同，签订率95.2%，是全省首个基本完成二轮延包试点的县（市、区），经验做法得到中央农村工作领导小组、农业农村部、国务院发展研究中心等高度评价，并在全国培训会议上作典型介绍。

【乡村振兴示范创建】 2023年，泰兴市制定《关于学习运用“千万工程”经验 落实农业现代化走在前重大要求 有力有效推进2024年乡村全面振兴重点工作的实施意见》，黄桥镇、8个村入选江苏省乡村振兴示范镇、村创建名单，通过泰州市乡村振兴“先行市”认定。全市乡村振兴实绩考核持续保持全省县级市排名第一等次，泰州第一位次。

【农村工作会议】 3月24日，市委农村工作会议召开。市委书记张坤强调，要认真贯彻党中央和省委、泰州市委农村工作会议精神，比学互鉴，紧盯目标、矢志攻坚，全面推进乡村振兴，加快建设农业强市，努力在实现农业农村现代化征程上走在前列，为全面推进中国式现代化泰兴新实践贡献更大的“三农”力量和支撑。市长刘文荣主持会议。市领导张红霞、刘辉、毛戴军、王长健、孙天民、周桂香出席会议。市委副书记、宣传部部长张红霞作农村工作情况报告。市委常委、组织部部长毛戴军通报2022年乡村振兴专项考核先进单位。会议播放“三农”工作专题片，滨江镇、黄桥镇、姚王街道、分界镇、虹桥镇六圩村作交流发言。会议以视频会议形式召开。

【泰兴—旬邑（苏陕）对口协作暨全面推进乡村振兴联席会】 6月8日，泰兴—旬邑（苏陕）对口协作暨全面推进乡村振兴联席会在泰兴市召开，旬邑县委书记王旭等县负责人和泰兴市委副书记、市长刘文荣，市委常委、常务副市长刘辉，市委常委、政法委书记王建武，副市长张鹏，市慈善总会会长、市政协原主席张泽民参加会议。会上旬邑县与泰兴市签订《泰旬教育强县战略合作框架协议》《泰旬建设医疗卫生强县协作框架协议》《泰旬林业合作框架协议》。

6月1日，旬邑—泰兴林业合作框架协议签约仪式举行　　（市自然资源和规划局　供图）

【全省村庄规划工作现场推进会】 10月31日，全省村庄规划工作现场推进会在泰兴市召开。副省长夏心旻出席会议并讲话，泰州市市长万闻华，泰兴市市长刘文荣、副市长孙红东以及省自然资源厅负责人，各设区市、县（市、区）政府分管负责人及自然资源主管部门负责人参加。

镇村建设

【概况】 2023年，全市创成特色田园乡村6个，其中省级2个、泰州市级4个，创成8个示范街

(区)。开展全市农村房屋安全隐患排查整治工作,排查23.17万户。实施201个行政村、310个自然村的污水设施建设。

【特色田园乡村创建】 2023年,泰兴市黄桥镇翁庄村和虹桥镇三桥村创建为省级特色田园乡村,虹桥镇崇福村、滨江镇双彭村、新街镇李荡村、张桥镇吴榨村创建为泰州市特色田园乡村。姚王街道桑木村、元竹镇申庄村、滨江镇永新村、分界镇滕兴村完成特色田园规划编制。

【集镇建设管理】 2023年,全市15个乡镇(街道)集镇区完成弱电线路捆扎;清除广告400多处,拆除违章建筑、构筑物100多处,清理牛皮癣、非法广告等6000余处,集镇、副中心新增停车位1662个,创建为8个示范街(区)。

【农村危房改造】 2023年,全市改善1650户农村住房,完善"一户一档"资料。排查农村房屋23.17万户,存在安全隐患房屋682户。其中,C级危房269栋,D级危房413栋,全部整改完毕。

【镇村生活污水】 2023年,全市镇村生活污水治理项目实施11个镇区(含镇中自然村51个)、201个行政村(310个自然村)污水管网建设。完成一体化泵站470台,就地处理站109台,主干管网1464.48千米,支管网597.53千米,化粪池2.66万个,油污隔离池2.04万个。各乡镇完成"十个必接"(机关单位必接、学校必接、医院必接、集中居住小区必接、农贸市场必接、旅社宾馆必接、洗浴废水必接、餐饮服务业必接、美容美发店必接和垃圾中转站必接)单位接入管网44家,接入率100%。 (黄雨剑)

老区帮扶

【概况】 2023年,市老区建设促进会、帮扶基金会、帮扶开发协会(以下简称市"三会")连续第12年被江苏省老区建设促进会评为"老区宣传工作特等奖",网络公募工作被省"三会"评为"社会慈善募捐活动业绩一等奖",中共江浙区泰兴独支纪念馆被国家、省老促会命名为"老区精神教育基地"并授牌。

【产业帮扶项目】 2023年,市"三会"实施产业帮扶项目60个,累计投入资金1050万元,贴息33.8万元。其中,实施省扶贫示范项目9个,借款110万元;实施泰州市"老区专项贴息贷款项目"16个,贷款320万元;实施慈善帮扶贴息项目35个,贷款700万元。泰兴市实施产业项目帮扶做法在泰州市"三会"理事会上作交流发言。全年60个产业帮扶项目带动低收入农户193户增收致富,项目实施单位自愿捐款35万元,助学61人、助困65户。

【志愿帮扶】 2023年,全市有帮扶志愿者1.06万人,实现志愿者占总人口1%目标。17个分会帮扶92户,村帮扶小组帮扶1786户。扶持高效农业258户,扶持二、三产业342户,介绍就业840人,现金资助372户。全市3653人次参加捐赠,募得善款37.81万元。市"三会"按12%配捐4.54万元。

【助学帮扶】 2023年,市"三会"实施爱心助学活动,落实10万元帮扶80名贫困学生;落实金融助学资金10万元,帮扶50名高中贫困生;协助省"三会"实施"滴水·筑梦"助学工程,筹资30万元,资助市中专校100名贫困生。

【乡村振兴调研】 2023年,市"三会"和乡镇(街道)分会建立乡村振兴工作联系点36个。围绕乡村振兴,组织专题调查,撰写调研报告23篇,其中姚王街道分会撰写的《关于姚王街道毛庄村实施乡村振兴战略的调查》和曲霞镇分会撰写的《关于全市电商"直播经济"发展情况的调查与思考》被泰州市"三会"评为优秀调研报告。市"三会"评选出9篇优秀调研报告,刊发在《黄桥老区》上。5篇调研材料分别被《中国老区建设》《江苏老区》等录用,39篇文章被泰州市《老区与民生》刊用。

社会生活

居民生活

【居民收入】 2023年，全市全体居民人均可支配收入4.80万元，增长6.3%；按常住地分，农村居民人均可支配收入3.22万元，增长7.9%；城镇居民人均可支配收入5.93万元，比上年增长5.3%。

【居民支出】 2023年，全市居民消费价格总指数100.3%，其中食品类102.0%。（郭常松）

医疗保障

【概况】 2023年，泰兴市城乡居民基本医疗保险参保人数64.11万人，职工基本医疗保险参保人数34万人，合计98.11万人。全市职工医保和居民医保政策范围内住院报销比例分别稳定在85%和70%左右。2023年度居民医保财政补助标准750元/人，较上年度提高30元/人。实施职工医保门诊共济保障制度，2023年享受门诊统筹待遇158.16万人次，减轻群众医疗费用负担1.26亿元。全市33家医疗卫生机构作为长护保险受理点，49家照护机构被纳入长护险定点服务机构。全市享受长护险待遇人员5389人，累计发放补助金额3384万元。2023年，全市参保“江苏医惠保1号”人数14.13万人，目标完成率114%。

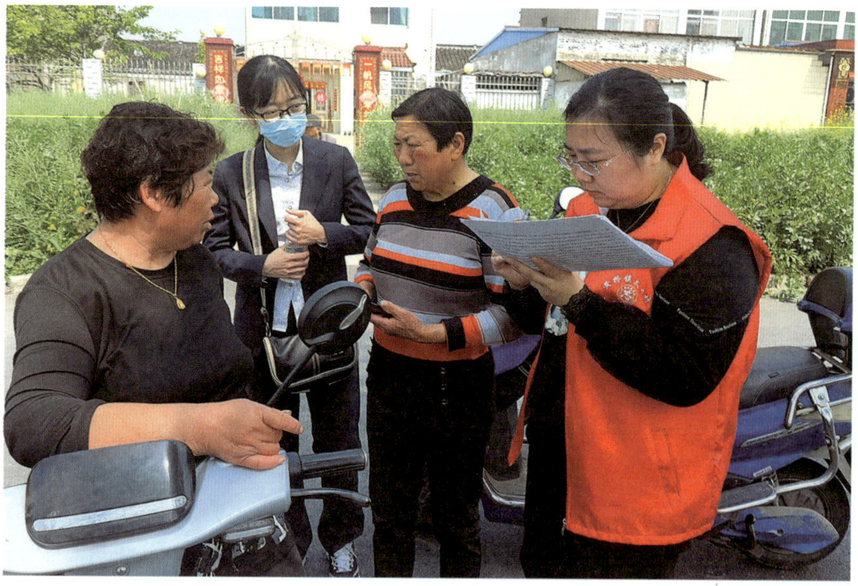

4月14日，市医保局到乡镇街道开展医保政策宣讲活动

（张义雯　摄）

【医疗救助】 2023年，全市资助参保3.75万人，资助金额1696.43万元。门诊、住院共救助各类困难对象31.56万人次，救助金额5628.99万元。开展尿毒症、白血病及重性精神病专项救助，全年专项救助1393人，救助金额554万元。会同市民政局、慈善总会开展“苏慈助医——低保对象补充医疗救助”116人次，救助资金29.97万元。会同市慈善总会及红十字会，对部分医疗费用较高的群体资助参加2024年度医惠保，共资助1.06万人，资助金额167.18万元。

【医保服务】 2023年，市医保局增设绿色通道窗口、“办不成事”反映窗口、医惠保咨询专柜、综窗“AB屏”等。全年提供20万人次高频医保业务的直接办结和帮办代办服务。全市362个村（社区）建成医保公共服务点。泰兴市创建为“15分钟医保服务圈”省级示范市，古溪镇、张桥镇、宣堡镇创建为江苏省级“15分钟医保服务圈”示范点。

【打击欺诈骗保】 2023年，市医保局将全市622家定点医药机构纳入网格化监管，360名镇村网格员开展日常巡查和政策宣传。建立覆盖全市349家定点医疗机构“人脸识别+全景式”双视频远程监控。开展打击欺诈骗保专项行动，开展全覆盖检查，打击“三假”（假病人、假病情、假票据）欺诈骗保行为。全年检查定点医药机构709家次，暂停医保服务协议10家，解除服务协议1家，行政处罚一般程序3件，简易程序216件，曝光典型案例205例，对49名医保医师予以扣分处理，追回医保基金960.35万元。

2023年，泰兴市实施医保定点药店远程视频监控 （张义雯　摄）

【医用耗材采购管理】 2023年，全市34家公立医疗机构参与6批次国家和省药品集中采购，391种药品中选，年采购金额3.4亿元，平均降幅50%；参与10批次国家和省联盟医用耗材带量采购，年采购金额4567万元，平均降幅超65%。集中带量采购制度全年减轻全市参保患者医药负担近1亿元。向公立医疗机构累计预付采购资金2900万元，向34家公立医疗机构拨付药品耗材结余留用资金1383万元。 （张义雯）

退役军人事务服务

【优待抚恤】 2023年，全市向各类优抚对象发放定期抚恤补助1.06亿元，向老复员军人遗孀发放生活补助699万元，向义务兵发放家庭优待金1400余万元，向大学生义务兵发放大学生奖励金500余万元，向立功人员发放奖励金50余万元。向各类优抚对象发放物价补贴99万元，为一至六级残疾军人缴纳城镇职工医疗保险124万元，支付医疗费用428万元。

【拥军拥政】 2023年，市委、市政府负责人和市、镇两级退役军人服务部门在春节和“八一”期间分别走访慰问现役官兵（市人武部、消防救援大队、武警中队、预备役营和边防监护中队）及家属、烈士遗属、军人家属、残疾军人、在乡老复员军人、带病回乡退伍军人和军队离退休干部，赠送慰问金40余万元。

【军队转业干部安置】 2023年，全市接收营以下（含技术级）军队转业干部，提供行政编制岗位，采取积分选岗方式安置。9月19日，军转干部按积分进行选岗，均安置到市级机关部门公务员岗位。

【退役士兵安置】 2023年，泰兴市接收自主就业退役士兵，安排退役士兵工作。9月19日，召开安排工作退役士兵积分选岗会议，退役士兵当天完成选岗，100%安置到机关、事业单位、国企岗位。

【退役军人三级服务保障体系建设】 2023年，泰兴市被泰州推选为军人退役“一件事”改革试点县、市，当年返乡报到退役士兵信息全部录入“一件事”系统。当年，被省退役军人事务厅表彰为“一件事”信息数据录入先进县市。

【烈士褒扬】 9月30日，泰兴市举办烈士纪念日公祭活动。市四套班子全体负责人，机关（部门）代表、少先队员代表、烈士家属及老战士代表、最美退役军人代表参加。公祭活动由市委副书记、市长刘文荣主持，市委书记张坤宣读烈士纪念日祭文。11月22日，退役军人事务部宣传中心推出“山川同念 英雄回家”70小时不间断主题直播，“中国退役军人”“新时代中国双拥”“国家退役军人课堂”全媒体平台及《人民日报》、新华社、央视频、环球网等媒体同步直播，杨根思烈士陵园参与其中。12月1日，退役军人事务部宣传中心发来感谢信。

11月，市民政局开展社会救助政策宣传　　（赵华娟　摄）

民政工作

【概况】 2023年，泰兴市评选县级地名文化遗产17个。创建为全省首批示范性居家社区养老服务网络建设地区；入选全省“五社联动”试点单位、全省第二批丧葬礼俗改革试点市、第三批婚俗改革实验区、全国“安全无暴力家庭”未成年人保护示范项目试点地区；泰兴市获评全省福利彩票销售先进县（市）；《村规民约赋能乡村善治的泰兴路径》获江苏基层社会治理创新成果奖；基层治理工作获2023年度泰州市“一地一品”金奖；市殡仪馆负责人获评全国殡葬工作先进个人。

【社会救助】 2023年，泰兴市城乡低保标准提高至每人每月800元，累计发放各类救助保障资金2.98亿元，惠及困难群众53.24万人次。对边缘家庭实施动态监测，全年进行数据比对35万余条，发现并处置存疑数据128条。泰兴市低保对象精准救助率，残疾人两项补贴精准发放率，高龄、经济失能老年人保障率，困难儿童应保尽保率4项省考指标均位列泰州市第一位次、全省第一方阵。河失镇河头社区创建为省级精神障碍社区康复服务示范点；黄桥镇、虹桥镇打造社会救助和慈善社工“双示范站”，黄桥镇“双示范站”工作体系获评泰州市有推广价值案例。

【儿童关爱】 2023年，泰兴市建成市级未成年人保护中心，滨江镇未成年人保护站创建为省级未成年人保护工作站；新增40家儿童“关爱之家”，黄桥镇永丰社区、虹桥镇清水村儿童“关爱之家”获泰州市示范性儿童“关爱之家”称号；黄桥祁巷青少年实践基地等3家未成年人成长护航基地获评省“苏童成长”社会践习基地示范点。实施“福彩圆梦·孤儿助学工程”“护苗成长”等关爱保护项目，为100名困境儿童实现“微心愿”，为全市16名参加中高考困境儿童赠送“暖心”大礼包，向59人次孤儿和事实无人抚养儿童发放助学金29.5万元。开设“12345”未成年人保护专席，加强困境儿童“四色分类”管理，累计排查困境儿童1940人，开展家庭随访7000余人次。组织参加江苏省首届儿童主任实务技能竞赛，2人获个人赛一等奖。

【城乡社区治理】 2023年，泰兴市推进城乡社区综合服务中心功能提档升级，打造济川街道兴燕社区、河失镇夏港村等“五美驿站”8个，支持维修改造项目16个。延令街道越街社区入选省智慧社区建设特色应用试点单位。按季开展村务公开及村务监督情况督查，实施“民政资金微实事”项目20个。推进社区干部队伍建设“青蓝工程”，培育持证社工1405名。出台《泰兴市社区名师工作室建设方案》，为9名社区工作名师授“名师工作室”牌。举办“泰幸福·竞芳华”金牌社工技能竞赛，3名社工获评泰州市金牌社工。健全“五社联动”（社区、社会组织、社工、社会资源及社区自治组织的联动）机制，开展“一站一品”述比活动，17个民政服务站（慈善和社会工作站）运行，累计走访2.06万户，开展活动1782次，服务群众8.64万人。

【殡葬管理】 2023年，泰兴市完成农村公益性公墓升级改造17处，虹桥镇、曲霞镇、古溪镇建成示范性公墓。搭建智慧殡葬系统，建立殡葬服务预约和骨灰去向跟踪平台，虹桥镇建成殡葬管理服务中心。推进惠民殡葬改革，基本殡葬服务免费项目增加到5项，惠民总金额提高至1460元。

【婚姻登记】 5月20日，泰兴市举办“泰幸福·爱永远”首届青年集体婚礼活动。完成13个乡镇集中补领婚姻登记证工作，婚姻登记总量1.46万对，合格率100%。

5月20日，泰兴市举办首届青年集体婚礼

（市民政局　供图）

【福彩销售】 2023年，全市12家福彩文化综合体验站点和3家商超专柜通过省级示范点验收。全年销售总额1.06亿元，增幅29.5%，位列泰州市首位。

【风险防范化解】 2023年，市民政局梳理行政权力113项，主动公开信息600余条。承办人大建议和政协提案17件，建议提案办理满意率100%。领导班子成员带头接访，妥善处置群众来信、来电、来访680件。宣传惠民政策和工作动态，推送信息报道520余条。出台养老服务监管效能提升方案，制定安全检查清单、日常管理考评办法，将检查情况与运营补贴发放等政策挂钩。组织全市养老机构消防安全应急演练，累计检查546家（次），整改安全隐患746处，完成24家养老机构“瓶改管（电）”。完成100张床位以上养老机构消防安全标准化管理达标工作，经验做法作为全省优秀案例上报民政部，《人民日报》、“江苏民政”等媒体相继报道。

残疾人事业

【概况】 2023年，全市新增1140名残疾人享受困难残疾人生活补贴，807名残疾人享受重度残疾人护理补贴。335名残疾学生和残疾人子女享受教育补贴，2.4万名残疾人参加残疾人意外伤害保险。为424名0~15岁残疾儿童提供基本康复服务，为1200名困难精神残疾人提供免费基本用药服务，为144名困难白内障患者提供免费复明手术，为2073名残疾人提供家庭医生签约康复服务，为973名残疾人提供各类辅具适配服务。

【全市残联工作暨党风廉政建设

3月28日，市残疾人福利基金会召开三届一次理事会暨换届会议 （沈羽君　摄）

会议】 2月28日，全市残联工作暨党风廉政建设会议在市委党校召开。会议回顾2022年全市残疾人工作，研究部署2023年工作任务，通报表彰10家先进单位和32名先进个人，集中签订2023年党风廉政建设和工作目标责任书、残疾人服务机构安全管理目标责任书。

【市残疾人福利基金会三届一次理事会会议】 3月28日，市残疾人福利基金会召开三届一次理事会会议。市委常委、政法委书记王建武出席会议并讲话。会议听取并审议市残疾人福利基金会第二届理事会工作报告和财务报告，讨论研究2023年的重点工作任务，选举产生第三届理事会理事和理事会负责人。

【残疾人救助补助领域突出问题专项治理】 3—11月，市残联开展残疾人救助补助领域突出问题专项治理，对近三年帮扶残疾人资金项目开展梳理和整治。年内，市残联组织残疾人工作者自编、自导、自演4个反映残疾人工作负面清单的情景剧短视频，“让躺在纸上的负面清单‘火起来’——泰兴市残联党风廉政建设工作出实招”被评为“全省残联系统2023年度创新创优项目”。

【特殊困难残疾人社会救助标准提高】 7月1日起，全市提高社会救助对象救助标准，低保外无固定收入重度残疾人补助标准由770元/（人·月）提高至800元/（人·月）；低保外无固定收入三级、四级精神、智力补助标准由154元/（人·月）提高至160元/（人·月）；一户多残、依老养残补助标准由462元/（人·月）提高至480元/（人·月）；低保内重度残疾人补助标准由269.5元/（人·月）提高至280元/（人·月）；低保内非重度残疾人补助标准由192.5元/(人·月)提高至200元/(人·月)；农村籍重度残疾人护理补贴标准由100元/（人·月）提高至110元/（人·月），城市籍重度残疾人护理补贴标准维持130元/（人·月）不变。低保家庭中重病重残儿童保障标准由1108.8元/（人·月）提高至1152元/（人·月）；低保家庭中非重病重残、非残疾儿童保障标准由924元/（人·月）提高至960元/（人·月）；低收入家庭中重病重残儿童保障标准由1108.8元/（人·月）提高至1152元/（人·月）；低收入家庭中非重病重残儿童保障标准由385元/（人·月）提高至400元/（人·月）；其他家庭中重病重残儿童保障标准由924元/（人·月）提高至960元/（人·月）。

【涉残民生实事项目】 2023年，市残联完成“净增残疾人就业不少于300人”“新增16~59周岁无业智力、精神和重度肢体残疾人托养服务200人”2项民生实事项目。全市净增残疾人就业331人。举办7场残疾人专场招聘会，为12家超比例安排残疾人就业企业发放超比例奖励24万元，为18名残疾人创业者发放创业扶持资金37万元。王宁获第十届国际残疾人职业技能竞赛计算机编程项目铜牌，孙文学获第七届全国残疾人职业技能大赛服装制作项目第三名，市苏馨残疾人安养庇护园被确定为省“美丽工坊”示范点。全市新增残疾人托养服务200人，共为1600名残疾人提供托养服务，为355名残疾人提供辅助性就业岗位，8个“残疾人之家”被表彰为泰州市“优秀‘残疾人之家’”。

【残疾预防与残疾人康复服务】 2023年，市残联举办1期残疾儿童筛查培训班；为1.38万名困难家庭儿童提供青光眼防治免费筛查；为424名残疾儿童提供康复服务；依托康福幼儿园为80名残疾儿童办理学籍并申请教育补助；选派4人参加第四届全国儿童康复治疗师技能大赛，获团体优胜奖；开展“辅具适配进校园”活动，为45名义务教育阶段在校学生适配辅具；举办3期无障碍体验督导暨肢残人无障碍出行培训班，为36户困难残疾人家庭实施无障碍改造。

【残疾人文化体育】 2023年，市残联实施特殊艺术人才培养项目，组队参加全国残疾人排舞比赛，获智力混合组规定曲目一等奖；市苏馨残疾人安养庇护园被确定为省“文艺残疾人之家”；张变、钱璨参加亚残运会，获金牌2枚、银牌1枚、铜牌1枚；选定八段锦项目作为全市残疾人体育健身项目，培养34名师资骨干。

【“追光跑团”项目】 3月，市盲人协会成立“追光跑团”，每周开展志愿领跑活动，先后组织21名盲人参加泰州首届半程马拉松比赛和张家港东渡半程马拉松比赛，“追光跑团”项目入选省残联“茉莉芬芳 情暖江苏”助残服务项目。

【社会扶残助残】 2023年，泰兴市发起“99公益日”网络募捐活动，募集助残帮困资金121.8万元；市残联与市检察院、市司法局联合建立残疾人权益保护协调机制；市残联联合市融媒体中心推出“AI”手语播报新闻主播；市特校联合市中等专业学校开办特效中专班。（陈　浩）

民族宗教事务管理

【市委民族宗教工作领导小组（扩大）会议】 4月4日，泰兴市委民族宗教工作领导小组（扩大）会议召开，传达学习上级民族工作会议精神，研究部署下一阶段重点工作。泰兴市委常委、统战部部长殷海成出席并讲话，泰兴市政府副市长孙天民主持会议。会议讨论通过《泰兴市创建全国民族团结进步示范市行动方案》。黄桥镇、虹桥镇、根思乡、市教育局、市应急管理局分别作交流发言。

12月29日，泰兴市举办人工智能手语播报系统启动仪式
（市残联　供图）

【滨江基督教堂落成】 9月26日，滨江基督教堂新堂落成。2020年，省民宗委批准设立滨江基督教堂，2021年动工兴建，2022年竣工。滨江基督教堂位于滨江镇尤湾路南侧、仁寿路东侧。教堂总占地面积2590平方米，建筑面积1400平方米。

【“三生讲坛”】 10月9日，由泰州市道教协会主办、泰兴市道教协会承办的“三生讲坛”在泰兴市启动，中国道教协会副会长、中国道教学院常务副院长、北京东岳庙主持袁志鸿道长，江苏省道教协会会长尹信慧道长参加讲坛。省道教协会慈善工作部向泰兴城隍庙捐赠。讲坛围绕新时代道教文化建设研讨交流，讲解道教生命观与养生知识，并开展义诊。

人力资源管理

【概况】 2023年，全市面向社会公开招聘事业单位工作人员514名，其中教师195名、医护人员195名，卫生系统高层次人才34名。根据人事调配管理政策法规和办事程序，办理250人调动手续，其中调出59人，调入19人、市内调动10人，系统内流动162人。办理3427人岗位变更聘用备案；全年核准或重新核准132家事业单位岗位设置方案。新进人员聘用合同签订率100%，解除或终止聘用合同594人。全年共引进高层次优秀人才665人，留学回国人员87人；新增专业技术职称2450人、职业技能等级证书取证3675人、高技能人才1200人、数字经济人才1219人。

【事业单位人事管理】 2023年，全市岗位变更聘用备案3427人，解除或终止聘用合同备案594人。公开招聘事业单位工作人员514名，考试安全率100%。建立"岗位设置对接单"，核准或重新核准市教育局、卫健委等9个部门所属132家事业单位岗位设置方案。按照《泰兴市事业单位管理岗位职员等级晋升工作实施方案》，开展管理岗位职员等级晋升工作，37名管理岗位工作人员晋升九级职员。推行事业单位管理岗位职员等级制度，开展事业单位人员年度考核及全市事业单位人员定期嘉奖工作，2478人获嘉奖，280人记功。

【工资管理】 2023年，全市办理正常晋升1.5万人次、岗位调整2200余人次。审批全市400多家事业单位基准线奖励性绩效工资总量，审批30多家事业单位增量奖励性绩效工资。调整20世纪50年代退职人员生活补贴、丧葬抚恤待遇和晋升职员等级事业单位退休人员一次性退休补贴。审批各事业单位新进人员工资514人次，办理事业单位工作人员和机关工人正常退休备案手续503人次、特殊工种退休备案手续6人次，审批丧葬抚恤待遇340人次、遗属困难补助79人次。提高教师待遇，义务教育阶段按其他事业单位绩效工资基准线20%核增，高中阶段按50%核增。推进公立医院薪酬制度改革，对医院专业技术人员发放临时性工作补助，按不低于单位基准线20%核增一次性绩效工资总量。完成机关事业单位在职人员基础绩效奖和退休人员奖励性补贴审批工作。

【高层次人才引进】 2023年，泰兴市面向各园区、乡镇、街道收集"重点企业人才需求信息征集表"，引进高层次人才665人，留学回国人员87人。实时监测各设站单位博士后在站和出站情况，协助企业招引博士进站工作，招引博士8名。

【人才服务】 2023年，泰兴市开展全市优秀科技人才春节慰问活动，对享受国务院政府特殊津贴人员、省市有突出贡献中青年专家和企业在站博士发放慰问金。对高层次人才引进、人才类别认定等项目在线验核，全年发放购房券225人，接收兑现购房券389万元。发放面试补贴、生活补贴、租房补贴等各类人才补贴1870人次、1415万元。

【人才载体建设】 2023年，江苏扬子鑫福造船有限公司博士后工作站曹菊勇24000TEU双燃料超大型集装箱船的研发及产业化项目入选江苏省卓越博士后揭榜领题项目；江苏南极机械有限责任公司博士后创新实践基地赵艳芹《多运动模式并联机器人分层递阶设计研究》、长虹三杰新能源有限公司博士后创新实践基地《高频脉冲电流对锂负极"死锂"影响行为及机制研究》获中国博士后科学基金第73批面上资助；亚太泵阀有限公司博士后科研工作站《局地三

5月27日，泰兴市举办“航天大洋杯”焊工职业技能竞赛 （市人社局　供图）

维海洋内孤立波模式、动力机制研究》获中国博士后科学基金第74批面上资助。获评江苏省乡土人才大师工作室、江苏省技能大师工作室各1个，泰州市乡土人才大师工作室2个，泰州市技能大师工作室1个。

【技能人才培育】 2023年，全市新增高技能人才1200名、数字技能人才539名。举办化学检验员、焊工、电工、中式烹调师、养老护理员、美发师等技能大赛13场，参赛选手948人，“以赛代评”获高级工证254人。推动紧缺型工种高技能人才培训，开展新型学徒制培训293人；在省内率先推动职业技能等级直接认定试点工作，直接认定化学合成工、船舶电焊工等职业高级工、技师和高级技师425人；开展重点群体技能培训，推行创业意识线上统一考试新模式；发放培训补贴2124人、272.7万元。泰兴市技能大师共享服务团推荐“大师领题”攻关案例，获“揭榜挂帅”优秀案例一等奖2个、二等奖1个、三等奖2个，获“揭榜挂帅”先进个人6名。实施高级研修计划，参加省乡土人才高级研修班1人，参加泰州市乡土人才高级研修班5人，参加泰州市“蓝领精英”培训班6人。

【专业技术人才】 2023年，全市新增专业技术人才2450人。全年共审核专业高级职称评审材料442份，中级评审材料476份，初级职称材料130份，初级初定材料655份。开展中小学幼儿园教师、建设工程、工业工程等中、高级专业技术资格评审，92人取得中小学高级教师职称资格，586人取得中级职称资格，130人取得初级职称资格。开展全市数字经济专业技术资格中初级评审工作，对民营企业优秀和紧缺的数字经济专业技术人才开通职称申报“绿色通道”。推进企业职称自主评审工作，指导企业开展化工领域数字经济人才中初级职称评审工作，全年新增数字经济专业技术人才680名。

劳动和社会保障

【概况】 2023年，泰兴市城镇新增就业1.2万人。发放企业社保补贴896万元、稳岗返还补贴3223.32万元。企业职工养老保险参保20.79万人，城乡居民基本养老保险参保23.82万人、续缴费率99.78%，工伤保险参保19.48万人，被征地农民纳入社会保障13.29万人。企业和机关事业单位离退休人员养老金人均增幅3.8%，惠及11.22万人。全年按时足额发放社保待遇59.32亿元。发布《泰兴市就业创业政策口袋书》，开展政策宣传下基层活动15场次。

【就业优先政策】 2023年，全市运用“直补快办”“免申即享”等模式，兑现社会保险补贴、吸纳就业补贴、税费减免、稳岗返还等政策。发放企业社保补贴896万元，为13家企业、164人办理税费减免资格审核；发放稳岗返还补贴3223.32万元，惠及企业4945家。

【人才招引】 2023年，泰兴市建立校地合作关系，先后50多次组织企业赴省内外高校开展校园引才活动，与6所院校签订“校地合作协议”。开展线上线下招聘活动112场，服务用工企业6000多家，提供就业岗位2.5万个。

【重点群体就业】 2023年，泰兴市实现就业困难人员就业2672人。新增办理灵活就业社保补贴2574人，发放灵活就业社保补贴8553.38

万元；开发公益性岗位985个，安置就业困难人员1109人。开展离校未就业高校毕业生实名制登记调查。推进就业见习岗位募集计划，实施“三支一扶”（大学生在毕业后到农村基层从事支农、支教、支医和扶贫工作）等基层就业项目。通过51家见习基地开发高质量就业见习岗位1.05万个，获评省级就业见习示范基地2家。实施失业保险待遇“畅通领、安全办”行动，推行“免跑即领”“免证即办”“免登即发”经办服务模式。失业保险参保人数14.78万人，发放失业金4091.4万元，代缴医疗保险费890.6万元，发放一次性物价补贴18.9万元。

3月30日，黄桥镇南街社区“家门口”就业服务站揭牌仪式举行

（市人社局　供图）

【创业富民活动】 2023年，泰兴市发布《泰兴市就业创业政策口袋书》，制作8期稳就业政策“一点通”视频。开展“泰好创 兴好业”政策宣传、创业就业服务“五进五送”、“创响江苏”导师团下基层等活动15场次。发放“富民贷”325万元，苏岗贷授信30余户，涉及金额1.3亿元。举办泰兴市2023年创业富民大赛，选拔出18个优秀创业项目。组织11名选手参加泰州市第八届创业富民大赛，3个项目组获一等奖，获二等奖2名，三等奖5名。2家省级创业孵化基地被省人社厅评估为A级基地。

【职业技能培训】 2023年，泰兴市开展育婴员、保育员、服装制作等就业技能培训。推动济川药业集团有限公司、中兵航联科技股份有限公司、江苏常隆农化有限公司等开展化学合成制药工、钳工、车工、化工总控工等高技能人才培训，发放培训补贴2124人、272.7万元。在省内率先推动开展职业技能等级直接认定试点工作，济川药业集团有限公司和江苏大洋船厂共开展化学合成工、船舶电焊工等职业（工种）高级工、技师和高级技师直接认定425人。推动企业与技工院校开展“校企合作”，中兵航联科技股份有限公司与泰兴市技工学校合作学徒制培训开班，全年参加新型学徒制培训293人。

【“家门口”就业服务】 2023年，泰兴市建成“家门口”就业服务站7个，全年开展“家门口”微型招聘会18场，提供岗位893个。

【社保扩面】 2023年，泰兴市确定扩面重点单位2326家，成立6个扩面小组，开展网格化摸排调查。全年企业职工养老保险参保20.3万人，完成全年目标97.43%，新增参保人员3359人。城乡居民基本养老保险参保24.25万人，完成全年目标101.97%；当年缴费18.51万人，续缴费率94.05%。工伤保险参保人数19.9万人，完成全年目标102.5%。被征地农民纳入社会保障12.22万人，当年新增6047人。

【社保制度落实】 2023年，全市人员基础信息全部导入省一体化信息平台，支付养老保险关系转移、终止人员退费170万元，归集至省535万元，为148名退休人员划转退费434万元。完成

2022年退休“中人”待遇计发工作，核定计发待遇449人。推进职业年金发放，全年征缴2.54亿元，领取待遇4065人。推动洋思村、西寺桥村和浩堡村3个村级集体经济组织建立城乡居保集体补助机制。完成首批试点工作，3个集体补助试点村881名城乡居民2.91万元集体补助资金全部到账。

3月10日，全省社会保险基金监督工作会议在泰兴市召开

（市人社局　供图）

【社保待遇调整】 2023年，泰兴市为11.22万名企业和机关事业单位离退休人员调整养老金，人均增幅3.8%。将城乡居民基本养老保险基础养老金标准由231元/（人·月）上调至247元/（人·月），惠及全市22.69万人，全年城乡居民人均养老金水平为322.27元/月，同比增幅11.55%，保障水平并列全市第一。落实被征地农民养老待遇动态调整机制，为近7000人增发待遇2091.35万元。工伤保险、职业伤害保障等同步调整。全年按时足额发放社保待遇54.48亿元。

【基金监管】 2023年，泰兴市加大基金收支、基金结余、预算执行等数据指标统计分析，对2023年社保基金收支预计执行数进行测算。向市财政局争取工伤省级储备金补助到账前缺口资金900万元、机关事业单位养老保险原有试点期间个人缴费衔接资金650万元。开展智慧监管，推进社保基金监管规则、经办内控管理、数据稽核等深度嵌入系统，全年核查各类疑点数据1500条。每月对业务经办流程、业务财务对账、待遇发放等领域开展专项检查。加大对违规领取待遇人员追缴力度，追回8名人员重复领取待遇13.61万元，7名服刑人员违规领取待遇8.61万元。执行缴费申报核定制度，完善征缴稽核和征收考核机制，受理举报并对10家单位开展征缴稽核，追缴社保费及滞纳金357.9万元。开展省委巡视和审计整改“回头看”工作，清退违规参加被征地农民社会保障资金501.28万元。

【“暖心居保”品牌试点】 2023年，泰兴市开展“暖心居保”服务品牌建设，对重残、高龄行动不便、特殊困难不能出门参保人员所涉及业务实行上门服务、现场协助办理。黄桥镇便民服务中心、滨江镇社会事业局、黄桥镇浩堡村、虹桥镇涌兴村、泰兴农商行黄桥新区支行5个基层平台入选省级“暖心居保”服务品牌试点单位。

【人社公共服务】 2023年，泰兴市有社保卡金融服务网点125家，“社保金融超市”网点42家，其中20家为“就近办”优质银行合作网点，数量排名全省第一；建成标准化“家门口”就业服务站7个，兜底帮扶困难群体就业520人。深化“初次就业”“个人创业”“就业登记”一件事改革，就业登记、新生儿出生办卡、待遇资格认证、军人退役等服务事项集成化办理，社保卡实现跨行换卡。“12333”综合服务满意度93%以上。

【和谐劳动关系创建】 2023年，泰兴市全年完成劳动合同备案1.82万人，审查集体合同820份，规模以上企业劳动合同签订率100%，已建工会企业集体合同签订率100%。确定济川药业集团有限公司、中兵航联科技股份有限公司等97家百人以上企业为首批省（市）劳动关系和谐培育单位，获评省优秀劳动关系和谐企业2家。

【劳动监察】 2023年，泰兴市开展“工程建设项目农民工工资支付春季专项规范行动”“农民工工资支付情况专项检查”“规范整顿人力资源市场秩序”等活动，检查用人单位1303个，人均检查118.5户。实行“护薪员制度”，将全市各类工程项目分工到人，定期督促检查项目考勤、工资支付、标准化台账建立情况，累计新开工项目183个，实名制各项制度均为100%。通过农民工工资专用账户发放共计14.44万人次、11.59亿元，为158名职工追回工资87.12万元。落实“谁执法谁普法”责任，开展送法“进工地、进企业、进商圈”活动，开展活动6场，覆盖商圈4个、工地12个、企业90余家，现场发放维权手册2万余份。

【劳动人事争议调解仲裁】 2023年，全市仲裁调解实行每月测评报表工作机制，案件网上运行率100%；做优纠纷化解网上联动工作，各类劳动争议调解组织办结案件2200件，正式立案受理763件，仲裁结案率100%；全国劳动人事争议在线调解管理平台受理劳动争议申请203件，案件办结率100%；济川药业集团有限公司劳动争议调解委员会被表彰为全国2023年度工作突出基层调解组织，黄桥镇劳动关系协调和劳动争议调处中心被评定为2023年江苏省金牌劳动人事争议调解组织。

（周志荣）

4月27日，市劳动监察大队到工地开展维权宣传 （市人社局　供图）

应急事务管理

·综　述·

【概况】 2023年，泰兴市未发生需启动市级综合应急响应的突发事件。修订市级“1+33+N”（“1”指总体应急预案，“33”指县级专项应急预案，“N”指县级部门多个应急预案）预案体系，推动22个板块编制总体预案22个、专项预案276个，指导361个村居（社区）编制现场处置方案376个。推进“中心站+卫星站+微型站”布局，筹建泰兴市蓝天救援中心。

【应急保障】 2023年，市应急管理局应急指挥中心配备1台指挥箱、3台视频终端、2个布控球、2架无人机、2部卫星电话等通信保障装备。按泰州市局要求分批次为15个乡镇（街道、园区）配备智慧屏、视频终端和布控球。全年开展应急拉练、“双盲”（无脚本实战演练，不提前通知，临场设置演练场景）拉练184次。

·安全生产监督管理·

【概况】 2023年，市党政负责人带头攻坚难点难题，挂钩的16项重大风险隐患全部闭环销号，带动各板块同步化解278项。市应急管理局动态更新全域风险辨识管控“一图一册一清单”，辨识管控较大以上风险点位836个。加强新设市场主体安全准入审查，共核查2194家。推进本质安全提升工程，全年解决行业板块内突出问题69项。全市发生各类生产安全事故3起，死亡2人，事故起数同比下降40%，死亡人数与2022年持平。

【隐患排查治理】 2023年，泰兴市开展专项整

2月14日，市应急管理局到黄桥经济开发区调研企业安全生产情况　（市应急管理局　供图）

治巩固提升年、基础建设强化推进年、企业突出风险隐患排查治理、重大事故隐患专项排查整治等系列行动，消除重大隐患214项、一般隐患1.46万项。查改危化领域重大隐患90项、一般隐患4705项。推动老旧装置整改提升9家、18套。推进工贸领域中小型企业整治提升、劳动密集型企业专项检查、中频炉专项治理、“厂中厂”专项核查、有限空间和冷库安全专项整治，查改重大隐患125项、一般隐患2916项。开展烟花爆竹领域超量储存专项督查，对4家烟花爆竹批发企业库存量实行动态监控，查改重大隐患2项、一般隐患17项，督促46家网点整改隐患16项。

【执法队伍建设】 2023年，市应急管理局通过省级执法队伍规范化创建验收。全年向省应急管理厅报送典型案例6个，合格率100%。获评省典型案例1个、泰州市典型案例1个、“泰兴十佳优秀行政执法文书”1本；获评省“重大隐患执法能手”1人、泰州“执法能手”3人。

·防灾减灾·

【防震减灾】 2023年，泰兴排查整治灾害风险隐患603处。开展广场活动17场，发放各类宣传资料5000多份，现场咨询普及防灾知识2000多人次。调整完善灾情信息员队伍，全市镇村两级灾情信息员共落实764名，完成市、乡镇（街道）、村（居）三级灾情信息员信息采集录入工作。组织2家保险公司开展因灾损失或伤害理赔工作，户籍家庭因灾受损理赔金额19.96万元、受伤理赔12.1万元。

（马　立）

【防汛防旱】 2023年，泰兴市落实防汛岗位责任制，修订防汛防台预案，执行24小时值班制，完成21处防汛隐患整改和古马干河南侧挡墙加固、九圩白蚁危害段治理、新星坍江段抛石防护等防汛应急项目，全市未发生严重灾情。推进区域排涝能力提升，完成元竹、古溪工业集聚区治涝工程前期工作。加强水利工程体系联合调度，全年沿江闸共引水7.31亿立方米，马甸泵站调水2.37亿立方米。

（徐　波）

·消防救援·

【概况】 2023年，泰兴市消防救援大队有国家综合性消防救援队3支、政府专职队21支，消防指战员和政府专职消防员357人。全年接警出动1254起、出动消防车2607辆、出动警力1.2万人次，其中火灾扑救518起，抢险救援160起，社会救助514起，抢救财产价值近1623.4万元。完成“1·7”格林美（江苏）钻业火灾、“7·9”液氯槽罐车泄漏事故、“12·6”军昊电缆火灾等重大灭火救援和抢险救灾任务。大队团支部被评为江苏省五四红旗团支部，3人被评为优秀共青团员，2人被评为江苏省优秀党务工作者，1人获泰州市青年五四奖章，1人被评为青年岗位能手。

6月13日，市消防大队开展灭火救援
（市消防大队　供图）

【火灾防控】 2023年，泰兴市消防救援大队累计检查社会单位1253家次、督改火灾隐患或违法行为1731处、临时查封1处、下发行政处罚决定书99份、罚款72.51万元，责令“三停”4家。全市聚焦大型商业综合体、“九小场所”（小型学校或幼儿园、小医院、小商场、小餐饮场所、小旅馆、小歌舞娱乐场所、小网吧、小美容洗浴场所、小生产加工企业）、小型宾馆（旅馆）、住宅小区、工贸企业、电动车等重点场所、重点领域，集中整治各类消防突出风险隐患。全市乡镇（街道）、园区成立消防工作站，黄桥镇、延令街道、姚王街道试点开展消防委托执法。

（印楠菲）

住房公积金管理

【概况】 2023年，全市住房公积金新开户单位207家；新开户职工9836人，实缴职工8.57万人；全年归集额13.66亿元；累计基数调整单位1161家，调整人员5.8万人，调增月缴存额1500万余元。至年底，缴存总额118.41亿元，归集余额405.78亿元。

【住房公积金提取】 2023年，全市提取住房公积金业务36.03万笔；提取额10.70亿元，占全年缴存额的78.33%。至年末，提取总额77.98亿元，比上年末增加15.89%。

【住房公积金贷款】 2023年，全市发放个人住房贷款2396笔、9.70亿元。回收个人住房贷款4.93亿元。全年支持职工购建房29.17万平方米。

（卜　美）

老龄事业

【概况】 2023年，泰兴市推进老年友善医院创建，6家单位通过省级验收。开展示范性老年友好型社区创建，5家社区创建为省级示范，1家被确定为国家级示范社区。

【养老服务】 2023年，泰兴市新建市级综合养老服务中心，建成街道综合性养老服务中心3个，区域性养老服务中心5个，示范性居家养老服务中心7个，嵌入式养老服务站26个，示范性养老睦邻点23个。推进居家养老服务中心百家连锁运营，开展活动986场次。重阳节期间，举办养老服务大集、幸福享老节系列活动10多场。全省首创引导式、渐退式家床补贴政策，探索运营家庭照护床位近200张。完善“12349”智慧养老服务平台功能，对居家上门服务、养老机构、居家养老服务中心实行全面监管。发布“云上幸福院”，近200家服务商入驻平台，累计服务近万单次。出台适老化改造自主消费政策，70周岁以上困难老年人适老化改造实现全覆盖。配备人体存在感知仪等7类设施设备，重点空巢独居老人线上监护实现全覆盖。建立上门服务自选套餐，服务5.8万余名老人，满意率99.8%。建成39个“幸福餐厅”，推动老年助餐服务。全省县级职业学校首设智慧健康养老专业。

【智能手机培训】 2023年，泰兴市开展老年人运用智能技术专项普及培训班，讲解无线网络连接、微信好友添加等操作要领，全年完成老年智能手机培训6240人。

（田　力）

泰兴市红十字会

【概况】 2023年，泰兴市红十字会开展"红十字博爱万人捐"活动，筹集人道救助款物590万元。全年，完成普及培训1.12万人次，持证培训1.81万人，其中开展CPR+AED培训1.71万人，培训初级救护员205人、救护员730人。新创建省级红十字示范学校2所、泰州市示范学校4所。全年无偿献血8496人次，造血干细胞采样121人，完成造血干细胞捐献5例。联合泰兴市工商联、南京市泰兴商会向教育系统以及其他单位捐赠20台AED。资助女性心脏病患者13人、2.6万元；出资3.16万元为200名困难群众购买医惠保1号。支持陕西旬邑15万元、新疆昭苏5万元。全年在"学习强国"学习平台、人民网、新华网等主流媒体刊发信息12篇，《中国红十字报》用稿17篇，省红十字会网站信息233条。"95后"红十字志愿者丁昊勇救落井孩童，获评江苏十大"最美救护员"。

【博爱送万家】 2023年，市红十字会开展"红十字博爱送万家"活动，慰问困难家庭2200余户120万元。实施"博爱光明行"项目，救助泰兴市户籍的低收入农户、低保户、特困户和贫困残疾人等城乡贫困白内障患者，救助82人次、8.2万元。

【博爱万人捐】 4月，市红十字联合会转发《关于在全市开展2023年"红十字博爱万人捐"活动的实施方案》的通知，开展"红十字博爱万人捐"活动，发动机关单位和社会各界奉献爱心，募集资金407.74万元。接收扬州润群医疗器械有限公司、江苏泛威生物科技有限公司、江苏华鑫生物科技有限公司、江苏万晟医疗器械有限公司定向捐赠医疗器械9台，价值181.73万元，上海商会、南京商会定向捐赠26.5万元。在公益平台上线"博爱光明行""爱心洗衣坊""爱心小饭桌"项目，筹资40.21万元。

【助学项目】 2023年，市红十字会资助泰兴籍985、211高校学子35人，资助金额6.9万元。实施"爱心小饭桌"项目，覆盖全市336名贫困学子，资助金额62.75万元。

【血液病救助】 2023年，市红十字会血液病救助项目覆盖至全年龄段，并根据家庭实际贫困状况实施精准救助。对符合救助条件的白血病、再生障碍性贫血等患者提供救助，救助26人次、17.7万元。

【应急救护培训】 2023年，市红十字会开展"救在身边·校园守护"行动，全市所有幼儿园、中小学新入职教师救护培训和高一新生救护培训实现两个全覆盖。开展"博爱泳安"暑期防溺水系列专题培训18场次。走进常泰大桥项目现场、汽车站、化工园区进行应急救护培训，培训职工1582人次。联合市卫健委举办医疗机构应急救护知识与技能大赛，全市44支医疗队伍、100余

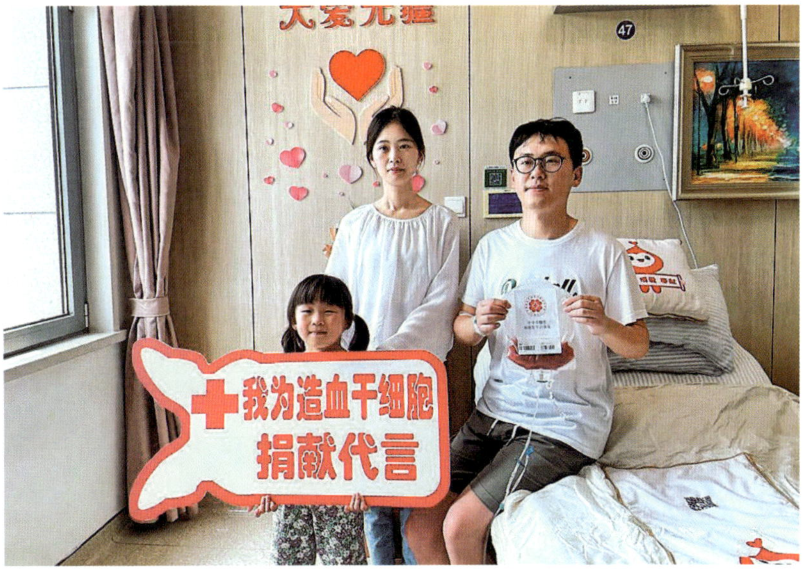

7月25日，志愿者王锐（右）捐献造血干细胞

（市融媒体中心　供图）

8月9日，市红十字会走进泰兴市第一高级中学开展救护培训

（市红十字会　供图）

人参加。培训130名医疗保障志愿者，为“迎新年，相见湾”泰兴市10千米精英赛保驾护航。

【无偿献血和造血干细胞捐献】 2023年，市红十字会联合市血站组织乡镇、机关企事业单位无偿献血和造血干细胞捐献登记活动，全年无偿献血8496人次，造血干细胞采样121人，完成造血干细胞捐献5例。

【遗体器官（组织）捐献】 2023年，市红十字会宣传遗体器官（组织）捐献知识，全年实现遗体器官（组织）捐献志愿登记368例。推动遗体器官（组织）捐献志愿者礼遇，遗体器官（组织）捐赠纳入生态葬奖补范围。

【红十字志愿服务】 2023年，市红十字会推进红十字服务进社区、进家庭，举办养老照护知识普及讲座12场次、志愿服务活动15场次，结对入户救助服务空巢失能老人和困难家庭136户次。在虹桥同德村、清水村建成2家爱心洗衣坊，累计服务310户。指导市人民医院、市中医院2家冠名机构开展博爱送健康活动，为社区村居群众开展义诊义疗、健康咨询及生活服务19场次，1800人次受益。

【红十字“博爱家园”】 2023年，市红十字会开展养老照护、急救培训、扶弱助困及红十字运动知识普及，受益群众达1万余人。滨江爱润滨江、虹桥同德、虹桥清水博爱家园获评省优秀博爱家园，虹桥同德、虹桥清水博爱家园获评泰州市五星级博爱家园。虹桥镇同德村、清水村博爱家园开展“衣暖冬日泰幸福·博爱家园兴暖流”公益行动，为低五保对象捐赠冬衣250余件。

（叶　波）

生态环境建设

环境质量

【概况】 2023年，全市$PM_{2.5}$年均浓度33微克/立方米，连续4年达国家二级标准。8个国省考断面达到或优于Ⅲ类水体比例100%。创建为省级生态文明示范镇（街）2个、示范村5个。

【污染防治攻坚战部署推进会】 3月2日，全市深入打好污染防治攻坚战暨环境质量“首季争优”推进会召开。市委书记张坤强调，要坚持以习近平生态文明思想为引领，坚决守住生态环境只能更好、不能变坏的底线，聚焦“首季争优”，抓实全年目标，持续推动生态环境质量改善，为“高水平构建现代化生态文明体系，奋力打造绿色低碳发展引领区”奠定更加坚实的基础。市委副书记、市长刘文荣主持会议。市委常委、统战部部长、市政府党组成员殷海成通报2022年度治污攻坚和督察整改任务完成情况。市领导范存力、孙峰、惠星、孙红东、孙天民、张鹏出席会议。与会人员观看深入打好污染防治攻坚战专题片。泰兴经济开发区、黄桥镇、市生态环境局、市农业农村局、市住建局作交流发言。

【生态环境保护大会】 12月7日，全市生态环境保护大会召开，会议总结泰兴市生态文明建设和污染防治攻坚成效，部署推进新征程上全市污染防治和生态保护工作。市委书记张坤出席会议并讲话。省生态环境厅驻泰州环境监察专员张勇到会指导。市长刘文荣主持会议。市领导刘荣华、徐闻仲、张红霞、刘辉、毛戴军、范存力、蒋益公、石磊等出席。市委常委、副市长范存力通报全市生态环境保护督察整改及六大专项行动进展情况。泰兴经济开发区、姚王街道、市住建局、市生态环境局作交流发言。

【环境空气质量】 2023年，城区空气质量优良天数为287天，优良天数比率78.6%，较2022年下降0.5个百分点；城区细颗粒物（$PM_{2.5}$）浓度为33微克/立方米，较2022年上升6.4%。年内，城区降尘量均值为3.5吨/（平方千米·月），较2022年下降0.2吨/（平方千米·月）。首要污染物为臭氧、细颗粒物、可吸入颗粒物、二氧化氮的天数分别为147天、59天、51天、5天，造成污染天数分别为48天、23天、6天、1天。臭氧指标平均值超过环境空气质量二级标准。

【水环境质量】 2023年，市级以上断面16个，包括1个国家级考核断面、7个省级考核断面、6个市级考核断面、1个省城市水环境考核断面、1个备用水源地。9个省级以上考核断面水质达标率和优Ⅲ比例均为100%。6个市级考核断面中，过船码头为Ⅱ类水质，张桥大桥、宣堡大桥、霍庄桥3个断面为Ⅲ类水质，广陵大桥、北关桥2个断面为Ⅳ类水质。苏余应急备用水源地取水口为Ⅲ类水质。62个乡镇级考核断面中36个断面为Ⅲ类水质，占比58.1%；17个断面为Ⅳ类水质，占比27.4%；7个断面为Ⅴ类水质，占比11.3%；2个断面水质劣于Ⅴ类，占比3.2%。

【声环境质量】 2023年，城区昼间区域环境噪声平均值为55.6分贝，与2022年相比，昼间区域环境噪声下降0.5分贝。夜间区域环境噪声平均值为44.8分贝；城区昼间交通噪声平均值为64.8分贝，与2022年相比，昼间交通噪声下降1.5分贝。各干道昼间噪声等效声级在59.2~69.1分贝之间。城区夜间交通噪声平均值为54.2分贝；全市功能区噪声监测点位7个，其中永大怡景园、中南世纪城2个点为1类功能区，泰兴中学、仙鹤湾风光带2个点为2类功能区，壁纸厂为3类功能区，南二环、国庆路2个点为4类功能区。功能区噪声昼间达标率为96.4%，比2022年下降2.9个百分点；夜间达标率为87.9%，比2022年下降5.8个百分点。

【生态环境质量】 2023年，全市用水总量控制在5.41亿立方米，万元GDP用水量、万元工业增加值用水量较2020年分别下降28%、12.3%。受污染耕地及重点建设用地安全利用率达100%。省级以上工业园区全面实行主要污染物排放限值限量管理。全市共完成成片造林1942亩，林木覆盖率达26.7%。完成天星洲生态绿化防护经济林建设及湿地修复项目，开发区团结河、通江河、段港河、丰产河等7条区内河生态修复工程，总长13.3千米。推进城区污水管网建设，完成新建管网3千米、改造管网4千米。推进水产养殖生态化改造，完成池塘标准化改造2800亩。取得降水样品58个，降水量1252.6毫米，pH值6.13，未出现酸雨。与2022年相比，降水量上升368.9毫米，pH均值上升0.01。是年，全市降尘量均值为3.5吨/（平方千米·月），其中襟江小学（泰州考核点）降尘量为2.4吨/（平方千米·月）。全市设置18眼地下水监测井点，15眼井地下水Ⅳ类，占受检监测井点的83.3%；3眼井为地下水Ⅴ类，占受检监测井点16.7%。与2022年相比，珊瑚镇政府、分界职中、广陵曹桥五队3眼井水质类别变好，黄桥镇通联路1号、溪桥镀锌管厂三井头3眼井水质类别变差，其余12眼井水质类别无变化。北关桥、冷库码头、马甸闸西、毗芦大桥4个河流底泥测点监测结果均符合标准要求。

生态保护

【生态文明创建】 2023年，张桥镇、延令街道和黄桥镇翁庄村、虹桥镇六圩村、古溪镇东雁岭村、元竹镇蒋堡村、姚王街道新星村被省生态环境厅命名为江苏省第六批生态文明建设示范镇（街道）、村（社区），全市实现生态文明建设示范镇（街道）全覆盖。泰兴高新区生态环境科普中心获评第八批国家生态环境科普基地。编制完成《泰兴市生态空间管控区域监督管理自评估报告》和自评表。推进天星洲生态岛试验区建设试点，天星洲生态岛试验区建设试点获得省奖补资金2500万元，首批下达750万元。加强沿江生态湿地、生态廊道管护，长江岸线治理修复与产业转型综合开发项目纳入省EOD项目库。

【水资源保护】 2023年，全市对1个国考断面、7个省考断面、1个省级城市水环境考核断面、6个泰州市考断面、1个备用水源地监测断面、4个区域补偿断面、6个非考核水功能区断面以及32个乡镇考核断面定期进行水质监测分析，每月形成监测简报报送市领导和乡镇。完成对农村环境地表水、农田灌溉水和农田退水、池塘养殖水以及如泰运河等重要省考断面周边河流水质等水质专项监测。提请市领导召开汛期水质保障工作会议，制定下发国省考断面汛期水质保障工作方案。

污染防治

【水污染防治】 2023年，泰兴市列入水污染防治重点工程项目9个，7个完工，2个达年度序时进度。推进基础设施建设，2号泵站改扩建及配套9.4千米管网项目、滨江污水处理厂3万吨/日膜处理系统项目和经济开发区5万吨/日工业污水处理厂项目建成投运。淮河流域入河排污口整治排查出1850个排口完成溯源并启动分类整治。印发《泰兴市2023年重点国省考断面"首

5月22日，环境监测人员对黄桥镇祁巷村骨干河道进行取样分析 （张朋 摄）

【土壤污染防治】 2023年，泰兴市推进土壤环境重点监管企业污染隐患排查和自行监测，重点监管企业自行监测率100%。加强对关闭搬迁企业环境风险管控，规范企业拆除活动，督促企业制定土壤污染防治工作方案、残留污染物清理和安全处置方案，按规定实施安全处置。加强对重点监管单位和关停化工地块的监管。对全市72家重点监管单位土壤污染状况监督性监测和29家高风险遗留地块污染状况进行调查。

季争优”专项行动工作方案》和《关于开展全市工业园区（集聚区）水污染专项整治工作的通知》，对涉水、涉氟、涉磷企业开展排查整治。推进污水提质增效行动，对生活污水收集管网错接、混接、漏接等查漏补缺；对全市直排口和溢流口实行清单式管理，逐一对账销号。

【大气污染防治】 2023年，泰兴市健全“天空地一体”科技监管手段，实施大气污染防治工程443个。编印《泰兴市环境空气质量周报》49期，每周对大气污染防治工作开展情况进行分析，列出工作建议。开展新浦化学（泰兴）有限公司、江苏奥喜埃化工有限公司等7家企业减排督促工作，安排专人驻厂，指导企业落实减排措施。加强扬尘管控，组织大气攻坚突击队、第三方团队围绕站点周边开展每日巡查，检查点位4000余个，发现问题900余个。开展走航溯源监测，发现扬尘问题174个，涉VOCs（挥发性有机化合物）高值问题69个。开展“首季争优”专项检查，检查工业集聚区涉气企业112家，发现并整改环境问题17个；开展突出涉气环境问题大整治，完成2022年建材、铸造、船舶行业大气污染防治百日攻坚发现问题整改。组织涉VOCs储罐排查企业51家次，检查储罐753个，发现问题41个，全部完成整改。

【固体废物污染防治】 2023年，全市推进“无废城市”建设，印发《泰兴市“无废城市”建设工作方案》，《泰兴市“无废城市”建设实施方案（2023—2025年）》通过政府常务会议讨论，经济开发区化工园区土壤及地下水污染管控修复被纳为生态环境部试点，“无废园区”创建、新污染物治理纳入省试点。将690家企业纳入危废全生命周期监控系统管理，523家企业被纳入小微平台管理。开展化学物质环境信息统计调查，全市209家企业申报新化学物质。开展一般工业污泥利用处置单位环境管理专项整治、医疗废弃物专项检查、危险废物铝灰大排查、大起底、大整治专项行动以及危险废物经营单位企业规范化环境管理评估和安全检查等专项整治行动。

环境监督管理

【环境监测】 2023年，泰兴市按《泰州市2023年环境监管重点单位名录》，对77家水环境重点排污单位、39家大气环境重点排污单位、92家土壤污染重点监管单位和7家地下水防治重点排污单位，开展监督性监测与比对监测工作。编报环境质量监测简报、污染源监督性监测简报、

7月7日，泰州市泰兴生态环境监测站联合泰兴市环保小记者团，举办“守护众生的地球”纪念世界地球日暨环保设施公众开放日活动（钱敏　摄）

污染事故监测快报和其他专项监测工作简报。全年共编制各类简报84期，其中环境质量简报12份，污染源监测简报12份，空气质量专题分析简报12份，其余48份；编制数据性监测报告196份；编制数据报表418份；完成泰兴市2022年度环境质量报告书、泰兴市2022年度环境质量公报等专项报告编制工作。

【环境执法】 2023年，泰兴市推进突出问题整改，长江经济带生态环境突出问题整改“回头看”，23个问题均完成整改销号。三轮次生态环境部大气帮扶交办问题113个，省执法局交办问题18个，省生态环境厅执法现场会帮扶发现问题64个，南通互查交办问题76个，所有问题均整改完成。加强非现场执法，全年核查超标或异常数据92个，查处违法案件6个。开展“双随机、一公开”（在监管过程中随机抽取检查对象，随机选派执法检查人员，抽查情况及查处结果及时向社会公开）执法检查，检查重点污染源176家，一般污染源144家，发现并整改环境问题71个。开展铝灰产生企业大排查、大起底、大整治，强化噪声、异味污染专项治理行动，推进“散乱污”企业整治等执法检查。下达行政处罚决定书162份，处罚总金额1630万元；运用环保法配套办法查处案件11件，其中按日连续处罚1件、查封扣押2件、移送行政拘留5件、移送涉嫌环境犯罪案件3件。全年受理环境信访1626件，同比上升10.6%。

【环境安全】 2023年，泰兴市完成190家企业突发环境事件应急预案备案。组织突发环境事件隐患排查整治，发现194个隐患问题，189个完成整改。指导泰兴市经济开发区、黄桥工业园区环境应急物资库储备建设，印发《全市环境应急物资调拨规程》，推进全市环境应急物资储备库建设。开展“查大风险、除大隐患、防大事故”企业安全生产突出风险隐患排查治理行动、重点行业领域安全生产风险专项整治巩固提升年行动、危险废物重大事故隐患专项排查整治行动等专项活动，消除安全隐患58处。制定印发年度和季度安全联合检查方案，以危废处置企业、建有RTO（蓄热式氧化炉）废气焚烧炉企业和6类环境污染防治设施等为重点，按季度开展安全检查。修订并印发《泰兴市核与辐射事故应急预案》，对30家核技术利用单位开展监督检查，排查问题3个，全部完成整改。

【环境宣传】 2023年，泰兴市在央广网发表《串珠成链　万物共生　江苏泰兴唱响新长江之歌》。全年被《中国环境报》用稿9篇，《人民日报》用稿1篇，《江苏法治》用稿1篇，《新华日报》用稿2篇，《扬子晚报》用稿4篇，《泰州日报》用稿8篇，“学习强国”学习平台用稿10篇，“江苏生态环境”公众号用稿3篇，省厅网站用稿4篇。组织纪念“六五”环境日暨第四届环保文化节活动、“践行责任担当　共建生态家园”庆祝2023年全国生态日暨道德讲堂活动和纪念2023年国际生物多样性日实训等活动。组织开展环保设施开放、“环保科普剧进校园”、“我是生态环境讲解员”评选等活动，支持环保公益组织开展“绿色骑行”“公益大讲堂”等走访宣传活动。

（张　朋）

黄桥镇

【概况】 黄桥镇古名永丰里，北宋元丰年间（1078—1085）称永丰镇。黄桥镇位于泰兴市、如皋市、海安市、姜堰区、靖江市中间，南临珊瑚镇、广陵镇，西接河失镇、根思乡，北依新街镇、元竹镇，东与分界镇、古溪镇接壤，区位优势明显，是“五县（市）通衢”交通要冲，沟通苏南、苏北的重要门户，素有“北分淮倭、南接江潮”的水上枢纽之称。黄桥镇地处泰兴东部，是泰兴市域“副中心”、泰州重点小城市、全国重点镇，全镇下辖1个省级经济开发区。2023年，该镇辖57个村、9个社区，总面积176平方千米，耕地总面积13.4平方千米，总人口23万人。其中，新城区面积6平方千米，古镇区面积12平方千米，镇区人口13万人。实现工业开票销售收入205亿元，同比增长10%。完成工商税收收入11.05亿元。

【农业】 2023年，该镇出台《黄桥镇扶持发展壮大新型农村集体经济意见》和《黄桥镇村、企、机关联建指导意见》，成立黄桥现代农业园区管委会办公室，与黄桥农业综合开发有限公司实现“双轨运行”。全镇57个涉农村（社区）村集体经营性收入比上年增长25%，建档立卡低收入有效户数2759户，共4460人。创建省级小麦绿色高质高效示范方5201亩，省级水稻绿色高质高效示范方5149亩，开展大豆玉米带状复合种植660亩，大豆轮作种植8355亩，蔬菜面积稳定在2.9万亩以上，肉猪上市7.85万头。招引1000万元以上项目7个，其中1亿元以上4个。创成省级示范家庭农场1家，创建省级绿色优质农产品基地1个、绿色食品品牌1个，续展绿色食品品牌1个。

【工业服务业】 2023年，该镇实现工业开票销售收入205亿元，同比增长10%。完成工商税收收入11.05亿元，同比增长50.1%；规模以上工业总产值91.51亿元。完成服务业税收4.7亿元，同比增长62%。实际利用外资及港澳台资3200万美元。外贸进出口额1.2亿美元，同比增长5.69%。新签约1亿元以上项目42个，其中10亿元以上项目4个、3000万美元以上项目7个；新开工1亿元以上项目11个，其中10亿元以上项目3个、3000万美元以上项目1个；新竣工1亿元以上项目11个，其中10亿元以上项目1个、3000万美元项目2个。举办第三届全国生物制造与未来食品前沿技术高级研修班和首届中国生物发酵与未来食品城高层次人才创新创业大赛。创成国家级专精特新“小巨人”企业2家、省级专精特新“小巨人”企业4家、泰州市级企业技术中心3个。创成国家级智能制造示范场景2个、国家级绿色工厂1家。新增“小进规”企业16家。大宗商品交易额3.34亿元，利润604.32万元。设立大健康领域产业基金，对2家优质企业进行股权投资。

【镇村建设】 2023年，该镇改造西河路、兴园路等道路4条、4.23千米。新建停车场1座，新增停车位1400余个。疏通雨污水管网11千米，铺设雨污水管网及强弱电管网2.9千米，建成智能充电棚87个，加装充电设施1740个。安装维修路灯1831盏。推进开发区污水提升泵站及管网建设。完成背后街巷、老旧小区改造17处。米巷、永丰、银杏社区党群服务中心、残疾人之家、敬老院改造完成。完成北沿江高铁动迁215户、如常高速动迁42户、开发区动迁31户，焦庄安置区工程完成招标。新（改）建镇区公厕6座。维修公房320户。完成韩庄小区、河滨家园及2家无物业小区消防设施改造。推进琴韵小镇B地块建设。推进“智慧城管”建设，新增监控点位108个。整治占道经营行为，设置临时疏导点4处，增加免费摊位200余个。拆除违法建设42户、1.45万平方米，规范户外广告138处。行政执法立案查处30起，罚没金额679万余元。12个村上争增收项目补助资金1420万元，32个村整合闲置资金4040万元，50万元以上的村达100%，其中100万~200万元19个、200万元以上6个，整体经营性收入同比增长28%。

【社会事业】 2023年，该镇制定红色研学游实施方案，开辟“红色、青色、金色、绿色”4条专线，打造研学点22个，开设主题班6期。完成古镇核心区夜间景观亮化，永丰夜市运营。连续7年承办“6·21”国际乐器演奏日中国黄桥主会场活动，举办“2023国风琴韵·黄桥古镇文化旅游节”与“月圆中秋 梦圆中国·迎中秋庆国庆黄桥古镇奇妙周”活动，70多万人次参与。与浙江省、安徽省、上海市等地旅游协会签约长三角旅游目的地合作项目。黄桥镇获“长三角首选慢生活旅游小镇”称号，被认定为“长三角红色文化城市联盟基地”“南京艺术学院产学研用共建基地”。16家标准化居家养老服务中心实体化运营。东进社区创建为省级示范未保工作站、泰州市示范儿童“关爱之家”。开展“99公益日”慈善捐赠活动，累计募集资金852.4万元。开发公益性岗位61个，实现残疾人就业123人。最低生活保障标准提高至每人每月800元，农村特困供养标准提高至每人每月1040元。城乡居民养老保险续保率99.22%，基本医疗保险参保率97.84%。发放临时救助资金120余万元、计划生育家庭奖励扶助资金434.06万元、特扶资金205.36万元。启动公办幼儿园集团化办学，完成中心幼儿园改造提升一期工程，设立镇教育基金。维护更新全民健身体育设施20套。提档升级村（社区）卫生室3个。举办文化惠民活动188场。辨识风险点位3672个，整改问题隐患103处。排查“九小场所”3858家，整治小服装加工点210家，打造消防安全示范街9条。完成餐饮场所瓶改管（电）55户，消除燃气风险217处。查处各类交通违法行为1.52万起。下达《责令改正通知书》138份、《监督意见书》45份。完成第二轮省级环保督察问题整改7件，处理泰州污染防治综合监管平台信访418件。空气质量优良天数比80.4%。关停涉污排污企业42家，完成农村生活污水无害化管控项目建设149户，畜禽粪污治理合格率100%。

2023年黄桥镇主要社会经济指标一览表

表22

指　标	单　位	数　值	指　标	单　位	数　值
村（社区）	个	66	农业总产值	万元	21.24
户数	万户	6.43	工业总产值	亿元	—
户籍人口	万人	18.82	粮食总产量	万吨	10.95
从业人员数	万人	—	规模以上工业总产值	亿元	91.51
农村参保人数	万人	—	工业国税开票销售收入	亿元	205
地区生产总值	亿元	179.21	村卫生室	个	34

【米巷社区创为全国示范性老年友好型社区】10月19日，国家卫生健康委员会官网发布通知，公示2023年全国示范性老年友好型社区拟命名名单，黄桥镇米巷社区上榜。米巷社区辖区内常住人口多为老年人，其中80周岁以上人口占比10%，60周岁以上人口占比36%，独居老人28人。米巷社区开展老年友好型（城镇社区）创建工作，开展“一米阳光”“乐游米巷”“博爱家园”“连心家园”品牌建设，打造“六零家园”，满足老年人在居住环境、日常出行、健康服务、养老服务、社会参与等方面需求。

分界镇

【概况】 分界镇位于泰兴市最东部，是泰兴的东大门，东与南通如皋市搬经镇接壤，南临珊瑚镇，西依黄桥镇，北连古溪镇。镇域面积71.13平方千米，耕地总面积5.87万亩，下辖14个村（社区），380个小组，总户数1.79万户，户籍人口5.36万人。

【农业】 2023年，该镇鹏程禽蛋专业合作社获评国家级示范社，金棚家庭农场获评省级示范家庭农场。电商产业年销售额超1.7亿元，举办首届“一村一主播”电商直播大赛。滕家庄园、乐林小镇等经营主体综合收入3366万元。14个村完成经营性收入1512.4万元，其中分界村、湖头村超200万元。利用1.2万亩零散土地，推广“小块连片+轮茬套种”生产模式，亩均收益近1万元。推进二轮土地延包，合同签订率96.9%。实施《优化村级财务管理实施办法》，获省财政厅批示肯定。

【工业】 2023年，该镇完成工业开票销售收入12.03亿元，增幅9%；工商税收收入1.09亿元，增幅84.44%；规模以上工业总产值8.01亿元；固定资产投资9.86亿元，增幅13.19%；进出口总额858.9万美元，增幅21.7%。新签约1000万元以上项目13个，其中5000万元以上项目7个；新开工1000万元以上项目7个，其中5000万元以上项目3个；新竣工1000万元以上项目6个，其中5000万元以上项目2个。实施苏尔克焊接机器人、梓越星级上云等智改数转项目4个，新增曹工液压、恒茂新材料等高新技术企业2家。

【镇村建设】 2023年，该镇投资340万元的迎宾大桥通车，玉笏庄园建设完成招投标手续。上争省级专项资金2000余万元。铺设生活污水管网57.8千米，建设泵站16个。投入950万元完成9.12千米道路黑色化工程。实施复兴路提档升级及雨水管网改造工程。投入50万元对广德路实施雨污分流等工程。开展农村人居环境整治，新建垃圾分类亭44座，改造老旧农房75户，改建户厕1641座。创省级卫生村3个、省级健康村1个、省级生态宜居美丽乡村1个、泰兴市绿美村庄2个，张竹村南张庄台创泰兴市美丽宜居示范庄台。总投资752万元的长生支沟综合整治工程完工，沿界村、赵庄村分别为市级“林长制”“河长制”观摩现场。

6月26日，2023年泰兴市分界镇夏季村晚举办
（分界镇 供图）

【社会事业】 2023年，该镇城乡居民养老保险参保率98%，实施“15分钟医保服务圈”示范点建设。累计发放救助资金1609万元。邀请苏北人民医院专家团队到镇义诊，接诊群众400余人次。投入140万元完成2所幼儿园安全隐患整改，新招教师7人。开展周平红爱心教育基金奖教奖学活动，使用资金14.9万元、慰问师生127人次。野庙村校外辅导站获评泰州市关心下一代先进集体。组织道德讲堂、文明家庭评选、银杏文化讲坛等活动150余场，开设“藤编”非遗展览、青年摄影展等展览24场。新增体育场地6330平方米，组织镇村15支队伍113人开展全民健身健骨操比赛。举办中央电视台“四季村晚”大型直播活动，音诗画节目《村里来了年轻人》获市2024春节文艺会创作奖。

【社会治理】 2023年，该镇投入80万元，在全市率先实体化运行镇级矛盾调解中心，与黄桥法庭共建全市首家非诉纠纷调解中心。分界镇被推荐为泰州市信访先进乡镇，为泰兴市唯一。镇矛盾调解委员会被泰州市司法局评为先进单位。排查闭环整改问题隐患893处。开展应急救援专题培训班4期、应急演练128次。开展学校食堂、道路交通、城镇燃气专项排查整治。推进“泰平安”治安大联防，开展联合夜巡，劝阻电信网络诈骗5起、排查整改安全隐患120处。

【分界甜豌豆获评国家级名特优新农产品】 8月21日，农业农村部农产品质量安全中心发布2023年第二批全国名特优新农产品，市内分界甜豌豆入选。至年底，泰兴有3个产品被列入“全国名特优新农产品”，分别是泰兴香荷芋和新入选的曲霞面粉、分界甜豌豆。 （童海琴）

2023年分界镇主要社会经济指标一览表

表23

指 标	单 位	数 值	指 标	单 位	数 值
村（社区）	个	14	工业总产值	亿元	16.30
户数	万户	1.79	粮食总产量	万吨	5.17
户籍人口	万人	5.36	规模以上工业总产值	亿元	8.01
从业人员数	万人	3.18	规模以上工业利税总额	万元	2907.21
农村参保人数	万人	3.30	工业国税开票销售收入	亿元	12.03
地区生产总值	亿元	22.50	村卫生室	个	14
农业总产值	亿元	4.46			

古溪镇

【概况】 古溪镇位于泰兴市东北部，与如皋、海安、姜堰交界，是泰兴市5个中心镇之一。土地总面积76.11平方千米，耕地总面积5.84万亩，辖社区2个、行政村12个，村民小组407个，户籍人口5.21万人。2023年，完成工业国税开票销售收入21.7亿元，完成工商税收收入1.62亿元。

【农业】 2023年，该镇村集体经营性收入1507万，实现同比增长15%。完成粮食烘干加工、生猪养殖农业重大项目签约3个，总投资1亿元。完成周庄、谢荡高标准农田改造提升项目5000亩，全年粮食种植面积9.7万亩，新增耕地约140亩，超额完成市交粮食播种面积任务，绿色优质农产品比重92%；建立承诺达标合格证服务站点3个，完成农产品质量安全综合检测58批次。开展高素质农民培训450余人次。

10月26日，古溪镇举办葡萄采摘节

（王海银　摄）

【工业】 2023年，该镇实现地区总产值42.2亿元，新增年工业开票销售收入超1亿元规模以上企业1家。新签约1000万元以上项目7个（包含飞地项目一个）；新开工铝合金焊丝扩产、智能化轮毂加工等1000万元以上项目6个，其中5000万元以上项目1个；新竣工1000万元以上项目4个，宝瑞纺织、庆科健康科技2个项目实现竣工即投产。有规模以上工业企业28家，主导产业为发电机组、金属拉丝、装备制造、纺织服装及大健康医疗。江苏星光电机有限公司、江苏恒熠金属制品有限公司、江苏创谊电器有限公司3家企业申报国家高新技术企业，泰兴庆科健康科技有限公司、泰兴市宏阳服装有限公司等7家企业创建为江苏省三星级上云企业，22家企业申报科技型中小企业，引进高层次人才10名，新增有效发明专利11件，处置低效闲置用地6宗，储备用地70亩。

【镇村建设】 2023年，该镇完成农村公路省级计划提档升级9.16千米，市道大中修2千米，建设桥梁4座，增设固定红绿灯1处，移动红绿灯2处，安装减速带300米，维修桥梁54座，整改交通隐患12处。投入60万元，完成副中心垃圾中转站升级改造。推进废旧农膜及农药包装废弃物收集处理，回收利用率92%以上。推进人居环境整治，完成户厕改造1090户，打造省生态美丽示范村1个、美丽宜居示范庄台1个、绿美村庄2个，新建成片林220余亩。推进镇域河道综合整治，完成黄桥灌区一期增补工程河道5条、庄河绿化18千米，建设生态河道8条、幸福河湖16条。升级改造公厕6座，开展集镇环境整治集中攻坚行动5次，清理乱堆乱放42处，闭环整改问题26个，“国家卫生镇”创建初步通过省级验收。

【社会事业】 2023年，该镇完成失地农民保障212人，新增低保95人，城乡居民医疗保险参保率、养老保险续费率和到龄人员补缴率均为97%以上，扩保完成率123%。建成镇村“15分钟医保服务圈”，化解泰兴市协盛家俬有限公司劳资纠纷，帮助23名农民工讨回工资约14.7万元。打造健康主题公园1座，修整健身步道1条，组织文化惠民、农民丰收节等文化活动50余场，受益群众29.8万人次。全年开展建筑施工、城镇燃气、地下管网、“厂中厂”等专项安全检查20余次，闭环整改企业安全生产问题隐患2709处，化解突出矛盾纠纷和信访问题53件。完成“瓶改管（电）”入户走访315户、现场踏勘38户，落实1980年前建设的农房危房改造80户。开展“清风行动”专项治理，查处违纪问题6个；办理群众反映问题106件，群众满意率97.83%。

（吴超凡）

2023年古溪镇主要社会经济指标一览表

表24

指　标	单　位	数　值	指　标	单　位	数　值
村（社区）	个	14	粮食总产量	万吨	4.91
户数	万户	1.78	规模以上工业总产值	亿元	17.83
户籍人口	万人	5.21	农业总产值	亿元	11.38

续表 24

指　标	单　位	数　值	指　标	单　位	数　值
从业人员数	万人	2.80	规模以上工业利税总额	亿元	1.59
农村参保人数	万人	4.59	工业国税开票销售收入	亿元	21.70
地区生产总值	亿元	42.20	村卫生室	个	12

元竹镇

【概况】 元竹镇位于泰兴东北部，南与黄桥镇接壤、北与泰州市姜堰区顾高镇、蒋垛镇毗邻。镇人民政府驻大元居委会，距泰兴市区42千米。辖区总面积47.54平方千米，下辖10个村民委员会、2个居民委员会、259个村民小组。2023年，该镇有人口1.19万户、3.84万人。

【农业】 2023年，该镇新补建高标准农田400亩，播种面积5.8万亩，粮食总产量2.84万吨，农业总产量6.83亿元；新增泰州市示范家庭农场1个；推进第二轮土地承包到期后延包试点工作，合同签订率95%以上；加大土地整理力度，完成占补平衡项目入库23.45亩，增减挂钩项目53.7亩；组建丁庄福竹劳务、兴杨鑫元强村、蒋江好旅游文化发展有限公司等“强村富民”公司。全年12个村（社区）集体经营性总收入1169.43万元，同比增长18%，有效化解村级债务390万元。

【工业服务业】 2023年，该镇完成工商税收收入1.14亿元，同比增长26.8%；完成服务业税收收入2640.57万元，同比增长5.3%；完成工业开票销售收入18.14亿元；完成规模以上工业总产值22亿元；完成固定资产投资11.07亿元，同比增长77.4%；进出口总额完成2200万美元；完成实际利用外资及港澳台资72.6万美元。新签约1000万元以上项目7个，其中飞地1亿元以上项目1个（总投资1.7亿元无锡家传餐饮管理有限公司肉类产品深加工项目）；新开工、新竣工1000万元以上重大项目分别为8个、7个。新增规模以上工业企业3家，完成技术合同成交额3.24亿元，新增发明专利11个，科创项目招引12个，实施智能化数字化技改项目3个，新增国家高新技术4家，新增省星级上云企业3家、科技型中小企业30家。

元竹镇集镇鸟瞰图　　（徐鹏　摄）

【镇村建设】 2023年，该镇推进人居环境整治行动，治理农村“三乱”（农村集体土地乱修乱建、垃圾污水乱倒乱排、公路沿线乱停乱占）500余处，清理暴露垃圾60余吨。完成555户户厕改造任务。提档升级农村道路8.3千米，新改造桥梁3座，铺设污水管网7千米。全年空气质量优良率82.2%。

【社会事业】 2023年，该镇新增就业350人，新增创业324人，自主创业191人。开展政府购买居家养老上门服务人群覆盖率95%以上，推进12个居家养老服务中心建设，蒋堡村创建为省级"老年友好型社区"，城乡居民养老保险续缴率和医疗保险续缴率分别为97%、99%；开展惠民演出51场，服务4500余人次。

【"四季村晚"首场演出】 5月12日，元竹镇在蒋堡村举办"四季村晚"主题活动，泰州市委农办副主任王圣华、泰兴市副市长惠星参加活动。活动现场为12户"美家美户"文明家庭颁奖。

【蒋堡村获评"全国民主法治示范村"】 9月4日，第三批全国乡村治理示范村名单公示，元竹镇蒋堡村入选。蒋堡村秉持"村民事村民办"工作理念，引导村民主动参与乡村治理工作，打造"品牌特色独具、自治参与广泛、居住环境舒适"的和美村庄。先后获"全国文明村""国家级民主法治示范村"等称号，连续10余年被评为泰兴市"无访村"。

2023年元竹镇主要社会经济指标一览表

表25

指　标	单　位	数　值	指　标	单　位	数　值
村（社区）	个	12	农业总产值	亿元	6.83
户数	万户	1.19	粮食总产量	万吨	2.84
户籍人口	万人	3.84	规模以上工业总产值	亿元	22.00
从业人员数	万人	2.01	规模以上工业利税总额	亿元	2.07
农村参保人数	万人	2.24	工业国税开票销售收入	亿元	18.14
地区生产总值	亿元	21.29	村卫生室	个	6

珊瑚镇

【概况】 珊瑚镇位于泰兴市东南部，东与如皋市江安镇接壤，南与靖江市季市镇毗连，北与分界镇、黄桥镇相依，西与广陵镇相邻，229省道、新长铁路穿境而过，距沪陕高速5分钟车程。全镇总面积49.43平方千米，其中耕地面积27.37万亩，总人口超4.7万人。其中，镇区规划面积1.93平方千米，常住人口1.3万人。全年全镇实现地区生产总值28.96亿元，增幅5.5%，完成工商税收收入9307万元；完成工业产业投资8.83亿元；完成进出口总额165.1万美元；农民人均可支配收入2.9万元，增长7.93%。下辖3个社区居委会、10个行政村（二河社区、珊瑚社区、镇前社区、洋港村、曹埠村、祯祥村、顾堡村、左庄村、新桥村、八户村、徐家庄村、八达村、周岱村）。

【农业】 2023年，该镇共流转各类土地面积超2.56万亩，累计建立家庭农场92家。创建泰州市级示范家庭农场2个、泰兴市级示范家庭农场10个。全镇粮食和大豆播种面积6.74万亩，其中水稻面积3.27万亩。3亩以上水稻秧池面积290.43亩，食味优质稻米应用面积占水稻种植面积95%。全镇淡水养殖面积2907.15亩，其中池塘养殖924.45亩、河沟139.95亩、稻田养殖1842.75亩。完成庄河绿化20.08千米；完成通村路道绿化1700米，新建完善农田林网5280亩；完成成片造林290.55亩，“四旁”植树新栽1.53万株；完成森林抚育870亩，新增省级绿美村庄1个。新建1个现代农业社会化综合服务站（金慧丰农产品直营店），完成培育电商销售额超100万元企业2家，农村电商交易额1.42亿元，农副产品市场交易额5.7亿元。举办第六届农民丰收节暨第四届旅游节，全年乡村旅游人数12.25万人次，经营收入超4300万元。

【工业】 2023年，该镇实现地区生产总值28.96亿元，同比增长5.5%；完成工业开票销售收入17.46亿元；实现工商税收收入0.93亿元。新增规模以上工业企业4家。新签约1000万元以上工业项目7个，其中1亿元以上项目1个，总投资1.9亿元；新开工1000万元以上项目6个；新竣工1000万元以上工业项目5个。被认定为国家级高新技术企业11家。高新技术产值占规模以上工业产值比重58.62%。

【服务业】 2023年，该镇完成服务业固定资产投资1.28亿元，规模以上营利性服务业营业收入2207.4万元，实现服务业增加值9.66亿元，增长16.95%；完成服务业税收1168.12万元。

【镇村建设】 2023年，该镇改善农民住房122户，集中居住区一期69户交付入住。实施农村道路提档升级7.52千米，新建农桥4座。整治杆线20余千米。新增停车位287个。整村推进改厕437座。整治河道15条，疏浚长度41千米，建设生态护岸长度82千米，治理水土保持面积41万平方米，生态河道覆盖率82%。打造示范中沟3条，示范庄河、幸福河湖27条，创泰州“十佳”幸福河湖1条。开展“文明家庭”评选工作，评选镇级“文明家庭”5609户，村级文明家庭9863户。创建美丽宜居示范庄台2个、乡村振兴示范村1个。

【社会事业】 2023年，该镇农村居民人均可支配收入2.9万元，增长7.93%。农村医疗保险覆盖率100%，养老保险覆盖率实现100%。全年清理不符合低保条件对象94人、农村五保42人；新增低保79人（另18人核增），新增五保户27人、重残40人，发放农村最低生活保障补助344.15万元，五保供养补贴586.8万元，重残救助补贴513.27万元。殡葬改革火化率、骨灰进公墓安葬率均为100%。是年，举办创业培训班4期，培训110人。新增城镇就业378人，带动就业1200人，支持自主创业215人，扶持农民自主创业113人。计划生育奖励扶助新增367例。全年开展文化惠民演出40场，送电影到村156场，送书到村3800多册，其中儿童类书籍占65%。全年未发生一起安全事故。

（殷建美）

2023年珊瑚镇主要社会经济指标一览表

表26

指　标	单　位	数　值	指　标	单　位	数　值
地区生产总值	亿元	28.96	出售家禽	万羽	65.11
工商税收收入	万元	9307	规模以上工业总产值	亿元	17.67
农业总产值	亿元	5.28	工业开票销售收入	亿元	17.46
粮食总产量	万吨	3.41	村卫生室	个	8
出栏生猪	万头	3.27	参加社会保障人数	万人	3.06

广陵镇

【概况】 广陵镇地处泰兴东南，与靖江隔河相望，为黄桥老区乡镇之一，地理位置优势突出，京沪、沪陕、盐靖3条高速穿境而过，是南来北往的重要交通枢纽。镇域总面积58.43平方千米，其中耕地总面积32.63平方千米、集镇总规面积2.22平方千米，下辖15个行政村、2个社区，共393个村民小组，户籍人口4.77万人。

【农业】 2023年，该镇粮食种植面积6.37万亩。土地增减挂钩项目验收通过面积47.43亩，土地占补平衡项目验收通过面积67.23亩，累计新增耕地面积114.66亩。机插育秧面积220亩，水稻和小麦机收率100%。实施池塘标准化改造面积490亩。完成农产品质量检测4990批次。培育泰州市级示范家庭农场、泰州市级示范合作社各1家。发展休闲农业，接待休闲旅游人数27.6万人次。开展土地二轮承包到期延包。全镇村集体经营性收入增幅20%左右。

【工业】 2023年，该镇完成工商税收收入8305万元，同比增长7.73%；固定资产投资完成11.22亿元，增幅11.3%；规模以上工业总产值22.53亿元；限额以上住宿餐饮业营业额完成6160.7万元，增幅28.98%。新签约项目9个，新开工项目8个，新竣工项目6个，完成1亿元以上“飞地”项目2个。新增规模以上工业企业3家，新增规模以上服务业企业数1家，新增限额以上批零住餐数8家。江苏国盛新材料有限公司创建为国家级专精特新“小巨人”企业。江苏泰顺能源科技开发有限公司申报科技副总项目。

【镇村建设】 2023年，该镇完成8个村的实用性村庄规划编制工作。广陵集镇施划经营线1800米，新增非机动车停车线1.84千米，新增机动车停车位425个。打造美丽宜居庄台1个、绿美庄台2个，创建绿美村庄2个，成片造林103.3亩。镇政府东侧和红枫园两处安置区主体建筑工程基本完工。G40高速扩容及连接线S436工程累计拆迁211户。

【社会事业】 2023年，该镇新增低保户17人、特困供养人员17人、困境儿童8人。新增享受残疾人“两项补贴”93人。实施各类临时救助对象624人，救助金额34.26万元。建设“15分钟医保服务圈”，实现“一窗受理、一次办结”。新增1.1万平方米体育场地。新增城镇就业300余人。申报1名“两癌”贫困妇女，获国家和泰州市级救助资金。阳光信访平台转交153件全部办结。全镇47个网格，上报办结突发信息5069条。 （李　毅）

2023年广陵镇主要社会经济指标一览表

表27

指　标	单　位	数　值	指　标	单　位	数　值
村（社区）	个	17	工业总产值	亿元	27.79
户数	万户	1.64	粮食总产量	万吨	3.14
户籍人口	万人	4.77	规模以上工业总产值	亿元	22.53
从业人员数	万人	2.17	规模以上工业利税总额	亿元	3.87
农村参保人数	万人	3.50	工业国税开票销售收入	亿元	22.65
地区生产总值	亿元	29.75	村卫生室	个	10
农业总产值	亿元	3.57			

曲霞镇

【概况】 曲霞镇地处泰兴南部，毗邻苏锡常，南与靖江市接壤，东至广陵镇，西连虹桥镇。全镇区域总面积35.26平方千米，耕地总面积20.16平方千米，下辖1个涉农社区、8个行政村，呈锯齿状东西分布，有村民小组243个。户籍人口2.74万人，其中非农业人口1.59万人。

【农业】 2023年，该镇完成小麦丰产方建设技术指导、测产、验收等工作，小麦亩均产量850斤。创建绿色高质高效示范片以及水稻“A”级方，开展粮食监测点的稳产增产工作，水稻亩均产量675千克；绿色蔬菜基地面积2500亩，占全镇蔬菜种植面积的76.9%；绿色优质农产品比重99.1%，新增农业农村部认定地方名特优新农产品1个。新认定市级农业产业化联合体1个，新增泰州市级示范家庭农场1个。全年实施农业投资项目5个，其中重大项目2个，已开工建设1个。推进乡村医疗互助项目试点工作，农户参与率50.4%；实施标准化鱼塘建设，完成850亩改造任务；完成水产养殖保险45.1万元、畜禽养殖保险27.7万元。开展“苏农担”对接活动2次、泰惠农·政银保企对接活动1次，对新型经营主体放贷12人次，放贷总额近3000万元。完成水稻育秧保险151.15亩，小麦完全成本保险1.63万亩，土地二轮延包合同签订率95.8%。盘活印达庄家人酒店、镇西银杏挂面厂等闲置资源8处，招引悠趣休闲等项目7个。监测村集体经营性收入，落实13个村级增收项目，每年增收超100万元，村级集体经济总收入较上年上涨25%。

【工业】 2023年，该镇完成地区生产总值21.8亿元，增长9%；完成财政税收收入1亿元，增长30.3%；完成工业开票销售收入20.3亿元，增长9.5%；完成规模以上工业总产值15亿元，增长17.7%；完成规模以上营利性服务业营业收入1.3亿元，增长66.2%，完成固定资产投资10.5亿元，增长30%；完成进出口总额3800万美元，增长37.8%，新增规模以上工业、服务业各3家。全年新签约项目8个，其中5000万元以上项目5个；新开工项目9个，其中5000万元以上项目2个；新竣工项目8个，其中5000万元以上项目2个。认定高新技术企业4家；新授权发明专利6件；获评三星级上云企业4家，四星级上云企业2家；曲霞面粉获“江苏精品”认证，被认定为省级企业技术中心；中运锚链被认定为市级企业技术中心、工程技术研究中心、专精特新企业、科技瞪羚企业。新玲珑高分子材料年产1.5万吨塑料粉末项目实现“拿地即开工”。

曲霞镇戴窑村　　（曲霞镇　供图）

【镇村建设】 2023年，该镇完成户厕改造2088座，包括新建1645座，维修443座。实施“两违”（违法用地、违法建设）专项整治，拆除未批先建等违建房屋5处；化解集镇“停车难”问题，新增公共停车位74个，施划非机动车停车线126米。创成江苏省重点旅游村1个、泰州宜居宜业和美乡村1个、泰州乡村振兴示范村1个、农田林网示范村2个、泰兴市绿美村庄1个，“四旁”植树新栽2.2万株，完成新增成片林116亩，中幼林森林抚育1000亩。建成幸福河湖9条，全长26.75千米，建设“一事一议”农桥3座，投资548.08万元实施国家水土保持重点工程曲霞小流域综合治理项目。实施省级第二批重点及特色镇发展项目建设，霞幕圩大街综合提升、陈潮市民文化活动空间建设等4个项目18个工程全部建设完成。完善配套农贸市场安置区基础设施，建设内部道路690米、雨污水管网2296米，同步实施给水工程、强电基础设施工程。全年农村提档升级道路7条，全长4.8千米；完成状元街、中心街大桥等破损路面维修。

【社会事业】 2023年，全镇城乡居民养老保险续缴费6538人，计入核减完成率100%；城乡居民医疗保险缴费2.17万人，完成率98.6%。新增就业250人，自主创业150人。新增农村低保对象43户68人，累计发放农村低保对象最低生活保障金285.62万元；累计发放五保供养金额349.68万元；开展临时救助660人次，发放救助金额22.16万元；发放残疾人护理补贴37.52万元，残疾人生活补贴315.63万元。举办第五届曲霞镇农民运动会，开展文化惠民演出、银杏讲坛、文化展览等活动，累计受众约17万人次。推进“查大风险、除大隐患、防大事故”专项行动、重大事故隐患专项排查整治行动等，发现问题隐患445处，全部闭环整改。排查发现“三合一”场所（集生产、生活、仓库或经营于一体的小工厂、小作坊）74家，全部落实整改。对59家企业及个体生产加工点食堂进行检查，发现问题隐患118处；检查餐饮燃气场所29处，发现问题隐患16处，整改率均为100%。

【曲霞面粉获评国家级名特优新农产品】 8月21日，农业农村部农产品质量安全中心发布2023年第二批全国名特优新农产品，曲霞面粉入选。

（李韩飞）

2023年曲霞镇主要社会经济指标一览表

表28

指　标	单　位	数　值	指　标	单　位	数　值
村（社区）	个	9	工业总产值	亿元	8.91
户数	万户	1.04	粮食总产量	万吨	2.21
户籍人口	万人	2.74	规模以上工业总产值	亿元	15.00
从业人员数	万人	1.12	规模以上工业利税总额	万元	2175
农村参保人数	万人	2.81	工业国税开票销售收	亿元	20.30
地区生产总值	亿元	21.80	村卫生室	个	9
农业总产值	亿元	3.85			

张桥镇

【概况】 张桥镇地处泰兴城南郊沿江经济带，毗邻延令街道、虹桥、曲霞、河失、姚王街道，江平路、澄江路穿境而过。全镇共1.76万户、5.67万人，总面积61.76平方千米，耕地面积3796公顷。下辖15个行政村，3个社区，382个村民小组。全镇建有1个村级党委，17个村党总支部，93个党支部，共有党员2274名。

6月20日，张桥镇举办“我们的节日·端午”暨“苏韵乡情鲜桃品鉴”活动
（张桥镇 供图）

【农业】 2023年，该镇建成高标准农田5000亩。新建生态河道3条、4.95千米，创建幸福河湖15条、示范河道1条，完成天星港绿化及焦土港整治工程。新增泰州市龙头企业1家，招引农业重大项目3个。完成现代农业产业园数字农业项目建设，打造国家级生态农场1个，吴榨村入选江苏省乡村旅游重点村名录。18个村（社区）经营性收入均超50万元，其中200万元以上2个、100万元以上4个，纳入省级乡村振兴示范村创建名单1个。

【工业】 2023年，该镇实现地区生产总值32.29亿元、增长8.03%。实现工业开票销售收入30.05亿元，增长8.3%，规模以上工业总产值17.58亿元，增长6%；进出口总额2100万美元，增长18%。完成工商税收收入1.7亿元，固定资产投资16.7亿元。利用外资及港澳台资50万美元。1000万元以上项目新签约10个、新开工8个、新竣工8个，分别完成市交任务的166%、133%、133%。全年新增发明专利16项，新认定国家级高新技术企业4家、市级专精特新企业2家，新增省星级上云企业7家。

【镇村建设】 2023年，该镇农民集中居住区主体工程竣工，常泰北接线、镇海路南延及互通401户动迁户选房工作完成。农贸市场主体工程封顶，邻里中心开工建设。同德路西延、汤庄河整治、羌溪河景观改造等民生实事工程通过竣工验收。累计投入500万元提档升级改造农村公路4条、6千米，形成以分蒋线、345国道为中心的轴循环线。镇区污水管网接入城区主管道。建成常巷村、焦荡村两个“绿美村庄”，吴榨村创建为泰州市特色田园乡村。土地增减挂钩项目通过市级验收70.66亩。

【社会事业】 2023年，该镇累计发放各类民政补助资金3006万元。完成农房改善159户。建成省级“15分钟医保服务圈”示范点，创建为省卫生镇、省生态文明建设示范乡镇。推进安全生产专项整治巩固提升和重大事故隐患专项排查行动，全年未发生较大影响生产安全事故。建设社会矛盾纠纷调处服务中心，调处重大矛盾纠纷11起，调处成功率100%。推进重点信访事项百日攻坚，化解26件信访积案。

【“我们的节日·端午”】 6月20日，由市委宣传部、市文明办主办，张桥镇党委、政府承办的“我们的节日·端午”暨“苏韵乡情鲜桃品鉴”活动在张桥镇西桥村举办，活动以“端午时节粽香飘 家国情怀薪火传”为主题。现场600余人观看演出。
（耿 澍）

2023年张桥镇主要社会经济指标一览表

表29

指　标	单　位	数　值	指　标	单　位	数　值
村（社区）	个	18	粮食总产量	万吨	3.58
户数	万户	1.76	规模以上工业总产值	亿元	17.58
户籍人口	万人	5.67	规模以上工业利税总额	万元	5319.97
从业人员数	万人	3.18	工业总产值	亿元	28.65
农村参保人数	万人	4.10	工业国税开票销售收入	亿元	30.05
地区生产总值	亿元	32.29	村卫生室	个	12
农业总产值	亿元	4.34			

新街镇

【概况】 新街镇地处泰兴市东北部，北靠泰州姜堰，东邻元竹、黄桥，西依宣堡、根思，南与河失镇接壤。镇域面积72.02平方千米，耕地面积5.4万亩。下辖28个行政村，431个村民小组。户籍人口5.39万人，其中非农人口5772人。2023年，全镇实现地区生产总值31.87亿元，完成工商税收7253.43万元，农村居民人均可支配收入2.69万元。

【农业】 2023年，该镇实施有机蔬菜、冷藏保鲜、蔬果自动化分拣包装等项目，新建有机蔬菜标准钢棚和连栋大棚10.7万平方米、萝卜制种与种质保护基地3500平方米，建造水果分拣中心1000平方米、深加工生产线2000平方米、冷藏保鲜库2640平方米，打造综合利用中心5900平方米，年处理农业废弃物9000余吨。举办“第六届泰兴雪梨采摘节”。洋宇生态农业有限公司、鞠山土地股份合作社、谢荡农场分别为全市农业农村重大项目集中开工、党建引领村集体增收、秋季农业生产观摩现场。新建高标准农田8000亩，疏浚整治河道3千米，新建、改造泵站13座，维修、升级硬质衬砌渠道2.9千米。

【工业服务业】 2023年，该镇累计新签约1000万元以上项目6个，其中5000万元以上项目2个；新开工项目5个，其中1亿元以上项目1个；新竣工项目5个。完成亿元“飞地”项目1个。新增规模以上服务业企业1家、限额以上批零住餐3家。全年可实现工业开票销售收入7.78亿元、工商税收收入7253.43万元。

【镇村建设】 2023年，该镇2个庄台创建为市“美丽宜居示范庄台”，省卫生镇创建通过专家组考评验收。全年累计清理扒坡种植21万平方米，整改违建、河坡坍塌等河道隐患80多处，实施宣堡港新街段块石挡墙工程2.4千米、中沟和庄河木桩护岸5.9千米、河坡植草50万平方米，改造张吉、车马庄等村水产养殖池塘415亩，完成农田林网和路道、河道增绿补绿4.6万株，新增、更新成片林176亩，创建省级生态河道1条、市幸福河道10条、市绿美村庄2个。新建、改造无害化卫生户厕65座，铺设污水主支管道13.9千米。全年提档升级农村公路4条、4.88千米，新建、改造桥梁4座，拓宽路道4千米，添置路灯660盏。李荡村创建为泰州市特色田园乡村。完成车马、叶利小学“撤点并校”。

【社会事业】 2023年，该镇开展农民工等重点群体就业帮扶，新增就业人口620人。城乡居民养老保险、医疗保险、“医惠保”参保人口分别为1.29万人、3.31万人、1344人。完善工业企业风险分级管控、隐患排查治理双重预防机制，开展“九小场所”（小学校或幼儿园、小医院、小商场、小餐饮场所、小旅馆、小歌舞娱乐场所、小网吧、小美容洗浴场所、小生产加工企业）消防安全大排查和瓶装燃气、烟花爆竹、农村自建房安全隐患大整治，累计排查问题隐患907处，整改销号858处，全年安全生产无事故。

2023年新街镇主要社会经济指标一览表

表30

指　标	单　位	数　值	指　标	单　位	数　值
村（社区）	个	28	出售家禽	万羽	223.26
户籍人口	万人	5.39	规模以上工业总产值	亿元	4.18
地区生产总值	亿元	31.87	规模以上工业利税总额	万元	4769
工商税收收入	万元	7253.43	工业国税开票销售收入	亿元	7.78
农业总产值	亿元	10.60	村卫生室	个	14
粮食总产量	万吨	3.58	参加社会保障人数	万人	1.29
出栏生猪	万头	12.72			

河失镇

【概况】 泰兴市河失镇地处泰兴腹地，东临宁靖盐高速，西傍京沪、宁通高速，镇区东西两侧设有泰兴（黄桥）、泰兴东（河失）出口处，新、老334省道、232省道与新广线在镇区交汇，有着“母亲河”之称的如泰运河贯穿镇区东西。全镇下辖19个村（社区），414个村民小组，总人口5.4万人，行政区域面积64.41平方千米，耕地面积31.94平方千米。

【农业】 2023年，该镇开展人居环境整治及“六位一体”长效管护，推进农村“厕所革命”。实行农村生活垃圾分类处置。打造美丽宜居示范庄台4个、宜居宜业和美乡村1个，新增成片林149.6亩，庄河绿化63条、23千米，完成集中育秧304.93亩、池塘标准化改造311亩，完成南洋路、北军路绿色通道建设，印庄村、同心村创成市级绿美乡村。土地二轮延包合同签约率95%。创建泰州级示范家庭农场2家、泰州级示范合作社1家。推进常周食品站蔬菜分拣中心项目建设，推动鑫

河失镇航拍图　　（河失镇　供图）

济环保投产运行。全镇实现村级集体经营性收入1255万元以上，增幅超15%。推进真香食品鲜食烘焙、农产品产地冷藏保鲜基地等项目落户河失。

【工业】 2023年，该镇完成地区生产总值33.17亿元，同比增长7.98%；工商税收收入1.94亿元，同比增长13.45%；工业开票销售收入24.11亿元；规模以上工业总产值16.53亿元，同比增长0.58%；固定资产投资21.2亿元，同比增长47.2%；一般公共预算收入1.01亿元，同比增长16.6%。申报星级上云企业5家、高新技术企业11家、国家级专精特新企业1家，申报省级智能车间1个、有效发明专利16项，新上科创项目6个、智能化数字化技改项目3个、工业机器人项目2个。全年到北京市、南京市、苏州市、南通市等地开展招商活动10余次，新招引1000万元以上项目9个，其中1亿元以上项目4个；新开工1000万元以上项目7个，其中1亿元以上项目2个；新竣工1000万元以上项目8个，其中1亿元以上项目1个。计划总投资5.19亿元的泰隆集团精密减速机零部件一期项目获认“泰州市‘三比一提升’重大新开工项目”。

【镇村建设】 2023年，该镇打造集镇管理示范街，完成集镇副中心改造。集中更新自动装卸垃圾清运车、分类式垃圾亭等装备设施。实施新334省道双失路辅道工程，完成河东线、夏小路、窑厂路、丁沟中心桥提档升级。修复破损道路15处，共计615平方米。完成河头庄大桥更新建设。

【社会事业】 2023年，该镇新增城镇就业480人，城乡基本养老保险参保缴费率100%，城乡居民医疗保险参保缴费率98%。为民服务窗口办件量累计2.82万件。完善社会救助快速预警、主动发现机制，精准救助率、供养达标率、镇配套资金到位率均为100%。开展大病救助269人，发放救助金42.28万元；开展临时救助803人，发放救助金73.24万元。开展“无矛盾上行村（社区）”建设，全年受理信访281件，化解278件，化解率99%，满意率100%。实体化运行镇矛调中心，化解34起矛盾纠纷，“共同理 大家评”综合解纷工作法入选全国104家“枫桥式工作法”，河失镇获评全国新时代“枫桥经验”先进典型。开展重大事故隐患专项排查整治、“厂中厂”专项整治巩固提升年、中小型工业企业安全管理规范化建设等行动，累计检查企业638家次，排查一般隐患2338处、重大隐患21处，均闭环整改。核查省生态环境厅交办件4件，对督查指出问题落实整改。开展如常高速公路河失段21.22公顷征地报批工作，签约土地使用权现状调查和青苗补偿协议448份，签订率90%以上，落实安置人员481人，社会保障协议签订率100%。

2023年河失镇主要社会经济指标一览表

表31

指　标	单　位	数　值	指　标	单　位	数　值
村（社区）	个	19	工业总产值	亿元	29.14
户数	万户	1.75	粮食总产量	万吨	3.35
户籍人口	万人	5.40	规模以上工业总产值	亿元	16.53
从业人员数	万人	3.03	规模以上工业利税总额	亿元	3.89
农村参保人数	万人	1.25	工业国税开票销售收入	亿元	24.11
地区生产总值	亿元	33.17	村卫生室	个	9
农业总产值	亿元	8.81			

根思乡

【概况】 根思乡是特级战斗英雄杨根思烈士的故乡，是黄桥革命老区，典型的农业大乡。地处泰兴市北郊，东临新长铁路，西依长江水道，南靠泰兴城区，北壤地级市泰州，宁通高速泰兴北出口位于辖区内，乡政府驻地距市区仅9千米，地理位置优越。全乡土地总面积58.9平方千米，耕地总面积4.95万亩，下辖12个行政村，46个自然村，356个村民小组，户籍人口4.7万人。

【农业】 2023年，根思乡夏粮播种面积3.7万亩，秋粮播种面积3.9万亩，粮食总产量3.83万吨；发放实际种粮一次性补贴66.88万元、耕地地力保护补贴384.67万元、稻谷补贴246.06万元。加强蔬菜、水果、水产、稻麦等农产品质量安全监测，推广胶体金检测样品1330个，分光光度法速测样品3554个，追溯率100%；开展生产基地巡查523次，录入生产档案265个，打印食用农产品合格证9.98万张。推进新型农业经营主体规范化建设，新增泰州市示范农场2家，签约鼎绣农业生态旅游、时空生态工厂化水产养殖和红耕农场粮食烘干仓储3个1000万元以上农业重大项目，完成景泰园生态旅游项目开工。推进第二轮土地承包到期后延包试点工作，签订上传延包合同1.32万户，上传率95%以上。组建强农综合服务公司3家，引进7家企业实施农村屋顶分布式光伏发电项目，全年实现村级经营收入30万元；完成合同履行“三资”信息化监管平台预警处置异常4例，追缴租金6.48万元；完成资产闲置预警处置5例，新签承包租赁合同9份。推进林长制，完成54条、60千米庄河绿化，新增成片林62.7亩，更新成片林48.15亩；推进秸秆离田综合利用，购进移动式秸秆打包机，增设4个临时打包点，累计收集秸秆近1万吨。

【工业服务业】 2023年，根思乡实现地区生产总值23.26亿元，增幅6.12%；完成工业开票销售收入16.17亿元；完成工商税收收入1.5亿元，同比增长31.6%；完成固定资产投资8.95亿元。推进项目招引建设，新签约1000万元以上项目6个，其中5000万元以上项目3个；新开工1000万元以上项目7个，其中5000万元以上项目2个；新竣工1000万元以上项目5个。累计办理土地农转用101.7亩；推进“亩均论英雄”改革，盘活江苏祥顺环保设备有限公司、江苏吉能电气有限公司等4家企业闲置用地72亩。实现建筑业营业收入4.71亿元，同比增长5.5%；完成建筑业税收收入2192万元，同比增长4.3%，实现利润总额2542万元。全年完成服务业税收收入3425.33万元，新开工项目6个，新竣工项目5个，新增规模以上企业4家，新增规模以上服务业企业1家。

根思乡鸟瞰图　（根思乡　供图）

【社会事业】 2023年，

根思乡落实一事一议奖补项目资金129万元，铺设水泥路2.14千米，安装路灯835盏，修复塌陷破损路面305平方米、路牙245米，修补绿化缺株断档200平方米，路灯125盏；完成425座户厕改建任务，其中新建325座，整改100座；推动乡级道路提档升级，完成对张许路、根焦线、焦孔路和羌庄桥的沥青铺设。建设“15分钟医保服务圈”，基本医保应保尽保3.31万人；城乡居民基本养老保险新增参保340人，续缴费率100%。优化企业后勤服务工作，新增城镇就业501人，泰兴市龙溢端子有限公司、江苏鹏江电子科技有限公司、江苏申光电子科技有限公司等15家企业引进高层次人才2人，支持23名高校毕业生回乡创业。全年送演出到村38场，线下受众2.9万人次；发动“博爱万人捐”活动，收到捐款2万元，救助38户家庭；推进农村社会矛盾纠纷调解标准化建设，建成设立根思乡社会矛盾纠纷调处服务中心，共计办结国家、省、市信访流转件82件，调处矛盾纠纷1628起。围绕冶金铸造、粉尘涉爆和危化品等重点企业及工业集聚区、集镇（副中心）等重点区域，检查生产经营单位83家次，排查隐患1160处，隐患整改率100%。落实食品安全“两个责任”（食品安全属地管理责任和食品生产经营单位主体责任），专项整治检查辖区内所有中小学、幼儿园21所次，发现问题19个，整改率100%。对全乡12个行政村开展摸排，规范整改23家，提升8家，关闭2家不具备安全生产条件企业。安置区主体建设完工，一期安置84户，占地面积1.47公顷；二期占地3.4公顷。

（储明宇）

2023年根思乡主要社会经济指标一览表

表32

指　标	单　位	数　值	指　标	单　位	数　值
村（社区）	个	12	工业总产值	亿元	18.91
户数	万户	1.45	粮食总产量	万吨	3.83
户籍人口	万人	4.70	规模以上工业总产值	亿元	13.61
从业人员数	万人	1.70	规模以上工业利税总额	亿元	1.15
农村参保人数	万人	2.18	工业国税开票销售收入	亿元	16.17
地区生产总值	亿元	23.26	村卫生室	个	10
农业总产值	亿元	3.21			

宣堡镇

【概况】 宣堡镇位于泰兴市北部，宣泰线、宁通公路穿境而过。南至根思乡，东部、北部和西部分别与高港区胡庄镇、许庄街道办以及口岸街道办接壤，西南与市经济开发区（滨江镇马甸）交界。全镇土地总面积32.27平方千米，其中耕地面积17.86平方千米；下辖11个行政村，1个居委会，203个村民小组，户籍人口3.05万人。

【农业】 2023年，该镇完成粮食生产任务1.3万亩，绿色蔬菜种植8362亩（含复种），创建1000亩以上粮食绿色高质高效示范片1个，完成81亩标准化池塘改造，打造林业绿化成片林55亩，全年完成户厕改造任务120座。宣堡现代林果花卉产业园获批三星级现代农业产业示范园。农业农村重大项目开工1个，创建为市级龙头企业1家。新增农产品质量安全达标合格证服务站点1家。郭寨村获评泰州市乡村振兴示范村，银杏村创建为绿美古树村庄，梅埝村获评生态宜居美丽乡村示范村，郭寨村、纪沟村创建美丽宜居示范庄台各1个。举办首届泰兴市绿化工职业技能竞赛、第五届农民丰收节、印象宣家堡·首届“生态文化赋能我家乡”等活动。

【工业】 2023年，该镇完成规模以上工业总产值8.91亿元，利税总额3032万元，工业国税开票销售收入10.45亿元，工商税收收入1.1亿元。全年固定资产投资完成9.25亿元，其中工业投资6.48亿元；民间投资8.63亿元，建安投资9.25亿元，高技术投资1.4亿元。全年营利性服务业营业收入完成1.05亿元。全年新签约1000万元以上项目6个，其中1亿元以上项目1个；新开工1000万元以上项目5个，其中1亿元以上项目1个；新竣工1000万元以上项目3个。全年新增有效发明专利8项，晨光索具通过知识产权管理贯标备案认证；泰州市宇悦包装材料有限公司、泰州市新鼎海橡塑制品有限公司、润佳鸿（泰州）纺织科技有限公司等29家企业获评科技型中小企业；申报本土科创项目7个；推动江苏金泰堡机械制造有限公司、泰兴市振兴鞋业有限公司分别创成四星级、三星级上云企业。技术合同成交额3亿元。全面完成第五次全国经济普查工作，累计登记正常经营法人个数905户、个体户1937户。

【镇村建设】 2023年，该镇完成150户农村住房条件改善工作，推进宣堡社区石堡自然村279户农村生活污水单户处理无害化管控。农村生活垃圾分类全覆盖，基础设施覆盖率在Ⅲ类地区排首位。作为泰兴市唯一一家省级垃圾分类试点镇，复验结果为优秀。全年完成四好农村路提档升级及危桥改建工程，对创兴路、众安路、宣联线及通寨路等6条路共5.36千米农村公路进行提档升级，新建桥梁1座。三梅路评为“美丽农村路”样板路。

【社会事业】 2023年，全镇新增出生69人，新增办理计生奖励扶助256人，政策兑现率100%。全年城乡居民养老保险续缴率93.12%，城乡居民养老保险保障水平位列三类乡镇第三；医保参保人数1.58万人，参保率稳定在98%以上，列全市第三。完成全镇33家企业劳动用工书面审查和集体合同签订工作，实名制管理覆盖率100%。全年引进高层次人才11人，开发见习岗位155个，招收就业见习人员15人，开发临时公益性岗位15个，长期公益性岗位10个，新增就业189人。打造“15分钟医保服务圈”省级示范点。全年办理公共服务和其他即办件3345件，办结率、满意率均为100%。新增体育场地面积6182平方米。组织开展文化惠民演出、戏曲进校园、民俗文化宣传等活动，累计服务14.48万人次。推进刘书敏生姜丝和曹记酒坊改造升级，创建为泰州市“阳光食坊”品牌。

（张　蕾）

2023年宣堡镇主要社会经济指标一览表

表33

指　标	单　位	数　值	指　标	单　位	数　值
村（社区）	个	12	农业总产值	亿元	2.05
户数	户	9091	粮食总产量	吨	9023
户籍人口	万人	3.05	规模以上工业总产值	亿元	8.91
从业人员数	万人	1.28	规模以上工业利税总额	万元	3032
农村参保人数	人	6207	工业国税开票销售收入	亿元	10.45
地区生产总值	亿元	14.86	村卫生室	个	4

虹桥镇

【概况】 虹桥镇2010年4月由原七圩镇、蒋华镇合并组建而来，与虹桥园区实行“镇区合一”运行模式，管辖3个社区居委会、24个行政村。虹桥镇地处泰兴市西南部，西濒长江，与常州市隔江相望，南与靖江市接壤，镇域面积112平方千米，耕地面积4351公顷。户籍人口7.46万人，外来人口2.5万人。2023年，全镇实现地区生产总值144.5亿元，增幅5.1%；农民人均可支配收入4.3万元，增幅7.9%。

【农业】 2023年，该镇新建高标准农田5500亩，全年粮食总产量同比增长4%。招引实施重大农业项目6个，总投资4.26亿元。四仙村建成投用泰州规模最大清洁能源粮食烘干试验示范项目，现代粮食产业园连续两年创建为泰州三星级现代农业产业示范园。新增省级无人化（少人化）农场1个，泰州农民专业合作社1家、示范家庭农场2家。

【工业】 2023年，该镇完成工业开票销售收入325.1亿元，同比增长12.2%；工商税收收入13.16亿元，同比增长33.1%；实际利用外资及港澳台资7367万美元，自营进出口16亿美元，分别同比增长18%和14.3%。完成规模以上工业总产值198.68亿元。新增规模以上工业企业13家。实施“智改数转”项目18个，新增星级上云企业18家；创成省两业深度融合试点、两化融合管理体系贯标示范企业各1家，省级企业技术中心1家、绿色工厂2家、工业设计中心2家、专精特新企业5家、科技型中小企业56家；新增国家高新技术企业16家、泰州企业联合创新中心1家，江苏扬子鑫福造船有限公司、江苏宏大特种钢机械厂有限公司获省第一批工业和信息产业转型省级专项资金支持。该镇完成服务业税收收入1.9亿元、规模以上营利性服务业营业收入2.6亿元、限额以上批发业销售132.1亿元，分别同比增长41%、36%和20.3%。新开工、竣工1亿元以上服务业项目各3个，虹桥商贸物流园区创建为省现代服务业高质量发展集聚示范区。

【镇村建设】 2023年，该镇完成6.2公顷安置房开工准备工作，社会矛盾纠纷调处服务中心启动建设。完成项目区动迁50户，实施占补平衡项目3.46公顷、增减挂钩项目6.51公顷。提档升级农村公路10.75千米，管道天然气进村入户工程新铺设5个村。维修破损路面2.2万平方米，施划道路标志标线1500平方米，新增停车泊位180个。推进省级生态宜居美丽示范镇村创建工作，建成省宜居宜业和美乡村2个，泰兴绿美村庄2个、美丽庄台3个；打造省级生态河道4条、泰州“十佳五星”幸福河湖2条，创建为省级乡村振兴示范村1个，省、泰州特色田园乡村各1个。清水村完成二轮土地延包国家试点任务，全镇二轮土地延包合同签订率95%。改造雨水管网1千米，新建污水管网1.6千米，2万吨/日工业污水处理厂建成试运行。开展水、土、大气、

11月，七圩公用码头迎来首艘开普船　（市交运局　供图）

固废等专项巡查检查，省专项环保督察交办问题整改3件，锦港化工地块土壤修复通过省专家复核。

【社会事业】 2023年，该镇办理被征地农民社会保障1420人。城乡居民基本养老保险续缴费率96%，基本医疗保险参保率98%。新增城镇就业1250人、自主创业433人，帮助就业困难人员再就业200人。试点开展乡村公益医疗互助项目，参与人数超3.7万人。虹桥社工站和救助站“双示范”创建通过泰州市验收，获泰州首届慈善社工项目大赛“创新示范金子奖”。虹桥医院职业健康体检中心投用，村（居）医保公共服务点实现全覆盖。新市、七圩幼儿园通过省级优质幼儿园复审。新建居家养老服务中心4个，广福村省级老年友好型社区通过复核。创建为省健康村、卫生村各2个，省级儿童关爱之家、优秀博爱家园各1个，泰州市示范型“五美驿站”1个、首批“五星级博爱家园”2个。开展全民阅读活动288场，文化惠民演出27场。开展法治宣传教育的第八个五年规划，打造法治小区2个、法治主题公园1个。出台社会治理网格设置办法、考核制度，建成平安网格服务站94个。

【七圩公用码头首艘外贸设备出口货轮停靠】 5月22日，巴西“忠诚”号货轮在泰兴港七圩公用码头靠泊作业，为该码头投入运营后停靠的首艘外贸设备出口货轮。

【首届中国（泰兴）现代制造产业高层次人才创新创业大赛】 10月13日，2023中国泰州“凤城英才”创新创业大赛泰兴选拔赛暨首届中国（泰兴）现代制造产业高层次人才创新创业大赛在虹桥镇举办。经自主申报、资格审核，10个现代制造产业类创新创业项目脱颖而出。活动现场引进高层次人才69人，其中留学回国人才10人。

2023年虹桥镇主要社会经济指标一览表

表34

指　标	单　位	数　值	指　标	单　位	数　值
村（社区）	个	27	工业总产值	亿元	330
户数	万户	2.23	粮食总产量	万吨	6.24
户籍人口	万人	7.46	规模以上工业总产值	亿元	198.68
从业人员数	万人	4.00	规模以上工业利润总额	亿元	13.89
农村参保人数	万人	7.46	工业国税开票销售收入	亿元	325.10
地区生产总值	亿元	144.50	村卫生室	个	14
农业总产值	亿元	6.74			

滨江镇

【概况】 滨江镇由原过船镇、天星镇、马甸镇整建制以及大生镇部分合并而成，总面积106.87平方千米，拥有长江岸线12.69千米，辖31个村、4个居委会、2个小区、3个场圃，村民小组660个，户数2.58万户，户籍人口7.29万人。先后获评“国家卫生镇”“省文明镇”“省生态文明建设示范镇”等称号，连续2年获泰兴市综合考核一等奖，连续6年获泰兴市乡村振兴考核一等奖。获评泰州市乡村振兴中心镇、泰州市乡村振兴先进集体。

【农业】 2023年，该镇粮食产量4.56万吨，农业增加值3.4亿元，绿色优质农产品占比95.4%，农业机械化率100%。全年招引农业重大项目8个，其中5000万元以上项目3个。31个村村集体经营性收入4328万元，农村居民人均可支配收入3.56万元，同比增长9%。

【工业】 2023年，该镇实现工业开票销售收入1150亿元，工商税收收入46.4亿元，固定资产投资146.6亿元，规模以上工业总产值919.25亿元，规模以上工业投资146.6亿元，规模以上工业利润总额62.89亿元，实际利用外资及港澳台资2.42亿美元，进出口总额30.5亿美元。

【基础设施】 2023年，该镇新建农村道路17条、10.2千米，提档升级26条、25千米，建成停车场3座，新增停车位412个，社区（小区）单侧电动车棚建成1395米，打造镇级示范庄台24个、市级示范庄台2个，创成省级宜居宜业和美村庄2个。生活垃圾无害化处理率100%，完成改厕1150座，公厕、三格式无害化卫生户厕全部整治达标。打造生态河道3条、幸福河湖13条，创成泰州市"十佳幸福河湖"1条，新增成片林180亩，完成庄河绿化41.4千米。评选美丽庭院示范户4028户、泰美小园示范带6个。完成集镇主次干道35千米弱电杆线整治，北一路创建为"集镇管理示范街"。提档升级新时代文明实践所、站，打造书香社区等活动场所4处。

【社会事业】 2023年，该镇城乡居民基本养老保险新增参保860人，参保率99.6%，基本医疗保险参保率97.9%。落实惠民政策，乡村医疗互助试点项目年内理赔1054人次。办理被征地农民失地保险2856名，公寓安置房办证8201套，房地一体登记发证9440宗。举办第39个教师节活动。举办惠民演出42场、主题演出84场。评选文明示范家庭150户，当选"泰州好人""最美泰兴人"各1人。滨江镇卫生院挂牌泰兴市职业病防治院。小马庄村、联杨村分别创建为泰州市卫生村、江苏省卫生村，尤湾社区、卢碾村分别创建为江苏省健康社区、江苏省健康村。

2023年滨江镇主要社会经济指标一览表

表35

指　标	单　位	数　值	指　标	单　位	数　值
村（社区）	个	35	工业总产值	亿元	1265.31
户数	万户	2.58	粮食总产量	万吨	4.56
户籍人口	万人	7.29	规模以上工业总产值	亿元	919.25
从业人员数	万人	4.63	规模以上工业利润总额	亿元	62.89
农村参保人数	万人	3.59	工业国税开票销售收入	亿元	1150
地区生产总值	亿元	306	村卫生室	个	15
农业总产值	亿元	3.21			

姚王街道

【概况】 姚王街道位于泰兴市主城区东部，东与河失镇接壤，南与张桥镇毗邻，西与济川街道、延令街道相连，北与根思乡交界。街道总面积57.92平方千米、总耕地面积3.1万亩，行政村14个、居委会9个、村民小组364个、户籍人口5.87万人，其中非农业人口7277人。是首批国家农业产业强镇、全国综合实力千强镇、全国文明乡镇、江苏省水美乡镇、江苏省文明乡镇。城市建成区总面积8.33平方千米，东至戴王路、科太路

(规划),西至济川街道交界,南至张桥镇交界,北至济川街道交界。

【农业】 2023年,姚王街道粮食播种面积5.7万亩、产量2.9万吨,新星村创省级千亩示范片。完成连片3亩以上集中育供秧面积192.01亩,大豆玉米带状复合种植面积40亩。全年村集体经营性收入1899.02万元,增幅18%;农民人均可支配收入3.86万元,增长7.9%。7家村集体性质红色物业公司新增服务收入81万元。全年新签约1000万以上农业项目3个(5000万元以上1个、1亿元以上2个),总投资3.7亿元。申报3家绿色食品单位,新增注册商标2家。新培育泰州市龙头企业1家。江源江沙蟹获2023年"王宝和杯"全国河蟹大赛"金蟹奖"和"最佳口感奖"。开展泰兴市农民丰收节主场、江沙蟹美食节等活动4次,醉蟹、秃黄油、汉粥元麦饮、清扬葡萄、苏溪源大米、淡雪草莓等农产品被推荐参加首届中国农产品展销会。发展家庭农场80家,新增1家省级、2家市级示范家庭农场。姚王街道获首批国家农业产业强镇。

【工业服务业】 2023年,姚王街道完成工业开票销售收入32.4亿元,同比增长1.2%;工商税收收入2亿元,同比增长27.4%;固定资产投资22.43亿元,同比增长18.5%;完成规模以上工业产值23.2亿元,同比增长9.6%;完成进出口总额1758万美元,同比增长26.8%。新增规模以上工业企业7家、服务业企业5家、贸易企业17家、建筑业和房地产企业6家,新增省星级上云企业6家、两化融合管理贯标体系认证2家、省级重点应用推广目录企业2家。全年四上单位入库总计36家,培育数位居全市第一。开展招商活动10余次,新签约1000万元以上项目9个(含5000万元以上5个),新开工1000万元以上项目9个(含5000万元以上2个、1亿元以上3个),新竣工1000万元以上项目10个(含5000万元以上5个、1亿元以上飞地项目1个)。新认定科创项目8个,江苏一脉科技有限公司和江苏科腾环境科技有限公司获评省"专精特新"中小企业和省级重点应用推广目录企业。新引进外国专家人才3人次、高层次人才14人次;新申报海外人才信息4人次、泰兴市突出贡献中青年专家1人次。

【镇村建设】 2023年,丹霞花园、凤梧雅苑、朝阳小区等20个楼道创建为泰兴市文明示范楼道。拆除建成区小区违法建设97处、2000平方米,拆除和制止高铁片区违法建设34处、5000平方米。维修路灯126盏,施划停车位939个、非机动车停车线2.6千米,实施村镇周边线路整治6万米。完成牛桥沥青路摊铺、安泰东路人行道修复、农民公园维修等街道民生实事。完善交通安全设施,新安装红绿灯及抓拍设施4组、防护栏180节,翻建拓宽桥梁8座、修补破损路面8千米。排查整治"路中杆"安全隐患,迁移12根高压线杆、49根低压线杆、122根电信线杆。

【社会事业】 2023年,该街道赋权事项办理4.08万件,镇属事项办理969件。街道便民服务中心获泰州市"青年文明号"、泰兴市"巾帼文明岗"、泰兴市"青年文明号"、泰兴市"示范性便民服务中心"等称号。城乡居民基本养老保险参保缴费率99.35%,超出目标任务4.35%;人均待遇水平增幅9.36%;人均缴费增幅25.36%。办理医保异地就医备案、自主转诊、零星报销等事项453件;重点时段扩面参保缴费727人,基本医保参保率98.21%,位居全市第3。开展根治欠薪专项行动,帮助调解欠薪纠纷41起。推进乡村公益医疗互助项目,理赔1816笔、233.34万元。开展救助对象核查,对1118名特殊困难群体实行动态管理,推动残疾人新增就业18人。全年组织文体活动12场、文化展览文化演出33次。

【首届梅花节】 2月25日,泰兴市姚王街道"以文会友探香寻梅"首届梅花节开幕,活动分"梅"美与共、"梅"好"食"光、十全十"梅"、良辰"梅"景、欢乐"梅"烦恼、"梅"你不行、喜上"梅"梢7个活动集市区,通过"实地文艺演出+网络直播"的方式,3000余人现场参与,线上观

2月25日，姚王街道举办首届梅花节　　（姚王街道　供图）

看人数超3万人。

【第六届农民丰收节】 9月22日，“庆丰收促和美”2023年泰兴市第六届农民丰收节活动在姚王街道举行。市委副书记、宣传部部长张红霞参加并宣布2023年泰兴市第六届农民丰收节开幕，中国农垦集团有限公司党委委员、中国农垦控股上海有限公司党委书记、董事长赵永庆，泰州市乡村振兴局副局长赵子忠，泰兴人大常委会副主任王长健，副市长孙天民，市政协副主席周桂香参加活动。活动现场，张红霞为姚王街道“国家农业产业强镇”揭牌。市文体广旅局现场发布国庆黄金周泰兴美食旅游节活动信息，中国农垦控股上海有限公司为江源农牧授予“江源江沙蟹养殖试验基地”牌匾，农业农村重大项目以及泰惠农金融服务进行现场签约。

2023年姚王街道主要社会经济指标一览表

表36

指　标	单　位	数　值	指　标	单　位	数　值
村（社区）	个	23	工业总产值	亿元	38
户数	万户	2.06	粮食总产量	万吨	2.90
户籍人口	万人	5.87	规模以上工业总产值	亿元	23.20
从业人员数	万人	3.23	规模以上工业利税总额	亿元	2.17
城乡居民养老参保	人	8365	工业国税开票销售收入	亿元	32.40
地区生产总值	亿元	43	村卫生室	个	11
农业总产值	亿元	5.62			

延令街道

【概况】 延令街道，2021年3月5日挂牌成立。街道为中共泰兴市委、市人民政府驻地，是全市政治、文化和商贸中心。由原济川街道以如泰运河划分南北，南侧为延令街道。行政区域面积39.93平方千米，常住人口23万人，辖16个居委会和7个村委会（蔡桥村由滨江镇代管）。2023年，实现地区生产总值148.31亿元，第一产业增加值1.01亿元，第二产业增加值62.26亿元。实现工商税收收入3.79亿元，完成固定资产投资8.53亿元，城镇人均可支配收入6.63万元。

【工业】 2023年，该街道完成工商税收收入3.78亿元，同比增长23.86%；一般公共预算收入3.74亿元，同比增长10.65%。累计开工1000万元以上项目6个，新竣工1000万元以上项目6个；新增限额以上企业25家、规模以上企业2家；偌伊数控工具项目落户城区工业园区，总投资5000万元。辖区内新开工重点工程114个，全年外县市中标单位在辖区内设立分公司68家，各村（社区）全年累计招引企业61家。

【街道建设】 2023年，该街道村集体经营性收入全部达标，其中收入100万元以上村7个、收入200万元以上村2个，累计完成集体经营性收入1855万元。大生村被评为泰兴市村级集体经济发展典型案例，西郊社区入选泰州市村级集体经济发展十佳典型案例。推进整街开展土地二轮延包工作，合同签订率100%。推进灌溉渠道新建及维修改造，改造（维修）泵站3座，拆建泵站2座。完成省民生实事户厕改造项目三阳村193户户厕改造工程。推进幸福河湖建设，完成天星港2.2千米绿化，整治孙倪河、洋洋港。推进农村人居环境整治，打造大生村孙倪组美丽宜居示范庄台，“一事一议”农桥通车。举办2023年延令街道第三届农民丰收节暨乡村旅游推介活动。引进农业重大项目好厨艺项目，总投资5.18亿元。累计拆除存量违法建设593处，面积1.30公顷。完成16个老旧小区、4个背后街巷改造，惠及3219户居民。实施停车便利化工程，新建停车场2座、停车位174个；结合老旧小区改造，新增停车位490个。对联盟新村等4个小区24栋楼实施墙体剥落整治，修缮外墙5.5万平方米。推进嘉和花园等10个小区城镇污水处理项目。

【社会事业】 2023年，该街道支持自主创业290人、就业技能培训202人，累计发放创业贷款160万元，祥泰社区、三营社区成立泰兴市“家门口”就业服务站。新增参保企业职工社会保险1205人，新增参保城乡居民养老保险750人，建立23个村（社区）医保公共服务站点。慈善社工站实现实体化运营。文化场馆全年实现线下服务70.12万人次、线上服务60.7万人次。开展节庆文艺演出、银杏文化讲坛、戏曲进校园等文艺活动，全年主办展览活动86场次。

【社会治理】 2023年，该街道推动全域风险辨识和隐患整改动态更新，全年排查风险点位7300处，整改隐患1.3万多处。重点整治23家群租房，建成2家示范单位；打造复兴“厂中厂”整治示范区。全年有效化解国治件9件。办理“12345”工单5800条，办结率100%，满意率99.5%。三营社区治理模式在《中国法治社会发展报告》中被作为“枫桥经验”典型代表研究，华泰社区锦绣华府小区入选省《法治小区建设试点案例汇编》。

【党的建设】 2023年，该街道开展第二批主题教育，组织学习研讨70余次，推动化解群众急难愁盼问题103个。推进街道“大工委”、社区“大党委”和小区治理党支部建设。构建“一村居一品牌，一领域多特色”党建引领基层治理格局，打造“七彩祥泰”“青睐润泰”“悦来越街”等党建品牌。西郊社区“百家红”婚庆产业联盟作为党建工作“新业态”为省提供观摩现场；“‘红延支部’让幸福就在身边”获第五届乡镇党委基层党建“十佳书记项目”称号。全年立案查处19人，运用第一种形态22人，问责基层党组织书记4人。

2023年延令街道主要社会经济指标一览表

表37

指　标	单　位	数　值	指　标	单　位	数　值
村（社区）	个	23	粮食总产量	万吨	1.16
户数	万户	5.33	规模以上工业总产值	亿元	—

续表 37

指　标	单　位	数　值	指　标	单　位	数　值
户籍人口	万人	18.69	工业总产值	亿元	5.98
从业人员数	万人	10.28	规模以上工业利税总额	万元	—
农村参保人数	万人	3.76	工业国税开票销售收入	亿元	—
地区生产总值	亿元	148.31	村卫生室	个	15
农业总产值	亿元	1.01			

济川街道

【概况】 济川街道，2011年4月由原泰兴镇撤镇设街而来，是泰兴市主城区重要组成部分。2021年3月，经行政区域调整后，现辖面积44.64平方千米，行政村13个、社区7个，常住人口10.08万人，户籍人口7.69万人。2023年，地区生产总值111.09亿元，同比增长7%。

【农业】 2023年，该街道实现农业总产值1.45亿元，粮食种植面积3.54万亩，高标准农田总面积1.9万亩，粮食产量3.55万吨，粮食生产机械化率100%，良种覆盖率100%，休闲农业综合收入0.65亿元，同比增长10%，村（社区）集体经营性收入总体增长12%，集体经营性收入200万以上4个，50万~200万元的村（社区）14个。新建及更新成片林102.9亩，完成四旁植树近3.5万株，完善农田林网1766亩，完成庄河绿化46条、10.8千米，建成省级绿美村庄1个，创泰州市“五星级幸福河湖”4条，13个行政村均达“整洁村”标准。

【工业】 2023年，街道、园区实现全年完成工业开票销售收入97.18亿元，同比增长5.62%；工商税收收入6.96亿元，同比增长45.81%；规模以上工业总产值70.52亿元；完成固定资产投资72.77亿元，其中工业投资47.04亿元，同比增长1.74%。实际利用外资及港澳台资1100万美元。新增规模以上企业11家。全年累计新开工1亿元以上项目16个，其中10亿元以上项目1个，5亿元（3000万美元）以上项目1个；累计新竣工1亿元以上项目14个。完成泰州“三比一提升”开工项目4个。认定国家级专精特新“小巨人”企业4家、省级专精特新“小巨人”企业2家，认定省工业设计中心1家、市工业设计中心3家；省级新产品新技术通过2家；规模以上企业绿色工厂星级自评全覆盖。认定高新技术企业18家，发明专利授权71项，新增有效发明专利60项；上报本土科创项目36个，离岸创新项目20个。累计引进各类高层次人才85名，其中海外人才13名、正高级工程师2名，申报2023年泰州突贡专家1名，泰兴市突出科技工作者6名，“311高层次人才”10名，入选省“双创”项目1个，新建博士后创新实践基地2家。

【街道建设】 2023年，该街道推动老城区有机更新，完成商井新村北片区、吴东组、吴西组等8宗地块改造，改造面积13.85万平方米，受益居民754户。新建改造雨污水管约7912米、铺设路面2.96万平方米、强弱电管线9.31千米、墙面出新4.9万平方米，完成改善农房57户，开展消防、照明等基础设施修复工作。落实“三违”（违章指挥、违章作业、违反劳动纪律）防治任务，整治历史存量违建、制止新增违建124处，涉及面积7225平方米。完成兴燕路、阳江路、济川路、江平路等路段，商井新村菜场、苏中菜场、兴燕菜场等市场市容整治。

【社会治理】 2023年，该街道对服装加工厂、厂中厂等434个重点区域开展隐患排查，整改隐患599处。完成全域生态环境问题综合整治三年行动收官工作，省生态环境厅督察交办信访8件全部整改验收，整改群众举报问题22个，开展大气环境质量“提质增优”攻坚行动，市交办问题59个和自查发现问题45个整改到位。实质化运行矛盾纠纷调处中心，分设城建领域、经济发展、民生保障、涉法涉诉、邻里矛盾5个分中心，接收初信初访案件120余件，化解率95%；滚动式排查重点信访事项75件，化解30件。受理“12345”工单3190件，答复满意率98.7%。

【社会事业】 2023年，该街道办结行政审批服务事项1万件。推进城乡居民社会基本养老保险工作，城乡居民养老保险续保5923人，新增企业职工养老保险1140人。完成城乡劳动者技能培训82人、自主创业200人。落实食品安全属地管理责任，C级包保单位45家，D级包保单位1089家。举办第二届“闪耀新星”青年教师成长营活动。举办文艺演出82场、展览70场、培训242场，服务5.6万人次。落实政务公开标准，主动公开政府信息62条，依申请公开42件，答复率100%。主动接受人大监督，按时办结建议、提案8件，满意率100%。

2023年济川街道主要社会经济指标一览表

表38

指　标	单　位	数　值	指　标	单　位	数　值
村（社区）	个	20	工业总产值	亿元	123.01
户数	万户	3.09	粮食总产量	万吨	3.55
户籍人口	万人	7.69	规模以上工业总产值	亿元	70.52
从业人员数	万人	6.77	规模以上工业利润总额	万元	6888
农村参保人数	万人	2.43	工业国税开票销售收入	亿元	97.18
地区生产总值	亿元	111.09	村居卫生室	个	13
农业总产值	亿元	1.45			

人物

新任市级领导人

冯　宇　现任泰兴市政府副市长、党组成员，市公安局党委书记、局长、督察长、四级高级警长兼市委政法委副书记。1979年10月出生，汉族，江苏东台人，在职大学学历，硕士学位，2000年6月加入中国共产党，2000年8月参加工作。

1997年9月在江苏公安专科学校治安管理专业学习；2000年8月在泰州市公安局高港分局许庄派出所见习，2001年8月为泰州市公安局高港分局许庄派出所办事员（其间：2002年6月，南京大学法律专业自考本科毕业），2002年11月为泰州市公安局高港分局政治工作办公室办事员，2004年7月任泰州市公安局高港分局政治工作办公室副股级民警，2006年10月任泰州市公安局高港分局政治工作办公室副主任，2010年9月任泰州市公安局高港分局政治工作办公室主任（其间：2010年3月—2012年12月南京师范大学法律专业学习获法律硕士学位）；2014年12月任泰州市公安局组织教育处副处长（主持工作），2017年5月任泰州市公安局人事处处长，2020年8月任泰州市公安局政治部副主任、人事处处长；2021年12月任泰州市公安局医药高新区分局（高港分局）政委、党委副书记、四级高级警长；2023年9月任泰兴市政府副市长、党组成员，市公安局党委书记、局长、督察长、四级高级警长兼市委政法委副书记。

石　磊　现任泰兴市委常委、市人武部政委。1976年7月出生，汉族，江苏南通人，在职大学学历，1997年1月加入中国共产党，1994年12月参加工作。

历任南京军区工程维护大队战士，国防科学技术大学学员，南京军区海防某团排长、正排职干事、副连职干事，江苏省南通军分区政治部正连职干事、副营职干事、正营职干事，驻南京某高校后备军官选拔培训工作办公室正营职干事、副团职干事，启东市人武部副部长，泰兴市人武部政委，泰兴市委常委、市人武部政委等职。

王　蕾　现任泰兴市委常委、市纪委书记、市监委主任、三级调研员、四级高级监察官。1975年10月出生，汉族，江苏泰州人，党校研究生学历，学士学位，1997年11月加入中国共产党，1998年8月参加工作。

1994年9月在苏州大学社会学院历史（旅游文化）专业学习；1998年8月为泰州市外事办公室旅游管理科（处）办事员，2003年7月任泰州市国际交流中心主任助理，2003年10月任泰州市旅游局市场开发处处长助理，2004年11月任泰州市旅游局办公室主任助理，2006年2月任泰州市旅游局办公室副主任，2008年12月任泰州市旅游局办公室主任（其间：2007年9月—2010年7月，参加江苏省委党校政治经济学专业在职研究生班学习）；2012年9月任泰州市凤城河风景区管委会副主任、党组成员；2017年9月任泰州市纪委第十七派驻纪检组组长、市规划局党组成员，2018年3月任泰州市纪委监委第十七派驻纪检监察组组长、市规划局党组成员，2019年1月任泰州市纪委监委第十七派驻纪检监察组组长、市自然资源规划局党委委员（党组成员）（其间：2023年6月被确定为四级高级监察官，2023年7月晋升三级调研员）；2023年11月任泰兴市委常委、市纪委书记、三级调研员、四级高级监察官，2023年12月任泰兴市委常委、市纪委书记、市监委代理主任、三级调研员、四级高级监察官。

赵　俊　现任泰兴市委常委、组织部部长，市考核办主任、市委党校校长、市行政学校校长，泰州市委考核办副主任。1985年11月出生，汉族，江苏兴化人，大学学历，学士学位，2004年4月加入中国共产党，2006年8月参加工作。

2002年9月在南通大学人力资源管理专业学习；2006年8月作为省委组织部选调生分配至兴化市临城镇政府工作，2006年11月任兴化市临城镇团委书记，2007年1月兼任兴化市临城镇科技助理；2009年3月任泰州市委组织部组织处科员，2012年6月任泰州市委组织部组织处副主任科员，2014年12月任泰州市委组织部办公室副主任、宣传信息中心副主任，2017年6月任泰州市委组织部办公室主任科员，2019年10月任泰州市委组织部办公室主任；2021年11月任泰州市考核办副主任，2022年11月任泰州市委考核办副主任；2023年11月任泰兴市委常委、组织部部长，泰州市委考核办副主任；2023年12月兼任泰兴市考核办主任、市委党校校长、市行政学校校长。

道德模范与先进人物

守护麻风病患27载诠释“大医仁心”

——记泰兴市疾病预防控制中心党支部副书记马玉华

马玉华，女，1973年11月出生，中共党员，主治医师，现任泰兴市疾病预防控制中心党支部副书记。

清心静守麻风病患，誓让每一位患者活得有保障

1995年毕业后，人生最美好的20年，马玉华坚守在麻风病防治第一线，用耐心、爱心、倾心治愈了320多名眼皮外翻、口角歪斜、手脚弯曲溃烂的麻风病患者的身心。为提高麻风残疾病人的生活质量，她积极帮助病人开展康复训练和畸残矫正手术，手把手教他们自我护理，提供防护鞋、拐杖、轮椅，安装假肢，为他们回归社会铺平道路；为改善病人的生活条件，她四处奔走，逐个解决低保、免费参加新农合等问题，努力争取上级、社会团体、个人援助，多渠道争取捐款捐物。如今，麻风病人都住上了带有卫生间的标准病室，用上了太阳能热水器，还新建了无障碍通道，设立了多功能康复锻炼和活动室，病人的业余生活得到了极大丰富。

倾心投身麻防事业，誓让每一位康复者活得有尊严

为打破社会对麻风病康复者的歧视坚冰，她积极组织大众传媒走进麻风村，并走家串户开展“麻风病可防可治”的宣传活动，提高公众对麻风病的正确认识。她积极联系在校大学生、志愿者、艺术团等走进麻风病人群体，让公众近距离地了解麻风病人的同时也让老人们感受到了社会大家庭的温暖。在她的吸引下，社会上越来越多人关注并加入到帮助麻风病康复者的行列。27年，马玉华怀着对麻风病康复者的特殊情感和对麻防事业的执着信念，用青春年华、精湛医术和良好医德诠释着“大医仁心”的真谛。

马玉华先后获得全国麻风病防治最高奖——马海德奖，被评为江苏省“百名医德之星”、江苏省疾病预防控制工作先进个人，获泰州市“五一”劳动奖章，泰州十佳医德标兵、泰州最美巾帼人物、泰州市首届“十行百星”等称号，并当选为泰州市第五次党代会代表。

234名麻风病康复者的“女儿”

——记泰州海关驻泰兴办事处职工高玲

高玲，女，1976年8月生，中共党员，泰州海关驻泰兴办事处职工。

一本笔记温暖一群人，让麻风村变幸福村

高玲与老人们的故事始于2009年。一次偶然的电视报道，让她得知这个村子的存在。一到村口，就被眼前的景象惊呆了：老人面部扭曲、五官不正，手脚畸形或残缺，有的老人直接将残肢伸到废轮胎做成的硕大“鞋子”里，有的老人没有手指，吃饭时就把勺子绑在手腕上……穿衣、说话、走路，这些再平常不过的小事，对于他们来说却个个都是难题。高玲当即决定留下来，帮他们做点什么。洗衣、做饭、看病、买药，一件一件小事坚持了12年。为防遗忘，高玲把老人们的生日、爱好、身体状况、要办的事情，一一记在随身的笔记本上，厚厚的笔记本记满了“叶大爷日光灯管换一下”“季大爷床单该洗了”“多做几锅芋头烧肉”“买药棉，包扎伤口”等一件件小事。2012年冬天，高玲冒着大雪给村里送年货，转弯时连人带车摔了出去，摔伤了大腿，磕坏了门牙，老人们心疼地说：“闺女儿，你这是何苦呀！”在得知殷云兰奶奶便秘一个多星期后，高玲挽起袖子用手指将大便一点一点地抠了出来。周吉生大爷因病住院，无人照看，高玲垫了医药费，一日三餐送去可口的饭菜，病友们羡慕地说：“周大爷好福气哟，女儿这么孝顺。”周大爷抱着高玲，哭了。

一个人带动一群人，让志愿服务的温暖一直传承

麻风病人不仅需要生活上的照顾、物质上的帮助和良好的护理，更渴望得到别人的尊重。高玲在麻风村干活时，从来不戴手套，聊天时总是与老人们手挽着手，肩搭着肩，这也拉近了她与老人们心的距离。2012年，高玲发现好多老人喜欢听黄梅戏，便想着把戏班子请过来，起初，戏还没开演，就吓跑了不少演员。磨破了嘴皮，戏班子来了，麻风村欢腾了，戏曲好看，可更让老人们沉醉的或许是这份特别的亲情。那以后高玲每年都会请戏班子为老人们演出5场，5000元的演出费用对高玲一家来说并不是小数目，但她却说：“只要老人们开心，我就舍得！”这热热闹闹的大戏，一唱就是10年。一个人做一件好事并不难，难的是一辈子做好事。从2009年8月开始，高玲累计志愿服务时间4900多个小时，自费开支达8万多元，行程超2.8万千米。常有人问她：“这样做图啥？”高玲说：“我什么也不图，一听到老人们喊‘女儿来了，女儿来了’的呼唤声，我心里就觉得踏实……越来越多的人被高玲爱心力量感染，和高玲一起守护麻风病康复者。2014年，高玲爱心志愿服务队正式成立，现已有志愿者217人，实现了善心善行由点及面的传承和接力。在高玲和服务队的号召下，通过整合社会资源和志愿者爱心力量，定期开展探访慰问、情感关怀、文艺义演、义剪等志愿活动，原本被遗忘的村落有了生机。截至目前，共募集资金和各类物资近40万元，参与志愿者达1万余人次。

高玲先后获评全国“最美志愿者”、江苏省道德模范提名奖、江苏省优秀志愿者、江苏好人、泰州市最美志愿者、泰州“最美人物之志愿者”先进典型、“感动泰州”美德善行十大人物暨泰州市道德模范、泰州市“最美青年”、泰州市十大杰出青年、泰州市“五一劳动奖章”、泰州市劳动模范、泰州市“十佳”助残先进个人等荣誉称号，被中央电视台等主流媒体报道20余次。

唱响乡村振兴"新牧歌"

——记泰兴市张桥镇畜牧兽医站副站长刘凯

刘凯，1987年3月出生，中共党员，泰兴市张桥镇畜牧兽医站副站长。先后荣获"全国乡村振兴青年先锋""全国农业技术能手""江苏好人""江苏省优秀动物疫病防治员""全省动物疫病监测技术能手""江苏省技术能手""江苏省农业技术能手""江苏省五一创新能手"等荣誉称号。

技能手，编织畜牧发展"科技新翅膀"

2009年，刘凯从扬州大学毕业后，便投身乡镇畜牧兽医基层一线工作。他克己提升，快速成长为骨干能手，实验室诊断、疫苗注射和采样技术更是全市首屈一指。

2020年，在市农业农村局的推荐下，他参加省农业行业职业技能大赛，通过层层选拔，在全省13个设区市代表团中脱颖而出，入选全省技术比武精英团队，作为3名省代表之一参加第三届全国农业行业职业技能大赛。经过60多天严格而艰苦的专业技能提升培训，以近乎满分的成绩，荣获"全国农业技术能手"称号。

2022年，针对非洲猪瘟（ASF）这种急性、烈性传染病，刘凯在省农业农村厅兽医专业首席专家陈昌海研究员的悉心指导下，创新运用推广猪4种病毒性腹泻热对流PT-PCR核酸检测技术，对于迅速控制疫情发挥了重要作用。同时，他还参与制定非洲猪瘟热对流PCR核酸检测操作指南，积极指导本市养殖企业，取得了较好的反响。他的奶源安全控制和乳品品牌建设关键技术集成与推广创新项目，获得了全省农业丰收奖。

2023年，刘凯按照"减量化、资源化、无害化、生态化"的原则，创新推广运用畜禽粪污"红黄绿"分色评估办法，对全镇所有养殖场实行三色管理，通过开展摸底、排查、治理、关停、减量等系列措施，探索建立畜禽粪污治理新模式，有效推进畜禽养殖废弃物的综合利用和无害化处理。

铁脚板，跑出乡村振兴"青春加速度"

刘凯常年为1300多个养殖户提供畜牧兽医技术服务，针对不同养殖户编制个性化技术方案达67个，累计解决各类养殖问题477个（次），年防疫畜禽8万头（羽）以上。每年春秋防期间，他一周跑遍1300多家家禽散养户，平均每天40多千米、防疫生猪近300头，曾创下一天400多头的泰兴市最高日纪录。

2018年11月，刘凯接到村养殖户徐某某的电话，说猪舍里有猪生病了，刘凯立马从家中驱车32千米赶到现场，诊断仔猪急性肠胃炎，防止310头仔猪病亡，为养殖户挽回直接经济损失5万元，此案例获泰州市疫病预防控制中心表彰。

守初心，助力百姓实现"增收致富梦"

15年来，刘凯坚持把科学技术送村入户，平均每年到养殖圈舍提供技术指导和服务2600多次。

村民黄某家40多头二元母猪配种率低，刘凯数十次主动上门，免费技术指导，并帮助争取贴息贷款20多万元，如今，该猪场已扩大到年上市2500多头，黄某也实现了养猪致富梦。一人富裕不算富，刘凯认真总结黄某成功经验，作为典型事例推广，并通过科技入户等项目服务累计带动200多户养殖户提高养殖效益，促进增收600余万元。

刘凯积极推广"户用蓄粪池+田间调节池+大田利用"的粪污治理模式，惠及40余家养殖户，直接产生经济效益近百万元。

除了是百姓致富的"贴心人"，刘凯还是困苦儿童的"暖心人"。他积极投身公益事业，先后参与同德村儿童关爱之家、献爱心共成长等

30余场公益活动，积极配合未成年人关爱协会运用抖音等新媒体平台发布公益作品50余个，获得数十万点赞量。2017年以来，刘凯带领20多名志愿者，为留守、困境儿童常态化开展志愿服务活动，同时广泛发动社会捐款捐物。在他身上，彰显了新时代青年投身乡村振兴、助力共同富裕的责任担当。

全国模范退役军人

——记国网泰兴市供电公司六级职员张强

张强，男，汉族，1968年2月生，中共党员，国网泰兴市供电公司六级职员。

张强扎根电力抢修一线33年，徒步走遍城区420个台区、210千米线路，为4300多家单位、10.6万户居民提供24小时随叫随到供电服务。勤学善思的他成立劳模工作室，探索用创新方式提高抢修效率，获国家专利5项，省科技创新项目27个，独创的“张强抢修工作法”在全省推广应用，改良创新的LED光源抢修工具、分支箱专用验电器等成果直接服务于生产一线，大幅提高抢修效率和安全水平。

勤学苦练、铸就铜筋铁骨，践行“奋斗精神”

1990年10月，从武警部队退役进入泰兴市供电公司的张强被分配至装接班。面对全新的工作，他苦练基本功，认真学习《电工基础》等专业书籍。起初，安装一组有功、无功表计得两个多小时，到后来，他用32分钟就能装成。在木板上接线时，别人要用榔头砸芝麻钉，张强可以用手指直接把铁钉摁进木板里，大大节省了操作时间；冬天低温作业时，截面积4~6平方毫米的导线特别硬，别人要费好长时间才能将其捋直，而他只需一手抓住线头，另一只手用力一抽，导线瞬间笔直。2005年他成为泰兴市供电公司第一个获得高级技师职称的工人。2003年，他在省公司组织的装表接电技能竞赛中获“优秀选手”称号。

高效服务、履行社会责任，诠释“劳模精神”

1997年5月，泰兴市供电公司组建抢修班，张强成了第一任班长，从此担负起泰兴城区用户的供电线路、设备维护和全市重大活动的保供电重任。2008年的一天凌晨三点，振兴电子集团打来求救电话，厂区内配电房电缆因雷击而烧毁，他们当日要有一批货空运出口，如果不能及时发货，将面临着几十万元的违约损失。虽然是客户内部故障，不属于抢修班的管辖范围，但面对客户的困难，张强立即调集人员、备好材料赶到现场，紧张的抢修工作直至第二日早晨七点多。据统计，自抢修班组建以来，已完成大小故障抢修3万多次，故障排除率达100%，用电客户的满意率达100%。

创新管理、打造劳模团队，弘扬“工匠精神”

2008年，公司决定，搭建“张强劳模创新工作室”平台，打造具有“匠心”特色和较高知名度的劳模工作室品牌。他带领工作室成员立足本职工作，独创的“张强抢修工作法”在全省推广应用。截至2023年，“张强劳模创新工作室”共探索钻研完成国家专利5项，省科技创新项目27个，改良创新的LED光源抢修工具、分支箱专用验电器等成果直接服务于生产一线，大幅提高抢修效率和安全水平。他是一名心系百姓的党员先锋，身先士卒带领党员服务队开展乡村振兴志愿服务千余人次，协助10余家重特大项目复工复产、帮助农户销售积压蔬菜10余吨。

张强荣获中国好人、江苏省最美退役军人等荣誉称号及全国五一劳动奖章，当选为第十四届全国人大代表。

重要报告

在市委十四届六次全会上的讲话

张 坤

（2023年12月28日）

同志们：

这次全会的主要任务是，坚持以习近平新时代中国特色社会主义思想为指导，全面贯彻党的二十大和二十届二中全会精神，深入贯彻习近平总书记对江苏工作重要讲话重要指示精神，认真落实中央经济工作会议和省委十四届五次全会、省委经济工作会议、泰州市委六届七次全会部署要求，回顾总结今年工作，研究部署明年任务，动员全市上下更加坚定自觉地牢记嘱托、感恩奋进、走在前列，奋力谱写“强富美高”新泰兴现代化建设新篇章。

下面，根据市委常委会会议讨论的精神，讲四个方面意见。

一、深入学习贯彻习近平新时代中国特色社会主义思想，全面推进中国式现代化泰兴新实践

2023年，习近平总书记在全国两会期间参加江苏代表团审议，并于7月、12月两次亲临江苏考察，发表重要讲话、作出重要指示，充分体现了对江苏发展一以贯之的关心厚爱和信任重托，省委、泰州市委对学习贯彻习近平总书记对江苏工作重要讲话重要指示精神作出明确部署、提出具体要求。

今年以来，我们深入学习领悟、坚持实干笃行，推动习近平新时代中国特色社会主义思想入脑入心。我们以贯彻总书记对江苏工作重要讲话重要指示精神为主线全面展开工作，召开市委十四届五次全会进行专题部署，按照省委“定3年、谋8年、展望13年”的要求，认真谋划现代化建设的目标任务、思路举措，扎实推进各项工作落实，中国式现代化泰兴新实践实现良好开局。我们深入开展学习贯彻习近平新时代中国特色社会主义思想主题教育，全面落实“学思想、强党性、重实践、建新功”总要求和省委“四学四强”具体要求，把党的创新理论转化为坚定理想、锤炼党性和指导实践、推动工作的强大力量，在经济运行率先整体好转中迈出了高质量发展新步伐。我们认真接受省委巡视，把巡视整改与主题教育结合起来，深刻进行对标对表，全面审视差距不足，推动全市上下完整、准确、全面贯彻新发展理念，进一步匡正干的导向、增强干的动力、形成干的合力，坚定不移地走好高质量发展之路，更加坚定地紧跟总书记、奋进新征程。

学习贯彻的过程既是一个实践的过程，也是在实践中不断深化认识的过程。一年来，我们把学习贯彻习近平新时代中国特色社会主义思想和党的二十大精神作为头等大事，将系统学习新思想与学习习近平总书记对江苏工作重要讲话重要指示精神一体推进，从中感悟了责任使命、感悟了“国之大者”、感悟了科学方法、感悟了人民情怀，最根本的是从中感悟了“两个确立”的决定性意义，感悟了党的创新理论的强大真理力量和实践伟力。

习近平新时代中国特色社会主义思想博大精深，是系统全面、逻辑严密、内涵丰富、内在统一、不断发展的科学理论体系，我们要不断深化学习、深入领悟，更加自觉地用以武装头脑、指导实践、推动工作。要提高站位把握实质内涵。坚持不懈用习近平新时代中国特色社会主义思想凝心铸魂，牢牢把握推进中国式现代化这一最大政治，牢牢把握坚持高质量发展这一新时代的硬道理，牢牢把握江山就是人民、人民就是江山这一根本立场，把全部重心放在现代化建设上，把高质量发展成果转化为人民群众高品质生活，推动中国式现代化泰兴新实践不断前进。要胸怀大局凝聚奋进力量。习近平总书记考察江苏，贯穿始终的核心要求就是“走在前列”。要自觉把各项工作放在服务“四个走在前”、“四个新”的大格局中来谋划，进一步树牢走在前、做示范的使命担当，在更高维度、按更高标准谋划推进各项工作、落实各项任务，用最好成效在泰州当标杆、用最快速度在苏中争第一。要实干笃行谱写发展新篇。坚持把“敢为、敢闯、敢干、敢首创”作为干事创业的标尺，持续深入开展“五争”竞比，结合实际创造性地落实工作，将总书记重大要求贯彻到现代化建设的全过程各领域，引领全市上下为之不懈奋斗，沿着总书记指引的方向奋勇向前。

二、攻坚克难、勇毅前行，新征程实现稳步开局

2023年是全面贯彻落实党的二十大精神的开局之年。一年来，市委坚持以习近平新时代中国特色社会主义思想为指导，坚决落实党中央决策部署和省委、泰州市委工作要求，奋发有为做好各方面工作，推动经济社会发展和党的建设取得新成效。

1.综合实力在突破突围中不断增强。积极应对复杂多变外部环境和经济下行压力，努力以确定性工作应对不确定性变化，落地落实各项惠企政策，设立“泰兴企业家日”，出台优化营商环境40项重点举措、促进实体经济高质量发展66条措施，稳定信心预期，推动经济运行持续好转。聚力“全市当标杆、苏中争第一”，以重点突破赋能发展突围，土地节约集约利用、财政管理、优化营商环境、新型城镇化建设、改善农村人居环境等9项工作获国务院和省政府督查激励。紧抓项目不放松，“三比一提升”开竣工项目保持泰州第一，总投资105亿元的20GWh快充动力电池项目开工建设，2个项目入选国家标志性重大外资项目，全省仅4个。预计GDP增长7%，一般公共预算收入增长8%，完成工业开票销售2150亿元、服务业增加值600亿元、建筑业总产值1200亿元，固定资产投资、实际利用外资等主要指标继续领跑泰州。

2.创新能级在整合融合中拓展提升。依托企业主体，整合创新资源，积蓄转型动能，经济发展内生动力不断增强。有效期内国家高新技术企业超300家、省科技型中小企业766家。新增省级工程技术研究中心2家，长三角国家创新中心江苏省特医食品研究所挂牌成立，入选国家创新型县（市）建设名单。智改数转跑出“加速度”，国家级专精特新“小巨人”企业累计创成数泰州第一，省级智能制造示范车间上榜数量创

历史新高，泰兴经济开发区入选省“互联网+先进制造业”特色产业基地。绿色转型取得新进展，新增10家省级绿色工厂，历年最多、泰州第一，国家级绿色工业园区、工业产品绿色设计示范企业率先在泰州实现零的突破，成功入选首批省级绿色金融创新改革试验区。预计完成高新技术产业产值1180亿元，占规上工业产值比重超50%。国企改革不断深化，成功组建泰州精细化工产业集团，我市有望成为长江以北首家拥有AAA国企的县级市。

3.美丽泰兴在纳新更新中焕发活力。优化城市空间布局，国土空间总体规划在全省率先获批，入选全国首批自然资源节约集约示范县（市）。重大基础设施建设取得显著进展，常泰长江大桥主塔封顶、天星洲专用航道桥顺利合龙，镇海路南延即将通车，广陵互通连接线主体工程完工，外畅内联交通格局加快形成。启动新一轮惠民城建三年行动，稳妥有序推进阳光征收，升级投用2个综合农贸市场，实施23个老旧小区改造，新增改造绿地15万平方米，高标准打造21千米沿河步道，“双水润城”功能不断提升。1个镇、8个村入选省级乡村振兴示范创建名单，创成省级特色田园乡村2个，新增美丽宜居示范庄台26个。完成第二轮中央生态环保督察反馈问题整改，PM2.5年均浓度连续4年达到国家二级标准，国省考断面水质优Ⅲ比例保持100%。

4.民生福祉在共建共享中持续增进。扎实办好民生十件实事，用心用情保障和改善民生。创成2家省级就业见习示范基地，新增城镇就业1.2万人。上调城乡低保、基础养老金标准，落地基本养老保险集体补助省级试点，创成省首批示范性居家社区养老服务网络建设地区。聚力兴村富民，组建40家强村公司，因地制宜促进村集体经济增收。加快破解民生难题，恒大、金科等问题楼盘建成交付，超额完成年度保交楼任务。稳步推动教育资源扩容、教学质量提升，中高考成绩持续攀升、进位进阶。加快医疗基础设施建设，人民医院综合大楼主体竣工，省级卫生镇实现全覆盖，入选省首批基层卫生健康综合试验区。3家单位入选2023年省级“最美公共文化空间”，建成省内首家全景式非遗体验馆。专题研究部署社会治理工作，社会矛盾纠纷多元化解体系建设初见成效，高标准通过全国市域社会治理现代化试点验收，“共同理、大家评”综合解纷工作法入选全国“枫桥式”工作法。安全生产形势总体平稳，社会大局保持稳定，群众安全感不断提升。

5.党的建设在巩固加固中全面加强。深入开展学习贯彻习近平新时代中国特色社会主义思想主题教育，持续推动党的创新理论入脑入心，“理上心来”理论宣讲志愿服务队荣获全国基层理论宣讲先进集体，实现省基层党员冬训示范市“七连冠”。出台激励干部敢为系列措施，深入实施担当力考评，引领带动干部敢为善为、实干争先。不断扩大党组织有形有效覆盖，深化全国党建引领乡村治理试点建设，流动党员双向共管入选长三角城市群党建联建项目。接受省委巡视、泰州市委巡察，纵深推进廉洁泰兴建设，严肃查处国企、金融、教育等领域腐败案件，正风反腐效能不断提升。注重发挥人大、政协和统一战线、群团组织的优势作用，政通人和、心齐气顺良好局面持续巩固。

三、锚定目标、奋发进取，不断开创泰兴高质量发展新局面

2024年是完成“十四五”规划目标任务的关键之年，也是大抓经济、大抓发展的奋进之年。我们要自觉对标对表党中央决策部署和省委、泰州市委工作要求，找准泰兴优势所在、潜力所在、动能所在，以更加科学的方式、更加有效的路径、更加积极的作为，奋力书写好中国式现代化的泰兴答卷。明年工作总的要求是：坚持以习近平新时代中国特色社会主义思想为指导，全面贯彻党的二十大和二十届二中全会精神，深入贯彻习近平总书记对江苏工作重要讲话重要指示精神，认真落实省委十四届五次全会、泰州市委六届七次全会部署要求，坚持稳中求进工作总基调，完整、准确、全面贯彻新发展理念，全面

落实“四个走在前”、“四个新”重大任务，锚定“全市当标杆、苏中争第一”目标追求，锐意进取、踔厉奋发，努力在推进中国式现代化中走在前、做示范，不断谱写“强富美高”新泰兴现代化建设新篇章。结合泰兴实际情况，市委考虑，明年经济社会发展主要预期目标是：地区生产总值增长6.5%左右，一般公共预算收入、居民人均可支配收入与经济增长基本同步，主要经济指标确保“全省第一方阵、泰州第一位次”。全市上下要坚持稳中求进、以进促稳、先立后破，聚焦经济建设这一中心工作和高质量发展这一首要任务，事事用心、处处争先，既把当下的事做好，又把长远的事做对，全力以赴勇挑大梁、多作贡献。重点要抓好四个方面工作：

1.夯实“稳”的基础，筑牢经济“基本盘”。稳是大局和基础，必须把坚持高质量发展作为新时代的硬道理，坚定“发展是解决一切问题的总钥匙”这一指引，把工作重心聚焦到巩固和增强经济回升向好态势上，全力以赴稳实体经济、稳市场主体，持续推动经济实现质的有效提升和量的合理增长。

产业是发展根基，必须聚力做大做强。坚定不移把发展经济的着力点放在实体经济上，以新型工业化为抓手，统筹推进传统产业焕新、新兴产业壮大、未来产业培育，着力在“123”特色产业上形成更多新质生产力。要打造新地标。产业地标不仅在于规模体量，更在于产业关联度、区域影响力和经济带动性。精细化工及新材料产业已具备一定基础，要延伸拓展工程塑料、电子化学品、半导体复合材料等先进领域，实现化工产品由“按吨卖”到“按公斤卖”、“按克卖”的蝶变跃升。医药产业要依托济川药业、药明康德、凯莱英医药等现有企业，加快发展中药、化学原料药及制剂，争创国家级原料药集中生产基地，形成更具竞争力的规模优势、比较优势。装备制造、节能环保、新能源、农产品精深加工等特色产业也要同步发力，集聚更多关联企业、培育更多“单打冠军”产品，提升产业知名度和行业影响力。要开辟新赛道。每个产业的赛道都很大、细分领域也很多，重点在于能否抓住关键环节、搭建重要载体，形成“人无我有、人有我优”的竞争优势。表面处理是制造业不可或缺的关键环节，要依托金茂源华东表面处理中心项目，引育汽车零部件、电子信息等产业，进一步延长产业链、完善供应链、提升价值链。中试是打通原创技术走向产业化的重要一环，要尽早投运化工新材料中试基地，实施智慧化一体化管理，推动更多新产品走向市场，形成新的经济增量。未来食品产业要用好泰州“部省共建”机制效应，抢占特医食品、功能食品“新蓝海”。集成电路产业要聚焦装备材料、封装测试等核心领域，做优“链核”、孕育未来。临港产业要谋划布局“大进大出”产业项目，做大做强港口经济。食品工业要向智能装备、绿色包装等高附加值领域延伸，促进产业增值增效。要抢占新风口。聚焦省“1650”产业体系，大力发展战略性新兴产业，确保全年战略性新兴产业产值增幅达10%以上。紧盯新一轮科技革命和产业变革方向，把握资本风向，增强抢滩意识，前瞻性布局前沿新材料、新型储能、氢能、零碳负碳、合成生物、第三代半导体等产业，用未来产业赢得城市未来。制造业、服务业、农业、建筑业一直是我市现代化产业体系的四大支柱，在主攻先进制造业的同时，要着力补齐生产性服务业短板，引导更多社会资本进入农业农村领域，助力建筑业企业练好内功、开拓市场，加快打造成色更足的现代化产业强市。

企业是力量主体，必须精心引育培育。经济稳增长，主体在企业。要更大力度支持各类市场主体发展壮大，激发市场活力和社会创造力。培育“龙头引领+专精特新”的企业梯队。强力推进“千企升级”计划，一手抓龙头企业发展壮大，锻强“50+30”重点骨干企业集群；一手抓专精特新企业培育，抢占产业链发展的重要节点，形成“大企业顶天立地、专精特新企业枝繁叶茂、小企业铺天盖地”的生动局面。力争规上工业企业突破1000家，开票销售超亿元企业220家，新增国家级专精特新“小巨人”企业6家。实施上市攻坚计划，支持引导更多企业登陆资本市场。拓展“智改数转网联+绿色化提升”的转型路径。放大硬件智能化改造、软件集成化应用和工业互联网加持的叠加效应，推动重点产业、规上企业“应改尽改、能转快转”，梯度建设企业级、行业级和区域级工业互联网平台，支持双乐颜料建设国家工业互联网标识解析二级节点，提升智能化数字化发展水平。全面推广绿色制造，探索建设零碳车间、零碳工厂，促进工业节能减排、清洁生产和资源循环利用，持续降低单位GDP能耗强度。构建“扶持政策集成+营商环境优化”的保障体系。精准落实上级惠企政策，结合我市促进实体经济高质量发展66条措施，集成推送政策月历，用好“泰企惠”服务平台，让更多企业充分享受政策红利。主动对接世行新标准，出台优化营商环境方案6.0版，以用户思维进一步减材料、减流程、减跑动、降成本，真正让办事“不求人、不找人、不烦人”成为常态。抢抓首批省级绿色金融创新改革试验区建设契机，深化政银企合作，探索产业链金融新模式，有效畅通企业融资渠道。大力弘扬企业家精神，构建亲清新型政商关系，鼓励广大企业家坚守实业、精耕主业、办好企业、引领行业。

园区是主要阵地，必须持续赋能聚能。园区板块一直是我市经济发展的主战场主阵地，主战场要有主担当，主阵地要有主作为。要提高经济贡献度。今年，泰兴经济开发区有效应对了化工行业不景气的阶段性压力，保持了主要指标的正增长，其他园区也作出了较多的增量贡献，这是全市保持经济稳增长的重要支撑。各开发园区要继续拿出“舍我其谁”的豪气和魄力，跟强者比、跟快者赛，不断掀起产业能级攀升、规模体量跃升、管理水平提升的新热潮。泰兴经济开发区要紧扣“致力国际化、争创国家级”定位，加快国家级经济技术开发区创建，瞄准“2000亿工业开票销售、100亿工商税收”目标全力奋进。虹桥工业园区要尽早突破500亿门槛，勇当全市经济增长“第二极”。其他园区也要比学赶超、争先进位，为全市高质量发展增添更多“新看点”。要提高亩均产出率。全力做好“引优、汰劣、做强”的文章，真正让园区成为产业经济发展“高产田”。树牢“亩均论英雄”导向，坚决淘汰落后产能、腾退低效用地，鼓励企业零地技改，全年盘活低效闲置用地1600亩以上。树牢“质效配资源”导向，强化工业企业资源节约集约利用综合评价结果应用，实行资源要素差别化价格政策和配置措施，让有限资源释放更大产出效益。要提高辐射带动力。放大六大招商单元协同效应，共绘产业图谱、共享项目资源、共聚招商力量，提升区镇联动发展黏合度。各乡镇（街道）要积极融入招商单元，用好一切资源，在推动项目飞地园区的同时，争取更多的产业链配套项目落户乡镇，做好量的积累，打牢发展基础，形成功能互补。发展是硬道理，项目是硬支撑。六大招商单元要紧盯行业榜单、产业龙头、隐形冠军，从需求侧主动出击、精准发力，组织好系列产业招商活动，形成招商合力。确保全年新签约亿元以上项目200个，新开工、新竣工亿元以上项目100个、80个，力争百亿级项目取得突破。

*2.积蓄“进”的力量，激活发展“动力源”。*进是方向和动力，必须把进的支点放在创新上，以开放拓空间，用改革激活力，不断积累更多积极因素，在以进促稳中增强发展主动权。

创新竞进强动能。坚持以科技创新推动产业创新，深化国家创新型县（市）建设，全方位推进基础创新、技术创新、管理创新、产品创新、渠道创新，构建创新生态体系，打造核心竞争优势。要锻强科创载体竞争力。积极融入长三角科创一体化布局，丰富完善“1+2+3+X”区域科创体系，推动更多板块与高能级科创平台合作共建。泰兴经济开发区产业协同创新中心融入苏州实验室应用网络要取得实质性进展，主动承接更多科创项目。黄桥经济开发区“一城一院一所一中心”要尽快形成物化成果，提高孵化转化成功率。泰兴高新区要丰富“三基地五中心”功能，推动新型光电材料院士（专家）科技创新中心、半导体先进陶瓷研究所等新型研发机构有序释放创新动能。上海（虹桥）、苏州两个离岸创新中心要成为创新策源地，力争再新建离岸创新中心2个。要培强企业主体创新力。健全“微成长、小升规、高变强”梯次培育体系，优化线上线下服务，缩短培育周期，建强“高企军团”。引导企业加大研发投入，积极参与省市“揭榜挂帅”、科技攻关，强化高价值发明专利、PCT、实用新型专利申报，提升产学研合作水平。放大“新浦效应”，鼓励重点龙头企业牵头组建创新联合体，集聚力量攻克关键核心技术，不断提高行业话语权。要增强创新生态软实力。充分发挥创新政策激励效应，擦亮“泰科创·兴未来”科创品牌。实行“1+1+1+N”招商模式，市场化开展“招才引智”。探索“大院大所+”新途径，举办专场产学研对接活动，以“院士效应”助力产学研提质升级。深化青年友好型城市建设，用足用好人才新政“双十条”，引育更多“高精尖缺”战略科技人才和创新团队，以人才链的“强”激发创新链的“活”。

开放融进拓空间。敞开大门搞发展，是适应经济全球化规律的必然选择。要正确看待世界形势的错综复杂，科学应对国际市场的大变化，主动识变、应变、求变，以更积极的姿态深化双向合作，拓展发展空间。要更加主动融入和嵌入“圈”“群”。高质量融入长三角一体化和上海大都市圈、苏锡常都市圈、扬子江城市群，是泰兴走向区域发展前沿的必由之路。紧抓常泰长江大桥、北沿江高铁、盐泰锡常宜铁路等重大基础设施建设机遇，全力保障如常高速、沪陕高速建设，进一步拉近与长三角核心区的时空距离，高层次借势发展。积极融入“水运江苏”建设，优化整合港口岸线资源，加强大宗商品交易、多式联运体系研究，更好发挥通江达海优势。强化与长三角城市产业链供应链协同，建立园区跨区域合作机制，加大技术、资本密集型项目转移承接力度，更好参与国内大循环、抢占内需大市场。要更高水平吸引和利用外资。关注外资流向，保持对经济、对产业的高度敏感性，以链式思维提高项目策划能力，既紧盯产业链上的重大外资项目，又关注弥补产业链短板的中小型外资项目，更重视存量外资企业的利润再投资和增资扩股，推动更多外资项目“链上开花”。拓展外资信息，搭建以内引外、以外引外、以商引商平台，深化国际商务商事商业机构合作，扩大境外招商“朋友圈”。加强外资拼抢，发扬“鲨鱼”精神，突出欧美日韩招商重点，常态化开展境外专题推介活动，快人一步争取全球优质资源，推动更多外资地区总部、研发中心和国际功能性平台布局泰兴、扎根泰兴；同步抓住国家服务业开放契机，敢于“吃螃蟹”，率先求突破。此外，要建强对外招商队伍，加深对国际高标准经贸规则的认知和理解，以客户思维研究“为什么投”、关注“投什么”、判断“能不能投”，进一步提高招商队伍国际化视野和专业化能力。要更大力度稳定和创新外贸。依托大企业构建开放大联盟，强化国际商标注册和国际质量体系认证，开展“百企出海拓市场”活动，积极参加境外各类展会，全力稳住外贸市场份额。推动外贸创新发展，依托国家级外贸转型升级基地，拓展服务贸易、数字贸易、跨境电商出口，支持有条件的企业设立海外仓，持续优化外贸结构。鼓励企业布局海外市场，加强对外直接投资，推动更多本土企业走向世界。

改革增进激活力。坚持把改革作为稳大局、应变局、开新局的重要抓手，以更大的决心和力度推进深层次改革，努力创造更多“泰兴样板”。要争取改革试点。省委将推进新一轮全面深化改革，突出抓好科技及人才发展体制机制改革，以及要素市场化配置、投融资、财税体制等重点领域改革。要更大力度开展“五争”竞比，争取更多事项纳入省级以上改革试点，争取更多政策和资源要素为我所用，形成更多标志性、引领性成果。已争取到的改革试点要集中力量抓实抓细，确保经得起实践检验，更好释放改革红利。要强化重点攻坚。聚焦“牵一发而动全身”的重点领域和关键环节加快改革突破，推动发展方式转变、治理模式转向、体制机制转轨。落实好新一轮财税体制改革，全面加强财政资源统筹，优化财政支出结构，严格转移支付资金监管，有效提升财政管理水平。坚持“两个毫不动摇”，落实好国有企业改革深化提升行动，突出增强核心功能和提高核心竞争力两个重点，做好资源资产化、资产资本化、资本证券化三篇文章，持续提升国企盈利能力、抵御风险能力、匹配发展能力。抢抓央企布局战略性新兴产业和未来产业的机遇，加强央地合作，实现互利共赢。协同推进教育、科技、人才领域改革，实现教育、科技、人才“三位一体”协同融合发展。要突出问题导向。聚焦改革阻力大、矛盾问题集中的领域，以改革的思路破局解困，以改革的办法闯出新路。探索房地产发展新模式，合理确定住宅用地供应布局和结构，稳步实施购房补贴、房票安置、团购等政策，持续抓好保交楼保民生保稳定工作，更好满足居民刚性和改善性住房需求。更加重视民营企业微观感受，用改革解决企业发展痛点，落实市场准入、要素获取、公平执法、权益保护等方面的支持措施，促进民营企业增强信心、提升预期、放手发展。

3.回应“盼”的期待，拓展幸福“新内涵”。始终把人民群众对美好生活的向往作为奋斗目标，既尽力而为，又量力而行，努力让人民群众幸福生活水平更高、成色更足、内涵更丰富。

擦亮民生保障这个幸福底色。积极回应群众呼声，扎实推进民生实事项目，确保民生支出占一般公共预算支出比重保持在75%以上，让群众幸福“掷地有声”。以高质量充分就业为目标，全面落实免申即享社保补贴、稳岗返还等政策，更好推动服务业、中小微企业、个体工商户吸纳就业扩容，以企业发展的有力支撑换取群众收入的水涨船高。发挥医保基金战略性购买作用，提高基金使用效率，降低群众就医负担，基本医保覆盖率稳定在98.8%以上。推动居民社会保险和社会救助制度无缝衔接，利用大数据常态化及时发现救助需求，跟进实施救助帮扶，兜住、兜准、兜牢民生底线。

扭住城建交通这个关键抓手。推动城市现代化建设、高质量发展，是提升城市能级的内在要求，也是群众对美好生活的向往需求。深入实施惠民城建和交通强市工程，不折不扣做好阳光征收、老旧小区改造、危房整治、停车便利化、污水管网建设、清水润城等民生工程，持续提升基础设施建设水平和精细化管理水平。统筹生产、生活、生态空间，推行全要素一体化设计，采用“小规模、渐进式”微改造，加快实施羌溪河、羽惠河西侧等16项绿化工程，让城市更有品质气质、更加宜居宜业。优化国省干线网络布局，推进“四好农村路”高质量发展，打通长征路、永丰路等城区“断头”路段，进一步畅通城市道路交通出行。

紧盯公共服务这个迫切需求。积极推进教育现代化、均衡化，扎实开展“学前教育普及普惠市”和“义务教育优质均衡发展市”创建，优化调整城区义务教育学校施教区，科学谋划学校布局，努力办好人民满意的教育。开展医疗卫生服务品质提升行动，深化紧密型医共体建设，启动人民医院二期工程，实施第三轮乡镇卫生院提升工程，为人民群众提供全方位全周期健康服务。聚焦“一老一幼”，实施居家社区养老提质增效、机构养老提档升级、智慧享老提优赋能专项行动，进一步建立健全生育支持、普惠托育等服务保障。常态长效推进文明城市创建，推动城乡精神文明建设融合发展，不断提升公民文明素养和社会文明程度。

夯实乡村振兴这个发展基石。乡村是构建新发展格局的关键变量，是必须守好的战略后院，要学习运用“千万工程”经验，加快推动农业农村现代化，让广大农村居民更好地共享高质量发展成果。完成“多规合一”实用性村庄规划，统筹引领乡村基础设施和公共服务布局。以全产业链培育为牵引，大力发展现代种养、农产品精深加工、农文旅融合等富民产业，形成“一村一业、一村一品”差异化发展格局，带动村集体和农民持续增收。完成农村二轮土地延包整县试点，深化农村宅基地使用权、闲置农房经营权改革，以点带面推动乡村全面发展。全方位夯实耕地保护和粮食安全根基，强化推进耕地数量保护和质量提升，坚决守住耕地保护红线和粮食安全底线。全域抓好农村人居环境整治，继续推进乡村振兴先行市、中心镇、示范村建设，积极创建省宜居宜业和美乡村示范片区，打造“田园风+现代化”的新时代鱼米之乡。

4.提升“治”的效能，加固社会“稳定器”。

基层治理是人民幸福安康的基础性工程，必须坚持底线思维，突出问题导向，持续推进治理体系和治理能力现代化，保障经济社会平稳健康发展。

抓能力提升、效能提档，把好风险防线。持续推进应急管理体系和能力现代化，加快建立大安全大应急框架，强化公共安全治理，提高预防预警和应对处置各种"黑天鹅""灰犀牛"事件能力。坚持底线思维，聚焦金融、政府隐性债务、房地产等重点领域，加强风险监测、分析、研判和处置，牢牢守住不发生区域性系统性风险的底线。深入实施"三六"行动，强化"泰平安"治安联防，构建整体联动、攻守兼备的现代化社会治安防控体系，建设更高水平平安泰兴。常态化推进扫黑除恶，依法打击整治电信网络诈骗、未成年人违法犯罪、"食药环"领域等群众反映强烈的突出问题，确保社会大局稳定。全面压实维护政治安全、社会安全的工作责任，坚决防范其他领域风险向政治社会领域传导。

抓源头管控、靠前化解，抬高治理标线。深入践行新时代"枫桥经验"，进一步落实"四级四主"社会矛盾纠纷调处职责，高质量运行多元化解"一站式"平台，提升社会矛盾纠纷调解率和解决率。深入开展"无矛盾上行"村（社区）建设，加大治理重复信访、化解信访积案力度，推进信访工作法治化，切实控增量、减存量、防变量。落实好领导干部"四下基层"制度，提升"12345"热线运行质量和办理效率，实施"精网微格"提升工程，放大"网事网议"、"共同理、大家评"等经验做法，最大限度将矛盾纠纷化解在基层、化解在萌芽状态。深入推进"八五"普法，优化法治化营商环境，依法维护社会主义市场经济秩序，着力打造和谐文明安全稳定的新时代社会治理标杆城市。

抓隐患排查、长效管理，筑牢安全底线。强化危化品全生命周期管理，推广不放心点位"服务+监管+执法"一体化挂钩联系、安全生产履职考评和建档管理、重大事故隐患自查自改和消防重大隐患"双督办"等制度，压紧压实安全生产责任。实施消防安全标准化管理，持续推进"9+N"小场所消防安全综合治理，确保群租房、"厂中厂"、"三合一"场所安全措施落实到位。加快市应急指挥中心数字化建设，建成省危化品道路运输应急救援泰兴基地，加强专业执法力量，常态化开展应急演练，提升突发事件处置能力，全力筑牢安全生产坚固屏障。

抓重点攻坚、协同治理，严守生态红线。扎实做好中央、省生态环保督察交办问题整改销号工作，以更严要求强化污染防治。高效实施$PM_{2.5}$和臭氧浓度"双控双减"，从严抓好VOCs治理，推动空气质量持续改善。深入推进城镇污水处理提质增效，以"全域治水"为抓手推进区域河流整治，确保国省考断面水质稳定达标，不断提升优II比例。规范管控污染地块，推进"无废城市"建设，守牢土壤安全底线。持续发力长江大保护，开展天星洲生态岛试验区建设试点，强化沿江生态湿地、生态廊道管护，协同推进长江岸线治理修复与产业转型综合开发（EOD）项目建设，促进生态功能整体性提升。加强省级生态文明建设示范镇村建设，争创国家生态文明建设示范市。

四、纵深推进全面从严治党，为泰兴现代化建设提供坚强政治引领和政治保障

全面推进中国式现代化泰兴新实践，关键在党。要坚定不移深化主题教育，深入学习贯彻习近平总书记关于党的建设的重要思想，不断提高党的建设质量，以各级党组织和党员干部政治上的"强"，引领保障经济社会发展高质量的"进"。

1.突出强根铸魂，淬炼绝对忠诚的政治品格。始终把学习习近平新时代中国特色社会主义思想作为首要政治任务，以紧跟紧随、笃信笃行的定力，筑牢政治忠诚生命线，守好意识形态主阵地，引导广大党员干部坚定拥护"两个确立"、坚决做到"两个维护"。当前，第二批主题教育已临近收官，要坚持标准不降、劲头不松，再接再厉、善始善终，深入检验理论学习、调查研究、检视整改和推动发展的成效，确保主题教育抓出高质量、取得好效果。要坚持不懈用习近平新时代中国特色社会主义思想凝心铸魂，构建更具时代性、针对性的理论教育培训长效机制，建立更具说服力、亲和力的理论普及工作体系，推动党的创新理论深入基层、深入人心，筑牢共同思想基础、凝聚团结奋斗力量。要坚持知行合一，立足以学促干，将深化主题教育同贯彻党中央决策部署、推动工作落实结合起来，做到同频共振、互促并进。

2.突出强基固本，磨炼坚强有力的基层堡垒。全面实施“五聚焦五落实”深化提升行动，聚力基层党建“强功能、扬优势、补短板”重点攻坚任务，夯实现代化建设的战斗堡垒。要深处着力强功能，推进村（社区）党组织“六强六好”功能提升、“四强”机关党支部创建，加强新经济组织、新社会组织、新就业群体党的建设，不断提升“两个覆盖”质量，促进基层党组织政治功能更加凸显、组织体系更加严密、作用发挥更加彰显。要精准发力提效能，坚持抓乡促村、抓街促居，抓园促企、抓行促业，深化全国党建引领乡村治理试点、全国城市基层党建工作示范市建设，推进非公企业“四同八助”党组织创建，系统提升基层党建引领力。要激发活力增动能，抓好村（居）干部和社区工作者等队伍建设，分类开展基层党组织书记和党务工作者培训，培优育强基层骨干队伍。围绕“六个规范化”，持续提升党群服务中心功能，做到大门常开、场所常用、活动常办、服务常抓、群众常来。

3.突出强筋壮骨，锤炼敢为善为的干部队伍。坚持新时代好干部标准，对标专业化素养、职业化规范、事业化追求，全力锻造堪当现代化建设重任的高素质干部队伍。要严格“选”的关口，坚持系统谋划、梯次推进，完善选人用人机制，精准考察识别干部，真正把干部队伍选优配强。要激发“敢”的动能，用好激励干部“敢为六条”，深化担当力考评，实行“资历+贡献”职级晋升积分制办法，做实重大专项及时奖励，刚性推行惩戒性干部交流，形成能者上、优者奖、庸者下、劣者汰的良性循环。要提升“干”的水平，深入实施新时代干部现代化建设能力提升工程，推进年轻干部接力培育、“招商双锐”培养计划，强化政治标准、法治思维、契约精神、市场逻辑、专业素养，着力打造一批“领跑型”领导干部、中层干部和年轻干部。各级干部要自觉弘扬“三个不相信”城市精神特质，推动全市上下不怕困难、不畏艰险，勇于斗争、敢于胜利，形成真抓实干、奋力拼搏的浓厚氛围。

4.突出强纪明规，熔炼正气充盈的政治生态。始终保持“赶考”的清醒，坚持真管真严、敢管敢严、长管长严，推动党风政风持续好转。严肃认真抓好省委巡视、泰州市委巡察各项整改措施落实，推进具体问题立行立改、系统性问题长效整改、普遍性问题全面整改，全力做深做实巡视“后半篇文章”。深化监督体系建设，加强纪律监督、监察监督、派驻监督、巡察监督贯通融合，推进政治监督具体化、精准化、常态化，全力构建“大监督”工作格局。坚持党性党风党纪一起抓，一严到底落实中央八项规定精神，持续纠治“四风”顽疾。强化不敢腐、不能腐、不想腐一体推进，紧盯权力集中、资金密集、资源富集等重点领域，做到查处一案、治理一域，不断扩大廉洁建设的深度和广度。同时，坚持激励约束并重，深入实施容错纠错、澄清正名、激勉谈话等举措，保护干事创业积极性，全力营造风清气正劲足的政治生态。

同志们，使命催人奋进、发展只争朝夕。让我们更加紧密地团结在以习近平同志为核心的党中央周围，深入学习贯彻习近平总书记对江苏工作重要讲话重要指示精神，凝神聚力谋发展，乘势而上再突破，在新征程上全面推进中国式现代化泰兴新实践，奋力谱写“强富美高”新泰兴现代化建设新篇章！

政府工作报告（摘要）

——2024年1月9日在市十六届人民代表大会第三次会议上

市人民政府市长　刘文荣

2023年工作回顾

刚刚过去的一年，是全面贯彻党的二十大精神的开局之年。一年来，我们坚持以习近平新时代中国特色社会主义思想为指导，深入落实习近平总书记对江苏工作重要讲话重要指示精神，在市委的坚强领导和市人大、市政协的监督支持下，聚力高水平构建“六大体系”、奋力打造“六个区”的方向路径，扎实做好各方面工作，中国式现代化泰兴新实践实现良好开局。

这一年，我们坚持稳预期、稳投资、稳增长，经济运行企稳向好。实体经济信心提振。设立“泰兴企业家日”，出台促进实体经济高质量发展若干意见，兑现各类奖励扶持资金4.8亿元，新增贷款280亿元，有力稳住了经济大盘。预计，全年实现GDP1460亿元、增长7%左右，一般公共预算收入增长8%。实现工业开票销售2150亿元、增长2.5%，固定资产投资增长8%。完成社会消费品零售总额348亿元、增长6.5%。项目建设扎实有力。全年新签约、新开工、新竣工亿元以上项目236个、100个和80个，其中5亿元（3000万美元）以上分别达79个、39个和28个，“三比一提升”开竣工数保持泰州第一。总投资105亿元的20GWh快充动力电池项目开工建设。入选第七批国家标志性重大外资项目2个，全省仅4个。产业质态持续优化。新改建高标准农田5.6万亩，粮食总产63.59万吨，出栏生猪62.5万头，农产品加工业收入突破300亿元。全面完成国家农产品产地冷藏保鲜整县推进试点项目建设。新增规上工业企业98家，规上工业产值增长2.8%。新认定省级服务型制造示范企业2家、“两业融合”标杆企业1家，实现服务业增加值600亿元。新增专业承包一级资质1项，完成建筑业总产值1200亿元、增长9%。数字经济核心产业增加值占GDP比重5.5%以上。

这一年，我们坚持强创新、拓改革、促开放，区域发展活力更足。创新能级加力提升。完成高新技术产业产值1100亿元，占规上工业产值比重超50%。新认定国家高新技术企业超300家、国家级专精特新“小巨人”企业12家、省级专精特新中小企业36家。培育省级创新型领军企业2家、瞪羚企业9家。新增省级工程技术研究中心2家。高端嫁接优质科创资源，先后与中科大、苏大、南工大等国内知名院校达成深度合作。省化工中试基地投入试运行。长三角国家创新中心江苏省特医食品研究所揭牌成立。创成国家级智能制造优秀场景3个、“两化融合”贯标企业23家。新增省工业互联网标杆工厂3家、智能（5G）工厂4家、智能车间11个、首台（套）重大装备1个。晟楠科技北交所成功上市。重点改革走向深入。推进国有企业战略性重组、专业化整合，新增AA+企业1家、AA企业2家，新组建的泰州化工新材料产业集团成功通过AAA评级预认证。深入实施“亩均论英雄”改革，盘活低效闲置用地2800亩。出台优化营商环境40条重点举措，推行“并联收费”“承诺施工”等新模式，“泰省心”品牌持续擦亮。黄桥、虹桥经济发达镇改革工作成效显著，分列苏中第一和第九。成功入选首批省级绿色金融创新改革试验区。开放开发不断深化。实际利用外资、外贸进出口、外经营业额总量均保持泰州第一。泰兴经济开发区入选省“互联网+先进制造业”特色产业基地。泰兴高新区入选国家企业创新积分制试点单位、省级中小企业特色产业集群。现代农业产业园区创成省级农产品加工和预制菜产业集中区。北沿江高铁、盐泰锡常宜铁路、常泰铁路等“轨道项目”稳步推进。常泰长江大桥主塔封顶、天星洲专用航道桥顺利合龙。如常高速、沪陕高速平潮至广陵段加快实施。广陵互通连接线主体工程完工。镇海路南延主线通车。七圩公用码头成功靠泊首艘开普船，正式进入“大船时代”。开放融合的区位优势更加凸显。

这一年，我们坚持抓统筹、强功能、提品质，城乡融合步伐加快。城市建设呈现新貌。国土空间总体规划获省政府批准，为全国首批。全面推进“双水·双河”功能提升，实施绿化工程11项，新增及改造绿地面积15万平方米，高标准建成开放21公里的生态健身步道。建成污水处理提质增效达标区3个，改扩建污水管网7公里。完成2号泵站及输送管道扩容改造，污水日输送能力提高至16.5万吨。在全省率先开展老旧住宅入户体检，实施23个老旧小区改造，新增停车位3159个，加装充电设施2000个。国庆桥农贸市场、文江印邻里中心建成投用。农村发展更具活力。实施农村公路提档升级100公里、危桥改造20座、县道大中修25公里。新建农村生态河道68公里，打造幸福河湖186条，马甸水利枢纽改建工程荣获中国水利工程优质（大禹）奖。创成省级特色田园乡村2个，新增美丽宜居示范庄台26个。生态环境加快改善。全面完成第二轮中央生态环保督察反馈问题整改。$PM_{2.5}$年均浓度连续4年达国家二级标准，国省考断面水质优Ⅲ比例保持100%。建成“碳效码”综合管理服务应用平台，加快重点企业节能改造，腾出用能空间29.4万吨标煤。创成国家级绿色工厂1家、工业产品绿色设计示范企业1家。泰兴高新区创成国家绿色工业园区，生态环境科普中心获评国家生态环境科普基地。泰兴经济开发区地下水污染管控修复纳入国家试点，“无废园区”创建、新污染物治理纳入省试点。

这一年，我们坚持优供给、强保障、惠民生，百姓生活持续改善。公共事业协调发展。完成焦荡实验学校、北城小学等5所学校合并重组。建成投用实验初中文江分校、机关幼儿园拱极分园。启动“强师计划”实验区改革，新增省级名师10人、泰州市“三级骨干”教师186人。中高考成绩持续攀升、进位进阶。市人民医院医疗综合大楼主体竣工，120急救指挥中心投入使用，疾控中心门诊检验综合楼顺利封顶。省级卫生镇实现全覆盖，入选省首批基层卫生健康综合试验区。新改建多功能运动场5个、健身网点50个。建成全省首家全景式非遗体验馆。民生保障稳步提升。创成省级就业见习示范基地2家，新增城镇就业1.2万人。城乡居民基本养老保险集体补助省级试点成功落地。基础养老金标准、低保标准分别提高至每人每月247元和800元。基本医保参保率达98.8%。实施困难家庭适老化改造400户，连锁化运营养老服务中心100家，创成全省首批示范性居家社区养老服务网络地区。新增普惠托育机构5家。累计发放各类救助资金2.98亿元，惠及困难群众53.24万人次。社会大局安定和谐。扎实开展“无矛盾上行村（社区）”建设，信访突出问题攻坚化解成效明显。统筹推进安全生产专项整治巩固提升年和重大事故隐患专项排查整治行动，安全生产形势平稳向好。全力做好保交楼工作，恒大悦府、集美雅苑等项目平稳交付。“全民反诈”取得突出成效。高标准通过全国市域社会治理现代化试点验收。“共同理、大家评”综合解纷工作法入选全国“枫桥式”工作法。国防动员、统计调查、外事、侨务、民族宗教、气象、工商联、老干部、退役军人、关心下一代、工会、妇女儿童、青少年、残疾人、红十字及对口支援等工作取得新的成绩。

这一年，我们坚持转作风、优服务、提效能，自身建设不断加强。精心组织学习贯彻习近平新时代中国特色社会主义思想主题教育，在以学铸魂、以学增智、以学正风、以学促干中进一步坚定政治立场、增强实干本领。严格落实政府工作规则，持续加强政府规范性文件审查和行政复议、行政应诉规范化建设，依法行政水平不断提高。自觉接受人大、政协和社会各界监督，办结建议提案356件、满意率100%，主动公开政府信息6105条，办理依申请公开851件。全面推行“12345”工单办理“一把手”批办、督办机制，办结率100%、满意率99.18%。加强政府投资管理，强化审计全程监督，政府资金使用更加规范高效。积极推进数字政府建设，建成“三中心+两平台”基础设施平台体系，市档案馆创成国家级数字档案馆。认真接受省委巡视、泰州市委巡察，持之以恒正风肃纪，驰而不息纠治“四风”，廉洁政府建设不断深化。土地节约集约利用工作获国务院督查激励。财政管理、优化营商环境、新型城镇化建设等8项工作获省政府督查激励。

各位代表，回顾一年工作，我们坚定信心、保持定力、克难奋进，取得了令人振奋的发展成绩，展现出强劲的发展韧性。一年来，我们成功举办首届中国农产品未来加工高峰论坛、首届中国预制菜争霸赛总决赛、第一届中国生物发酵与未来食品城新食品原料创新发展大会等重大活动，成功入选国家级创新型县（市）建设名单、全国第一批自然资源节约集约示范县（市）、全国消费品工业“三品”战略示范城市、国家级知识产权强国建设试点县，泰兴的城市知名度、发展影响力不断增强。这些成绩是市委统揽全局、坚强领导，市人大、市政协有力监督、鼎力支持，全市上下团结拼搏、共同奋斗的结果。在此，我代表市人民政府，向各位代表、委员，向全市广大干部群众和离退休老同志，向驻泰部队指战员、武警官兵和政法干警，以及所有关心、支持泰兴发展的社会各界人士，表示衷心的感谢！

在肯定成绩的同时，我们也清醒地认识到，对照高质量发展和现代化建设要求，还存在一些问题和不足，主要是：外部环境仍然复杂严峻，向好态势还需继续稳固；创新驱动发展动力不足，新型工业化建设、新质生产力培育任重道远；资源要素制约难题亟待破解，营商环境仍需优化；城乡协调发展、融合发展不够充分，优质公共服务供给尚有差距；安全生产、生态建设还要久久为功；基层治理创新力度还需加大；政府自身建设有待进一步加强，等等。对此，我们将采取有力措施，认真加以解决。

2024年工作任务

今年是实施“十四五”规划的关键之年，也是推进中国式现代化泰兴新实践的奋进之年。我们将深入贯彻习近平新时代中国特色社会主义思想，全面落实党的二十大和二十届二中全会精神，坚定落实习近平总书记对江苏工作重要讲话重要指示精神，紧紧围绕市委十四届六次全会部署要求，坚持稳中求进工作总基调，完整、准确、全面贯彻新发展理念，聚焦“四个走在前”“四个新”重大任务，锚定“泰州当标杆、苏中争第一”目标追求，锐意进取、踔厉奋发，努力在推进中国式现代化中走在前、做示范。主要预期目标是：地区生产总值增长6.5%左右，一般公共预算收入增长5%，固定资产投资增长6%左右，工业开票销售增长8%，全社会研发投入占GDP比重达2.75%，社会消费品零售总额增长6.5%，全体居民人均可支配收入与经济增长基本同步，单位GDP能耗下降完成泰州市交任务，生态环境质量稳定好转，本质安全水平持续提升。

各位代表，做好今年各项工作，意义深远、责任重大。我们将紧扣经济建设这一中心工作和高质量发展这一首要任务，坚持稳中求进、以进促稳、先立后破，在转方式、调结构、提质量、增效益上积极进取，全力争创更优发展业绩。具体抓好五个方面：

1.致力能级提升，锻造产业竞争新优势。积蓄进的力量，夯实稳的基础，全力推动经济实现质的有效提升和量的合理增长。

全力稳定实体经济。坚持把工作重心聚焦到巩固和增强经济回升向好态势上，筑牢经济发展“基本盘”。强化助企惠企。刚性落实挂钩联系企业制度，用好用足“泰企惠”“企业家直通车”应用平台，及时收集涉企诉求，跟进督办问题解决，推动各项助企纾困政策精准落地、兑现落实，更好助力企业提信心、稳发展、拓市场。大力弘扬企业家精神，精心办好“企业家日”活动，全力营造让企业敢干、敢闯、敢投的良好环境。强化梯队培育。支持重点企业做强，新增工业开票销售超亿元企业8家、超10亿元2家，力争上市企业1家。推动成长企业做大，力争规上工业企业总量突破1000家。加快中小企业做精，新增国家级专精特新“小巨人”企业6家、省级专精特新中小企业20家。强化要素保障。加快省级绿色金融创新改革试验区建设，推进普惠金融试点，新增贷款200亿元以上。统筹抓好“亩均论英雄”改革、工业标房挖潜利用、化工行业整治、铸造行业提质等重点，盘活低效闲置用地1600亩，腾出用能空间10万吨标煤，切实保障优质企业发展。

全力攻坚项目建设。坚定不移把项目建设作为“头版头条”，更大力度推进“三比一提升”行动，持续增强项目牵引力、带动力。更高站位谋项目。紧盯特色产业链条，细化产业招商图谱，提升项目与产业的耦合度，推动产业链项目加快集聚集群发展。严格执行项目落户评估制度，不断提高项目含金量、含新量、含智量、含绿量。更实举措引项目。放大“六个统筹”优势，发挥“招商大使”“招商双锐”作用，紧盯产业链龙头、重大外资、高端服务业等项目攻坚突破。全年新签约亿元以上项目200个，其中5亿元（3000万美元）以上70个，力争百亿级项目取得突破。更优服务推项目。深化项目全生命周期服务保障，实施重点项目“一对一”定制服务，推动项目建设提速提效。全年新开工、新竣工亿元以上项目100个和80个，其中5亿元（3000万美元）以上35个和25个。

全力推动产业转型。坚持“产业强市”不动摇，瞄准前沿领域，巩固优势链条，加快提档升级，不断增强产业比较优势、竞争优势。优化制造业发展体系。围绕省“1650”产业体系，聚焦“123”特色产业细分领域，策应泰州大健康产业发展布局，统筹传统产业焕新、新兴产业壮大、未来产业培育，加快新型工业化建设和新质生产力培育，全力争创省制造业高质量发展示范区。扩大传统产业优势。持续推进化工、医药、机电三大主导产业链式化发展、高端化迈进，依托新浦化学、顶峰油脂等“链源”企业优势产业基础，加快向中下游拓展延伸，实现产业链、价值链“双提升”；发挥济川药业、合全药业、博瑞生物等龙头企业带动作用，加快推动从原料药到制剂的一体化发展，全力争创国家级原料药集中生产基地；支持扬子鑫福、泰隆、惠尔信等骨干企业进一步提升创新能力，争创行业“单项冠军”，不断增强核心竞争优势。壮大新兴产业规模。加快推动化工新材料、新能源、新食品原料等新兴产业集群式发展，重点推进联欣环保可降解塑料、正博诺特种气体、华熙生物等项目建设，全力培育新的增长极，确保战略性新兴产业产值增幅10%以上。布局未来产业发展。瞄准前沿新材料、新型储能、氢能、零碳负碳、合成生物、第三代半导体等未来产业发展方向，下气力招引一批重点项目、培育一批头部企业，高水平打造具有核心竞争力的未来产业集群。推动服务业提质发展。实施集聚示范和产业提质“453”行动，加快生产性服务业转型升级、生活性服务业提质扩容，新增规上服务业企业50家，创成省级“两业融合”标杆企业1家，服务业增加值增长5%左右。引导建筑业加快转型。加快推动建筑行业向数字建造、绿色建造转型，支持参与国内外重大基础设施建设，实现建筑业产值1350亿元、增幅12.5%。

2.坚持改革创新，激发区域发展新活力。统筹创新提能、改革提效、开放提质，充分激活发展潜能，加快集聚发展动能。

推动科创赋能发展。深入实施创新驱动战略，持之以恒育主体、强载体、优生态，加快实现以创新为支撑的内涵式发展。强化数智赋能。协同推动数字产业化、产业数字化，大力引进数字经济核心产业项目，遴选培育数字产业龙头骨干企业，力争数字经济核心产业增加值占GDP比重6%左右。扎实推进“智改数转网联”，提升规上企业数智诊断覆盖率，推动重点企业诊断方案落地转化，实施5000万元以上重大技改项目40个，新增省级智能（5G）工厂2家、智能车间3个。加快探索“5G+工业互联网”应用场景，培育星级上云企业100家，双乐颜料建成国家互联网标识解析二级节点，泰兴经济开发区争创行业级重点工业互联网平台。突出企业主体。强化全链条阶梯成长培育，持续壮大创新型企业队伍，新认定国家高新技术企业30家以上，新增省级技术创新示范企业1家、泰州市级以上瞪羚企业5家。支持企业组建创新联合体，推进核心技术攻关，新增企业联合创新中心3家，创成省级企业研发机构5家。优化创新生态。聚焦产业链、创新链、人才链、资本链“四链融合”，健全“1+2+3+X”区域科创体系，丰富“三基地五中心”承载功能，落实落细人才新政“双十条”，用好用足双创引导基金，全力营造更优科创生态。加快省化工中试基地功能完善和服务提升，引进高层次中试孵化项目10个。实体化运转上海（虹桥）、苏州两个离岸创新中心，新建离岸创新中心2个，全年引育项目22个。探索建立“拨投结合”的资金运作模式，助力科技创新成果高效转化。推动泰兴经济开发区全面对接融入苏州实验室网络体系，加快南工大泰兴产业学院、“双因子”协同创新中心建设，进一步放大产学研协同效应。持续加强高层次人才招引培育，全年新增省级以上人才项目12个。

加大改革攻坚力度。扎实推动更深层次改革，加快破解瓶颈制约，更好激发动力活力。深化国资国企改革。实施新一轮国资国企改革深化提升行动，完善治理机制和制度体系，优化国有资本布局，加快数据、人力资源等实体化产业类公司的设立和运作，增强企业核心竞争力。开展国有资产资源专项清查行动，加大盘活力度，科学分类处置，探索资源资产化、资产资本化、资本证券化新路径。加快平台公司市场化、专业化整合重组，推动企业做强主体评级、做大资产规模、做优产业发展。深化营商环境改革。聚焦“五个环境”建设，主动对接世行新标准，推出优化营商环境方案6.0版，倾力打造一流营商环境。有序推进集成服务改革，开启“前台综合受理、后台分类审批、综合窗口出件”新模式。深化重点领域改革。坚持科学、规范、有序，全面完成新一轮政府机构改革。强化依法统计、依法治统，高质量完成第五次全国经济普查工作。探索房地产发展新模式，优化调整房地产供应结构，科学控制住宅用地供应总量和时序，稳步实施购房补贴、房票奖励、团购等政策，统筹做好保交楼、去库存、提品质各项工作，更好满足居民刚性和改善性住房需求。

提升开放开发水平。主动融入长三角一体化，以高水平开放助推高质量发展。加快对外交通建设。全力做好高铁项目服务保障工作，积极推动北沿江高铁黄桥站、盐泰锡常宜铁路泰兴站客运枢纽规划建设。加快实施常泰长江大桥及北接线、沪陕高速平潮至广陵段、广陵互通连接线等工程。开工建设如常高速黄桥至泰兴段工程。提升园区发展能级。泰兴经济开发区紧扣“致力国际化、争创国家级”总体定位，重点布局六大未来产业，深化对日、对以合作内涵，积极创建国家级经济技术开发区。黄桥经济开发区加强与上海金桥集团、江阴高新区的跨区域合作，加快中国生物发酵与未来食品城建设，抢占特医食品、功能食品新赛道。泰兴高新区聚焦“创新特区”建设，全力打造“产城融合样板区”，争创国家级产业集群。虹桥工业园区抢抓常泰长江大桥建设战略机遇，全面提升港口利用效率、产业集聚规模、新城功能品质。现代农业产业园区加快中国农产品未来加工研究院建设，着力打造中国银杏产业数字化总部基地，持续擦亮“鲜食之都”品牌。城区工业园区积极融入“中字头”央企生态圈，做强省级军民结合产业示范基地，打造“舰船配套之都”。扩大对外开放合作。积极融入泰州跨境电子商务综合试验区建设，更大力度推动外资稳存量、扩增量，更实举措促进外贸稳规模、优结构，确保实际利用外资3.6亿美元、外贸进出口总额52亿美元。

3.注重协调融合，展现城乡建设新面貌。一体推进新型城镇化、乡村振兴和美丽泰兴建设，着力打造更具凝聚力、归属感和满意度的幸福城市。

加快品质城市建设。坚持完善功能与改善民生并重，丰富内涵与塑造特色并进，持续提升城市功能品质。优化城市规划布局。以国土空间总体规划为引领，围绕“一主两副两带五片”，加快形成片区融合发展规划成果。致力现代新型城镇体系建设，高质量编制乡镇国土空间规划，积极开展控制性详细规划编制，形成254个实用性村庄规划成果。常态化开展“五未”土地处置，坚决遏制新增违法用地，稳步推进土地综合整治，不断提高节约集约利用水平。提升城市承载能力。加快推进主城区支线路网建设，实施14条道路改扩建和“双水”桥梁整治工程，确保长征路南延、永丰路西延年内建成通车。合理布局停车空间，新建金马小商品市场西侧、国庆菜场西侧等10个停车场，新增停车泊位1000个以上。新改建鼓楼南北路、国庆路等污水管网3.5公里以上，实施2个污水处理达标区、5个易涝点改造建设，完成兴和佳园、祥生熙园等13个小区雨污分流改造。建立市政基础设施“一体化”管护机制，推动日常管护规范化。推进“供排污”一体化改革，实现“厂、站、网”全链条闭环管理。焕新城市生活品质。开展“清水润城”河道整治，实施羌溪河、羽惠河西侧等16个绿化改造提升项目，贯通沿河慢行步道15公里，扮靓亲水滨河空间。改造老旧小区18个，既有住宅加装电梯20台，增设充电设施4000个以上。强化住房安全隐患治理，推进住宅小区消火栓专项整治、电梯除险修复、外墙剥落整治等消险维修工程。完善惠民生鲜市场体系，建成开放荷花池市场。提升城治委运转质效，深化“共治共享”治理机制，持续加强小区物业、农贸市场等专项整治，不断提升城市治理水平。改造出新星火路特色街区，谋划建设苏利巷文化街区，打造城市休闲消费新空间。常态长效开展文明城市创建，倡导文明风尚，塑树文明新风。

加快农业强市建设。坚持农业农村优先发展，以泰州乡村振兴先行市创建为抓手，加快打造宜居宜业和美乡村。聚力发展现代农业。坚决守牢耕地保护红线和粮食安全底线，全面完成农村二轮土地延包，新改建高标准农田5.5万亩。靶向引育亿元以上“链主型”农业农村重大项目5个，带动稻米、水果、水产、蔬菜、畜禽5大特色产业片区化集群发展，积极争创全国绿色食品原料标准化生产基地。聚力推进乡村建设。加快完善农村基础设施，改造升级农村道路80公里，新建维修农村干河桥梁10座以上，打造农村生态河道25公里。启动城黄灌区建设项目，涉及9个乡镇（街道）、覆盖32万亩农田，提升农村灌、排水条件。实施通南地区引排能力提升工程，分步推进天星闸、过船闸、焦土闸等泵站建设项目，增强区域供、排水能力。纵深推进人居环境整治提升，新增美丽宜居示范庄台20个，打造省级特色田园乡村2个。聚力推动强村富民。深化“强村公司”发展模式，整合区域集体资产资源，大力发展村级产业增收项目，确保村集体经营性收入50万元以上全覆盖。强化防返贫动态监测，健全分层分类救助体系，精准落实开发式帮扶措施，推动巩固拓展脱贫攻坚成果同乡村振兴有效衔接。繁荣市域富民产业，完善联农带农促农机制，推动农民稳定增收。

加快生态文明建设。坚持生态优先、绿色发展，持续提升环境质量。强化系统治理。扎实做好省生态环保督察交办问题整改销号工作。高效实施$PM_{2.5}$和臭氧浓度“双控双减”，严格落实VOCs治理、工地扬尘管控等举措，推动空气质量稳步提升。持续开展全域排口排查整治，确保国省考断面水质稳定达标，不断提升优Ⅱ比例。加快推进“无废城市”“无废园区”建设，强化危废全生命周期管控，坚决守牢土壤安全底线。坚定绿色转型。严格执行“两高”项目源头管控，加强限值限量管理，提高绿电使用比例，持续压降污染物排放总量。加快“蓝氢”资源综合开发利用，构建集“制、储、运、加、用”于一体的氢能综合利用体系。持续推进重点企业节能降碳改造，实施绿色化改造提升项目30个，创成省级以上绿色制造体系品牌5个以上。统筹建设保护。以长江国家公园泰州段建设为契机，加快天星洲生态岛试验区建设，强化沿江生态湿地、生态廊道管护，抓实长江十年禁渔、生物多样性保护，协同推进泰兴经济开发区长江岸线治理修复与产业转型综合开发（EOD）项目建设，促进生态功能整体性提升。加快完善开发园区、工业集聚区环境功能基础设施，高标准建设运营金茂源华东表面处理中心。加强省级生态文明建设示范镇村建设，争创国家生态文明建设示范市。

4.突出人民至上，书写民生幸福新答卷。聚焦群众期盼，回应百姓关切，着力构建与高质量发展相适配的高品质民生。

加大社会保障力度。聚焦就业、社保、养老、托幼等重点领域精准发力，兜牢民生底线。抓实稳岗就业。落实就业优先政策，加强新就业形态劳动者权益保障。聚焦高校毕业生、残疾人、退役军人等重点群体，大力支持灵活就业，积极鼓励自主创业，新增城镇就业1.1万人，培育自主创业3200人以上。健全保障体系。开展社会保险精准扩面，建好"暖心居保"服务品牌，稳步提高城乡居民、企业职工、被征地农民等各类群体社保待遇水平。落实最低生活保障标准和特困供养人员基本生活标准动态调整机制，常态化抓好社会救助扩围增效工作，大力发展公益慈善事业，更好保障困难群众生活。关爱"一老一幼"。推进居家、社区、机构养老高质融合发展，健全多元化多层次养老服务供给机制，提升养老服务运行质态。精心打造未成年人关爱保护品牌，推动普惠托育服务高质量发展。

完善公共服务供给。坚持普惠均衡，强化服务供给，加快构建高水平的公共服务体系。倾力办好人民满意教育。科学调整城区南片区、黄桥镇片区教育布局。建成投用香榭湖第二幼儿园、澄江学校二期、泰师附小大庆校区、黄桥园区学校。深入推进"强师计划"实验区改革，着力打造一支高素质、专业化、创新型的教师队伍。深化集团（联盟）办学模式，组织校际教师交流不少于300人。倾力提供优质医疗服务。建成投用市人民医院医疗综合大楼、疾控中心门诊检验综合楼。启动市人民医院二期工程建设。支持市二院创建三级医院，确保市中医院创成三级中医医院。扎实推进省基层卫生健康综合试验区建设，健全完善基层医疗卫生体系。深入实施"杏林兴泰"工程，加大高层次和紧缺人才招引培养力度，建强配优卫生人才队伍。优化医保付费结算方式，提升医保基金使用绩效，切实降低群众就医负担。倾力推动文化体育惠民。深化"书香泰兴"建设，实施文艺赋美工程和文艺精品攀升计划，不断满足市民高品质精神文化需求。提档升级健身网点90个、体育场所10个，打造全民健身品牌赛事。

提高社会治理效能。树立底线思维，更好统筹高质量发展和高水平安全。强化本质安全提升。坚持以治本攻坚三年行动为抓手，紧紧围绕"11521"作战体系，严格落实"双防""双标"机制，加快推进本质安全提升工程。聚焦危化品、城镇燃气、建筑施工等行业领域以及"群租房""三合一""厂中厂"等重点场所，强化隐患动态排查、问题清单整改，坚决杜绝较大及以上和有影响的事故发生。加快市应急指挥中心数字化建设，建成省危化品道路运输应急救援泰兴基地，提升突发事件处置能力。强化风险防范处置。以"祥泰行动"为统揽，加强重点领域安全能力建设和风险防范处置。建立防范化解地方债务风险长效机制，统筹推进隐性债务化解和经营性债务管控。强化金融重点领域穿透式监管，依法严厉打击各类非法金融活动。扎实开展平安创建"三六"行动，常态化推进扫黑除恶、打击整治电信网络诈骗等工作，加快构建整体联动、攻守兼备的现代化社会治安防控体系。严格食品、药品质量和价格监管，让广大市民吃得安全、用得放心。强化基层治理创新。学习践行新时代"枫桥经验"，落实"四级四主"社会矛盾纠纷调处职责，加大初信初访化解和信访积案攻坚力度，高质量运行多元化解"一站式"平台，提升社会矛盾纠纷调解率和解决率。深化"精网微格"工程，加强"八五"普法宣传教育，放大"网事网议""共同理、大家评"等经验做法，进一步提升自治、法治、德治质效。

5.加强自身建设，彰显忠诚担当新形象。面对新形势、新任务、新要求，我们将把政府自身建设摆到更加突出的位置，与时俱进、守正创新，努力创造不负时代的崭新业绩，交出不负人民的优异答卷。

铸牢绝对忠诚的政治品格。坚持不懈用习近平新时代中国特色社会主义思想凝心铸魂，始终同以习近平同志为核心的党中央保持高度一致，坚定拥护“两个确立”、坚决做到“两个维护”。巩固拓展运用主题教育成果，推动党的创新理论入脑入心、笃信笃行。自觉把对党绝对忠诚落实到政府工作的全过程各方面，把讲政治体现到具体行动和每项工作中，坚定不移当好贯彻落实上级决策部署的执行者、行动派、实干家。

增强依法行政的能力水平。深入学习贯彻习近平法治思想，不断提高运用法治思维和法治方式开展工作、解决问题、推动发展的本领。健全科学民主依法决策机制，严格执行民主集中制，抓好行政复议、行政应诉、政务公开规范化建设，让法治成为行事用权准绳。依法接受市人大及其常委会监督，主动接受市政协民主监督，诚恳接受社会和舆论监督。

锤炼实干为民的过硬作风。树牢造福人民的政绩观，第一时间、第一序列响应解决好群众诉求，精心组织、全力办好为民十件实事，坚决做到民有所呼、政有所应。加快数字政府建设，落实政务信息化项目建设管理，加快构建一批典型应用场景，让数据多跑路、群众少跑腿。大兴调查研究、真抓实干之风，用好一线工作、闭环督办等方法，抓实精文减会、基层减负等工作，坚决破除形式主义、官僚主义。

弘扬廉洁干事的清风正气。坚持以廉洁政府建设为统揽，严格执行中央八项规定精神，驰而不息纠“四风”、树“新风”。牢固树立过“紧日子”思想，加强“三公两费”管理，强化预算执行约束，把有限财力更多用到促发展、保民生、补短板上。严肃认真做好省委巡视“后半篇文章”，立行立改、建章立制、确保长效。规范政府权力运行，加强重点领域监管和廉政风险防控，坚决守牢廉洁为政底线。

各位代表，征程万里阔，奋进正当时。让我们高举习近平新时代中国特色社会主义思想伟大旗帜，深入贯彻落实习近平总书记对江苏工作重要讲话重要指示精神，在中共泰兴市委的坚强领导下，团结依靠全市人民，接续奋斗、砥砺前行，为全面推进中国式现代化泰兴新实践、奋力谱写“强富美高”新泰兴现代化建设新篇章而不懈奋斗。

重要文件

2023年泰兴市委、市委办重要文件题录

表39

文　号	文件名称
泰委发〔2023〕15号	印发中共泰兴市委常委会关于坚决维护党中央权威和集中统一领导规定的通知
泰委发〔2023〕16号	印发《关于做好全市2023年全面推进乡村振兴重点工作的实施意见》的通知
泰委发〔2023〕17号	泰兴市2022年度法治政府建设工作报告
泰委发〔2023〕21号	印发《关于推进基层治理现代化的实施意见》的通知
泰委发〔2023〕24号	关于印发《泰兴市2023年深化“放管服”改革优化营商环境提升方案》的通知
泰委发〔2023〕55号	关于泰兴市2023年度实施乡村振兴战略工作情况的报告
泰委办发〔2023〕9号	关于印发《全市乡村建设行动实施方案》的通知
泰委办发〔2023〕13号	印发《关于加强全市社会矛盾纠纷调处工作体系建设的意见》的通知
泰委办发〔2023〕22号	关于印发《泰兴市突出生态环境问题整治六大专项行动实施方案》的通知

2023年泰兴市政府、市政府办重要文件题录

表40

文　号	文件名称
泰政发〔2023〕1号	市政府关于印发泰兴市数智赋能行动实施意见的通知
泰政发〔2023〕5号	市政府关于2022年度工业和开放型经济工作的通报
泰政办发〔2023〕9号	市政府办公室关于印发《泰兴市江苏省知识产权建设示范（县域）工作方案（2023—2025年）》的通知
泰政办发〔2023〕26号	市政府办公室关于印发《泰兴市重大工业项目行政事业“零收费”实施意见》（修订版）的通知
泰政办发〔2023〕30号	市政府办公室关于印发《泰兴市战略性新兴产业发展三年行动计划（2023—2025）》的通知
泰政办发〔2023〕48号	市政府办公室关于印发《泰兴市促进实体经济高质量发展的若干意见》的通知

统计资料

2014—2023年泰兴市国民经济和社会发展指标(一)

表41

指　　标	单位	2014	2015	2016	2017	2018	2019	2020	2021	2022	2023
人口											
年末总户数	万户	39.44	39.19	39.16	39.13	39.29	39.29	39.41	39.57	39.68	39.67
年末户籍人口	万人	119.88	119.53	119.31	118.56	117.88	116.91	115.85	114.69	113.74	112.71
男	万人	61.11	60.90	60.75	60.32	60.03	59.39	58.81	58.19	57.67	57.09
女	万人	58.77	58.63	58.56	58.24	57.85	57.52	57.04	56.50	56.07	55.62
出生人口	人	10134	10761	9810	11554	8836	7670	7953	5591	4783	4336
死亡人口	人	10037	10364	9624	14755	10276	12130	12849	12465	11252	12147
年末常住人口	万人	104.51	103.59	102.72	102.05	101.31	100.30	99.53	99.36	99.02	99.08
城镇	万人	57.60	58.71	59.81	61.16	61.47	61.76	61.96	62.48	63.00	64.01
农村	万人	46.91	44.88	42.91	40.89	39.84	38.54	37.57	36.88	36.02	35.07
常住人口城镇化率	%	55.11	56.68	58.23	59.93	60.68	61.58	62.25	62.89	63.62	64.60
国民经济核算											
地区生产总值	亿元	675.84	719.18	808.94	920.24	1002.37	1082.40	1124.47	1276.17	1361.54	1434.99
第一产业	亿元	46.93	49.10	53.95	57.16	61.57	65.41	69.51	71.48	75.31	76.20
第二产业	亿元	348.68	391.64	428.33	483.95	528.28	554.70	561.97	638.15	692.90	715.58
工业	亿元	303.68	327.01	360.65	408.59	443.24	463.80	469.72	542.77	584.75	597.97
建筑业	亿元	45.00	64.80	67.85	75.53	85.27	91.15	92.51	95.47	108.20	117.66
第三产业	亿元	280.23	278.44	326.66	379.13	412.52	462.29	492.99	566.54	593.33	643.21
人均地区生产总值	元	64424	69119	78420	89880	98581	107376	112543	128329	137266	144875
固定资产投资											
固定资产投资完成额	亿元	454.53	560.62	687.46	799.74	—	—	—	—	—	—
#工业	亿元	286.58	367.74	459.53	555.31	—	—	—	—	—	—
服务业	亿元	154.80	188.00	225.58	244.15	—	—	—	—	—	—

续表41

指　　标	单位	2014	2015	2016	2017	2018	2019	2020	2021	2022	2023
#房地产开发投资额	亿元	55.07	59.19	67.69	71.01	110.67	88.97	80.43	33.45	29.51	22.02
商品房销售面积	万平方米	94.84	111.13	146.47	193.97	194.40	165.41	167.59	221.68	143.98	121.61

2014—2023年泰兴市国民经济和社会发展指标（二）

表42

指　　标	单位	2014	2015	2016	2017	2018	2019	2020	2021	2022	2023
财政											
财政收入	万元	1854855	1576719	1615478	1737037	2292626	2263251	2653934	2942016	2632251	2567911
一般公共预算收入	万元	450818	527888	572016	631126	745118	805869	854268	931181	900135	972132
财政支出	万元	1640276	1554464	1556903	1697385	2175081	2165501	2441952	2564858	2199311	2293101
一般公共预算支出	万元	612013	674479	763757	818416	963370	1064200	1083446	1183856	1281357	1371526
人均一般公共预算收入（按常住人口计算）	元	4297	5073	5545	6164	7328	7994	8550	9364	9075	9815
一般公共预算收入占GDP比重	%	6.67	7.34	7.07	6.86	7.43	7.45	7.60	7.30	6.61	6.77
金融											
金融机构人民币存款余额	亿元	653.27	761.92	923.17	1016.00	1100.59	1191.25	1313.74	1531.12	1699.17	1884.90
金融机构人民币贷款余额	亿元	401.41	509.91	587.60	704.72	853.82	970.99	1118.12	1299.79	1501.36	1780.00
劳动力											
年末从业人员	万人	66.23	65.37	64.40	64.50	63.50	63.40	62.36	62.21	61.49	61.80
第一产业	万人	15.09	15.03	15.01	14.97	14.65	14.50	13.65	13.40	13.23	12.95
第二产业	万人	26.98	26.43	25.91	26.01	25.63	26.20	24.10	24.19	24.31	24.69
第三产业	万人	24.16	23.91	23.48	23.52	23.22	22.70	24.61	24.62	23.95	24.16
农业											
乡村从业人员	万人	56.58	56.45	56.73	57.00	56.91	56.81	56.87	56.91	56.79	53.08
耕地面积	千公顷	66.87	66.67	66.74	70.21	70.76	62.29	60.92	58.22	58.79	59.18
农林牧渔业生产总值（现价）	亿元	79.67	83.47	91.76	96.46	101.55	103.33	109.10	112.75	117.28	117.44
粮食总产量	万吨	70.56	71.30	68.47	67.26	63.17	62.72	63.18	63.23	63.23	63.61
建筑业											
资质上建筑业企业个数	个	132	128	128	123	141	136	179	186	205	230
资质上建筑业总产值	亿元	471.67	544.65	607.63	651.45	701.78	704.98	772.59	855.98	945.29	1022.81

资料来源：表中耕地面积由自然资源和规划局提供

2014—2023年泰兴市国民经济和社会发展指标（三）

表43

指　标	单位	2014	2015	2016	2017	2018	2019	2020	2021	2022	2023
工业											
规上工业企业数	个	612	654	698	701	638	543	531	700	792	876
工业总产值	亿元	2075.41	2541.88	3082.42	3427.84	1368.02	1205.24	1289.93	1731.03	1996.14	1673.11
利润总额	亿元	190.28	235.12	274.81	280.86	107.91	86.28	92.83	159.06	146.36	99.66
科技创新											
发明专利受理量	件	2005	1833	2664	2171	2342	661	919	—	—	—
发明专利授权量	件	63	87	137	171	281	297	323	367	427	647
R&D科技研发支出占GDP比重	%	2.25	2.35	2.41	2.51	2.56	2.65	2.61	2.64	2.91	—
国内外贸易											
社会消费品零售总额	亿元	151.17	170.75	191.52	215.01	223.11	237.05	274.30	323.85	326.73	344.30
进出口总额	万美元	267462	243391	257528	382241	520601	433561	432475	603790	617836	520609
进口总额	万美元	134919	117950	134248	181261	207124	185380	183950	234647	227533	204464
出口总额	万美元	132543	125441	123280	200980	313477	248181	248525	369144	390303	316145
实际利用外资	万美元	23843	32433	35269	36004	36885	35468	37588	42710	38522	30161
人民生活											
在岗职工平均工资	元	52135	57514	60913	66371	72233	81405	88269	101786	108487	108594
全体居民人均可支配收入	元	23430	25508	27806	30459	33520	36616	38557	42628	45210	48043
城镇居民人均可支配收入	元	31038	33800	36521	39749	43104	46915	48857	53615	56312	59297
城镇居民人均生活消费支出	元	19644	21117	22891	24231	25746	27642	27449	32747	34057	36372
城镇居民人均住房建筑面积	平方米	54.00	51.00	50.00	49.00	69.00	67.00	69.00	57.00	57.37	52.00
农村居民人均可支配收入	元	15066	16392	17842	19476	21268	23221	24783	27658	29799	32153
农村居民人均生活消费支出	元	9681	10630	11935	13168	14059	15029	14674	18563	20066	22133
农村居民人均住房建筑面积	平方米	74.00	71.00	69.00	72.00	63.00	65.00	69.00	72.00	71.23	98.00
居民消费价格指数	%	101.9	101.9	101.6	101.5	102.3	103.8	102.6	100.8	102.1	100.3
#食品	%	102.3	106.0	105.0	98.9	99.7	106.1	111.8	99.7	102.7	102.0

2022—2023年泰兴市地区生产总值构成项目

表44　　　　单位：亿元

项　　目	2023年	2022年
地区生产总值	1434.99	1361.54
农、林、牧、渔业	79.48	78.27
#农、林、牧、渔服务业及辅助性活动	3.28	2.96
工业	597.97	584.75
采矿业	2.76	3.06
制造业	576.15	563.43
#金属制品、机械和设备修理业	0.05	0.05
电力、热力、燃气及水生产和供应业	19.06	18.26
建筑业	117.66	108.20
批发和零售业	132.15	122.79
批发业	95.00	87.14
零售业	37.15	35.65
交通运输、仓储和邮政业	65.73	56.36
客货运输业	45.46	37.86
其他运输业	15.12	14.04
邮政业	5.15	4.46
住宿餐饮业	13.72	12.34
住宿业	2.70	2.25
餐饮业	11.02	10.09
金融业	87.45	77.06
银行业	79.06	69.74
保险业	8.39	7.32
房地产业	73.74	75.31
房地产业（除自有住房）	28.63	32.48
居民自有住房服务	45.11	42.83
其他服务业	267.09	246.46
信息传输、软件和信息技术服务业	35.63	28.69
租赁和商务服务业	41.79	38.09
科学研究和技术服务业	19.82	18.16

续表 44

项　　目	2023 年	2022 年
居民服务、修理和其他服务业	24.61	19.01
文化、体育和娱乐业	12.33	10.62
水利、环境和公共设施管理	12.52	13.03
教育	35.04	33.51
卫生和社会工作	26.33	25.43
公共管理、社会保障和社会组织	59.02	59.91
第一产业	76.20	75.31
第二产业	715.58	692.90
第三产业	643.21	593.33

全社会农作物播种面积与实际产量

表 45

乡镇（街道）名称	二、全年油料作物												三、其他农作物面积		
	合　计			1、花　生			2、芝　麻			3、油菜籽			合计	蔬　菜	
	播种面积（亩）	平均单产（公斤）	总产量（吨）	播种面积（亩）	平均单产（公斤）	总产量（吨）	播种面积（亩）	平均单产（公斤）	总产量（吨）	播种面积（亩）	平均单产（公斤）	总产量（吨）		播种面积（亩）	总产量（吨）
合　计	179872	208	37489	82400	236	19446	872	142	124	96600	185	17919	513890	462147	1135559
济川街道	3240	218	706	1777	305	456				1463	171	250	1916	1781	2904
延令街道	1900	199	378	623	215	113	5	200	1	1272	208	264	518	449	320
姚王街道	7391	187	1382	3726	244	766	16	313	5	3649	167	611	30777	29256	73821
黄桥镇	30540	194	5916	14589	258	3169	345	113	39	15606	174	2708	180287	175254	329653
分界镇	11830	188	2226	4520	247	939	100	150	15	7210	176	1272	17451	15960	37990
古溪镇	14944	211	3160	6678	269	1513	10	200	2	8256	199	1645	36481	32548	55967
元竹镇	8307	186	1542	4568	234	900	85	129	11	3654	173	631	33298	27110	63902
珊瑚镇	13501	224	3026	6235	287	1507	64	219	14	7202	209	1505	26065	23925	56244
广陵镇	9532	186	1770	2955	230	572				6577	182	1198	27000	25549	72764
曲霞镇	6185	246	1520	3311	326	909	17	294	5	2857	212	606	19187	18335	41255
张桥镇	9262	212	1968	4855	303	1238				4407	166	730	7335	6728	6753
河失镇	14321	249	3570	8674	326	2383	87	138	12	5560	211	1175	25870	21679	74512
新街镇	7336	183	1342	3332	233	654				4004	172	688	40414	40414	142565

续表 45

乡镇（街道）名称	二、全年油料作物												三、其他农作物面积		
	合　计			1、花　生			2、芝　麻			3、油菜籽			合计	蔬　菜	
	播种面积（亩）	平均单产（公斤）	总产量（吨）	播种面积（亩）	平均单产（公斤）	总产量（吨）	播种面积（亩）	平均单产（公斤）	总产量（吨）	播种面积（亩）	平均单产（公斤）	总产量（吨）		播种面积（亩）	总产量（吨）
宣堡镇	7263	240	1744	3796	341	1090	40	100	4	3427	190	650	10107	8362	13884
滨江镇	8488	224	1902	1786	291	437	36	111	4	6666	219	1461	19858	18403	22159
虹桥镇	11563	204	2355	3735	309	972	55	127	7	7773	177	1376	19189	18654	28755
根思乡	14269	209	2982	7240	300	1828	12	800	5	7017	164	1149	18137	16590	20345

资料来源：表中全市合计数面积、产量为省反馈定案数

全社会农业机械年末拥有量

表46

项　　目	计量单位	数　　量
农业机械总动力	万千瓦	63.40
1. 柴油发动机动力	万千瓦	34.92
2. 汽油发动机动力	万千瓦	1.60
3. 电动机动力	万千瓦	26.89
一、耕作机械		
大中型拖拉机	台／千瓦	2530/160926
小型拖拉机	台／千瓦	769/7736
水稻插秧机	台／千瓦	1610/11420
二、农田排灌动力机械		
农用水泵	台	5630
节水灌溉类机械	台（套）	1092
三、收获机械联合		
联合收割机	台／千瓦	1405/68720
其他收获机械	台／千瓦	2140/2830
四、植保机械		
机动植保机械	台／千瓦	5611/9550
五、收获后处理机械		
机动脱粒机	台／千瓦	320/400
谷物烘干机	台／千瓦	738/36650
六、农产品加工机械		

续表 46

项　　目	计量单位	数　　量
粮食加工	台	2510
油料加工	台	433
七、畜牧机械		
饲草料加工	台	1828
畜禽粪污处理机械	台（套）	2125
八、水产机械		
增氧机	台	2015
九、农用航空器		
植保无人机	架	613

生猪、羊、家兔、家禽情况

表 47

项　　目	计量单位	2023 年	2022 年	2023 年比 2022 年 ±%
一、生猪饲养量	头	988299	834512	18.4
1. 全年肥猪出栏数	头	627499	573932	9.3
2. 年末圈存数	头	360800	260580	38.5
在年末圈存中能繁殖的母猪	头	28232	26986	4.6
二、羊年末存栏数	只	38210	31200	22.5
羊年内出栏数	只	53080	63253	−16.1
三、家禽年末实有数	只	4357140	3951100	10.3
家禽年内出栏数	只	6997040	6992444	0.1
四、家兔年末存栏数	只	8600	6365	35.1
家兔年内出栏数	只	30300	22149	36.8
五、年末养蜂数	箱	549	616	−10.9
六、肉类总产量	吨	60403	57603	4.9
其中：猪肉	吨	49077	46527	5.5
羊肉	吨	635	650	−2.3
禽肉	吨	10390	10270	1.2
兔肉	吨	61	45	34.8
其他	吨	240	111	116.2
七、禽蛋产量	吨	37680	38433	−2.0

生猪、羊、家兔、家禽情况
（分乡镇、街道）

表48

乡镇（街道）名称	生猪（头）			羊（只）		家兔（只）		家禽（只）	
	全年饲养量	1. 年末圈存数	2. 年内出栏数	年末存栏数	全年出售和自宰数	年末存栏数	全年出售家兔数	年末存栏数	全年出售家禽数
总计	988299	360800	627499	38210	53080	8600	30300	4357140	6997040
济川街道				101	200			12253	8411
延令街道				120	305	8	8	5503	3185
姚王街道	49220	14165	35265	2851	5677	100	150	35660	58194
黄桥镇	198556	68593	129963	35446	101804	4850	5361	784134	1140044
分界镇	98971	36871	62100	4600	6500	0	0	695000	1660000
古溪镇	170418	61907	108511	15173	33761	10836	14974	899478	668007
元竹镇	84253	23559	60259	9691	21857	4797	7165	319131	966752
珊瑚镇	46633	13978	32655	5343	3969	0	0	488261	651081
广陵镇	104361	46859	57502	2532	4213	0	0	193740	300508
曲霞镇	14823	4724	10099	9548	16869	446	875	102332	208039
张桥镇	24428	3067	21361	2515	6146	285	332	78226	178124
河失镇	55724	22096	34228	11019	33029	503	514	583997	919119
新街镇	206566	79345	127221	6090	14597	0	0	1157065	2232550
宣堡镇	6180	1512	4668	3966	28246	189	554	200474	689307
滨江镇	14704	2686	12018	1953	4154			38294	95377
虹桥镇	32234	5711	24307	10599	41205	79	138	208646	414812
根思乡	21988	8260	13728	4122	3758	550	258	100801	83214

蚕茧、水果、坚果及水产品生产情况

表49

项　　目	计量单位	数　量
一、蚕茧产量	吨	16
二、水果产量	吨	17184
1. 苹果	吨	
2. 梨	吨	5021

续表 49

项　　目	计量单位	数　量
3. 桃子	吨	2879
4. 葡萄	吨	4299
5. 其他水果	吨	4985
三、食用坚果		
白果	吨	14160
四、水产品产量	吨	23813
1. 海水产品	吨	
2. 淡水水产品	吨	23813
（1）鱼类	吨	15713
（2）甲壳类	吨	5773
（3）贝类	吨	950
（4）其他	吨	1377

规模以上分乡镇（街道）、园区工业主要经济指标

表 50

单位名称	规模以上工业企业数（个）	工业总产值（万元）	主营业务收入（万元）	利润总额（万元）
全市总计	876	16731107	16333607	996625
古溪镇	28	178290	168622	11672
分界镇	19	80082	82551	1439
珊瑚镇	33	176714	165341	6866
元竹镇	18	220012	169841	21453
新街镇	7	41842	24984	2812
广陵镇	22	225334	223247	18019
河失镇	27	165346	163323	8320
姚王镇	43	231968	158917	13370
张桥镇	31	175779	131546	9472
曲霞镇	17	149976	130319	15422
宣堡镇	14	89080	75255	5309
根思乡	27	136081	98362	7992
黄桥经济开发区（黄桥镇）	102	915140	986940	−17025
城区工业园区（济川街道）	100	705153	520692	6888

续表 50

单位名称	规模以上工业企业数（个）	工业总产值（万元）	主营业务收入（万元）	利润总额（万元）
泰兴经济开发区（滨江镇）	140	9192452	9345291	628917
虹桥工业园区（虹桥镇）	115	1986812	1972269	138943
现代农业产业园区	44	743753	717144	34338
泰兴高新区	88	1297506	1179180	89455

资料来源：本表为年报数据，统计对象为2023年年报企业876家（其中1家为直管）

公路、航道、桥梁、交通运输情况

表51

项　目	计量单位	2023年	2022年
一、公路总里程	千米	2413.96	2374.14
1. 按等级分　高速公路	千米	72.17	72.53
一级公路	千米	233.61	233.56
二级公路	千米	194.24	194.24
三级公路	千米	280.38	280.38
四级公路	千米	1633.56	1593.43
2. 按行政等级分　国道	千米	104.30	104.67
省道	千米	147.14	147.09
县道	千米	365.90	365.90
乡道	千米	763.40	765.48
村道	千米	1033.22	991.00
二、公路桥梁	座	1155	1155
桥梁总长度	米	49350	49370
三、年末实有公共汽车	辆	362	392
公共汽车客运量总数	万人	440	440
四、航道总里程	千米	559	559
专线航道	千米	393	393
五、交通部门公路客运量	万人	581	542
交通部门公路旅客周转量	万人千米	27419	27659
六、交通部门营运客车	辆	529	567
交通部门营运客车座位数	座	15214	16195
七、全市拥有出租车	辆	367	375

资料来源：本表数据由交运局提供

邮电通信情况

表52

项　目	单位	全市	电信	移动	联通	邮政	江苏有线
一、电信局（所）	处	37	37				
邮政局（所）	处	39				39	
二、邮政业务总量	万元	26991				26991	
报纸累计份数	万份	1692				1692	
杂志累计份数	万份	37				37	
三、邮电业务收入	万元	140932	44004	61089	6147	29692	
1. 电信业务收入	万元	44004	44004				
2. 邮政业务收入	万元	29692				29692	
3. 联通业务收入	万元	6147			6147		
4. 移动业务收入	万元	61089		61089			
四、本地固定电话用户数	户	106688	106688				
五、移动用户电话	户	1212063	374614	727625	78517		31307
六、宽带用户数	户	546400	246930	225473	9701		64296

用电情况

表53

项　目	单位	2023年	2022年
一、供电最高负荷	万千瓦	155.8	149.5
二、供电量	万千瓦时	923361	855502
三、用电量	万千瓦时	909673	841336
四、线路损失电量	万千瓦时	13688	14166
五、线路损失率	%	1.5	1.7
六、平均日负荷率	%	1032796	952553
七、全社会用电量总计	万千瓦时	11006	11378
（一）农林牧渔水利业	万千瓦时	811683	726999
（二）工业	万千瓦时	5373	7428
（三）建筑业	万千瓦时	6053	4414
（四）交通运输、仓储和邮政业	万千瓦时	5436	5319
（五）信息传输、计算机服务和软件	万千瓦时	26088	23902
（六）商业、住宿和餐饮业	万千瓦时	19214	19837
（七）金融、房地产、商务及居民服务业	万千瓦时	28903	27686

续表 53

项　目	单位	2023 年	2022 年
（八）公共事业及管理组织	万千瓦时	119040	125590
（九）城乡居民生活总计	万千瓦时	39904	41816
城镇居民	万千瓦时	79136	83774
乡村居民	万千瓦时	81813	69768

商品房开发面积及销售情况

表 54

指标名称	合　计	住　宅	办公楼	商业营业用房	其　他
一、房屋施工面积（平方米）	2985885	2276260	21153	190098	498374
其中：本年新开工面积（平方米）	560926	386051	785	63049	111041
二、本年房屋竣工面积（平方米）	506596	422369	0	0	84227
三、本年竣工房屋价值（平方米）	123890	107195	0	0	16695
四、本年商品房销售面积（平方米）	1215290	916873	0	112556	185861
其中：现房销售面积（平方米）	326386	186228	0	66021	74137
期房销售面积（平方米）	888904	730645	0	46535	111724
五、本年商品房销售额（万元）	954081	802070	0	115970	36041
其中：现房销售额（万元）	202566	125665	0	67326	9575
期房销售额（万元）	751515	676405	0	48644	26466
六、待售面积（平方米）	48397	32454	0	6316	9627

全市资质上建筑施工企业主要经济技术指标

表 55

指标名称	计量单位	合计	房屋工程建筑	土木工程建筑	建筑安装业	建筑装饰业和其他建筑业
企业个数	个	230	94	75	33	28
建筑业总产值	亿元	1022.81	894.24	94.95	27.67	5.95
竣工产值	亿元	596.87	505.96	62.52	23.23	5.16
房屋建筑施工面积	万平方米	9025.78	9004.69	9.05	0.00	12.05
从事生产经营活动的平均人数	人	234975	195098	29461	8181	2235
营业收入	亿元	770.72	655.61	83.08	25.69	6.34
营业利润	亿元	25.44	19.44	4.30	1.50	0.20

财政收支情况（一）

表56　　单位：万元

项　目	2023年	2022年	2023年比2022年 ±%
预算内财政收入	2567911	2632251	-2.4
一、中央级收入	554854	523349	6.0
消费税	348	360	-3.3
增值税	347966	245126	42.0
企业所得税	153052	216438	-29.3
个人所得税	53451	61022	-12.4
二、一般公共预算收入	972132	900135	8.0
1. 工商税收、企业所得税	614708	553030	11.2
增值税	347966	245126	42.0
企业所得税	102009	143774	-29.0
个人所得税	35634	40682	-12.4
营业税等	129099	123448	4.6
2. 契耕两税	87624	69168	26.7
3. 行政性收费、罚没收入	34953	45100	-22.5
4. 专项收入	46589	58204	-20.0
5. 其他各项收入	188258	174633	7.8
三、基金预算收入	1024815	1201422	-14.7

资料来源：本表数据由财政局提供

财政收支情况（二）

表57　　单位：万元

项　目	2023年	2022年	2023年比2022年 ±%
预算内财政支出	2293101	2199311	4.3
一、一般公共预算支出	1371526	1281357	7.0
1. 一般公共服务	131132	123451	6.2
2. 国防	2303	3209	-28.2
3. 公共安全	48749	55098	-11.5
4. 教育	194292	189965	2.3
5. 科学技术	44809	33695	33.0

续表 57

项　目	2023 年	2022 年	2023 年比 2022 年 ±%
6. 文化体育与传媒	22670	22731	−0.3
7. 社会保障和就业	258446	244076	5.9
8. 医疗卫生	168075	152429	10.3
9. 节能环保	22036	20101	9.6
10. 城乡社区事务	109063	58868	85.3
11. 农林水事务	158870	158694	0.1
12. 交通运输	18850	35063	−46.2
13. 资源勘探电力信息等事务	20339	21470	−5.3
14. 其他支出	171892	162507	5.8
二、基金预算支出	912897	917921	−0.5

教育事业情况

表58　　单位：所、个、人

项　目	学校	班级	毕业生人数	招生人数	毕业班学生数	在校学生数	教职员工数
合计	157	2753	32883	29285	31335	114451	11093
一、中等专业技术学校	1	125	3274	2510	2223	6085	388
二、普通中学	44	887	13122	13096	13371	39798	4959
1. 初中	37	553	7590	7992	7905	23793	3004
市镇	33	528	7168	7717	7568	22844	2836
农村	4	25	422	275	337	949	168
2. 高中	7	334	5532	5104	5466	16005	1955
市镇	7	334	5532	5104	5466	16005	1955
农村							
三、小学	43	1146	8025	8153	8647	49607	3306
市镇	41	1129	7890	8077	8549	49108	3236
农村	2	17	135	76	98	499	70
四、幼儿园	68	580	8388	5486	7052	18766	2398
市镇	66	573	8293	5436	7001	18604	2367
农村	2	7	95	50	51	162	31
五、特殊教育学校	1	15	74	40	42	195	42

资料来源：本表数据由教育局提供

文化电视事业情况

表59

指标名称	单位	2023年	2022年
一、文化事业			
文化馆个数	个	1	1
职工人数	个	20	19
组织文艺活动	次	69	67
举办培训班	人次	35200	32329
公共图书馆	个	1	1
职工人数	人	14	13
公共图书馆图书藏量	千册	435	445
阅览室座位数	张	435	435
博物馆数	个	6	6
二、有线电视事业			
江苏有线数字电视用	户	145376	148429
江苏有线宽带用户	户	64296	55734

资料来源：本表数据由文体广电和旅游局、江苏有线泰兴分公司提供

卫生事业情况

表60

项　目	单位	2023年	2022年
卫生机构	个	512	481
其中：医院	个	19	20
卫生院（社区卫生服务中心）	个	29	30
疾病预防控制中心（防疫站）	个	1	1
妇幼保健院（站、所）	个	1	1
村卫生室	个	202	214
卫生机构床位数	张	6293	5990
其中：医院	张	3930	3890
卫生院（社区卫生服务中心）	张	1992	2020
卫生工作人员	人	8565	8250
卫生技术人员	人	7368	7054
其中：执业医师、执业助理医师	人	3405	3277

续表 60

项　目	单位	2023 年	2022 年
注册护士	人	3140	3202
医院、卫生院技术人员	人	5771	5521
其中：执业医师、执业助理医师	人	2304	2389
注册护士	人	2481	2280
5 岁以下儿童死亡率	‰	3.0	2.8
婴儿死亡率	‰	1.5	1.4
产妇住院分娩比例	%	100.0	100.0

资料来源：本表数据由卫生健康委员会提供

体育事业情况

表 61

项　目	单位	2023 年	2022 年
一、体育中心体育场馆数	个	6	6
其中：8000 座标准田径场（含标准足球场）	个	1	1
体育馆、综合训练馆	个	2	2
全民健身中心、游泳馆	个	2	2
室外游泳池	个	1	1
二、每万人拥有公共体育场地设置面积	平方米	4.19	4.03
三、公共体育设施			
其中：健身路径数	套	1493	1442
篮球场地	个	564	560
笼式足球场	个	12	11
健身步道	千米	190	180
全民健身站点	个	1050	980
四、市各项比赛活动	项	125	55
参加比赛活动人数	人次	16825	69840
其中：群众体育项目	项	103	38
参加人数	人次	13607	66000
其中：竞技体育项目	项	12	17

续表 61

项　目	单位	2023 年	2022 年
参加人数	人次	3218	3840
五、社会体育指导员	人	6312	6048
其中：国家级	人	47	46
一级	人	369	369
二级	人	2652	2639
六、体育社团俱乐部个数	个	64	76
其中：体育社团	个	36	46
民非体育俱乐部	个	28	30
七、体育彩票销售	亿元	2.24	1.85

资料来源：本表数据由文体广电和旅游局提供

居民消费价格指数

表 62　　　　单位：%

项目名称	权数	上年同期 =100	2020 年 =100
居民消费价格总指数（CPI）	1000.0	100.3	102.7
城镇低收入居民基本生活费用价格指数		101.5	104.3
服务价格指数	392.3	100.6	101.9
工业品价格指数	318.7	98.5	103.5
扣除食品和能源价格指数	734.4	100.3	101.4
扣除鲜菜鲜果价格指数	967.1	100.0	102.0
消费品价格指数	607.7	100.2	103.2
一、食品烟酒	289	102.0	103.0
1. 食品	681	101.6	101.3
（1）粮食	83	100.2	101.4
大米	643	100.2	99.8
面粉	54	99.5	103.7
其他粮食	55	102.3	110.6
粮食制品	248	99.8	103.1

续表 62

项目名称	权数	上年同期 =100	2020 年 =100
（2）薯类	8	97.3	91.2
薯类	1000	97.3	91.2
（3）豆类	27	111.3	133.3
干豆	186	104.2	121.3
豆制品	814	112.9	136.1
（4）食用油	35	98.7	110.3
食用植物油	963	98.6	111.7
食用动物油	37	103.4	73.8
（5）菜及食用菌	115	100.2	109.9
鲜菜	899	100.5	109.3
鲜菌	40	103.3	124.8
干菜干菌及制品	61	94.5	107.6
（6）畜肉类	254	94.6	72.4
猪肉	600	88.6	56.6
牛肉	121	96.3	92.9
羊肉	48	101.4	109.8
其他畜肉及副产品	97	103.1	79.1
畜肉产品	134	102.8	106.6
（7）禽肉类	78	102.2	96.8
鸡	551	100.9	86.8
鸭	143	98.9	104.8

5000万元及以上项目投资完成情况

表 63

指标名称	泰兴市
一、计划总投资（万元）	17132745
其中：本年新开工项目（万元）	4450338

续表63

指标名称	泰兴市
二、自年初累计完成投资（万元）	5927506
其中：本年新开工（万元）	2081657
其中：国有经济控股（万元）	410395
其中：基础设施投资（万元）	468875
其中：民间投资（万元）	5197826
其中：高新投资（万元）	1821388
其中：高耗能投资（万元）	1225788
其中：城建投资（万元）	97938
1. 按构成分	
建筑安装工程（万元）	5618170
设备工器具购置（万元）	235074
其他费用（万元）	74262
其中：建设用地费（万元）	21331
2. 按产业分	
（1）第一产业（万元）	23756
（2）第二产业（万元）	4434243
工业（万元）	4449243
工业技改投资（万元）	1240499
（3）第三产业（万元）	1469507
三、项目个数	
1. 施工项目个数（个）	509
其中：本年新开工（个）	236
2. 本年投产项目个数（个）	314

荣誉榜

2023年泰兴市被国家级（含条线）表彰的先进集体一览表

表64

荣誉称号	获奖单位	授予单位
全国公共法律服务先进集体	市司法局	司法部
全国法院媒体融合工作先进集体	市人民法院综合办公室	最高人民法院
全国五四红旗团委	根思乡团委	共青团中央
国家农民合作社示范社	泰兴市开泰羊业专业合作联社，泰兴市六圩粮食种植专业合作社，泰兴市鹏程禽蛋专业合作社，泰兴市益民苗木专业合作社	农业农村部、国家发展和改革委员会、水利部、国家税务总局、国家市场监督管理总局、国家林业和草原局、中华全国供销合作总社
全国新时代“枫桥经验”先进典型	河失镇	中央政法委
2022—2023年度畜牧业统计监测工作综合评估优秀省县	市农业农村局	农业农村部
组织宣传人民调解工作先进集体	市司法局	全国人民调解员协会
全国民主法治示范村	元竹镇蒋堡村	农业农村部等

2023年泰兴市被省级（含条线）表彰的先进集体一览表

表65

荣誉称号	获奖单位	授予单位
省模范职工之家县级工会规范化“一县一品”建设示范单位	市总工会	省总工会
全省法院金融审判工作先进集体	市人民法院	省高级人民法院
全省检察机关先进集体 蝉联全省“五好”基层检察院	市人民检察院	省人民检察院
省妇联系统先进集体	市妇联	省人社厅、省妇联
第五届江苏女性融媒体创意大赛最佳组织奖		省妇联
第五届江苏女性融媒体创意大赛优秀组织奖		省委网信办、省妇联

续表 65

荣誉称号	获奖单位	授予单位
省“构筑民营经济舆论阵地”先进单位	市工商联	中华工商时报、省工商联
省教育信息工作先进单位	市教育局	省教育厅
省资助绩效考核评价优秀单位		
省见义勇为先进群体	黄盛辉、王新文群体	省政府
2023 年度省示范家庭农场	金棚家庭农场、张吉永和家庭农场、嘉程家庭农场、桂芳家庭农场、赛战家庭农场、成成家庭农场	省农业农村厅
省卫生村	济川街道众贤村，延令街道蔡巷村，姚王街道东林村，滨江镇联杨村，虹桥镇封祝村、季桥村，宣堡镇毛群村，根思乡李秀河村，河失镇三军村，新街镇鞠山村、河西村、南新街村、管凤村、钱南村、谢荡村，曲霞镇镇西村，张桥镇常巷村、镇西村、吴榨村、克仁村，珊瑚镇洋港村，黄桥镇陈桥村，古溪镇西雁岭村，元竹镇芮徐村，分界镇南周村、耿厂村、分界村	省卫健委
省健康村	济川街道郭庄村；姚王街道鲁堡村；滨江镇卢碾村；虹桥镇蒋华村、桃园村；珊瑚镇八户村；古溪镇东雁岭村；元竹镇丁庄村、兴杨村、申庄村、镇北村；分界镇滕兴村	省爱卫委
省健康镇	滨江镇	省爱卫委
省健康社区	济川街道张陈社区；延令街道东联社区、周曾社区、祥泰社区；滨江镇尤湾社区；珊瑚镇二河新村社区；元竹镇大元社区	省爱卫委
省生态宜居美丽示范村	黄桥镇祁巷村、翁庄村；姚王街道毛庄村；宣堡镇郭寨村、西宣村；河失镇印庄村；元竹镇蒋堡村；珊瑚镇祯祥村；虹桥镇六圩村；滨江镇永新村、新星村；张桥镇西桥村；古溪镇周庄村；根思乡双联村；曲霞镇李圩村	省委农办、省委农业农村厅
第五批省级生态文明建设示范村	根思乡根思村，曲霞镇朱圩村，姚王街道封岱村，珊瑚镇祯祥村，新街镇管凤村	省生态环境厅
第 6 批省生态文明建设示范村（社区）	黄桥镇翁庄村；虹桥镇六圩村；古溪镇东雁岭村；元竹镇蒋堡村；姚王街道新星村	省生态环境厅
省生态文明建设示范乡镇（街道）	张桥镇、延令街道	省生态环境厅
省乡村振兴示范村	黄桥镇祁巷村；虹桥镇六圩村；滨江镇新星村；元竹镇蒋堡村；姚王街道姚岱村；宣堡镇郭寨村；张桥镇西桥村；古溪镇常桥村	省农业农村厅、省乡村振兴局
省乡村振兴示范乡镇	黄桥镇	

续表 65

荣誉称号	获奖单位	授予单位
省宜居宜业和美乡村	黄桥镇祁巷村、翁庄村、严徐村、大张村，姚王街道毛庄村、姚岱村，宣堡镇郭寨村、西宣村、梅埝村，河失镇印庄村、西黄村，元竹镇蒋堡村、兴杨村，珊瑚镇祯祥村、镇前新村社区，虹桥镇六圩村、广福村、涌兴村，滨江镇永新村、新星村、双彭村、三联村，张桥镇西桥村、匡庄村，古溪镇周庄村、古溪社区，根思乡双联村、井垈村，曲霞镇李圩村、肖榨村，济川街道王垈村，广陵镇宁界村，新街镇野肖村	省农业农村厅
省特色田园乡村	虹桥镇三桥村毛家圩，黄桥镇翁庄村大翁庄	省农村住房条件改善和特色田园乡村建设工作联席会议
省示范物业管理项目	虹桥镇虹兴花苑安置小区	省住建厅
省建筑产业现代化示范园区	虹桥绿色智能装配式建筑产业园	省住建厅
省优秀退役军人志愿服务队	根思红·戎耀星志愿服务队，滨江镇退“戎心闪耀”退役军人志愿服务队	省退役军人事务厅
省示范性未成年人保护工作站（儿童关爱之家）	滨江镇未成年人保护工作站(儿童亲爱之家)	省民政厅
省社区社会组织高质量发展案例——“五心暖洋，银发生辉”	滨江镇洋思村暖洋志愿服务中心	省民政厅
2023 年度全省最美乡村健身公园（广场）	济川街道体育健身公园	省体育总会 省农民体育协会
首批国家农业产业强镇	姚王街道	农业农村部、财政部办公厅
2023 年度公益助残项目最具执行力奖、公益助残项目突出贡献奖	市残疾人联合会、市残疾人福利基金会	省残疾人福利基金会
2023 年度“公益助残网络募捐合作伙伴”一等奖	市残疾人福利基金会	省残疾人福利基金会
省政府督查激励	林长制工作	省政府办公厅
自然资源厅表彰	节约集约利用工作	省政府办公厅
2023 年度全国自然资源节约集约示范县（市）	节约集约用地工作	
省土地执法先进县（市、区）	泰兴市	省自然资源厅
省自然资源政务信息网上公开工作考核先进单位	市自规局	省自然资源厅
2023 年度省科普教育基地（社会科学普及基地）	杨根思烈士陵园	省科协、省社科联、省科技厅、省教育厅
全省机构编制系统先进集体	中共泰兴市委机构编制委员会办公室	省人社厅、省委编办

续表 65

荣誉称号	获奖单位	授予单位
省农作物病虫害监测预警标准化区域站	市植物保护植物检疫站	省农业农村厅
省粮食和油料生产工作突出单位	市农业农村局	省农业农村厅
2023 年度全省老干部工作部门优秀信息宣传单位	市委老干部局	省委老干部局
2023 年度省生态环境保护执法大练兵表现突出集体	市生态环境局	省生态环境厅
全省老干部工作部门优秀信息宣传单位	市委老干部局	省委老干部局
全省机构编制系统先进集体	市委编办	省人社厅、江苏省委编办
省首批无诈机关（单位）	市行政审批局	省委政法委
2023 年度优秀县级及以下新就业形态劳动者区域性行业性工会	市快递（送餐）行业	省总工会
2023 年度社区矫正和安置帮教工作成绩突出单位	市司法局社区矫正管理大队	省司法厅
全国维护青少年权益岗	市人民法院	团中央
省生态宜居美丽乡村	分界镇滕兴村	省委农村工作领导小组
新农村建设示范单位	元竹镇申庄村	省农业农村厅
全省“人民满意窗口”建设质量提升工程先进单位	宣堡镇人民来访接待中心	省信访局
垃圾分类省级优秀	宣堡镇	省住建厅
省公调对接工作成绩突出单位	虹桥镇人民调解委员会驻虹桥派出所调解工作室	省公安厅、省司法厅
省社区侨务工作示范单位	虹桥镇桃园村	省委统战部
2023 年度省城建档案管理先进单位	姚王街道	省住建厅

2023年泰兴市被泰州市委、市政府表彰的先进集体一览表

表66

荣誉称号	获奖单位	授予单位
泰州市巾帼科技创新优秀组织奖	市妇联	泰州市妇联、市人社局、市税务局
泰州市“书香机关”	市教育局	泰州市委宣传部、市委市级机关工委
乡村振兴专项及时奖励	分界镇农业农村局、滨江镇农业农村局	泰州市农业农村局、泰州市委组织部、泰州市人社局

续表 66

荣誉称号	获奖单位	授予单位
泰州市乡村振兴示范村	滨江镇新星村、双彭村、西江村；虹桥镇涌兴村、六圩村、广福村；黄桥镇祁巷村、胜利村、翁庄村；姚王街道姚垈村、石桥村、毛庄村；宣堡镇郭寨村；珊瑚镇八户村；分界镇开绿村；古溪镇常桥村；元竹镇蒋堡村；曲霞镇肖榨村；张桥镇西桥村；根思乡根思村；河失镇西黄村、申庄村、新镇村、桑木村、王庄村	中共泰州市委农村工作领导小组
泰州市“十佳村规民约”	虹桥镇八圩村；宣堡镇联新村；元竹镇申庄村	泰州市民政局
泰州市2023年度优秀退役军人服务站	滨江镇退役军人服务站、黄桥镇退役军人服务站、河失镇退役军人服务站、珊瑚镇退役军人服务站、延令街道国庆二村退役军人服务站、姚王街道安泰社区退役军人服务站、广陵镇广陵居委会退役军人服务站、古溪镇刁网村退役军人服务站、曲霞镇曲霞社区退役军人服务站、宣堡镇毛群村退役军人服务站	中共泰州市委退役军人事务工作领导小组办公室
泰州市十佳文明实践巾帼志愿服务项目	宣堡镇：法宣在线巾帼护航	泰州市妇女联合会
泰州市指导人民调解工作先进集体	市司法局、市司法局虹桥司法所	泰州市司法局
泰州市级“石榴籽家园”	黄桥镇胜利村、济川街道文垈社区、延令街道鼓楼社区、广陵镇中心幼儿园、河失镇常周小学、滨江镇蒋港村、虹桥镇九圩村	中共泰州市委统战部，泰州市民族宗教事务局
泰州市特色田园乡村	滨江镇双彭村、虹桥镇崇福村，新街镇李荡村，张桥镇吴榨村	泰州市特色田园乡村建设工作领导小组
泰州市先进镇（街）老年协会	滨江镇老年协会、珊瑚镇老年协会、延令街道老年协会	泰州市老年协会
泰州市十佳镇（街）老年协会	姚王街道老年协会	泰州市老年协会
泰州市百家村（居）老年协会	姚王街道石桥村老年协会	泰州市老年协会
泰州市“残疾人之家”	滨江镇“残疾人之家”、广陵镇“残疾人之家”、虹桥镇“残疾人之家”、黄桥镇“残疾人之家”、曲霞镇“残疾人之家”、新街镇“残疾人之家”、延令街道“残疾人之家”、张桥镇“残疾人之家”	泰州市残联
泰州市“最美妇女微家”	滨江镇殷石村向阳花妇女微家	泰州市妇女联合会
2023年度泰州市妇女儿童活动阵地示范点	洋思村“莲心”妇女儿童之家	泰州市妇女联合会
2022—2023年度泰州市“书香家庭”	宗小琴家庭、孔佩家庭	中共泰州市委宣传部、中共泰州市委市级机关工委、泰州市教育局、泰州市总工会、泰州市妇女联合会
2022—2023年度泰州市“书香村居”	滨江镇福泰社区、济川街道南殷村	中共泰州市委宣传部、中共泰州市委市级机关工委、泰州市教育局、泰州市总工会、泰州市妇女联合会
泰州市“八五”普法中期先进集体	黄桥镇、虹桥镇、济川街道办事处，滨江镇、珊瑚镇周岱村村民委员会、市水务局、市财政局、市司法局	泰州市司法局、泰州市法治宣传教育领导小组办公室

续表 66

荣誉称号	获奖单位	授予单位
泰州市乡村振兴中心镇	黄桥镇、虹桥镇、姚王街道	泰州市委农村工作领导小组
泰州市政法工作创新一等奖	河失镇	泰州市委政法委
泰州市优秀新时代文明实践所银奖	河失镇新时代文明实践所	中共泰州市委宣传部 泰州市文明办
泰州市履行关心下一代工作职责先进集体	市委老干部局	泰州市委、市政府
泰州市关心下一代工作先进集体	市关工委	泰州市委、市政府
泰州市“五好关工委”	滨江镇关工委	泰州市委、市政府
十佳标准化家事调解社区工作室	虹桥镇祥福社区人民调解委员会家事调解工作室	泰州市维护妇女儿童合法权益联席会议暨“平安家庭”创建活动领导小组办公室
2023 年度武装工作先进单位	济川街道人武部	泰州市委、市政府、军分区
2023 年度全市退役军人权益维护工作先进集体	济川街道退役军人服务站	中共泰州市委退役军人事务工作领导小组办公室
“泰治理”优秀创新应用案例“二等奖”	济川街道办事处	泰州市市域社会治理现代化指挥中心、泰州市大数据管理局、泰州市信息化应用学会
泰州市“五强”基层新联会	广陵镇	中共泰州市委统战部
泰州市信访工作示范乡镇（街道）	河失镇	泰州市信访工作联系会议
退役军人事务就业创业工作先进集体	河失镇退役军人服务站	中共泰州市委退役军人事务工作领导小组办公室
泰州市信访工作示范乡镇	分界镇	泰州市人民政府
泰州市退役军人权益维护工作先进集体	分界镇	泰州市退役军人事务局
泰州市基层党员冬训实践基地	元竹镇蒋堡村	泰州市委组织部 泰州市委宣传部
全市“学习强国”学习平台学习使用先进单位	根思乡党委学习管理组	“学习强国”泰州学习平台
泰州市“十佳妇儿法治宣传项目”	宣堡镇妇联法“宣”在线巾帼护航项目	泰州市维护妇女儿童合法权益联席会议暨“平安家庭”创建活动领导小组办公室
先进村（居）老年协会	滨江镇印桥社区老龄协会	泰州市老龄协会

2023年泰兴市被国家级(含条线)表彰的先进个人一览表

表67

姓　名	工作单位	荣誉称号	授予单位
李　美	滨江镇退役军人服务站	全国优秀主任(站长)	退役军人事务部办公厅
钱先勇	延令街道	杰出兽医提名奖	中国兽医协会
丁建红	延令街道	杰出兽医——基层标兵	中国兽医协会
张　婷	农业综合行政执法大队	2023年度长江十年禁渔知识竞赛团体二等奖	农业农村部长江流域渔政监督管理办公室
谢　彦	市畜牧兽医中心	全国五一劳动奖章	中华全国总工会
马伟民	市生态环境综合行政执法局	2023年度全国生态环境保护执法大练兵“表现突出个人”	生态环境部

2023年泰兴市被省级(含条线)表彰的先进个人一览表

表68

姓　名	工作单位	荣誉称号	授予单位
印素琴	滨江镇	全省农业农村系统先进工作者	省农业农村厅
凌建军	江苏泰隆减速机股份有限公司	2023年度“江苏省最美工匠”	省人社厅,省科技厅,省工信厅等
孙玉龙	大洋海洋装备有限公司	首届“江苏省十大绝技绝活”项目	省人社厅,省科技厅,省工信厅等
申　易	杨根思烈士陵园	省第五届红色故事宣讲大赛专业组“金牌讲解员”称号、“致敬新时代 讲好新故事”第四届全国红色故事讲解员大赛专业组“金牌讲解员”称号	省委宣传部、省文化和旅游厅
李　霖	市退役军人应急志愿服务队	省优秀退役军人志愿者	省退役军人事务厅
王　骥	市张陈社区志愿服务队		
马晓燕	市耕地质量保护站	省耕地质量与农业环境保护工作先进个人	省耕地质量与农业环境保护站
朱静云	市人民法院	全省法院书记员业务标兵,省五一劳动奖章,省技术能手	省高级人民法院
黄盛辉	珊瑚镇村民	江苏好人	省委宣传部、省文明办等
王新文	分界镇村民		
丁　昊	黄桥殡仪馆	省十大“最美救护员”	省红十字会
沈赛平	市老干部活动中心	省优秀老干部工作者	省委组织部、省委老干部局、省人社厅

续表 68

姓　名	工作单位	荣誉称号	授予单位
庄　磊	市委老干部局	2023 年度全省老干部工作部门优秀信息宣传员	省委老干部局
栾炳义	市生态环境综合行政执法局	2023 年度全省“治污攻坚勇士”	省生态环境厅
李　力	市农机化技术推广服务中心	全省农业农村系统先进工作者	省人社厅、省农业农村厅
高　彬	根思乡	省水产技术推广系统先进个人	省渔业技术推广中心
张　虎	济川街道办事处（退役军人服务站）	2023 年省退役军人服务中心（站）“百名优秀主任（站长）”	省退役军人事务厅办公室

2023年泰兴市被泰州市委、市政府表彰的先进个人一览表

表69

姓　名	工作单位	荣誉称号	授予单位
万丹丹	宣堡镇	泰州第六届人大代表先进履职个人	泰州人大
严冬平	市农业农村局	乡村振兴专项及时奖励	中共泰州市委组织部，泰州市人力资源和社会保障局，泰州市农业农村局
周桂东			
曹　鸣	虹桥镇农业农村局		
徐　莹	姚王街道农业农村局		
吉建国	新街镇残联	2023 年“残疾人之家”工作者	泰州市残联
王春祥	虹桥镇残联		
周绍军	分界镇残联		
刘　陈	张桥镇残联		
陈灵文	延令街道“残疾人之家”		
徐书晶	黄桥镇“残疾人之家”		
尹　静	曲霞镇“残疾人之家”		
钱红林	广陵镇“残疾人之家”		
吴　建	济川街道办事处水利站	泰州市六届人大代表履职先进个人	泰州市人大常委会
费琳琳	泰兴市织梦家庭农场		

续表 69

姓　名	工作单位	荣誉称号	授予单位
何　惠	泰兴市鹏源养殖有限公司	泰州市六届人大代表履职先进个人	泰州市人大常委会
刘跃中	泰兴市润华气体资源开发利用有限公司		
芦　娅	延令街道五里墩社区		
万丹丹	宣堡镇农业农村局		
袁卫东	张桥镇西桥村		
鞠　叶	沪上阿姨“无声的店”	第九届“感动泰州”十大人物称号	泰州市残联
徐　菲	河失镇	泰州市第四届“泰满意”杯政务服务技能竞赛个人二等奖	泰州市行政审批局
周红华	江苏黎明发电设备有限公司	第九届“感动泰州”十大人物暨泰州市道德模范	泰州市文明办
张　毅	黄桥镇	泰州市“党建带关建”先进个人	泰州市委、市政府
王先国	市关工委	泰州市关心下一代工作先进个人	泰州市委、市政府
陈春才	市农业系统关工委“五老”志愿者	泰州市“五好五老”	泰州市委、市政府
高魏强	虹桥镇关工委		
郑文祥	延令街道关工委		
梅　娟	根思乡	2023年度“70年·70人”志愿军战士专题寻亲工作先进个人	中共泰州市委退役军人事务工作领导小组办公室
袁　泉	济川街道办事处（退役军人服务站）	就业创业工作先进个人	中共泰州市委退役军人事务工作领导小组办公室
王　俊	河失镇政法和社会管理局	退役军人事务权益维护工作先进个人	中共泰州市委退役军人事务工作领导小组办公室
黄　杰	河失镇印荡村	泰州市“最美网格员”	泰州市政法委
叶新莲	分界镇	泰州市退役军人事务工作先进个人	泰州市退役军人事务局

主题分析索引说明

1.本索引主要采用主题分析法提取，部分则选用关键词。
2.本索引按首字汉语拼音字母顺序排列。
3.索引名称后的数字表示内容所在的页码。
4.彩页未作索引；文件选编、统计资料、附录等类目只索目题。
5.为便于读者检索，在泰兴市境内的企事业单位和发生的事件名称，除易产生歧义者外，略去“泰兴市”或“泰兴”。

K

L

P

Q

R

S